財團法人仰山文教基金會致謝

（人名依筆畫排序）

1. 研討會講者、發表人：

何義麟　國立臺北教育大學台灣文化研究所教授兼所長
康寧祥　財團法人台灣亞太發展基金會董事長
陳　菊　監察院 院長
陳志剛　日本學術振興會特別研究員
陳怡宏　國立臺灣歷史博物館研究組研究員
陳芳明　國立政治大學講座教授
陳進傳　佛光大學文化資產與創意學系名譽教授
陳翠蓮　國立臺灣大學歷史學系教授
游錫堃　立法院 院長
黃文瀚　宜蘭大學、德霖科大通識中心兼任助理教授
黃惠君　作家／歷史研究者
楊晉平　宜蘭社區大學講師
蔣朝根　財團法人蔣渭水文化基金會執行長
薛化元　國立政治大學台灣史研究所教授、歷史系合聘教授

2. 研討會主持人：

何義麟　國立臺北教育大學台灣文化研究所教授兼所長
林大森　國立宜蘭大學通識教育中心教授兼博雅學部學部長
翁聖峰　國立臺北教育大學台灣文化研究所專任教授兼圖書館館長
陳芳明　國立政治大學講座教授
陳碧琳　宜蘭縣立蘭陽博物館館長
陳儀深　國史館 館長

3. 研討會與談人：

吳俊瑩　國史館協修
李志勇　台北市文化基金會-城西營業部總監

李筱峰　國立臺北教育大學台灣文化研究所名譽教授
林正芳　宜蘭縣立蘭陽博物館助理研究員
林呈蓉　淡江大學歷史學系教授
翁聖峰　國立臺北教育大學台灣文化研究所專任教授兼圖書館館長
陳偉智　中央研究院臺灣史研究所助研究員
陳進傳　佛光大學文化資產與創意學系名譽教授
曾士榮　國立政治大學台灣文學研究所副教授
蘇瑞鏘　國立臺北教育大學台灣文化研究所副教授

4. 指導單位：

教育部、文化部

5. 協辦單位：

國史館、國立臺灣歷史博物館、宜蘭縣史館、宜蘭縣立蘭陽博物館、國立臺灣大學歷史學系、國立臺北教育大學台灣文化研究所、國立政治大學台灣史研究所、國立政治大學台灣文學研究所、國立宜蘭大學、淡江大學歷史學系、宜蘭社區大學、羅東社區大學、台灣歷史學會、台灣管理學會、台北市宜蘭同鄉會、新北市宜蘭同鄉會、財團法人慈林教育基金會、財團法人宜蘭縣郭雨新紀念文化基金會、財團法人蔣渭水文化基金會、財團法人台灣牽手基金會

6. 工作人員：

王崇欽、田紫怡、周家安、林英、邱琬捷、莊秀梅、陳俊怡、陳冠君、陳淑筠、陳雅郁、陳鑫益、黄文瀚、鄒依倪、潘寶珠、賴淑芬、藍麗娟

7. 仰山志工：

吳振芳、李文益、李秀鑾、李慧玲、林玉質、林宗評、林淑美、林淑嬛、張敏瑱、張晶華、許惠美、陳峯彬、陳順燈、程弘祥、楊清鐘、蔡瓊珍、鄭慧津、蕭勝隆、藍浩瑋、羅有田

8. 攝影、直撥、剪輯：

王尊賢、李亮嫻、林鈺芝、俞佑誠、許伯誠、陳奕蓁、陳姿吟、黃仲豪、黃章桐

臺灣民主

蘭城尋蹤文集

財團法人仰山文教基金會

推薦序

臺灣的民主之路，雖然曲折，但彰顯了屬於臺灣人的堅韌與毅力。《臺灣民主蘭城尋蹤文集》，正是臺灣民主歷程的見證和紀錄。

此書收錄了「臺灣民主，蘭城尋蹤」研討會的11篇論文，並記錄了3場精采的專題演講，帶領我們回顧經歷殖民與威權統治的臺灣，如何孕育出許多民主前輩；也看見他們，以無比的韌性，堅持追求民主和自由，追求一個屬於臺灣人的臺灣。

在這段民主的百年歷史中，宜蘭人扮演了重要的角色；像是創立「臺灣民眾黨」的蔣渭水，曾經擔任臺灣省議員、提出〈告臺灣同胞書〉的郭雨新，以及後來「美麗島事件」被軍法審判的林義雄、陳菊。他們的理念和行動，都加速了臺灣民主的發展。

透過此書，除了重現歷史記憶，也讓大家對蔣渭水、郭雨新等人的論述和思想，有更深入的認識，我們也得以將這些史實，繼續傳承下去。

在今天的臺灣，民主不只是我們的生活方式和制度，更是我們重要的文化和精神。然而，臺灣的民主仍面臨著威權主義的挑戰，錯假訊息及認知戰，也在海內外分化著我們，消磨我們對民主自由的信心。

我相信，此書的出版，呈現臺灣人追求民主、堅韌不屈的奮鬥史，能使我們記住過去、珍惜現在，繼而追求民主永續的未來。

因此，我要請每一位翻開此書的朋友，將這些臺灣的民主故事分享出去，讓更多人從中得到啟示，了解臺灣民主的脆弱和珍貴。

永續民主是臺灣堅持的道路，這不僅是每一個臺灣人的責任，也是我們對下一代的承諾。在這條路上，讓我們攜手團結，一起當臺灣的守護者，守護這塊土地最珍貴的民主價值和自由精神。

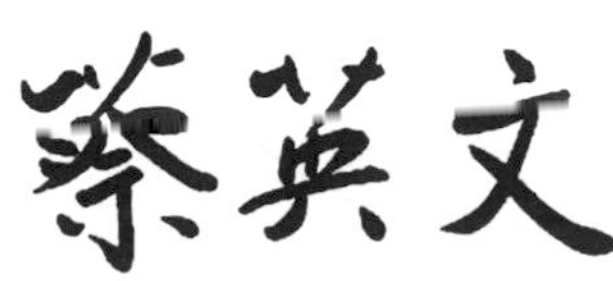

推薦序

民主不僅是臺灣的驕傲，也是我們生活的日常。根據英國「經濟學人資訊社」公佈的2022年全球民主指數報告，臺灣在167個受評比的國家和地區中名列全球前10，亞洲第1。

不過，臺灣作為舉世矚目的「亞洲民主燈塔」，我們的民主成果並非從天而降，民主歷程也非一帆風順，而是許多民主前輩，犧牲青春歲月，冒著入獄、甚至喪失生命的危險，一步一步爭取而來。

從1923年「治警事件」迄今，正好100年，在這百年追求民主的崎嶇道路上，從「臺灣文化協會」，再到1927年「臺灣民眾黨」、1946年「臺建協」、1960年「中國民主黨」、1979年「美麗島雜誌社」、1986年「民主進步黨」組黨的臺灣五大組黨運動中，宜蘭人為何總是扮演重要角色？為何我們總是稱讚宜蘭為「民主聖地」？這本學術論文集為我們提供許多值得參考的歷史研究成果。

感謝仰山文教基金會舉辦「臺灣民主蘭城尋蹤學術研討會」，透過史料和地方文史工作的積累，邀集重要民主前輩和歷史研究者，互相對話、發表重要研究成果，並編寫成冊出版，讓更多人了解屬於臺灣人的民主源流與歷程，完善臺灣民主發展史的論述，讓我們能記憶這些重要的民主追尋時刻。

歷史是國家民族的根基，唯有透過對過去的紮實研究，才能將臺灣百年的民主發展經驗轉化為沃土，為下一代臺灣人民的未來發展扎下穩健的根。

尤其，當前國際極權勢力正在集結、向外擴張，世界上包括臺灣在內的許多民主國家都受到極權勢力的威脅。在此重要關鍵時刻，我們不僅要持續深化臺灣民主的精神、更要將這些價值結合我們的優勢，堅定地與自由民主陣營站在一起，才能共同抵抗極權力量的擴張，守護自由民主的價值與生活方式。

作為以守護臺灣民主和平為職志的政治工作者，未來我將持續凝聚人民的力量，打造民主共同體，團結國家，一方面從容因應集權威脅，處理國內外各項的挑戰；另一方面，也將堅定落實民主治理，秉持公開透明、人民作主的精神，建立開放政府，提升人民參與公共審議，透過由下而上的民主程序，來強化臺灣的民主韌性。

而所有這一切，都需要以對臺灣民主發展歷程的紮實研究為基底，才能成其大。再次感謝仰山文教基金會能所做的貢獻，也很高興能為這本論文集作序，期望在大家的共同努力下，一棒接一棒，持續將民主的聲音和記憶保存，發揚光大。

賴清德

推薦序　宜蘭人與臺灣民主發展

2023年10月10日在總統府前舉行國慶典禮儀式的前後，朝野對於中華民國國慶日為何在宣傳的LOGO出現英文的Taiwan National Day字眼，有一番唇舌之爭；這件事當然與蔡總統上任以來常常使用「中華民國臺灣」有關，反映了臺灣社會在認同方面尚有分歧，全民選出的總統想在「中華民國」與「臺灣」之間取得平衡，但是此舉不但統派政治人物不高興、臺派方面也不乏批評的聲音。

但是在表徵符號之外，總統府前的國慶節目包含美、日青年團體的樂儀隊，臺灣參與亞運各項競賽得到獎牌的英雄紛紛出列，來自基層的宮廟武術團體或愛好街舞的青少年朋友，都是節目的要角，共同譜成一個充滿活力的臺灣圖像、甚至是一個國家的圖像。尤其令人印象深刻的是，由資深藝人楊烈吟唱日治時期文化抗日知識份子蔡惠如的作品〈意難忘〉，描繪了日治時期蔡惠如因治警事件被判入獄、民眾到清水火車站「老輩青年齊相送」的情景，蔡惠如的感受是「喜民心漸醒、痛苦何妨」。我在典禮現場頗受觸動，於是最近在某大學任教「臺灣政治發展」的課程中，適時播放這一段吟唱給同學們觀看，由於影音是配合著空拍機居高臨下、穿梭攝錄三軍儀隊持槍肅立的場景，令人有另一番不同的感受。

那天，負責主持國慶典禮的就是立法院長游錫堃，他熱愛漢詩吟唱並且熟稔臺灣文化協會先賢的掌故，宜乎有這樣的節目安排；而且在相當程度上，藉著日治下臺灣先賢的行誼，實已默然回答了上述執著於符號表徵者的疑問。

2023年5月19-20日，仰山文教基金會在宜蘭市舉辦「臺灣民主蘭城尋蹤學術研討會」，發表11篇與蘭城先賢有關的論文，焦點一方面在武裝抗日的簡大獅、文化與政治運動者蔣渭水、石煥長，另一方面也著墨於國民黨統治時期的蔣渭川、郭雨新。個人應邀擔任陳芳明教授報告〈歷史的孤兒蔣渭川〉一文的與談人。陳教授的文章架構是國民黨員蔣渭川、被利用的蔣渭川、兵臨城下前的蔣渭川以及被遺棄的蔣渭川等四個段落，描述一個對祖國過度樂觀的知識份子，如何輕信陳儀和張慕陶等軍政要員、去電臺廣播把陳儀「發誓不會用兵」的立場傳達給民眾，援軍來了之後（3月10日）卻有武裝警察持槍闖入對他開槍，結果誤中了他的女兒巧雲（死亡）、兒子松年（重傷），蔣渭川逃亡一年之後雖因政府對他「寬大」而重見天日、甚至畀以官職，但在歷史評價方面他已成了「歷史的孤兒」。

筆者昔日研究「二二八事件處理委員會」所撰寫的論文，曾經從處理委員會的立場批評蔣渭川在動盪的局勢中站錯邊，雖然他的兒女無辜受害令人同情，但他（受軍政高層之託）扮演的角色破壞了反抗陣營的團結，所以當他將被國民黨政府重用時所引起的民間反彈，不必然是派系鬥爭（陳芳明所謂的半山集團的攻擊）使然，而是他犯了歷史的錯誤所要承擔的代價。不過，故事如果停在這裡實在無法為蔣渭川定論，個人認為應該檢視蔣渭川從1950年擔任內政部常務次長至1960年轉任行政院顧問、甚至1964年擔任省府顧問為止，蔣渭川的公職生涯到底為臺灣做了甚麼事？然後一起來論斷蔣渭川的功過，才會比較公平。換言之，這個問題還有研究空間。

根據蔣理容女士所著《秋霞的一千零一夜》，說到蔣渭川短暫擔任民政廳長四十天，迫切想做的事除了改善兵役制度，讓阿兵哥的福利好、素質高以外，還想調查二二八的死亡人數；而在內政部次長任內也甘冒大不韙，「經常向總統上書」，說戒嚴是國家之恥……。這讓我想起另一位備受爭議的戰後臺灣名人陳逸松，近年被一位二二八受難者的後代出書批評為二二八慘案期間「可能是最大尾的臺奸」，罪狀之一是他有一位福建漳浦的姪輩陳達元是軍統少將（所以陳逸松「就成為」軍統局的特務？），以及李翼中說3月9日宣布戒嚴之後警總的軍事部署包括以陳逸松為別働隊的參謀長（陳逸松說他是文人不可能去當參謀長、而且那時他根本不認識李翼中）云云。個人認為陳逸松後來跑去中國又因周恩來的信任等因素當上人大常委，從臺灣人的立場而言固是一種背叛，但也要看他在一九八〇年代中國修憲期間、擔任要職的陳逸松為臺灣說了什麼話、起了甚麼作用，以及陳若曦從中國逃往香港的時候，陳逸松幫了甚麼忙等等；退一步說，他後來去中國是一回事、二二八期間的功過應是另一回事。

為什麼我要在寶貴篇幅附帶來談論陳逸松？除了胡適先生說「辯冤白謗、第一天理」這方面的價值，當然因為陳逸松也是宜蘭人啦。

臺灣在民主化以後由民進黨執政已近十六年，在臺灣人當家作主的時代，心理上實不宜仍然停留在威權時代「被害者」的位置；今要把理念成功化為政策，有時不免折衷妥協，可是在（例如）能源環保或國家定位等敏感議題，都會遇到兩種極端的挑戰，執政者要能成事，經常要和對手周旋而不能只和同溫層說話，如何在「手段權變」與「目的堅持」之間取得平衡？如何公平地「知人論事」？個人認為都是「國家建立」與「民主鞏固」的重要課題。但願我這樣藉題發揮，不會與「宜蘭人與臺灣民主發展」偏離太遠吧，是為序。

國史館館長

陳儀深

推薦序

1895年甲午戰爭清國戰敗，清廷將臺灣割讓日本，臺灣人反對割讓，組織義勇軍，在全臺各地進行了可歌可泣的鄉土保衛戰，日軍花費半年才全臺大致平定。由於對日本統治的不滿，臺灣人在各地前仆後繼地進行武裝抗日將近20年，直到1915年的「西來庵事件」後，武裝抗日才逐漸平息。

與此同時，新一代接受近代教育的臺灣知識份子，在第一次世界大戰後的民族自決風潮下，也開始向殖民者爭取更多的政治參與權利，發起了臺灣議會請願運動，並組成臺灣議會期成同盟會，開啟臺灣民主的百年追尋。這些臺灣人的政治運動，引起日本殖民者臺灣總督府的不滿，在1923年12月以違反「治安警察法」為由，大舉逮捕並起訴參與人士，最終主導者宜蘭人蔣渭水等人被判刑入獄，史稱「治警事件」。

今年適逢「治警事件」100周年，立法院長游錫堃與宜蘭各界人士創辦的財團法人仰山文教基金會，長期關懷臺灣文化主體性建構的，特別於5月間舉辦「臺灣民主蘭城尋蹤學術研討會」。會中除邀請游院長以「臺灣民主蘭城尋蹤」為題演講，詳述以宜蘭舊城民主發祥為核心外，也著重追尋臺灣人百年來追求民主的歷程，並邀集戒嚴時期黨外領導人士康寧祥董事長及陳菊院長專題演講，著重闡述在戰前的蔣渭水，以及戰後的宜蘭民主前輩郭雨新等人事蹟與臺灣民主發展關連。為使臺灣人更加瞭解臺灣民主百年追尋過程以及宜蘭民主前輩諸如蔣渭水、石煥長、蔣渭川、郭雨新接續不斷地努力的事蹟，研討會也邀集臺灣史學界的重要學者先進發表了11篇擲地有聲的研究論文。透過論文的實證研究，也使我們更能理解這些先行者為了臺灣民主所做的巨大貢獻。這些民主前輩的事蹟也正是臺灣人反強權、爭民主的臺灣精神的具體發揚。

為使更多臺灣人能夠理解臺灣人的百年民主追尋，值此百年紀念時刻，仰山文教基金會特別將研討會的演講內容及11篇研究論文集結成《臺灣民主蘭城尋蹤文集》一書。論文集的內容具體展現了臺灣主體性史觀，並期盼能讓更多人了解臺灣的民主歷程。也正是由於這些前輩的民主追求，現在的臺灣社會才有更多的餘裕與自信，能夠發展出具有臺灣主體性的文化。本人也期許未來文化部能夠站在這些民主前輩的肩膀上，持續「壯大臺灣內容、建立文化自信」，讓臺灣走向世界。

文化部長

史哲

作者介紹（依論文發表次序排序）

游錫堃

立法院院長

現職：
- 立法院院長
- 財團法人臺灣民主基金會董事長

經歷：
- 農夫、業務員
- 美麗島雜誌社宜蘭分社籌備主任
- 臺灣省議會議員
- 噶瑪蘭週刊創辦人
- 民進黨圓山組黨策畫人兼組黨大會主席
- 宜蘭縣縣長
- 財團法人仰山文教基金會創辦人
- 民主進步黨黨主席
- 國立臺北藝術大學傳統藝術研究所兼任教授
- 行政院副院長、院長
- 總統府秘書長
- 台灣管理學會創會會長

陳　菊

監察院院長

經歷：
- 東亞人權協會理事
- 台灣人權促進會主任、秘書長、會長
- 第2屆國民大會代表
- 台北市政府社會局局長
- 高雄市政府社會局局長
- 行政院勞工委員會主任委員
- 長榮大學衝突研究中心研究員、台灣研究所專任客座副教授
- 高雄市市長
- 總統府秘書長

康寧祥

財團法人台灣亞太發展基金會董事長

經歷：
- 中國石油公司加油站加油工
- 臺北市議會（第一屆）議員
- 立法院增額立法委員
- 美國哥倫比亞大學東亞研究所訪問學者
- 國是會議籌備委員及主席團主席
- 國統會代表
- 國民大會代表
- 監察院監察委員
- 國防部副部長
- 總統府國家安全會議秘書長
- 總統府資政

陳志剛

現任：
- 日本學術振興會特別研究員

學歷：
- 臺大歷史系畢業。
- 京都大學大學院文學研究科博士後期課程

學術成果：
- 研究 20 世紀的臺灣與沖繩，兼及日本近現代史。

陳怡宏

現任：
- 國立臺灣歷史博物館研究組研究員

經歷：
- 國立臺灣歷史博物館研究組組長
- 國立臺灣歷史博物館典藏近用組組長

學歷：
- 國立臺灣大學歷史學系博士

學術成果：
- 學院歷史學徒出身，做「土匪」研究起家，到博物館工作後，每天接觸奇奇怪怪的文物與其背後的故事，研究關注政權轉換時期與日治時期臺灣史。

陳進傳

現任：
- 佛光大學文化資產與創意學系 名譽教授

經歷：
- 宜蘭技術學院 教授
- 嶺東技術學院 教授
- 佛光大學 人類學系 教授
- 佛光大學 文化資產與創意學系 教授

學歷：
- 淡江大學 歐洲研究所 碩士

學術成果：
- 《宜蘭學2016》、《宜蘭布馬陣林榮春生命紀實》（合著）、〈從捐題匾看頭城喚醒堂的歷史地位〉

黃文瀚

現任：
- 宜蘭大學、德霖科大通識中心兼任助理教授

經歷：
- 2020年度科技部獎勵人文與社會科學領域博士候選人
- 2022年度國立臺灣圖書館博碩士論文研究獎佳作

學歷：
- 臺灣師範大學國文學系博士

學術成果：
- 〈時代的圖像：松山虔三的宜蘭寺廟影像解析〉（2022）等多篇宜蘭史相關論文

陳翠蓮

現任：
- 國立台灣大學歷史學系教授

學歷：
- 國立台灣大學政治學系 博士

學術成果：
- 《重構二二八：戰後美中體制、中國統治模式與台灣》
- 《菁英與群眾：文化協會、農民組合與臺灣農民運動》
- 《自治之夢：日治時期到二二八的臺灣民主運動》
- 《百年追求：臺灣民主運動的故事. 卷一，自治的夢想》

蔣朝根

現任：
- 蔣渭水文化基金會執行長

學術成果：
- 致力於1920年代台灣新文化運動史料的研究、出版以及相關古文獻復刻出版。
- 《彩色與黑白的歷史對話–蔣渭水畫影集》
- 《從大甲支部看臺灣民眾黨–杜香國史料彙編》
- 《人間蔣渭水》
- 《熱血青春蔣渭水紀念文集》
- 《蔣渭水全集》

何義麟

現任：

- 國立臺北教育大學台灣文化研究所教授兼所長

學歷：

- 日本東京大學學術博士

學術成果：

- 《戰後在日台灣人的處境與認同》（五南出版社，2015）
- 《矢內原忠雄及其帝國主義下之台灣》（台灣書房，2011）
- 〈日本時代台灣青年的覺醒與抗爭：以臺北師範學校出身者之動向為中心〉《台北文獻》（2021）等。

楊晉平

現任：

- 宜蘭社區大學講師

學歷：

- 佛光大學歷史學系碩士

學術成果：

- 《蘭城先賢》、《台、府展中的宜蘭美術人》、《流金歲月——宜蘭河的歷史變遷》、《2020人與神共構——頭城的寺廟信仰》（合著）。
- 〈清代宜蘭鄉約〉、〈清治時期宜蘭的扶鸞活動〉、〈臺灣鸞堂的特殊性研究〉、〈大坪林劉家與木柵指南宮的創建〉等。

陳芳明

現任：

- 國立政治大學講座教授

經歷：

- 靜宜大學中文系
- 暨南國際大學中文系
- 政治大學中文系
- 成立台灣文學研究所，並任所長。

學歷：

- 台灣大學歷史研究所碩士

美國華盛頓大學歷史系博士班候選人

黃惠君

現任：

- 作家／歷史研究者

學歷：

- 法國巴黎第五大學（索邦SORBONNE人文科學院）文化社會學博士候選人

學術成果：

- 研究台灣民主運動近20年，著有《二二八反抗運動——台灣爭取民主之路》、《二二八消失的政黨——台灣省政治建設協會（1945-1947）》、《光與灰燼——林連宗和他的時代》及《珍藏美麗島——台灣民主歷程真紀錄》（合編著）等。

薛化元

現任：

- 國立政治大學臺灣史研究所教授、歷史系合聘教授
- 國立政治大學人權史研究中心主任
- 國立政治大學雷震研究中心主任

學歷：

- 國立台灣大學歷史研究所博士

經歷：

- 國立政治大學台灣史研究所教授兼文學院院長
- 國立政治大學歷史系教授兼主任
- 國立政治大學台灣史研究所教授兼所長

學術成果：

- 《民主的浪漫之路：雷震傳》
- 《『自由中國』與民主憲政》
- 《民主憲政與民族主義的辯證發展》
- 《戰後台灣人權發展史》（合著）

目次
Contents

臺灣民主，蘭城尋蹤

游錫堃

「臺灣民主，百年追求」，臺灣民主歷經無數先賢的血淚付出，才有今天的甜美果實，謹以此文與大家一同回顧屬於宜蘭、屬於臺灣的民主奮鬥歷程。

我出生於1948年，那是二二八大屠殺的翌年，是臺灣人噤聲、蔣氏「遷占者」[1]政權改寫歷史的時代，我與我同時代的朋友們在那樣的氛圍下成長，每當我們回顧過往，總是只知中國，不知臺灣。直到我們成年甚至已然老邁，才逐漸明白，我們從小所受的教育抹滅了屬於臺灣這片土地、人民自身的歷史與故事。

美國前總統傑弗遜先生曾說：「自由之花必須經常用暴君與愛國者的鮮血澆灌」。檢視全世界各國的民主轉型案例[2]，從極權體制走向民主的道路，絕非是平坦無阻的康莊大道，路上荊棘滿佈，道阻且長。如今臺灣的民主被譽為國際典範[3]，是全球華文圈的第一個民主國家，更是全球民主同盟國中不可或缺的重要角色，這些傲人的成果從何而來？由過去威權政府的教育裡，找不到真相。

當年的威權政府傾全力抹去逾百年來臺灣先賢追求自由民主的史實，文字可以竄改，但是足跡終究無法全部塗滅。歸功於多年來許多學者與研究者的努力，我們得以回顧無數先烈前賢的犧牲奮鬥真相，並領悟到，正是他們在歷史長河中的前仆後繼，才點亮了今日的民主臺灣。

感謝眾多專家學者們的幫忙，我有幸得以閱覽許多以往不曾見過的史料，尋回臺灣人的驕傲。身為宜蘭人的我，也藉此了解屬於宜蘭的民主血淚，更發現臺灣百年的民主歷程裡，宜蘭人始終扮演著重要角色。為了瞭解宜蘭人的貢獻，也為了找回宜蘭人在臺灣民主歷史中曾被迫消失的那片拼圖，我們推動「臺灣民主，蘭城尋蹤」系列計畫，包含本次（2023年）的「臺灣民主，蘭城尋蹤學術研討會」，期許以宜蘭舊城作為基點，集眾家之力，尋找臺灣民主的蹤跡，以深化

---

1 若林正丈，《戰後臺灣政治史》（臺北：臺灣大學出版中心，2016），頁7-8。
2 吳乃德，《臺灣最好的時刻》（臺北：春山，2020），頁15-29。
3 游錫堃，《臺灣民主蘭城尋蹤》，（宜蘭市：財團法人仰山文教基金會，2023），頁256。

在地文史研究、發揚先賢堅韌精神，並在臺海關係逐漸緊張的時刻，藉由先賢不畏不懼的精神，強化土地認同，建構主體意識，鞏固全民防衛意志，因為人民的防禦意志是最佳國防。

回首臺灣民主路[4]

回首臺灣民主路，其艱辛追求的開端，不能不提滿清統治時期蒙昧的前現代，那是滿清戰敗與日本簽訂《馬關條約》，割讓臺灣。此後，滿清政府從臺灣撤退，軍隊與武器也離開臺灣，臺灣人民在沒有元首、沒有政府、沒有正規軍隊、沒有精良武備、沒有足夠糧餉補給的情況下，仍堅強迎戰裝備精良的日軍。其後，大大小小的武裝抗爭持續了20年之久，甚至曾使日本傳出「臺灣賣卻論」，展現臺灣先烈前賢反入侵、反殖民，壯烈抗敵的精神，令人讚嘆。

隨著日本政府加強軍力鎮壓，反抗者資源逐漸消耗殆盡，臺灣人民的抵抗，也從「武裝抗日」逐漸轉變為「文化抗日」，並以爭取「自治」為階段性目標。促成此一改變的原因，不能不談到日本大正民主及當時的國際上自由主義風潮。

1905年起，日本開始了所謂的大正民主時期[5]，雖然主流思想仍以永久保有殖民地作為主要目的，但其反對武斷統治、改善殖民地治理、人道對待殖民地等主張[6]，仍為臺灣創造了許多空間。另外，1918年第一次世界大戰結束，美國總統威爾遜提出14點和平原則，其中「民族自決」的理念更席捲世界各地受列強欺凌的地區與殖民地。蔓延全球的自由主義思潮，使許多地區開始向殖民統治政府要求更多政治參與的權利。[7]

臺灣的知識份子置身此思想潮流與時代巨浪下，也改變了1895年以來對日本殖民政府的抗爭模式。1921年，「臺灣議會設置請願運動」初興，有志之士前往東京帝國議會請願，爭取設置臺灣議會。同年10月也在島內成立「臺灣文化協會」，以在各地演講、讀報等形式為臺灣開啟了民主與文化啟蒙的浪潮。歷經了多年的努力及國際與日本國內情勢上的改變，1934年臺灣總督中川健藏提出以推

4　引自2022年拙作之七言律詩〈回首臺灣民主路〉，詩句如下：「武裝抗日力凋消，轉進啟蒙迎世潮。帝國陳情爭自治，街庄講演渡靈苗。辛年議運開新局，乙歲民權得越超，屠戮戒嚴皆歷盡，百年回首路蕭蕭。」

5　陳翠蓮，〈大正民主與臺灣留日學生〉，《師大臺灣史學報》，第6期（臺北），2013，頁57。

6　陳翠蓮，〈大正民主與臺灣留日學生〉，《師大臺灣史學報》，第6期（臺北），2013，頁85。

7　陳翠蓮，〈大正民主與臺灣留日學生〉，《師大臺灣史學報》，第6期（臺北），2013，頁77。

動地方制度改正來換取停止請願活動，林獻堂等人也於1934年9月決議停止議會設置請願運動。[8]1935年，總督府公告「臺灣地方自治制度改正案」，臺灣迎來史上第一次地方選舉。[9]

「蔣石雙雄生僻遠，蘭城底事出豪英？」[10]

回溯至1920年代，正是蔣渭水、石煥長等全臺有志之士的勇往直前、轟轟烈烈，才為臺灣開啟了影響一整個世代的民主與文化思潮。今年適逢「臺灣議會期成同盟會」暨「治警事件」100週年，1923年1月16日，由石煥長擔任「臺灣議會期成同盟會」負責人，依法向「臺北州北警察署」提出結社報備，2月2日遭禁後，利用臺灣、日本兩地的法域差異，於1923年2月16日在東京報備成立，成為臺灣史上第一次依法成功設立的政治結社。但是，同年的12月16日，臺灣總督府卻以「臺灣議會期成同盟會」違反「治安警察法」為由，展開全島大逮捕，史稱「治警事件」。[11]

研讀這段歷史脈絡，越發使人好奇，當時全臺文化抗日之能人志士眾多，為何出身地處偏遠、人口稀少宜蘭舊城的蔣、石兩位先賢會在「臺灣議會期成同盟會」成立過程中扮演領導角色？而其後的臺灣五次重大政治結社運動中，宜蘭人為何總會在決策核心中扮演要角？跟宜蘭舊城有什麼淵源？

研究發現，出身在宜蘭舊城的「蘭城四傑」（蔣渭水、石煥長、蔣渭川、郭雨新），在地緣上，彼此有著密切的相關性（見圖一、圖二）。依據黃文瀚博士的考據，他們的故居大多位於宜蘭市北門附近，若加計在世年代及鄰里互動史料，推想其相互間影響[12]的可能性極大，並可以進一步推測出「文魁武將」（前清進士楊士芳、「抗日三猛」之一的簡大獅）對「蘭城四傑」[13]有著直接或間接及或多或少的薰陶和化育。

8　陳翠蓮，〈自治運動的啟蒙與推展〉，《臺灣學通訊》，第123期（新北），2021，頁19。

9　1935年、1939年舉辦的兩次選舉，雖然與如今的選舉有所巨大落差，且隨著二戰的全面爆發，原定於1943年舉辦的第三次選舉原本要順延一年舉辦，後來無疾而終，但前兩次選舉已是臺灣民主的一大突破。

10　此句出自2023年拙作，詩題與詩句如下：〈蘭城懷古〉「邀賢結社議期盟，總督專權禁令橫，轉進東京官署准，回歸臺北府衙征；會員壯氣迎枷鎖，幹部雍容入獄棚，**蔣石雙雄生僻遠，蘭城底事出豪英？**」

11　游錫堃，《臺灣民主蘭城尋蹤》，（宜蘭市：財團法人仰山文教基金會，2023），頁150。

12　游錫堃，《臺灣民主蘭城尋蹤》，（宜蘭市：財團法人仰山文教基金會，2023），頁9-11。

13　游錫堃，《臺灣民主蘭城尋蹤》，（宜蘭市：財團法人仰山文教基金會，2023），頁13。

圖一▍現場踏查路線圖。[14]

蘭城重要文教據點與民主啟蒙相關先賢故居地距離一覽表

重要據點	徒步距離		重要據點	徒步距離	
碧霞宮	李望洋刺史第故居地	250 公尺	昭應宮	李望洋刺史第故居地	82 公尺
	石煥長故居地	260 公尺		石煥長故居地	80 公尺
	陳金波故居地	210 公尺		陳金波故居地	280 公尺
	蔣渭水故居地	500 公尺		蔣渭水故居地	430 公尺
	蔣渭川故居地	500 公尺		蔣渭川故居地	450 公尺
	楊士芳進士第	350 公尺		楊士芳進士第	300 公尺
	簡大獅故居地	220 公尺		簡大獅故居地	360 公尺
	郭雨新故居地	160 公尺		郭雨新故居地	300 公尺
仰山書院故址	李望洋刺史第故居地	110 公尺	城隍廟	李望洋刺史第故居地	180 公尺
	石煥長故居地	230 公尺		石煥長故居地	120 公尺
	陳金波故居地	74 公尺		陳金波故居地	300 公尺
	蔣渭水故居地	600 公尺		蔣渭水故居地	350 公尺
	蔣渭川故居地	600 公尺		蔣渭川故居地	350 公尺
	楊士芳進士第	450 公尺		楊士芳進士第	200 公尺
	簡大獅故居地	330 公尺		簡大獅故居地	150 公尺
	郭雨新故居地	270 公尺		郭雨新故居地	90 公尺

圖二▍蘭城重要文教據點與民主啟蒙相關先賢故居地距離一覽表。[15]

「乘眾人之智，則無不任也；用眾人之力；則無不勝也。」由於宜蘭舊城蘊含了既廣且深的文史素材，加以今年是「臺灣議會期成同盟會」100週年，而「民主政治就是政黨政治」，是以，從臺灣的政治結社發展史入手，是一種理解臺灣百年民主歷史的取徑。而根據史料，我們整理出六次臺灣重大的政治結社（見表一），其中都有宜蘭人的身影。有鑑於此，本次學術研討會希望匯集眾專家學者之力，不只釐清蘭城先賢的過去，更探究蘭城先賢與臺灣民主的關聯，一同考究屬於宜蘭、屬於臺灣的民主發展史。

14　游錫堃，《臺灣民主蘭城尋蹤》，（宜蘭市：財團法人仰山文教基金會，2023），頁98-99。
15　游錫堃，《臺灣民主蘭城尋蹤》，（宜蘭市：財團法人仰山文教基金會，2023），頁89。

表一　臺灣六次重大政治結社（游錫堃整理）

	時間	宜蘭主要參與者
臺灣議會期成同盟會	1923-01-16～1923-12-16	蔣渭水、石煥長
臺灣民眾黨	1927-07-10～1931-02-18	蔣渭水
臺灣省政治建設協會	1946-01-06～1947-03-13	蔣渭川
中國民主黨	1960-05-18～1960-09-04	郭雨新
美麗島政團	1979-08-16～1979-12-13	林義雄、陳菊
民主進步黨	1986-09-28～迄今	1986黨外選舉後援會

宜蘭先賢的血淚與傳承[16]

從（圖三）可以更清楚了解六大政治結社參與者之間的相互關係，以實線作連結，標示他們有著傳承般的關係。圖中也列入楊士芳與簡大獅，並以虛線的方式向後連結其他先賢，係以推理的方式，得出兩者可能有薰陶關係。

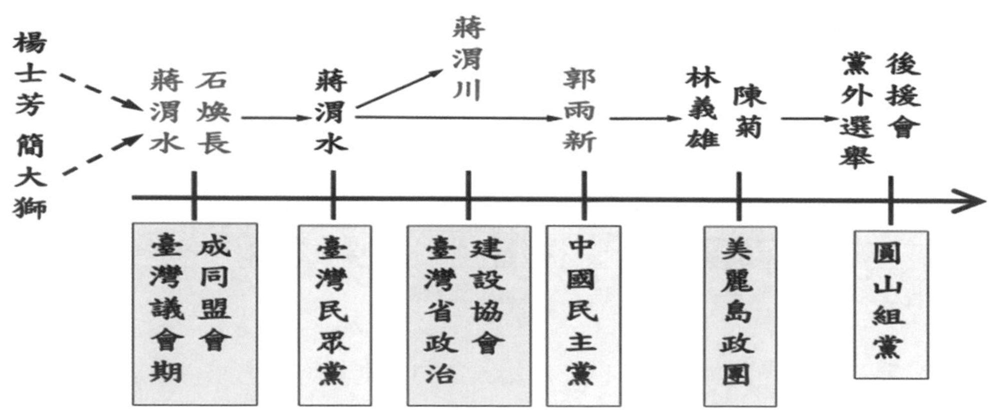

圖三▌臺灣六大政治結社參與的宜蘭人。（游錫堃整理）

首先來看「文魁武將」楊士芳與簡大獅。

楊士芳作為前清進士，並未參與武裝抗日，但從他在清領時期倡建「延平郡王祠」、在日治初期興辦全臺首間祭祀岳飛的「碧霞宮」，及在教育、文化上的推廣事蹟等來看，或許更傾向於將他歸類為以文化的方式，進行民族正氣的延

[16] 筆者於2022年作漢詩詠嘆宜蘭先賢的血淚與傳承，詩題與詩句如下：〈西後街沉思〉「文魁武將北門居，蔣石承薰反殖欺；若缺雨新搏黨外，戒嚴衝破復何時？」

續。而「抗日三猛」之首的簡大獅，作法剛好與之相反，其武裝抗日及從容赴義的表現，則彰顯了宜蘭人勇於反抗的另一面。以下引文（圖四）取自1900年《臺灣日日新報》，可資為證。

簡大獅絞首臺に上る

對岸漳州に於

楚囚の身となり去る十五日を以て臺北監獄の檻倉に繫留せられ爾後數回の糺問を受け二十二日を以て死刑を宣告せられたる簡大獅は昨日午前八時二十分を以て第一審の判決確定と共に臺北監獄の絞首臺に上れり彼れは死刑宣告後は檻倉に獨居し言容自若として更に變せず北山に於けるあらゆる罪惡の報として豫め今日あるを豫期せしものゝ如く日々の常食たる米八分に麥二分を炊げる三度の食事をなすに當りて米をば喫すして只麥粟丈を擇て旦夕に迫る露の命を繫ぎ居たり監獄にては彼ま自殺を企つるの虞あればとて警固に任ずる看守を警戒して寸時も目を放さゞらしめたり然るに揭文會夜會の當夜なりき轟然一發煙花の響に驚かされ突然檻倉內に立上りて暗中を一睨し以て如何なる出來事の起りたらんかを訝かるの態なりしが看守の看護に依り再び靜坐し其後は徒然の餘りにや獄內に於ける擊柝の口真似などをなして五日間の確定期を過せり斯くて絞首臺に上る前典獄は式の如く彼れを刑場に引出し住所姓名を問ひ他に謂ひ殘すことなきやを以てせしに彼れは覆面布に掩はれたる儘郷里宜蘭に願はくは今日の情態を通知せられんことを呉れ〴〵も懇願したる後從容絞首臺に上り僅か十五分時にして氣息寂然として長へに絕へつ北部の匪魁簡太獅は茲に墓なき臨終を遂げて十年の罪業一朝にして臺下の露と共に消にけり

圖四▌〈簡大獅絞首臺に上る〉，《臺灣日日新報》，1900年（明治33年）3月30日，版5。
簡大獅在昨日（3月29日）上午8點20分時在第一審判決確定的同時，上臺北監獄的絞刑臺。簡大獅接到死刑宣告後，在牢裡獨居，神色泰然自若，毫不慌張。……被問遺言，套上布袋後的他說：「希望今日毫無畏懼的情態，傳達故鄉宜蘭。」之後便從容不迫地上了絞刑臺，不到十五分鐘，便失去生命跡象。[17]

《臺灣日日新報》係親日本殖民政府的媒體，斷無特別要美化簡大獅的動機。文中報導簡大獅在行刑前「毫無畏懼的情態」、「從容不迫地上了絞刑臺」，令人動容。由以上引文可知，楊、簡兩者截然不同的行為模式，皆含有對抗強權、反殖民欺壓的潛在意識，而這也為蘭城提供了孕育民主先賢不可或缺的養分。

接著來看百年來六大政治結社的宜蘭參與者。

除了1923年「臺灣議會期成同盟會」外，1927年蔣渭水籌組的「臺灣民眾黨」，也成為臺灣史上第二次的重大政治結社。渭水先生雖然英年早逝，但渭水先生「薪盡火傳傳至理」[18]，其反殖民、爭民主的核心理念，啟蒙了一整個世代

---

[17] 〈簡大獅絞首臺に上る〉，黃文瀚譯。

[18] 筆者於2022年所作漢詩，詠嘆郭雨新先生的民主行誼。〈緬懷黨外之父〉：「雷震牢災萬士驚，雨新不屈續經營；保身明哲紛紛退，護道賢能步步院；**薪盡火傳傳至理**，薯衰枝淚淚群英；啟蒙世代千秋夢，創黨圓山眾志成。」

的臺灣人民。

1945年第二次世界大戰結束。蔣渭川與各地的啟蒙世代先賢於1946年組織了臺灣史上第三次重大政治結社「臺灣省政治建設協會」，蔣渭川是九位常任理事之一，並兼任總務組長。然而這股追求自由民主的火苗，卻在1947年二二八大屠殺中，被陳儀政府趁機鎮壓、解散、參與者遭追捕甚至密裁，火苗幾近湮滅。

直到1960年，與蔣渭水同樣居住在宜蘭城北門附近，繼承蔣渭水精神的郭雨新，與雷震、傅正等人籌組臺灣史上第四次的重大政治結社「中國民主黨」，並擔任七常委之一及組織委員會召集人。怎奈遭到威權國民黨政府打壓，中國民主黨因而胎死腹中，組黨再次宣告失敗，參與者下獄、退隱、轉職，僅餘郭雨新先生一人承擔起黨外傳承的支柱，連結著全島的民主人脈。可嘆最終郭雨新仍在威權國民黨政府打壓之下，被迫遠走他鄉抑鬱而終。儘管如此，他在臺灣所培養的新一代本土有志青年，不斷開枝散葉，成就了「薯衰枝淚淚群英」[19]的黨外民主勢力。

1979年的「美麗島政團」，是臺灣第五次的重大政治結社，遭到蔣氏政權當局炮製暴亂，史稱「美麗島事件」。事後當局羅織罪名，軍法審判的受刑人中就有四位是郭雨新的嫡系子弟兵，其中陳菊、林義雄更是宜蘭人。此後，郭雨新的子弟兵及許多黨外人士仍持續奮鬥，終於在1986年，「1986黨外選舉後援會」統合眾多黨外勢力，在圓山飯店突襲組黨，成立了臺灣戰後第一個民主反對黨：「民主進步黨」。「圓山組黨」不僅衝破黨禁，也促進了翌年的解除戒嚴及其後臺灣的民主轉型。

結語

隨著臺灣史的研究及相關史料出土越來越多，還原許多過去先賢為臺灣民主奮鬥的犧牲奉獻及其生平事蹟。其中，也有研究者追溯蔣渭水先生民主政治思想的啟蒙源頭，發現20歲之前的渭水先生，受到宜蘭城的大環境薰陶甚大，其父親蔣鴻彰和業師張鏡光先生更是有著直接而重要的影響。[20]

---

[19] 引自筆者於2022年所作漢詩，詠嘆郭雨新先生的民主行誼。〈緬懷黨外之父〉「雷震牢災萬士驚，雨新不屈續經營；保身明哲紛紛退，護道賢能步步阬；薪盡火傳傳至理，**薯衰枝淚淚群英**；啟蒙世代千秋夢，創黨圓山眾志成。」

[20] 游錫堃，〈蔣渭水先生政治思想啟蒙探源〉，《臺灣史學雜誌》，第32期（臺北），2022，頁119-144。

攤開臺灣六次重大政治結社運動的歷史，赫見決策核心主事者都有宜蘭人的身影，當年地處偏遠的宜蘭舊城何以孕育出多位傑出民主先賢？除了前述個人淺見外，也希望藉由本研討會拋磚引玉，帶動臺灣各地找回屬於在地的民主先賢事蹟，一起讓這段過去遭到掩蓋的臺灣民主歷程更加完整。

最近十年，國際的民主版圖不斷縮減，臺灣作為華文圈唯一的民主燈塔，歷經三十多年的民主轉型，成就世人驚豔的堅韌民主政體，以傲人的經濟與科技成就貢獻國際社會，儘管如此，臺灣仍然時刻遭受對岸的強權霸凌、威逼恫嚇。此刻「臺灣民主，蘭城尋蹤」學術研討會與系列計畫的逐步推動，期許能點亮熠熠明燈，為臺灣民主發展的歷史研究持續累積更豐碩的成果；也希望百年來民主先賢反威權、反壓迫、爭民主、不屈服的意志，能成為國人捍衛主權、對抗外敵、守護家園的資糧。因為人民的防禦意志是最重要的國防。

春牛、虎將、老驥：
郭雨新先生的民主之路

陳　菊

前言

今天的蘭城尋蹤研討會，游錫堃游院長、郭先生的家屬，大女兒惠娜、兒子（郭時展），還有第三代的文琦和他的先生，郭家三代今天都來了，還有在場很多的好朋友，陳芳明老師、李筱峰老師，這都是我年輕時的好朋友。很高興今天游錫堃院長，以及在場很多好朋友，能一起聚在郭先生的母校宜蘭農校，現在的宜蘭大學。我很感謝游錫堃院長辦理此次的研討會，由於我並非學者，而是一名政治運動者，我想我可能較不適合參與學術研討，但我跟臺灣的民主運動有很深的關係，這個淵源的開始，就是郭雨新先生，所以他邀請我，以我的角度來訴說郭雨新先生與臺灣民主的這條路。

郭先生在宜蘭農校時是非常優秀的學生。郭先生當時雖家境困難，但是因為郭先生的優秀，他受到林本源先生的幫助。郭先生這麼優秀的學生，若沒有人牽成，沒有人幫贊，可能一生的發展都會有所改變，因此受到林本源先生的牽成、栽培，才有後來的郭雨新。

我是宜蘭人，是一名臺灣農民的女兒，家住宜蘭三星。那是個位於太平山下，一個很鄉下的地方。我家好幾代人都跟政治沒有關係，但是我的家族裡，我的阿公、阿伯、父親，都是郭雨新先生的柱仔腳、支持者。郭先生在宜蘭做過五屆省議員，所有宜蘭的農民都知道，郭雨新先生在臺灣省議會，是臺灣農民的代言者。臺灣農民的心聲、艱苦，以及面對時代變化的困窘，都是依靠郭雨新先生在臺灣省議會發聲，並讓大眾知道，不可以忘記臺灣的農民。郭先生在宜蘭還有一個特色，就是春牛圖。每一次農曆過年時，郭先生在各鄉鎮所有的柱仔腳、支持者，都會將春牛圖四處分給每一個宜蘭人。可以這樣說，任何宜蘭的三歲小孩都知道送春牛圖的郭雨新，因此郭雨新這三個字，是當時大大小小宜蘭人的共同記憶。做為一個宜蘭鄉下孩子的我，宜蘭囝仔三歲就認識郭雨新及春牛圖，因此

每逢農曆年節，郭雨新先生都會致贈鄉親春牛圖，圖為1978年版。

我對這位農民的代言者充滿崇敬、崇拜。

回想過往，我差不多在19歲時就在郭雨新先生處工作，受郭先生很大、很大的影響，包括參與群眾運動與政治。在當時猶在戒嚴，那樣壓抑的年代，參與政治除了不會受到鼓勵，更是令人驚嚇恐怖。因此我認為我有責任，需要跟臺灣的社會說，郭雨新先生如何在那個年代堅持他的理想。當時，國民黨用盡所有威逼利誘的手法，要讓郭先生屈服。當年他只要稍加配合當局，我想他的下半生不會過得這麼辛苦、孤單。我親身經歷過那個年代，感謝郭雨新先生以其溫和但堅韌的堅持，傳承臺灣人的對於民主自由的理念。在這裡，我得以透過這場研討會，跟在場以及世界關心臺灣民主的朋友報告，我感到十分喜悅。我也特別感謝游院長，他認真整理出從日治時代到現在，彰顯宜蘭人精神的每一個歷史性的時刻，以及對臺灣有影響的人物。今天一系列的蘭城尋蹤，就是要來尋求前輩的足跡，領略先賢曾走過的這條路，這非常具有意義。

我認識的郭雨新先生

說到宜蘭民主前輩，大家都知道蔣渭水先生，但是如郭雨新先生這種在時代變遷下，慢慢推動改革的前輩，兩相比較，宜蘭人對郭雨新先生的理解、或是對郭雨新先生的紀念，比起蔣渭水先生是遠遠不夠，這也是我們這一代要做檢討的地方。趁此機會，我想向在場的朋友報告，宜蘭人如蔣渭水先生、郭雨新先生，都是臺灣民主發展過程中，讓人提到的宜蘭精神與特色。在一代一代的傳承中，宜蘭人在臺灣民主發展過程中始終扮演著要角，在1979年的美麗島事件中就有二個宜蘭人，一個是林義雄律師，一個是我。接著林義雄律師的林家血案、林家的悲劇，以及後來的游錫堃先生、陳定南先生等等，人們說到宜蘭，就覺得宜蘭人在民主發展的過程，有讓人覺得他不一樣的地方，因此我特別感謝今天的研討會，讓我有機會跟大家報告郭雨新先生。

郭先生有很多特質，尤其在待人處事上。我不到20歲就跟在郭先生旁邊，每週六、週日都會去他家，當時他住在農安街12之4號，任何宜蘭鄉親去他家，不管是穿鞋子或木屐，郭先生的態度都很溫暖；第二，我在郭雨新先生身旁前後十年，那時郭先生家裡有聘請一位幫忙照顧阿嬤、打理家務及煮飯的幫傭。郭先生是長老教會的基督徒，吃飯前都要祈禱，郭先生一定會等待家裡的幫傭一起入座才開始吃飯，這種一視同仁的平等態度，對我也有很大的影響。

那段遭到監視的歲月

我認識郭雨新先生的時候，他正擔任臺灣省議員。那時可以看出一個政權，若是對自己愈來愈沒有信心，對反對者壓制的手法就愈來愈強烈。彼時大概是1968年，當時的臺灣還非常驚悚、壓迫。郭雨新先生因為彭明敏先生、雷震先生的案件，雖未受到國民黨政府強力的壓制，但卻有24小時的特務跟監，監督郭先生的特務就住在郭先生寓所農安街正對面的鑽石大飯店。

我去郭先生那裡時，對政治上的黑暗並不明瞭。每週日上午郭先生會固定帶阿嬤和伯母（郭雨新先生的夫人）到中山教會做禮拜。有一天郭先生他們全家要去做禮拜，我送他到門口，當郭先生車子要開走時，對面一台車和好幾個人就跟著他。看到這一幕，就如同電影007的情景。「怎麼會這樣？」我當時的心情

雷震、郭雨新、康寧祥合影（左二站立者：孟祥柯，桌邊坐者左三：雷震，左四：陳鼓應，左五：郭雨新，右一僅照到一半者：康寧祥）。

就像發現新大陸一般。「怎麼有這樣的情形，郭先生知道嗎？」直到他做禮拜回來，我迫不及待的跟他說：「郭先生，你知道，剛剛一部車子跟著你，上面有三個人。」他笑笑的說：「你會怕嗎？」其實我也不知道要怕什麼，因為不明瞭，所以我就說不怕。「對啦，強將手下無弱兵。」其實不是不怕，是不知道要怕什麼，但至少我知道郭先生的家庭是在24小時監視之下，我們是在這樣的狀況下生活。

自我去郭先生家後，我的電話就被錄音，隨時受到監視，因此可以說，我從年輕就在透明屋中長大，不知道什麼叫自由的滋味，也沒享受過不被監視的生活。郭先生受到的監視更是嚴密，去省議會，特務跟著他，到臺中有另一組人等他。除此之外，任何人來到郭先生的辦公大樓——羅馬大樓，或是要與郭先生見面都會受到監視。我與游錫堃游院長很早就認識，我想彼時的他可能不知道，每次他來找郭先生都受到監視。我們都是在監視下長大的，現在回想起來，居然也快五十年了。

郭先生當臺灣省議員時，當時臺灣的黨外人士不多，省議會更是當時臺灣的政治中心，包括郭雨新先生、李源棧先生、郭國基先生、吳三連先生、李萬居先生，合稱「省議會五虎將」，另外還有許世賢女士，人稱「五龍一鳳」。但是

郭雨新先生與同僚合影，「省議會五龍一鳳」。左起：李萬居、郭雨新、許世賢、郭國基、吳三連、李源棧。

吳三連先生的兒子參與臺灣獨立運動，被以懲治叛亂條例第二條第一款唯一死刑逮補，做為一個父親，吳三連先生因此遭受很大的壓力，使得他不得不屈服，用他的政治發展換取他兒子的生命，所以吳三連先生便棄政從商，雖對臺灣民主運動仍舊關心，但從此離開政壇第一線。高玉樹先生則是在擔任臺北市長之後，路線與黨外也漸行漸遠；郭國基先生雖然非常衝、非常勇，但是孤掌難鳴。

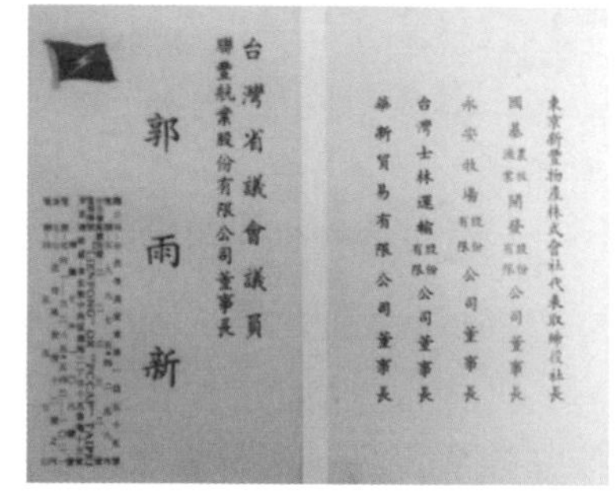

郭雨新先生省議員時期名片，圖片翻攝自《郭雨新先生照片暨史料集》

臺灣在那樣的政治形勢下，不少人都承受著很大的壓力。在如此惡劣的情況下，對於臺灣的民主香火的延續，就一定要感謝郭雨新先生的堅持。他已擔任五屆省議員，但對於是否能夠繼續，他感到懷疑。他發覺當時宜蘭整體政治形勢已然不同，他無法繼續連任臺灣省議員。

1972年，郭先生省議員落選，他有一本書《議壇二十年》，其實嚴格來算是二十五年，他把他在臺灣省議會二十五年裡，替臺灣、宜蘭，每一次重要的質詢，都詳實記錄在那本書中。

1975年，第一次增額中央民意代表，郭先生對於是否參選感到徬徨，我想對他來說是個很困難的決定。

老驥伏櫪，志在千里

郭先生後來做的生意，都沒有成功過，因為無論他做什麼，當局就會想辦法打壓。我記得那時郭先生成立一家浚利航運公司，大家都認為憑著郭先生跟國際、日本、很多國家的關係，一定可以把航運事業做得很好。但不久他的船就發生了海難，那是一個政治海難，以致於航運公司幾乎無法運作。

那個管控的年代，不管郭先生做什麼，都會受到龐大的壓制與壓力，至今我仍感佩他承受壓力的能力，換成一般人，我想早就放棄了。

1975年的增額立法委員選舉，郭先生收到很多鼓勵。以往的中央民意代表都是由中國來到臺灣，也未曾改選，因此形成特權階級。我們以前的立法委員和國大代表都不用改選，最多就是一名增額補選，北部選區包含臺北縣、宜蘭縣和基隆市。由於受到很多人的鼓勵，郭先生決定參選。選舉的過程中，國民黨派了很多人來跟郭先生談，並做出兩個承諾：第一，他若放棄參選，他的事業不會受到阻礙；第二，郭先生的孩子有一半在美國，但郭先生因為黨外的性質，已將近二十年無法出國，因此只要他放棄參選，他的出入境可以開放。

國民黨對於讓郭雨新放棄參選增額立法委員用了許多不同的方法與手段，由於郭先生的參選有特別的意義，並獲得許多人的鼓勵，再加上臺北縣、基隆市都有很多宜蘭同鄉在那發展，宜蘭縣又是郭先生的大本營，綜合各項因素，郭先生決定堅持參選。

那時的政治形勢，包含許信良先生、大學雜誌的張俊宏先生等等，慢慢受到臺灣社會的重視。當時康寧祥先生辦理的《臺灣政論》，其編輯部是郭先生重要的文宣小組，選舉時的文宣都是出自這裡。張俊宏、張金策等郭先生選舉的得力助手也都在裡面。選前他們的內部討論，對於郭先生是否參選也沒有定論。

過去臺灣選舉時的文宣大多傳統保守，但郭先生的文宣跳脫傳統，令人大感震撼。其中包括「不死的虎將，臺灣民意的領航者」、「老驥伏櫪，志在千里」。看到臺灣政論郭先生的文宣，至今回想起來仍十分感動，「老兵最後一戰，豈能任他凋零」。

臺灣民主新生代

那時田秋堇女士在臺大哲學系讀書，也因此把許多臺大的年輕人介紹給我認識。這些有理想的年輕人我當然要介紹給郭雨新先生認識，因為這樣的緣故，我與臺灣的新生代站在一起，並帶著他們與郭雨新先生、張俊宏先生以及《臺灣政論》的編輯群接觸，回想起來已過了四、五十年。這些年輕人，如今都不一樣了，照片裡瘦瘦戴眼鏡的是邱義仁，旁邊的是吳乃仁，田秋堇那時很年輕。雖然每個人日後的路線都不一樣，不過在那時，這些臺灣的新世代們，都參與了郭雨新先生這場立委的選舉，這個意義非常重大。

郭雨新先生與黨外青年朋友聚會。（前排中：郭雨新，前排右：邱義仁。後排右一：陳菊，後排右二：田秋堇）

選舉的打壓

那時郭先生在宜蘭的選舉，可以說遭到黨政軍全面封殺，軍人公然發送抹黑郭先生的傳單。我記得當時有一場在南方澳的演講會，南方澳的鄉親一直都很支持民主運動，那些軍人在現場周遭發送很小的傳單，內容說郭先生的女兒在中國，印滿抹黑、謊言、扭曲的文字。那時林義雄先生也在現場，我跟義雄兄說：「他們怎麼這麼可惡，毫不避諱。」義雄兄說：「這本來就是這樣，不然我們就去睡覺了，不用我們打拚了。」所以那個時候，田秋堇、謝文達、蕭裕珍、周宏憲、周婉窈等，這些臺灣新世代，每個人穿著大學生的制服來幫郭先生助選，我們在街頭發傳單，還會遭到警察公然干涉；有次林正杰帶著郭先生的競選團隊去板橋眷村還遭到攻擊。那個過程，現在看來，都是讓我們堅定臺灣民主這條路的過程和養份，政治在那個時候，就是這麼黑暗，我們一定要堅定臺灣自由民主這一條路。

郭先生在選舉時拜訪任何一個柱仔腳，只要郭先生一離開，情治單位馬上去找，因此即便僅是幫助郭先生，都承受著很大的壓力。除此之外，郭先生最重要的柱仔腳—張光熾先生因車禍過世。張光熾先生是郭先生很重要的左膀右臂，也曾經是宜蘭縣議員；另外還有一位賴茂輝先生，後來也因賣打字機、鐵櫃遭逮捕坐牢。這兩位是郭雨新先生身邊兩員最重要的大將，可以說是未來的接班人，也因此遭受國民黨政府的打擊。

1975年，虎落平陽

那場立法委員增額選舉是非常重要的，臺灣的新生代在這樣的民主洗禮下，對於政治參與的實務上有了更多的了解與感觸。投票當天，我回到宜蘭市郭先生的競選總部，位於宜蘭市西後街30號。郭先生當天並不在競選總部，而是在臺北等待選舉的結果。開票過程中，競選總部的電話應接不暇，到處都有人來通報說在做票。面對這樣的情況，我感到手足無措。記得有通電話說有群眾在包圍，快要暴動了，叫我趕快來。我去到壯圍十三股的現場，投票所被許多好朋友包圍著，不肯讓他開票，並說他做票。我一到現場，就要求重新檢驗，並在廢票中找出三百多張有效票。光一個票桶就有三百多張，但那時我們也沒辦法跑所有的地方，我們也沒有那麼多的人力去看有沒有做票。

我看過資料，我們的選區包含宜蘭縣、臺北縣和基隆市，宜蘭縣郭先生的得票數是八萬多票，林榮三則是十六萬多票。郭先生在宜蘭的得票數他們沒有公佈，但宜蘭有將近五萬張廢票。那時陶百川先生在自立晚報有寫一篇報導，說郭雨新先生有八萬多張的廢票，現在如果有機會，應該要去調查當時的廢票到底有多少。根據陶百川先生寫的文章，郭雨新先生得票八萬多，廢票八萬多張，所以郭先生落選的那一晚，所有支持者都很憤慨，並要我帶他們去選委會抗議。當下我打電話給姚嘉文律師，問他要怎麼處理。姚律師說，如果群眾要去，我們不可以阻擋，但他不贊成我帶他們去，因此我就跟所有的支持者說，「要表示抗議是你的權利，但是競選總部現在沒有人，只有我一個人在這，我要留守競選總部。」結果一群人跑去包圍了宜蘭選委會，後來被用消防車水柱沖散，沖散後一群人又回來競選總部，我們除了不平、難過，好像一點辦法都沒有，白白的看著這場選舉就這樣輸掉。民意站在我們這邊，但是投票的結果，我們就是輸。這場選舉，對郭先生、對臺灣民主運動，都是一場很大的震撼教育。我們那些當時參與的新生代，現在也都老了。

郭雨新先生在立委選舉時，情治單位是無所不在的。選舉期間去各地拜訪都沒有人敢放鞭炮，也沒有人會在候選人的宣傳車旁經過，那對候選人來說是非常落寞的。也因為如此，大多數宜蘭人都有一肚子說不出的鬱卒、滿腹火，所以當郭先生回到宜蘭的謝票時，晚會上的掌聲，就是所有宜蘭人的熱情，那感動至今我仍無法忘懷。那場在宜蘭的謝票遊行非常轟動，宜蘭人把選舉時所受到的壓制，透過那天的遊行、晚會充份的表示，我回臺北一個禮拜耳邊仍似有炮聲圍繞。遊行後，林義雄先生和姚嘉文律師為郭雨新先生提出選舉訴訟，後來姚嘉文和林義雄先生更把訴訟及整個選舉過程整理成一本書《虎落平陽？選戰、官司、郭雨新》，除了紀錄了我們如何被糟蹋，也是臺灣民主運動中第一本將反對運動、訴訟過程、歷史等等的匯集而成出版的書籍。

旅居美國

1975年增額立委選舉後，郭先生感覺在臺灣已沒有任何空間，再加上伯母先出國，郭先生也想去看在美國的孩子們，最終在吳三連先生、齊世英先生等人的幫忙下，歷經許多困難，終於在1977年獲得國民黨政府同意放行。

1977年出國時他非常失志，心情亦非常低落，又放不下對臺灣的關心。當天我送他到機場，在場有蘇秋鎮先生、蘇洪月嬌女士等等，我那時的心情非常複雜，因為我知道郭先生如果要再回到臺灣是很困難的，國民黨政府同意讓他出境，可不一定會讓他再回來。

郭雨新先生到美國時，海外臺灣人的運動發展已多元且複雜，那時郭雨新先生先後幫忙張金策先生、吳銘輝先生偷渡到日本，另外也對許多海外的臺灣運動者伸出援手。雖然如此，郭雨新先生在美國組臺灣民主運動海外同盟時，張金策先生則在臺獨聯盟，他也是海外第一個公開批判郭雨新的人，這讓我非常難過。

我1978、1979年，第一次去美國，就看到海外臺灣人的運動正在分裂，且互相攻訐。我認為，在臺灣每一個走運動路線的人，都有各自的角色，但最後應該都是殊途同歸，應該大家前進的方向都會一致。但是那時候我所看到的海外臺灣人運動，是互相競爭的。張金策公開批判郭雨新先生，這對臺灣人的運動是一個很大的傷害。當我到美國見到臺灣人的運動變得如此複雜，有說不出的沈重，因此那時我在臺灣可以做的，就是將臺灣的黨外運動讓海外知道，包括中壢事件、張富忠和林正杰合寫《選舉萬歲》等。但要如何把黨外活動的消息、相片送到國外呢？那時海外，包括很多在臺灣的外國人、神父、牧師，扮演著重要的角色。

這些相關的資料，會先送到日本，再送到在美國的郭雨新先生那裡。郭先生的大女兒郭惠娜大姐，昨天到監察院找我，把我五十年前寫給郭先生的資料給我。那時要聯絡並不這麼方便，要用很薄的紙，因為要說的事很多，字要寫得很小，並將紙張折得非常小，如此才有可能安全夾帶出關，我現在很訝異我怎麼有辦法寫那麼小的字。總而言之，那時的聯絡是困難的，並不像現在發生什麼事情，馬上就能將訊息傳送出去，且不受檢查及限制。

宣布參選臺灣總統

那時臺灣人要參選總統，比登天還難。

1978年郭雨新先生在海外宣佈參與選臺灣總統，並提出〈告臺灣同胞書〉，內容包含中央民意代表全面改選；解除戒嚴；司法獨立；開放報禁、黨禁；保障人權；釋放政治犯；要求總統、省長、臺北市長民選。如今這些追求都已實現，但在當時這樣的主張則是開端，後來美麗島事件的審判時，我們所提出的訴求與此也多數相同。或許有人會質疑郭雨新先生在美國宣布競選臺灣人的總統有那麼困難？在那時候是要殺頭的！但1978年郭雨新先生公開聲明要競選總統，並提出重要的政見，是明知不可為而為之，目的是要讓所有的臺灣人知道，臺灣人競選總統，只要法律上有這個資格，就應該是件稀鬆平常的事。如今，臺灣人選總統跟過去選總統已全然不同，感謝早年很多前輩的打拚。

結語

郭雨新先生在臺灣黑暗、困難的時候，他只要稍微願意妥協，不要說榮華富貴，但也不必受那麼多苦，不用到處受到打壓，但是他不願屈服，這點，我覺得是臺灣社會最要感念他的地方。而我認為，堅持臺灣民主的香火，是郭雨新先生對臺灣很重要的貢獻。

在那個黑暗的年代，許多與他同世代的前輩，由於不一樣的因素紛紛遠離，而郭先生願意堅持理想，與少數前輩一起，把臺灣人反抗的精神、臺灣民主香火傳承下來。我想，如果郭雨新先生當時選擇妥協，就沒有後來的新世代，沒有黨外的民主運動，臺灣也不會是民主轉型的典範，這會是臺灣歷史的悲哀。在那段歲月裡，我很感謝郭雨新先生，以我在他身旁十年的歲月，看他難過、鬱卒。雖能感同身受，但由於當時我還年輕，並沒有那麼深入的了解。現在我也有了年歲，回想他那時的心情，他那不願意妥協的堅持，並選擇將自己默默的流放，放逐到美國，並在美國受到張金策在臺灣人獨立運動裡面的攻擊，他老年心境肯定非常落寞。

但郭先生為臺灣民主的堅持，也為臺灣民主轉型埋下希望的種子，而最有意義的，就是為臺灣帶來嶄新世界的視野，並培養了臺灣的新世代，這其中包括邱義仁、吳乃仁、田秋堇、謝明達、蕭裕珍、周宏憲、周婉窈，黃毓秀、林正杰等。在那個時代義無反顧的投入民主運動，不管後面有多少的變化，至今仍有不少人持續在這條路上努力，雖然林正杰後來跟我們走上不同的路，但在那個爭取民主的過程中，他們都參與著臺灣重要的民主運動。

郭雨新先生在那個時代，承受著我們難以想像的打壓、攻擊、扭曲，他若一個不慎，隨時都有可能死無葬身之地。今天我能回來郭雨新先生的母校宜蘭大學，談論關於那個年代臺灣民主運動的前輩，他們的辛苦、努力，便是希望我們這一代的大家都要知道，民主不是天上掉下來的，是一代傳過一代，經過一代、一代人的犧牲受苦，才能成就今天的成果。臺灣現在仍面臨很多的困難，在座都是非常關注民主發展的人，希望大家珍惜郭雨新先生的精神，知道臺灣的民主自由，是很多人流血流汗、流亡在外回不到自己的故鄉，如此拚出來的，希望大家能珍惜。

再一次感謝游錫堃游院長，透過今天的學術研討會，讓大家知道，如今享受的自由民主以及臺灣的發展，更不能忘記為此流淚、家破人亡、犧牲的先賢前輩，在這裡跟大家說辛苦了，感謝大家，謝謝。

蔣渭水、郭雨新先生與臺灣民主發展

康寧祥

前言

越能深入了解過去，
越能正確預見未來。

The farther backward you can look,
the farther forward you are likely to see.

* 原文引自Running Press編，*The Quotable Winston Churchill: A Collection of Wit and Wisdom,* 2013年8月，Philadelphia, United States.
* 中文由敏洪奎先生翻譯。

蔣渭水先生與臺灣民主發展

蔣渭水年表			日本治臺年表	
年紀	西元年	經歷	西元年	歷經事件
出生	1890.6.24	蔣渭水出生。		
5歲	1895	日本入臺。	1895年 第1年	甲午戰爭後首任臺灣總督樺山資紀，動員5萬名以上部隊入臺鎮壓。
			1897 第3年	1. 樺山推動「六三法案」的立法，賦予臺灣總督享有六三法權發布命令的法律依據，讓總督專制得以落實，任意頒布各種嚴刑峻法，即是根據六三法案當中的第七條律令。 2. 為此廢除六三法案成為林獻堂等臺灣菁英推動臺灣民主的首要任務。直到1921年終於讓「法律第三號」取代「六三法案」，六三法案前後施行了長達四分之一個世紀25年。
			1898 第4年	9月10日武力抗日運動的鎮壓。 簡大獅等抗日臺灣菁英個個是土匪嗎？（附件一）
9歲	1899	授業張鏡光，漢學、扶鸞問乩。		
17歲	1907	就學宜蘭公學校。		
20歲	1910	就學總督府醫學校。		
25歲	1915	醫學校畢業。	1915 第20年	阿片專賣的財政收入，自1915年開始進入高峰達587萬圓，1918年增加到811萬圓。
26歲	1916	開設大安醫院。		
31歲	1921	創文化協會。		
		提出臨床講義（附件二）	1922	
33歲	1923	與蔡培火、陳逢源參與議會請願團。（附件三）		
37歲	1927	創民眾黨。		

蔣渭水年表			日本治臺年表	
年紀	西元年	經歷	西元年	歷經事件
		1.（經過33年的1960年雷震組黨被蔣介石命令不得少於10年以下徒刑）。 2. 我在1976年行政院的總質詢，面對蔣經國說，1927年臺灣人在日本統治之下蔣渭水已經組黨了，為何現今國民黨政府反而不可組黨？		
38歲	1928	組臺灣工友總聯盟。（附件四）		
40歲	1930	向瑞士國際聯盟檢舉日本總督府鴉片專賣，為總督府財政收入毒害人民。（附件五）	1930 第35年	1. 第四任總督兒玉源太郎的行政長官，後藤新平，決定在臺灣貫徹鴉片專賣。 2. 國際聯盟派員到臺灣調查。
41歲	1931	過世。	1931 第36年	

附件一　1898年9月10日，日人如何記戴簡大獅

上午十一時，彼等匪徒二百餘名，高舉被山風吹拂飄揚的大小旗幟，從容不迫的來到會場。下士以上，手舉槍、腰攜洋刀及日本刀，壯丁等則是身著新衫短褲草鞋的輕裝，腰部纏著彈帶、頭戴草帽、肩扛毛瑟、村田、施奈德槍等，手均持傘，大搖大擺；下士以上的指揮官有不少人面貌俊美，據說這是簡大獅以偵察有功，特別加以提拔的結果，著實令在場者為之一驚；在三名匪魁，林清秀年約三十七、八，長相溫和猶如紳士，劉簡全年約三十二、三身材矮小，但眼光炯炯有神，帶有少許威嚴；首魁簡大獅年僅三十上下，且身裁修長方臉、高頰、鼻扁大、嘴黑、表情十分沉著，輕鬆地穿著白紹上衣、紺褲、手無寸鐵，在手持槍隻的六名英俊年少下士保護下，直挺挺的站在長柄大傘下，在場的諸位一看之下，才知原來就是佯裝成苦力往來臺北城內，或是裝成講古學者，佇足在北門路西門街交叉口或人行道，為聚集的路人講古，從而偵察日軍動靜的那個人。不久，眾人一起在會場整隊，放眼望去，彼等有二百數十名武裝士兵，而我方包括守備兵一分隊在內，也僅僅四、五十名而已。[1]

〈宜蘭人的神格　尊嚴，令日本人驚嘆！〉

1 冢山覓夫原著，楊鴻儒等譯，《日本統治下的臺灣民族運動史（上）》，1989年7月，日本中央經濟研究所發行。**第五節〈武力抗日運動的鎮壓〉，p.289倒數第五行1898年9月10日對簡大獅有這段的記載。**

附件二　1921年臨床講義

關於臺灣這個患者

姓名：臺灣島

性別：男

年齡：移籍現住址已27歲

原籍：中華民國福建省臺灣道

現住所：大日本帝國臺灣總督府

地址：東經120～122度，北緯22～25度。

職業：世界和平第一關的守衛

遺傳：明顯地具有黃帝、周公、孔子、孟子等血統。

素質：為上述聖賢後裔之故，素質強健，天資聰穎。

既往症：幼年時，身體頗為強壯，頭腦明晰，意志堅強，品行高尚，身手矯健。自入清朝，因受政策毒害，身體逐漸衰弱，意志薄弱，品行卑劣，節操低下。轉居日本帝國後，接受不完全的治療，稍見恢復，唯因慢性中毒達二百年之久，不易霍然而癒。

現症：道德頹廢，人心澆漓，物慾旺盛，精神生活貧瘠，風俗醜陋，迷信深固，頑迷不悟，枉顧衛生，智慮淺薄，不知永久大計，只圖眼前小利，墮落怠惰，腐敗、怠慢、虛榮、寡廉鮮恥、四肢倦怠、惰氣滿滿、意氣消沉，了無生氣。

主訴：頭痛、眩暈、腹內飢餓感。

最初診察患者時，以其頭較身大，理應富於思考力，但以二、三常識問題試加詢問，其回答卻不得要領，可想像患者是個低能兒，頭骨雖大，內容空虛，腦髓並不充實；聞及稍微深入的哲學、數學、科學及世界大勢，便目暈頭痛。

此外，手足碩長發達，這是過度勞動所致。其次診視腹部，發現腹部纖細凹陷，一如已產婦人，腹壁發皺，留有白線。這大概是大正五年歐陸大戰以來，因一時僥倖，腹部頓形肥大，但自去夏吹起講和之風，腸部即染感冒，又在嚴重的下痢摧殘下，使原本極為擴張的腹壁急劇縮小。

診斷：世界文化的低能兒。

原因：智識的營養不良。

經過：慢性疾病，時日頗長。

預後：因素質優良，若能施以適當的療法，尚可迅速治療。反之若療法錯誤，遷延時日有病入膏肓死亡之虞。

療法：原因療法，即根本治療。

處方：正規學校教育最大量

補習教育最大量

幼稚園最大量

圖書館最大量

讀報社最大量

若能調和上述各劑，連續服用，可於二十年內根治。

尚有其他特效藥品，此處從略。

大正十年十一月三十日　主治醫師蔣渭水

附件三　1923年赴東京宣傳「議會請願」

1923年「臺灣議會設置請願團」代表蔣渭水、蔡培火、陳逢源抵達東京，與在日留學生會合，大規模遊行東京街頭，人人手持「自由」、「平等」、「正義」小旗外，謝文達駕駛臺人募款購買的「臺北號」飛機，從空中揮灑臺灣議會宣傳單二十萬張、五種色彩，為遊行掀起高潮。

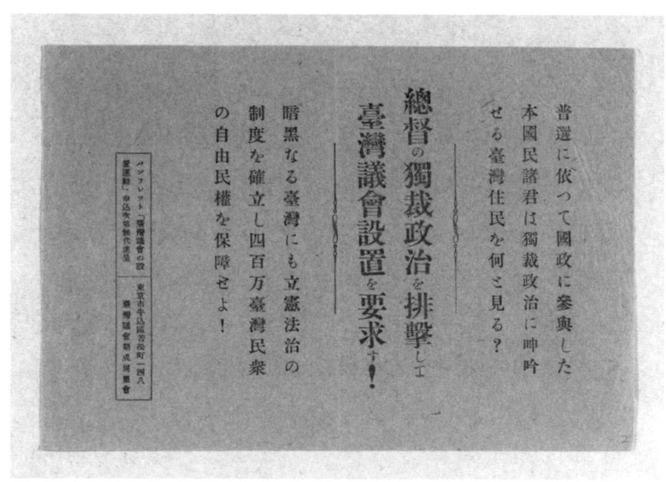

普選に依つて國政に參與した本國民諸君は獨裁政治に呻吟せる臺灣住民を何と見る？

總督の獨裁政治を排擊して臺灣議會設置を要求す！

暗黑なる臺灣にも立憲法治の制度を確立し四百万臺灣民衆の自由民權を保障せよ！

パンフレット「臺灣議會の設置運動」申込次第無代進呈

東京市牛込區若松町一四八 臺灣議會期成同盟會

左：1920年10月17日謝文達及其座機「伊滕式惠美五型機」攝於台中練兵場。
　　照片來源：謝文達孫女謝安莉女士提供。
右：謝文達駕駛臺北號在東京撒下的議會設置請願運動傳單。
　　照片來源：許明淳導演提供。

附件四 1928年工友總聯盟

臺灣民眾黨於一九二八年二月十九日，糾合工友會二十九個會和組合員六、三六七名，組成臺灣工友總聯盟。其情況如下。

臺灣民眾黨領導者蔣渭水，於一九二七年結黨後，依其黨綱及政策，督勵各幹部及支部幹部的同時，本身也巡迴各地，召開演講會或座談會，戮力宣傳運動，稱為民眾解放運動前衛隊，支持遂行民眾黨目的的中心勢力，開始進行勞動爭議的啟蒙指導，以及為了組成勞動團體的活動。

於是自結黨以來，包括臺北各地陸續以工友會之名組成勞動團體，啟動臺灣文化協會勞動運動領導的機先，獲得顯著的發展。這些勞動團體泰半以市井的中小工業從業勞動者或店員等為中心，無法擴及大工廠、礦山及官方交通運輸從業員等其組織迅速擴大。同時，在民眾黨內和蔣渭水對立的右翼幹部，對蔣渭水等領導勞動運動十分不悅，因此受到不少抵制，蔣渭水一派，隨著工友會組成運動的進展，為了強化統一和領導、訓練，以及加強對黨支持的運動，於是提倡組織工友聯盟，進行綱領規章等提案以及其他準備，領導下的各公有會幹部，且獲得共贊同，1928年2月19日，於臺北市大稻埕蓬萊閣舉行工友總聯盟的成立大會。

當時加盟成立大會的工友會名稱如下：

蘭陽總工會	基隆船炭工友會
基隆運送從業員組合	基隆木石工友會
基隆店員會	基隆洋服工友會
基隆行商自治會	基隆土水工友會
基隆砂炭船友會	臺北印刷從業員組合
臺灣塗工會	臺北土工工友會
臺北土水工友會	臺北石工工友會
臺北店員會	臺北洋服工友會
臺北秤茶套紙工友會	臺北採砂石船工友會
臺北製餅工友會	桃園木工工友會
新竹土工工友會	豐員店員會
臺南機械工友會	南部印刷從業員會
臺南木材工友會	臺南土水工友會

臺南店員會　　　　　　　　臺南勞工會
高雄機械工友會

以上共計二十九團體，其代表一百十二名，以主辦者立場出席的人員有蔣渭水、黃周、蔡式穀、彭華英、王鐘麟、郭發、張晴川、吳清海、杜啟塗、謝春木、林呈祿、盧丙丁。出席者總數，包括來賓和出席的島內各團體代表等約達三百名。

為了出席成立大會，中南部工友會代表於該日上午抵達臺北站，此時蔣渭水以下臺北地方代表大舉前往車站歡迎，更於該日下午一時以四十一部汽車在臺北市進行示威遊行，於民眾黨本部、臺灣民報社、印刷從業員組合及蔣渭水的住居、萬華民眾講座前燃放爆竹，在會場前樹立「歡迎臺灣工友總聯盟」的大字布幕，且進行紀念攝影等，氣勢盛大，至午後三時才開會。[2]

---

[2] 象山寛夫原著，楊鴻儒等譯，《日本統治下的臺灣民族運動史（下）》，1989年7月，日本中央經濟研究所發行。第972頁第7行到第974頁倒數第11行。

附件五 1897年總督府發布鴉片專賣的「臺灣阿片令」

明治三十年一月二十一日臺灣總督府以律令第二號發布「臺灣阿片令」，到三月以府令第六號訂定「臺灣阿片令施行規則」，將鴉片分為生鴉片、鴉片煙膏及粉末鴉片，後兩者由官方販售，粉末鴉片主要是做為醫療之用。由官方製作鴉片煙膏則作為吸食之用，依其價格分為三種等級，需要特許由「阿片煙膏元賣捌人」（經銷商）、「阿片煙膏仲賣捌人」（中盤商）和「阿片煙膏請賣捌人」（零售商）來申請販賣。其他有關鴉片營業的商人，還有「鴉片煙吸食器具製造販賣人」、「鴉片煙吸食器具請賣人」、「鴉片煙吸食所開設人」，都必須向地方官廳申請取得「特許鑑札」，繳納特許費，才能作有關鴉片的生意。有煙癮的鴉片吸食者必須附上地方官廳指定醫師證明書，說明一日用量，向地方官廳申請吸食許可證，許可證發下須繳三十錢，購買或吸食鴉片時必須攜帶許可證及「通帳」（摺子），由零售商將煙膏種類、數量、價格、購買時間等填入。

於1930年1月2日由蔣渭水的十七歲學生兒子蔣松輝拿去電報局，趁著晚間英文發報員下班後，送至電報局。

1. 於1月4日早上八點成功地配送日內瓦國際聯盟。
2. 根據《臺灣民報》電文內容為「日本政府這一回特許對臺灣人吸食阿片，乃是人道上的問題，並且違反國際條約，對右記政策的遂行，請速速阻止之。代表臺灣四百萬人之臺灣民眾黨。臺灣人群起反抗。

郭雨新先生與臺灣民主發展

一、54年前（1969年12月）在臺北新公園音樂臺前，臺北市議員公辦政見會上，和郭先生第一次見面。

二、二年後為候選增額立委，郭先生介紹我認識齊世英立法委員，才能深入了解那個終身不改選的立法院。

三、48年前（1975年）申辦「臺灣政論」，需要提供40萬保證金，郭先生幫忙籌措，才能順利出刊，同年11月，「臺灣政論」遭永久停刊。

四、50年前（1974年）郭先生參選立委

1. 郭先生參加「北臺灣」立委大選，現任監察院陳院長帶領臺大的青年學生大力助選。
2. 郭先生不幸落選，林義雄、姚嘉文兩位年輕律師，為「虎落平陽」上法庭辦護。

五、46年前（1977年4月17日），在親友的惜別下，郭先生離開臺灣，赴美與長年無法相聚的子孫相聚。

六、停留美國期間，不忘在臺灣社會人民的思念和期待。

1. 創辦〈「快訊」双週刊〉現任監察院「陳院長」得到艾琳達的大力相助，掀起了北美洲和臺灣社會的政治騷動。
2 組織「臺灣民主運動海外同盟」，促成北美臺灣人社群的團結。
3 組織「臺灣多數人政治促進會」

Majority rule movement.

Majority rule: a system of government in which every person in a country has the right to vote and the group which wins the most votes has power

多數統治：指一個國家的全體人民有投票權，由在選舉中獲多數票的團體執政。

七、45年前，（1978年初）郭先生宣布與蔣經國競選總統，希望凸顯：臺灣人不必永久做奴才，也可以立志做總統。

八、44年前（1979年底），臺灣發生美麗島事件，郭先生海外同鄉團體共組〔臺灣建國聯合陣線〕。

九、39年前（1984年7月14日）我立委落選，前往紐約哥倫比亞大學短期進修，

適時前往mary land州、新港參加76歲的郭先生和69歲的郭夫人50周年金婚紀念典禮，在優雅的音樂聲中，由四位孫女充當花童，緩步走入教堂，此時氣氛令人歡欣感動。

十、同年11月，我和郭先生一齊參加在紐約一場亞洲學會東亞分會舉辦的中國前途討論會。

十一、38年前（1985年8月2日）郭先生在華府病逝，一身傲骨的郭雨新先生，終於回到故鄉。我為尊敬的歐吉桑最後做的一件事，協助他的大體順利入關回臺，讓家鄉父老可以瞻仰他的遺容。

附上：郭先生在1964年9月臺灣政論第二期專論〈談促進議會功能與社會和諧〉。

省議會五虎將（左起：郭雨新、吳三連、郭國基，左後：李萬居、李源棧）

附件 談促進議會功能與社會和諧

前言

退隱議壇之後的幾年，可以說是我一生精神上感到最清逸灑脫的幾年，子女都已長大，多數也都成家，外務減少可以有比較悠閑的時間和心情冷靜的來思考許多問題，年齡的增長常感體力不如當年，但那麼長的時間，看過那麼多的世事，眼看很多事不斷在進步，卻還有更多的事，到今天還是不斷的在錯誤的旋窩裡循環追逐，內心常有無限的感觸：何以人們常常忘卻了歷史，而不斷地重蹈歷史的錯誤？

一生從政都在議壇，由省參議會、臨時省議會到省議會，那麼長的代議士的生活，使我有機會體驗到每一個階段極為強烈的差異，在那裡也可以深沈的呼吸到時代變化的氣息，更可以感覺到政治隆替興衰的脈膊。

藉著「臺灣政論」的創刊，使我想到將幾年沈思所得一系列的整理出來，這幾年尤其有一種強烈的意念，省參議會時代留下來的人已所剩無幾，尤其能自由發言的人恐怕更屬稀少，假如我再不藉此機會寫點東西的話，我擔心，這一段臺灣議會政治史上最輝煌的一頁歷史將會被後人完全遺忘。

很多人說，臺灣民主政治是進步的，在有些範疇裡可能是的，譬如說民智的提高，對民主認識等，但以一個代表省級最高的代議機構來說，我卻眼睜睜地看著它的功能一代一代地退化，坐在那裡的代議士們也一代不如一代，雖然他們的學歷不斷的提高，但作為一個民意所付以重託的議士道德勇氣和氣概，卻不知怎麼地不斷的衰退，當我不停止的為選民奔波的時候，我未曾去這些問題，這些年來，當我冷靜下來的時候，我已慢慢獲得了清晰的概念，雖然我在省議會的時代遠比在省參議會的時間更久更長，但直到今天最令我夢寐想念的還是那一段的日子，當時臺灣社會委實還是正義支配的時代，而省參議會則屬於全省正義力量的核心，一個可以讓正義抬頭的社會，很自然的便是一個令人心悅誠服的和諧的社會，然則為什麼這個力量在當時的社會可以被容許存在，他們如何能存在，今天則何以不能存在，不存在之後其後果如何？這種力量的存在到底有沒有害處，假如沒有害處則何必加以摧殘？這些問題只有當冷靜地舖陳比較之後可以獲得更明確的答案。

一、臺灣自然領袖創造的和諧

光復後到民國40年的五年間，這是臺灣議政史上兼接選舉得階段，當時的臺灣參議會的議員仍是由各縣市參議員循間接選舉的方式產生，計有三十名，以後陸續由國府以遴選方式遴定十人。光復後初次實施民主，不管是政府與民間都是以相當嚴肅認真得心情謹慎行事，雖然採用間接選舉，而且又加上政府的遴選，但所選出的人選毫無疑問的都是一時之選，己乎清一色都是當時社會中最被敬仰的自然領袖。這時的臺灣還是八縣市的時代，最早的選舉是由村里民大會選舉鄉鎮民代表，再由鄉鎮民代於35年4月選出全省523名縣市參議員。一層一層的選舉，那麼的循規蹈矩，光復後的社會民性單純素樸，民風善良，加上農村社會的和諧，雖實行間接選舉，但多屬選民仍主動的推選出他們心目中早經認定的自然領袖，沒有競選激烈的競選活動和宣傳，純樸的選民也很自然地極為珍惜祖先們在日本統治下爭取數十年而不可得的選舉權，首次享受民權，他們主動積極地運用他們的選票選出了存在他們心目中的領袖，沒有賄選，沒有傾軋，而且當選者幾乎都是被動被推選出來的，此外說來也許是令現代人驚異的是：在這個時期中執政黨從未採取任何卑鄙的手段來為黨員輔選，幾乎可說完全放任素樸的選民去選出他們自己想選的領袖，不僅不動用公務員軍警特攻人員去輔選，在投票過程中也未聞有換票櫃、造廢票、虛報票數等特技，對非國民黨人士更是禮遇尊重有加，不僅從未實施脅迫離間迫害等手段，即使使用傳播工具去影響選民決定的做法都做得極為謹慎。此時不僅民風純樸善良，更可貴的是執政者也知道珍惜這種極寶貴的和諧，不敢稍用不見天日的手法來污染這種純淨的社會。整個得來說，這個時期的地方政壇是免於汙染的，高度的地方自治由於受到相當尊重的結果，所產生的自然領袖也在高度自愛自重之中成為地方正義的代表者和維護者。

當時間接選舉所產生的參議員，可說網羅了光復初年臺灣社會中最卓越優秀的人物，後來加上官派遴選人物，同樣的也都屬一時之選，臺灣首次實施民主政治，此時所選出來的人物可說仍是一幀史上首開的奇葩。大體而言，此時所選出的社會領袖包括有幾種類型：高級智識份子、地主、日據時期為臺胞利益奮鬥的政治鬪士，其中有一部份則曾遣返大陸從事運動的志士。高級智識份子如李萬居、黃朝琴、劉明朝、劉闊才、林連宗、丁瑞彬、郭國基、劉兼善等；大地主如黃純青、洪火煉、林為恭等；抗日鬪士如李友三、林日高、李萬居、林獻堂、洪約白、韓石泉、對地方貢獻頗多的份子，如：殷呂魁、馬友岳、林世南、劉傳來、李崇禮等。

不論他們的出生如何教育背景如何以及士民選還是官派，這些參議員的共同特色幾乎清一色是地方上令人信服的人士，對地方的影響力和代表性都是非常強烈的，不僅民眾選出他們，執政者的遴選也知道遷就和尊重這種既成的領袖。

二、自然領袖和聽話領袖的功能

在此最值得討論是：要達成地方和諧和團結，到底是遷就地方自然領袖好呢？還是另行製造完全聽命於黨的黨幹，用以打擊和消滅地方的自然領袖，假設黨所塑造的「黨造領袖」可以被地方完全接受的話也尚無不可，事實上要地方完全接受的話也只有遷就地方的人才標準，拔舉地方既有的領袖一途，可惜以後幾個階段用人舉才的方法常常拂逆道個時期所遵循的原則，黨似乎常常自作聰明的以為他可以代替大眾選擇如意郎君，結果女婿只有符合母娘的味口，丈母娘雖能與之水乳交融，女兒並沒有接受他，其在家庭所產生的後患當然可想而知，這種情況最足以說明此時執政黨的人才政策和當今的府會關係，我們常說執政黨為什麼和群眾脫節？理由很簡單，他並不能尊重女兒對夫婿的決定權，並不願接受兒女們所屬意的對象，多少年來一切的爭執，甚至於反目，更甚而至於造成多少暴戾不安之象都是由這裡所引發的。

其實許多具有現代觀念的父母，他放任子女去選擇對象，然後接受他，這不是創造家庭和諧之源嗎？就如同我的幾個子女，他們都已成家，沒有一個他（她）們所自行選擇的對象我們兩老不接受的，其中有一個兒子他顯然選得並不滿意，但也因為自己自由意志所選的，他無法把責任轉嫁給父母，這種好處是他必須自行承擔責任，自行去調整，不會專心於怪罪和怨尤他人這是使得家庭氣氛能維持得和諧和圓滿的要訣，道理本來如此的簡單，卻仍有不少愚蠢的父母反其道而行，使得原可平安無事的家庭弄得暴戾不堪。

齊家如此，治國平天下的道理想也是如此，省參議會時代也就是這種觀念最具體化的實現。

三、無黨派的成見只有是非和公理

（一）人才不分內外

當時人才的拔擢不僅沒有任何黨派的成見，既使在參議會執行職權的過程中也絕無派閥的成見，這是一個只論是非、只問才能、而不問黨派的時代，當年我初入參議會時才四十歲，趕上正逢選駐會委員，洪火煉時年五十，告訴我：「你太年輕選不上的!」結果出乎意料我以最輕的年齡和年資當選了，支持我的多數還是國民黨的同事，這種現象絕不是現在所能容許的。

（二）發言權何妨放寬

在當時省參議會的質詢，是沒有時間的限制，更須有議員爭先恐後發言的現象，大家都謙虛的彼此禮讓，若有重要政策的質詢，亦能協力支持，例如由民社黨遴選的謝漢儒議員，向當時最紅、最有力的生產管理委員會主任委員尹仲容的質詢，連續長達一百多分鐘，國民黨籍的黃朝琴議長隨即宣佈規定下午六點閉會的時間延長到七點，使在野黨的謝參議員順利進行質詢，場面非常緊張熱烈，全體議員靜肅聆聽沒有一人離席，這種歷史性的一幕，迄今仍令我懷念不已。然成立臨時省議會以來，常常發生爭奪搶先質詢，以致才改為配給時間，開始每個人的總質詢先為四十分鐘，最近幾年則改為30分鐘，雖然縮短時間，但議員之間不分黨內外，可以彼此借調時間，例如李源棧議員，曾經借了兩位議員六十分鐘，再加上自己三十分鐘，而進行堂堂皇皇的90分鐘向周至柔主席質詢，後來國民黨仔限制國民黨籍的議員不能讓出時間給黨外議員詢，限制發言，是愈嚴厲，但此時黨外議員仍可彼此將時間互讓，不久，變為嚴格規定每個議員可以放棄自己的質詢的時間，不能彼此相讓，總質詢時間為三十分鐘，各廳處首長每人十五分鐘，包括答覆的時間，有些首長故意拖延答詢時間，以致議員的質詢問題不能達到全部問題的十分之一，如此限制重重，議員們如何向選民交待？每思及此事，我真感到萬分沈痛，我常想執政黨為何需要這麼嚴厲的牽制議員們的發言，使這些議員不能為民喉舌？事實證明黨內外有心為國家、為百姓發言的議員已感憤激和失望？為什麼在省議會也不能說出點不同的意見，也不能批評政府措施？神都未必萬能，何況政府官員也是血肉之軀。接受批評可以免於錯誤百出，更可以協助政府維護官紀官常使免於腐敗覆亡有何不可呢？

最近行政院院長曾說：「希望聽不同的意見，而且還要聽反對意見」我有點受寵若驚之感。不知黨政人員能否遵照院長的換示一體辦理或者又是「上面的人是好的，壞的是屬下的」好還是好在上半段，底下人還是壞的？

（三）為公理正義而聯署

議會的提案須有人連署，以今日省議會來說，一個黨外議員的提案絕對難得一個國民黨議員的連署，但以當時的省參議會來說，許多黨外議員的提案只問是非，絕沒有人問你是黨內外。以我個人的提案，連署的多數都是國民黨員。三十九年十二月我提案土地銀行與合作金庫合併組織農民案，當時為我連署的國民黨議員有：馬有岳、殷占魁、林世南、還有民社黨的謝漢儒。無黨無派的郭國基議員於民國三十九年六月提案請政府正式成立省議會普選省議員及省長，這是一項相當具有挑戰性的提案，結果仍然有國民黨員林壁輝議員連署，事後也未聞林議員接到警告的事。同年郭國基提案：請中央如期改選臺灣籍立法委員，以當時而延期挑戰性更大，但連署人中國民黨員有：楊天賦、林世南、林為恭、林壁輝和殷占魁，這些國民黨員所支持的，不是黨外議員而是支持一種是非和公理，假如與今日省議員相比，當年的國民黨議員所擁有的乃是他們服從良知和正義的權力，今日的國民黨省議員則幾乎只有服從黨書記的權力。

這種例子真是不勝枚舉，幾乎所有黨外議員的提案都有許多國民黨議員的連署，這是造成黨內外一團和諧的主因，不僅如此，提案的通過，也從未以黨籍而有所區分，以我的提案多數都獲得通過，少數沒通過的，也都是對事不對人，郭國基有關立委改選的提案，也通過了，而且是：「送請政府研究辦理」！語氣還是如此的肯定。郭國基還有另一個提案，建議政府「出兵佔領琉球」案，結果被否決，郭議員有大砲之稱，他事後也沒聽他有任何抱怨，理由很簡單，參議會裡有足夠令人信服的民主風氣，一種凜然的正義所領導下的議會，議員們很自然的每一個人都有高度的自愛、自尊，和自律，沒有人敢明目張膽公然的為私利而奔波，議會的功能所以能發揮得如此圓滿議員本身的素質是一個重要的因素，而議員們所以能夠成為他們自己良心與道德的主宰者，主要因為他們在當時的社會中每一個人都具有堅實的群眾基礎，他們既然都是長久即已存在的自然領袖，他們是比較可以有恃無恐地站在民意的一邊，更由於執政者能夠不打擊他們而且進一步地確認他們，也使得執政黨和民眾之間獲得了一條暢通的管道和橋樑，由於議員們都可以充分表達他們的意見，議會功能可以充分地發揚，所以當時的出席率幾乎是超過百分之九十，今天許多人在討論省議會出席率太低，卻很少人真正去認真追究出席率低其背後最根本的因素是什麼？一個不能充分表現議員個性、意見的議壇，發言之後又無任何傳播工具可以報導的議會，是壓根兒無法鼓勵議員去出席的，研究議會問題的人不能不重視這種根本的因素。

四、結論

發揮議會功能只會促進和諧

議會功能的充分發揮，除了參議員個人的因素之外，一項不能忽略的因素是議長黄朝琴的貢獻，首任議長黄朝琴，雖屬國民黨籍，但他以他的聲望、地位和智慧，使他開創了議會高度獨立的功能，許多不必要的來自政黨方面的干擾和壓力都在他肩膀承擔下來了，他的認識、他的智慧，使他真正的成為議會中黨內外的領袖，以後的幾任議長，雖也為努力地想繼續維護議會超然監督和制衡功能，但由於政治環境，政黨政治認識和智慧的變化，省議會當年的地位和功能已經不再可能維持，不但如此，當年極力在撐持議會功能的所謂議會五虎將、七君子等，不僅已從議會裡隱跡消失，而且每當緬懷他們當年正義公理義無反顧的貢獻，而今體念他們凋零淒滄的晚景和下場，不禁悲從中湧……

幾年來不斷在內心盤旋的一個難以解決的疑團是：一個可以為群眾所接受的人，可以道出大眾心聲的人，接受他，甚至曲從他，到底會有什麼弊害呢？省參議會時期包容了全省英豪精英，不僅沒給後世帶來任何重大的弊害，反而創造了當時社會相當完美的和諧，進入省議會時代，雖然執政達成了絕對操縱的目的，但冷靜以觀，到底得到什麼好處呢？民意逐日脫節，民心與日疏離，讓多少志士流落於曠野怨歎，何以如此，何需如此，每憶及此，都有百思不得其解之惑。

——〈臺灣政論〉

結語

番薯不驚落土爛

只求枝葉代代傳

和游院長同時選省議員的好友，臺南縣出身的謝三升省議員的第一張傳單：

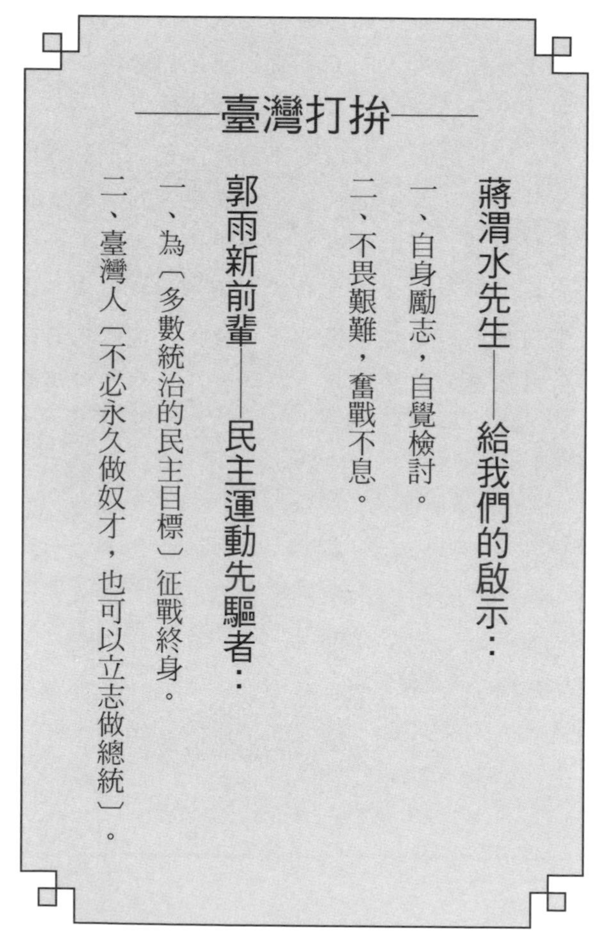

——臺灣打拚——

蔣渭水先生——給我們的啟示：

一、自身勵志，自覺檢討。

二、不畏艱難，奮戰不息。

郭雨新前輩——民主運動先驅者：

一、為（多數統治的民主目標）征戰終身。

二、臺灣人（不必永久做奴才，也可以立志做總統）。

簡大獅與臺灣武裝抗日的歷史記憶*

陳志剛

摘要

簡大獅為日治初期臺灣北部武裝反抗運動的著名領導者。本文探討了20世紀居於臺灣的在臺日本人、外省人、「半山」與臺灣人，乃至旅日本臺灣人對於簡大獅與其參與的武裝抗日運動的論述。

本文發現，對於日本人而言，簡大獅是值得畏懼，乃至感到敬佩的存在。戰後的外省人裡，既存在著提起簡大獅以將臺灣人納入中國革命史觀的人們，也存在著陳儀一般完全否定臺灣人抵抗過往的存在。戰後初期的臺灣人面對陳儀等國民黨人的敵視，提起了20年代以降的反殖民運動作為辯駁的証據，但並未注重武裝抗日的過往。

二二八事件後，外省人與半山重提簡大獅等臺灣武裝抗日的過往，試圖將臺灣人再次納入中國人的範疇。臺灣人則透過歷史書寫，將簡大獅放入日治時期反殖民運動史的脈絡討論，在這背後可能有著傳承臺灣歷史的想望。此外，戰後居於日本的臺灣獨立運動者也注意到簡大獅，並將其當作思考臺灣歷史、當下與未來的重要指針。

綜上所述，縱貫整個20世紀，無論是對於日本人、戰後的外省人、半山，

* 筆者曾在2020年3月於國立臺灣大學歷史學系出版之期刊《史繹》第40期發表〈從「土匪」到「中國民族主義者」：簡大獅的形象與20世紀前期的臺灣與中國社會〉一文，並在2023年5月受邀於「臺灣民主蘭城尋蹤」研討會上分享該論文之內容。經筆者在研討會舉行前進行事前確認，國立臺灣大學歷史學系《史繹》之編輯與研討會主辦方皆同意且知悉筆者將發表與《史繹》論文完全相同的內容。而筆者在該研討會上以「是土匪還是愛國者？日治臺灣人與民國中國人眼中的簡大獅」為題進行分享，而分享內容與前述刊於《史繹》的論文完全一致，筆者在附在研討會手冊裡的文章首註裡亦標示文章內容與《史繹》論文完全一致，並附上原文的出處。改題乃是出於想讓研討會的聽眾更能掌握報告內容，並無意圖讓人誤以為這是一篇新的論文。惟經與會者指正，即使已經進行自我揭露，此舉仍有讓人誤會之虞。因此在本次出版之論文集中，筆者乃趁此機會撰寫一篇與《史繹》論文內容完全不同的全新論文，如此一來，應不再會有使人誤會之虞。最後，筆者在此感謝幾位與會者惠予寶貴意見。

或是臺灣人，簡大獅與臺灣人武裝抗日的過往，都成為論述臺灣歷史時的重要對象。這些論述都含有著明確的政治意涵：將臺灣納入中國人的範疇、追求臺灣獨立自主的願望，或是傳承臺灣人歷史記憶的願望。

關鍵詞：簡大獅、在臺日本人、二二八事件、《臺灣省通志稿》、在日臺獨運動

一、前言

簡大獅為日治初期臺灣北部武裝反抗運動的著名領導者。他在1898年曾一度歸順於總督府，但同年底再次起兵反抗，兵敗後逃至清國廈門，但在日方與清國合作拘捕下，被送還至臺灣，於1900年遭到處刑。[1]

時至今日，簡大獅往往被視為著名的「抗日運動領袖」，甚至被某些人視為「抗日英雄」。對此，筆者曾指出在20世紀前半，簡大獅在臺灣曾被不同的人，以不同的出發點予以不同的評價。有人視簡大獅為擾亂地方秩序的土匪，也有人對簡大獅抱以同情之意，並以此批判日本對臺灣的殖民統治。與此同時，隔海的中華民國則隨著日本入侵愈演愈烈，開始將簡大獅視為中國民族主義的臺灣代表，予以高度肯定。[2]

在本文中，筆者將進一步探討20世紀期間，來到或居於臺灣的人們如何看待簡大獅這個人、如何對簡大獅進行書寫與再詮釋。這些人們包括20世紀初期來臺的日本人、戰後的外省人、半山、臺灣人（本省人）等等。同時，筆者將討論這些不同的人們討論簡大獅這號人物時，背後的政治意涵，或是意圖傳承臺灣歷史記憶的想望。

二、同時代日本人眼中的簡大獅與臺人武裝抗日

（一）侵臺日軍的驚懼與敬佩

日清甲午戰後，日本根據條約取得臺灣，但隨即面臨征服臺灣的挑戰。當時，日本帝國陸軍近衛師團與第二師團先後被派往臺灣。同時，也有不少日本記者跟著軍隊來到臺灣，將戰況傳回日本本土。透過他們撰寫的報導內容，可以得知當時的日本人是怎麼看待臺灣人的武力抵抗活動。

值得注意的是，日本第二師團的根據地是位於日本東北地區的仙臺，以東北出身者作為士兵來源。[3]由於東北地區在戊辰戰爭中站在明治政府的對立面，且

1　關於簡大獅的生平，可見陳怡宏，〈忠誠與反逆之間——1895~1901年間臺北、宜蘭地區「土匪」集團研究〉（臺北：國立臺灣大學歷史學系碩士論文，2001年），頁11-12。

2　陳吉剛，〈從「土匪」到「中國民族主義者」：簡大獅的形象與20世紀前期的臺灣與中國社會〉，《史繹》第40期（臺北：國立臺灣大學歷史學系，2020年3月），頁143-167。

3　〈師團一覽1〉，《国史大辭典》（2023年5月23日瀏覽，瀏覽自JapanKnowledge Lib）。

氣候寒冷，在明治維新之後，東北地區往往被視為落後、後進的區域，甚至遭到日本其他區域人們的異樣眼光。[4]這些來自日本東北、不時遭到歧視的的人們如何看待臺灣人，也可以從這些報導中看出一些跡象。

創立於1883年的東北報紙《奧羽日日新聞》[5]曾在1895年間密集報導關於臺灣戰況的新聞。根據陳怡宏的觀察，《奧羽日日新聞》的報導除了記者的觀察外，還刊載不少從軍者的家書原文，留下了軍方紀錄中無法看到的從軍者當下的想法。陳怡宏指出，這些日本軍人除了害怕敵人與傳染病，也有不少對於敵軍英勇的敬意。[6]

例如，下面這兩則報導便指出臺灣人反抗日軍佔領的行為極為勇猛，毫不畏死，且與日清甲午戰爭時清國本土人民的行為有天壤之別，令日軍感到驚訝。

> 有一、二煽動者，土兵即襲擊，故對形跡可疑之當地居民，殺戮不留，或有過於苛酷，然事非得已。概當地居民與清國盛京省等非同可比，敏速且有膽量，如人人視死如歸，因此使熱心戰鬥之國人吃驚。[7]
>
> 然此般當地居民雖同支那人辮髮，其氣概卻與支那內地人有天壤之別。彼等動作敏捷，天性斗膽，毫不畏死，各個頗為相互合作。誠如此次彼等預先組織臺灣義民團，空出己宅，藏匿妻子於山間巢窟，抵抗我軍至死而後已。[8]

除此之外，抵抗日本入侵的臺灣人被捕而面臨斬首命運時，時常展現毫不畏懼的態度，這也令日軍感到訝異與感佩。而臺灣人展現出對於日軍的敵愾心，也令日本人感到恐懼。這可以從以下三則報導看出。

> 屢報臺灣匪徒中當地居民之頑強，日前於大姑陷掃蕩匪徒時，俘虜一百十數名當地居民兵，押至臺北總督府前，雖經種種審問皆頑強不肯吐實，其中六、七名，似如文天祥死亦不食日本粟，絕食數日終餓死。其他十數名

4 川西英通，《東北史論：過去は未來に還元する》（東京：有志舎，2021）。

5 〈奧羽新聞〉，《国史大辭典》（2023年5月23日瀏覽，瀏覽自JapanKnowledge Lib）。

6 陳怡宏編，《乙未之役外文史料編譯（一）》，（臺南：國立臺灣歷史博物館，2018年），頁16。

7 〈臺灣近信〉，《奧羽日日新聞》，1895年9月3日，第2版。

8 〈臺灣の情勢並戰況〉，《奧羽日日新聞》，1895年8月1日，第2版。

破壞獄房屋頂棚逃走，剩八十餘名，遭我軍日日審問，亦緘默不答，試以威嚇手段，但言語不通，遂拔刀作斬殺狀，則彼等伸出頸項，逼以速斬首狀，我審問官亦大感疲倦。[9]

於此令人驚恐之處，乃彼等之敵愾心也。稱大沽關之地，縱十二、三歲之少女亦肩扛槍銃抗敵。又前日，本支隊對百餘名俘虜中之三十餘名進行斬首時，彼等無一言乞命，皆從容自若就義。[10]

余現親見斬首現況。……[中略]……蓋斬首最初一名時，思彼等土匪將面無血色，然彼等毫不改顏色。其中二名見遭斬首者身軀落入土坑，首級飛出時，竟高聲大笑，其斗膽程度實令人訝異。且彼等有期待更早一刻斬首者也。雖言土匪，感其勇可佩。[11]

總而言之，侵臺日軍面對臺灣人猛烈的武力反抗，並感到臺灣人不畏懼日軍的勇氣。對此，日本士兵與隨軍記者們同時感到了驚訝、畏懼與敬佩。下面這則報導可說是綜合表現出這股情感。

加以彼等之勇氣與活潑，非為遼東半島之豬兵可比。且彼等利用水田、竹叢、樹木等地物，趁我不意襲擊，出沒極為無常，苦我軍隊。令人尤為吃驚者係以少年、女子之輩持戎抗我，間諜多為女子。嗚呼，北清之民與臺灣人同為清國人，為何其勇怯剛柔差距如此之大。雖為敵，然令人敬佩也。余思當一舉拔其巢窟，恩威並濟撫育之，使彼等成我良民，此足造我「大和魂」，非也，係「臺灣魂」之基也。余將於他日更多記述臺灣人之氣質。[12]

（二）在臺日本人的觀點

1895年的侵臺日軍宣稱「平定」臺灣，但臺灣仍充滿各種武裝抗日勢力。

---

9 〈臺灣土民兵の強情〉，《奧羽日日新聞》，1895年8月30日，第1版。本則與以下《奧羽日日新聞》之內容與翻譯，引自陳怡宏編，《乙未之役外文史料編譯（一）》。

10 〈下飯坂近衛軍醫の書翰〉，《奧羽日日新聞》，1895年8月3日，第2版。

11 黑田遠洋生，〈臺灣特報〉，《奧羽日日新聞》，1895年9月28日，第2版。

12 黑田遠洋生，〈臺灣紀行〉，《奧羽日日新聞》，1895年9月5日，第2版。

1900年前後，共有四萬名左右的日本人移民到臺灣，他們通常抱持著獲取財富的心情來到臺灣，但卻發現自己面對的是秩序尚不穩定的島嶼。[13]他們對於臺灣各地的抗日勢力相當敏感，與官方一致地以「土匪」稱呼這些武裝抗日的臺灣人，並仔細注視事態的發展。例如以下這則從臺灣送往東京的電報，呈現出了在臺日本人對於簡大獅投降的詳細描述，其間雖然稱簡大獅為「土匪」，但筆下描繪的簡大獅倒是頗具個人特色，並未給予妖魔化。

> 簡大獅投降的事已經從臺灣送來的電報中可以看出。現在則傳來他們歸順宣誓儀式的狀況。儀式場所在芝山巖大伽藍的前庭，後藤民政長官、村上臺北縣知事、池田聯隊長等數十名先在芝山巖等待。一個多小時後，上午十一點左右，有消息說土匪下山。望向遠方的連峰，數百名土匪成為一列，大小旗幟隨風悠悠飄揚，從後方的山崖走向道路……[中略]……最後，大首領簡大獅在七八名壯丁抬轎下出現。其服裝皆為新品，其意氣昂揚，步調勇猛，可一窺其強悍。……[中略]……首領簡大獅年約三十，身材高大，方顏高頰，大鼻尖口，眼光銳利，穿著白色上衣與藍色褲子，未攜寸鐵，神色鎮定。[14]

除此之外，當簡大獅在1898年逃往廈門後，一份由移居臺灣的日本人創辦的雜誌也表示了對於簡大獅捲土重來，再次攻擊臺灣的擔憂。對於當時住在臺灣的日本人來說，簡大獅實在是難以捉摸的存在，讓他們感到十足的憂慮。

> 簡大獅逃亡至一衣帶水的對岸，可以隨意往來兩岸之間。其兇心並未歸於死灰，恐怕哪天毒煙將再次燃燒北山草木，硝煙不滿天地。總督府對此將採取何種措施，我輩將持續關注。韓非子曾言，君臨天下者以後門之狗為患，今日統治臺灣者實有不少可參照處。[15]

對於這種狀況，有些在臺日本人由憂懼轉而憤怒，並將憤怒的矛頭轉向無力

[13] 顏杏如，〈植民地都市臺北における日本人の生活文化　「空間」と「時間」における移植、變容〉（東京：東京大學博士論文，2010年）。

[14] 〈匪魁簡大獅一派歸順投誠〉，《東京朝日新聞》1898年9月21日，第7版。

[15] 高山國士，〈至今勞聖主 何以報 皇天（兒玉總督後藤長官は何ぞ速に其實を引かざる）〉，《高山國》第4期（1899年，臺北），頁3-4。

遏止「土匪」橫行的總督府。在這個脈絡下，有篇文章批判了總督府的軟弱，並指出有中國的媒體報導「日本並未統治臺灣，統治臺灣的是土匪的首領。日本可以說是把臺灣的土地與財物獻給了土匪、對土匪投降。」對此，文章則說：「嗚呼，總督將如何辯解？局長將何以辯駁？」

不久後，日本警察與清國官員合作在福建逮補了簡大獅，並將其帶回臺灣受審。這時，在臺日本人不再需要擔心簡大獅可能造成威脅，並有日本人稱簡大獅雖為暴亂的土匪，卻也是「土匪中的志士」。附帶一提，在日文中「獅子」與「志士」同音，在這種稱呼之後，多少也隱含著對於簡大獅氣魄的肯認吧。

> 簡大獅即使在土匪裡也是相當暴亂的份子。他先是歸順，然後又再次抵抗。此外，據聞他有獅子般的鼻子……[中略]……簡大獅也可謂是土匪中的志士吧。[16]

三、戰後初期新殖民體制下多重歷史記憶的競逐

（一）中國人的看法

1946年10月21日至28日，國民政府主席蔣介石戰後初次訪問臺灣。在臺期間，蔣介石訪問忠烈祠、並到日月潭、紅毛城、基隆砲臺等地尋幽訪勝。[17]10月25日，時值臺灣光復一週年，蔣介石在臺北發表〈臺灣省光復一週年紀念告全省同胞書〉，提到臺灣之光復，靠的是「國父」遺教與國民黨的努力。此外，蔣也肯定臺灣人在日本殖民統治時期仍堅持「中華民族革命的傳統精神」、「愛國的革命精神」。蔣介石這麼說：

> 然而在此五十一年之中，我們臺灣同胞雖遭受敵人這樣殘暴的壓迫，但是中華民族革命的傳統精神，並未有絲毫的喪失。自從明末清初民族英雄鄭成功的反抗滿清，恢復臺灣以後，連續的就有唐景崧、劉永福、邱逢甲等領導臺民抵抗暴日，都是驚天地而動鬼神的光榮悲壯的史實。即在日人佔領時期，本省同胞的抗日運動亦復相繼不息，如林大北事件，簡大獅事件，都是愛

---

16 〈一口ばなし〉，《臺灣商報》，1898年12月20日。

17 李筱峰，〈臺灣人應該了解的蔣介石〉，刊於「臺灣獨立建國聯盟」網頁（https://www.wufi.org.tw/臺灣人應該了解的蔣介石/）（2023年5月21日查詢）。

國的革命精神的表現。深望全省同胞，記取全國及臺灣革命先烈慷慨犧牲恢復不易的史實，我們今後更應刻苦努力，團結合作，擴展先烈愛國革命的精神與毅力，同心一德的來建設新臺灣，建設三民主義的新中國！[18]

從以上蔣介石的發言，可以看出戰後初期的蔣介石（或者是某些國民黨人）正面評價日本統治時期臺灣人武力抵抗的事蹟。而除了臺灣民主國，蔣介石舉的臺人抗日例子便是出身宜蘭的林大北與簡大獅兩人，稱其為「愛國革命精神」。而參照前述，這應可放在戰前中國輿論界對於簡大獅的中國民族主義式肯定的脈絡中加以理解。

除了蔣介石，一位在戰後初期到臺的中國人湯子炳也寫了一本關於臺灣歷史的書籍《臺灣史綱》，並提到了日治初期臺灣的武裝抗日運動。湯子炳據聞曾在南京國民政府工作，且曾至日深造，戰後任臺灣省行政長官陳儀之秘書。寫作《臺灣史綱》一書，據說是基於官方欲對臺灣歷史展開一套新的解釋。[19]湯子炳自陳該書寫作以連橫之《臺灣通史》為基礎，參照英日文作品與臺人口述，完成該書。該書有著陳儀的題字，林獻堂也替該書寫序，謂：「予翻閱一遍，覺其取材賅要，編纂得體，尤於闡述臺灣與祖國關係，振奮國族主義一點，抒發盡致，足見用意深長，而於臺人三百年來抵抗異族及敵人暴行各節，羅列甚詳，以為天下後世告，益為臺人所感激。」[20]

湯子炳編著之《臺灣史綱》內「五十年來臺灣人民抗日運動及日人暴行」的部分中，列舉並介紹了日治時期從武裝抵抗、政治社會文化運動、農民組合運動、二戰期間政治事件。在武裝抗日的部分中，湯子炳納入了林大北、簡大獅、劉德杓、陳發、詹阿瑞、黃茂松等等西來庵事件為止的武裝抗日事件。在此之中，湯子炳提到簡大獅曾參與1896年圍攻臺北城的元旦事件，稱其為「義軍」、「奇男子」，並稱其死為「殉難」。[21]透過上述可見，湯子炳雖是依據連橫之著作編輯史料，但其或許是前幾個將武裝抗日與文化抗日連在一起的著作。同時，其稱許日治初期武裝抗日的論述，也可視為繼承了戰前中國輿論界對於簡大獅的

18　蔣介石，〈臺灣省光復一週年紀念告全省同胞書〉，收於秦孝儀主編，《總統蔣公思想言論總集》卷32（臺北：中國國民黨中央委員會黨史委員會，1984）頁157。

19　方美琇，〈解讀經典臺灣史綱〉，公開於高雄市政府文化局所有之「關鍵出版之窗」網站（http://keypublishing.ksml.edu.tw/book_desc.aspx?ID=270）。查詢日期：2023年5月21日。

20　湯子炳，《臺灣史綱》（臺北：劉濤，1946），頁1-5。

21　湯子炳，《臺灣史綱》，頁174-175。

中國民族主義式肯定。

然而，蔣介石與湯子炳對於簡大獅，乃至於對於日治時期臺灣人抵抗日本行為的肯定，並不見於同時臺灣省行政長官的陳儀身上。就在去年的臺灣光復慶祝大會上，陳儀指出：「臺灣得以光復不是臺灣人的力量做出來的，是全國同胞做出來的……[下略]。」[22]這種蔣介石與陳儀對於臺灣人的態度差異，可說是反映出中國人對於臺灣人的兩種看法。而綜觀二二八事件前的輿論狀況，可見陳儀的《臺灣新生報》常常批判臺灣人在日本統治下受日人的「奴化」、「毒化」，「缺乏民族文化」[23]，對於臺灣人的偏見明顯可見，也顯然不重視臺灣人在日治初期武力抵抗日本的過往。

（二）臺灣人的觀點

另一方面，臺灣知識份子對於陳儀與其他中國人的說法感到極為憤慨，在報紙上展開了論戰，林茂生主導下的《民報》則是臺灣人的主場。面對來自國民黨對臺人受奴化的批評，《民報》在1946年1月16日刊出了社論〈論臺胞革命精神〉。文中如此說道：

> 表面上臺胞雖穿日衣操日語寫日文，而其實靈魂完全無受著日本精神的感化，依然抱著愛祖國烈烈的中國魂，五十年間無一日不念祖國，在期待脫離日本統治，以歸到祖國的懷抱裡，這是臺胞純真的心情，竊思臺胞的頭腦中是繼續著過去三百年間由祖先傳來的革命精神。保持著反抗滿清異族而崛起的鄭成功的革命性，以歷史觀之，三百年前的臺灣是蕃人蟠居，疫病流行，一個荒廢極了的未開島嶼，不堪稱為美麗島，但費了三百年的苦工與流血，才有今日美麗的臺灣，我們祖先堅持反抗滿清的革命精神，排除外敵，流了血汗，而開拓造成的這一塊土地，是何等的高價……[中略]……總而言之，三百年間始終以愛祖國的革命精神抵抗一切的不正、不義與壓迫，開墾土地造成產業，爭紮伸張民權，保障民生，增殖民族以至今日，始終不變，變可告無罪於我祖國……[下略][24]

22　陳翠蓮，〈去殖民與再殖民的對抗：以一九四六年「臺人奴化」論戰為焦點〉，《臺灣史研究》第9卷第2期（臺北：中央研究院臺灣史研究所籌備處，2002年），頁145-201。

23　陳翠蓮，〈去殖民與再殖民的對抗〉，頁145-201。

24　〈論臺胞革命精神〉，《民報》，1946年1月16日，第1版。

藉由上述引文，可見林茂生等人指出臺灣人三百多年開拓臺灣、反抗一切壓迫的行為，與中國的革命精神一致，反駁了陳儀等人稱臺灣人失去民族精神的論調。

幾個月後，《民報》上另一篇社論〈臺灣未嘗「奴化」〉則有著這樣的論述：

> 在言論不自由的處境之中，本省人固未嘗屈服於威武，發行幾種刊物，非難，辯駁，不遺餘力，更進而組織團體，從事啟蒙，喚醒民眾關心政治，雖曾與日警員發生過不少次的衝突，但卻能綿延數十年…[中略]…那末，可以明白日人雖有「奴化」本省人的用意，而本省人始終保守著民族精神最後的一線，極力抵抗，極力鬥爭，未嘗受過「奴化」的洗禮。[25]

這段引文中提起的發行刊物、組織團體、從事啟蒙、喚醒民眾關心政治，所指的應該就是臺灣文化協會發行《臺灣民報》等等等的行為。由此，可以看出林茂生等經過日治時期的知識份子，以自己在1920年代至30年代中期參與過的政治社會運動，來證明臺灣人未曾屈服於日本的統治。同時也必須指出的是，林茂生等人顯然繼承著日治時期以來的想法，並未提到日治初期武力抵抗日本的那些人。

另一方面，1945年10月，一群曾是新文協、農民組合、臺灣民眾黨、臺灣工友聯盟、臺灣共產黨成員的人們，包括連溫卿、簡吉、蔣渭川、王萬得等人，決議調查日本統治時期「反抗與犧牲的先烈事蹟」並紀念之。1946年在新竹成立的臺灣革命先烈遺族救援委員會（參加者包括簡吉、楊逵、王萬得等人），則在6月呈報了60位革命先烈入祀新竹縣忠烈祠。入祀名單中包括臺灣民主國、北埔事件、苗栗事件、西來庵事件、霧社事件代表15人，其餘45人則以蔣渭水、賴和、王敏川、趙港、翁澤生等日治時期左翼運動者為主。[26]入祀名單以左翼成員為主這點，顯示出這些活躍於日治時期的左翼運動者對於日治時期臺灣歷史的詮釋。而在該入祀的過程中，1896年前後武力抵抗日本的那些人僅佔極少部分。

直到二二八事件爆發之前，曾經間接表示對於「武裝抗日與政治文化抗日之間的連結性」的理解的臺灣知識份子，可能只有翻閱湯子炳的《臺灣史綱》而對

25　〈臺灣未嘗「奴化」〉，《民報》，1946年4月7日，第1版。

26　陳翠蓮，〈臺灣戰後初期的「歷史清算」（1945-1947）〉，《臺大歷史學報》（臺北）第58期（2016年12月），頁195-248。

之肯定的林獻堂，以及將北埔事件、西來庵事件犧牲者入祀忠烈祠的左翼臺灣人等極少數人吧。

綜上所述，在二二八事件爆發之前，中國人若非全然否定臺灣人在日治時期的抵抗（陳儀），就是延續戰前在中國對於簡大獅的詮釋，將臺灣人對殖民統治的抵抗視為「中國民族主義」的行為（蔣介石、湯子炳），其中又以陳儀式的論調為主流。而臺灣知識份子則少見將武裝抵抗與政治文化運動連在一起的論述。

在這種情況下，臺灣的輿論呈現分裂狀態：陳儀自始至終稱臺灣人受日本人奴化，林茂生等臺灣人則提起日治時期的政治文化運動作為反駁，左翼者則強調日治時期左翼運動者的犧牲奉獻。雖然曾出現過少數認可臺灣人抵抗的中國人，但並未能影響輿論走向。

不久後，便爆發了二二八事件。林茂生在二二八事件中被國民黨屠殺，而林獻堂與部分左翼運動者們則在1950年代前後先後逃離臺灣。接著，我們來看看二二八事件後、國民黨遷臺前後的臺灣，對於簡大獅與武裝抗日運動的詮釋又出現何種變化。

四、二二八事件後的簡大獅與武裝抵抗的記憶

（一）外省人與「半山」的論點

相較於二二八事件前的輿論界多關注日治時期的政治文化運動與左翼運動，當時只有少數關於日治初期武裝運動的論點。例如《民報》曾經報導，一位住在臺東，並曾在年經時與林少貓共同參與抗日運動的老者，在1946年看到前來國民黨成員來到臺東時，感到「欣愉異常，會晤後感激之餘，老淚縱橫」。《民報》則稱這位老者為「老勇士暢談抗日」，並稱其抗日行為是「義舉」。[27]這是二二八事件前臺灣媒體上少數提起日治初期武裝抗日運動的段落，並透露出戰後初其臺灣民間依舊存在著某些關於抗日的記憶（乃至參與者、旁觀者）。

二二八事件後，隨著國民黨與共產黨在中國大陸再度爆發內戰，臺灣日漸成為國民黨重要的根據地，並在1949年後成為國民黨唯一的去處。這時，我們可以發現國民黨關於日治時期臺灣歷史的論述再次出現轉變，不再如同陳儀政府一般指責臺灣人的「奴化」，而是開始著手將臺灣歷史納入中華民國「革命」的敘述

[27] 〈林少貓義舉談〉，《民報》，1946年3月3日，第2版。

之中。除了外省人，也有某些有著中國經驗的臺灣人（所謂「半山」），以及本省的臺灣人參與其中。

1948年5月，中國國民黨臺灣省黨部的丘念台（半山）在「臺灣民主抗日先烈紀念會」上詳細報告了距離當時54年前，臺灣人抵抗日本統治的事蹟。丘念台之父即為丘逢甲。丘念台特別強調：「當時倡議之臺省與外省人民團結，一致合作無間，其熱愛國家不分省域一致抵抗外侮之精神，尤應為吾人所深認識者也。」[28]在二二八事件之後，許多臺灣人與外省人之間依然有著隔閡。在這種狀況下，有著中國經驗且任職國民黨的「半山」丘念台會拿出臺灣人武力抵抗日本的事蹟，作為勉勵臺灣人與外省人合作以「愛國」的根據，也是頗為合理。在此之後，國民黨的黨部曾在臺灣光復節召開集會以「紀念本省抗日先烈及志士之功績」，並邀請他們的遺族參與。[29]這也可視為二二八事件後，尤其是國民黨即將撤退來臺時，國民黨意圖重新建立臺灣人對其認同的嘗試。而這種嘗試，或許也可以將其放在前述20世紀前半中國輿論對於簡大獅、臺灣武裝抗日運動的「民族主義式」論述的脈絡中理解。

這種論述方式到了1950年代依然可見。一位應是外省籍的學者彭國棟在報紙上發表文章，討論「臺灣人的民族精神」。彭指出，從鄭成功開始，臺灣出了不少忠於國家的偉人或平民百姓。偉人包括鄭成功、連雅堂、丘逢甲、簡大獅等等，平民百姓則在清代表現出對於明朝的眷戀與推崇。彭說：「這種民族精神，所謂『地維賴而立，天柱賴以尊』者。不惟歷代忠臣義士如是，黃花崗烈士如是，而臺灣的鄭延平、連雅堂、丘逢甲、簡大獅等，無不如是。我們紀念青年節，不但應該對七十二烈士致其崇敬，對臺灣的民族戰士，亦應致其崇敬。」並稱「他年青史傳忠義，莫忘臺灣簡大獅」，以鼓勵臺灣的一千萬「同胞」。[30]

由此，我們可以發現從二二八事件以後，來到臺灣的外省人與「半山」開始重提臺灣武裝抗日的歷史，作為重新將臺灣人拉入對於中華民國、中國國民黨的革命史觀的嘗試。接著，我們再來看看其他長居臺灣的臺灣人如何面對這一變化。

（二）臺灣人的對應

除了上述外省人與「半山」在二二八事件後重新提起臺人武裝抗日，有些臺

[28] 〈省垣各界隆重舉行抗日先烈紀念大會〉，《民聲日報》，1948年5月26日，第4版。
[29] 〈本省抗日志士暨烈士遺族均鑒〉，《民聲日報》，1949年10月24日，第2版。
[30] 彭國棟，〈青年節與臺灣民族精神〉，《民聲日報》，1959年3月29日，第2版。

灣人也開始在二二八事件後開始從「臺灣史」的維度來理解日治初期的武裝抵抗運動。

例如在1954年成書出版的《臺灣省通志稿》卷九「革命志抗日篇」之中，便詳細整理了日治時期五十年間臺灣大大小小的「抗日運動」，包括了第一章「臺灣民主國」、第二章「義民武裝抗日」、第三章「反日運動」（包含北埔事件、土庫事件、羅福星革命、余清芳革命、霧社事件等等）、第四章「思想運動」（包含臺灣同化會、臺灣文化協會、臺灣農民組合、臺灣勞工團體）、第五章「政治運動」（包含反對六三法、請設臺灣議會、臺灣民眾黨、臺灣地方自治聯盟）、第六章「臺胞在祖國之活動」。而這本《臺灣省通志稿》由林熊祥擔任主修，黃旺成擔任纂修，兩人皆是臺灣人。[31]

觀其內容，可以發現1954年的《臺灣省通志稿》將臺灣民主國等武裝抗日的行為與1920年代以降的政治社會文化運動，乃至左翼運動共同放到「抗日」的框架下加以理解。而書中也出現了簡大獅的名號，作為「義民」被記錄在其中。筆者認為，用「抗日」的框架加以理解這些日治時期的大小事件，雖然反映出受限於國民黨官方史觀的狀況，但也難說編寫該書的林熊祥與黃旺成並未受到這般「抗日」的史觀影響，並以之將日治時期發生的大小抵抗運動連成一線。

換句話說，即使該書並未明說這幾種抗日行動之間的因果關係，但隱然已將過往臺籍知識份子不常注意到的武裝運動與政治文化運動置於同一水平，用「臺灣史」（或「臺灣政治史」）的觀點考察這些日治時期的事件。與二二八事件前臺灣人討論日本時代的遺產時往往依其政治立場而著重特定群體的情形相比，國民黨統治下的臺灣在「抵抗日本」的大前提下，反而出現了類似於「日治時期臺灣反殖民運動史」的著作，也就是1954年的這本《臺灣省通志稿》。[32]

最後，黃旺成等人參與編寫《臺灣省通志稿》的理由，與其說是認同國民黨的抗日意識形態，或許也可以說是想要在有限的範圍內書寫關於臺灣的文史紀錄吧。關於這點，有待後日繼續追索。

附帶一提，也不是所有二二八後的臺灣人都採取了這種將武裝運動與政治文化運動置於同一水平的視角。例如曾參與1920年代政治運動的葉榮鐘，在1971年出版《臺灣民族運動史》一書時，是以1920年代右派的政治活動為主，其背後則

31　林熊祥、黃旺成，《臺灣省通志稿》（臺北：臺灣省文獻委員會，1954）。

32　附帶一提，此時在日本《臺灣總督府警察沿革志》一書應尚未出土，而1954年的《臺灣省通志稿》的內容雖然有些差距，但將武力抗日和文化抗日一起處理這點，兩者則重合。在這裡，或許也透露出在這兩本書裡，「抵抗」皆作為一個書寫歷史的基準。

有著傳承臺灣人「拼鬥」記憶的意圖。[33]

五、在日臺灣人的簡大獅與抗日論

接著，讓我們換個角度，來看看戰後旅居／流亡海外的臺灣人如何看待簡大獅與武裝抗日運動。

1972年，日本與中華人民共和國即將建交，旅居（或流亡）日本的臺灣人面臨環境劇變。當時居於日本的臺灣人，同時也是金美齡丈夫的周英明，曾在同年的《臺灣青年》上發表〈ポツダム宣言と臺湾人〉（波茲坦宣言與臺灣人）文章。這篇文章中在在顯示了周英明對於日本政府與左右兩翼政治人物毫不重視臺灣人的強烈不滿，以及對於國際現實政治深沈的憤怒。[34]

周英明認為，1945年的《波茲坦宣言》片面決定了臺灣人的命運，且從未諮詢過臺灣人的意見。「對於受到『波茲坦體制』犧牲的臺灣人來說，『波茲坦宣言』就像是讓人想起惡夢般回憶的，充滿怨念的詞彙。」「臺灣人宛如小貓一般，被日本人交給了中國人手中。在歐美列強的視線中，臺灣就像是三萬餘平方公里的無人島。這些歐美列強應該不覺得當時六百萬人的臺灣人，跟他們一樣是有著喜怒哀樂感情的人類吧。」

在這樣的脈絡之下，周英明回顧了臺灣史上臺灣數次被外人決定命運的經過，並引用了許世楷的《日本統治下の臺湾》、黃昭堂（黃有仁）的《臺湾民主国の研究》與《臺灣總督府警察沿革志》，考察了日治初期臺灣人面對日本佔領，臺灣人民遭到日軍殺傷的狀況。接著，周英明提起了簡大獅被清官交給日警的例子，並將簡大獅的命運與時下臺灣的命運作出比較：

> 臺灣人的抗日運動史中，簡大獅的命運與今天臺灣所處的命運極為相似。簡大獅的妻子受到日軍凌辱而殺害。簡大獅在1895年初即在臺北周邊的山區作為指導者展開游擊戰。在其他抗日組織陸續遭到擊破而「歸順」之後，簡大獅依然神出鬼沒地進行游擊戰，帶給日軍極大困擾。但他終於在1898年逃亡到中國大陸，與那邊的臺灣人企圖捲土重來。

[33] 若林正丈，〈葉榮鐘的「述史」之志〉，《臺灣史研究》（臺北）第17卷第4期（2010年12月），頁81-112。

[34] 孫明海（本名周英明），〈ポツダム宣言と臺湾人〉，《臺湾青年》（東京）146（1972年12月），頁1-12。

> 然而在1900年2月，清國政府應日本的要求，逮補簡大獅而將其引渡給臺灣總督府。簡大獅在臺北地方裁判所被宣告死刑，同年3月遭處死。
>
> 在那之後約70年，竟然出現相反的事情。日本的自民黨政府應蔣介石政府的要求，對數名臺灣獨立運動者發出強制退去令。其中一人的呂傳信在被送回臺灣的前一刻，在入國管理局橫濱收容所內上吊自盡（1976年2月3日）。此外，在東京教育大學留學中的柳文卿突然被逮補，在十幾個小時內被強制送回臺灣。他嘗試在羽田機場咬舌自盡，但並未成功，結果滿臉鮮血，被日本官員強行架入開往臺北的飛機（1968年3月27日）。
>
> 他們是有對日本人做了什麼嗎？還不是[日本人]為了感謝「蔣總統的恩義」而把他們當成供品送上去。他們可以說是林小貓[應為林少貓]、簡大獅等的孫子輩。這三個世代的臺灣人，就像是一顆手球一般，被日本人與中國人隨著自己的喜好，而在日本人與中國人之間丟來丟去。[35]

如上所述，周英明對於簡大獅與抗日人物的理解來自許世楷與黃昭堂的著作。那麼，許、黃兩人又是如何討論簡大獅與抗日運動呢？根據黃昭堂對於許世楷《日本統治下の臺湾》的評論，「戰後少有關於臺灣近代政治史的研究。而其中大多數是機械性地把『日本統治下日本的官方解釋』扭轉的結果」，也就是把「土匪」或「反逆者」替換成「民族英雄」的東西。而許世楷則希望脫離這種「多少帶有政治意涵的解釋，或者說是過於單純的解釋，而對抵抗運動的出現與消亡進行實證的探討。」[36]

另一方面，黃昭堂即將完成《臺湾民主国の研究》時，正巧發生前述柳文卿遭日本政府強制遣送回臺的事件。對此，黃昭堂似乎相當憤怒，在該書後記中寫下這麼一段話（但因故未在最終出版的版本中刊出）：

> 抗日運動志士簡大獅逃到昔日統治臺灣的清國，被清官解送給日本官憲處死。今日，抗蔣的臺灣獨立運動志士柳文卿在昔日統治臺灣的日本，被日本官憲解送臺灣，將受災秧之禍。這是臺灣人悲劇之重演。作者謹以此書獻給柳文卿同志。[37]

---

35 孫明海（本名周英明），〈ポツダム宣言と臺湾人〉，頁1[illegible]

36 黃有仁（黃昭堂），〈許世楷著『日本統治下の臺湾』〉，《臺湾青年》（東京）142（1972年8月），頁34-35。

37 吳進義，〈新刊介紹臺灣民主國之研究〉，《臺湾青年》（東京）118（1970年9月），頁31-32。

相較於前述在1950年代在臺灣島內以地方誌為名書寫「臺灣歷史」的黃旺成，1970年前後的在日臺灣人（如許世楷、黃昭堂、周英明等人）可以更為自由自在地在學術體制下書寫臺灣的歷史。這可以從《日本統治下の臺湾》與《臺湾民主国の研究》兩書皆是由東京大學出版會所出版一事看出。不過，即使是嚴謹的學術研究，卻也流露出兩人對於當時臺灣政治處境的無限熱忱。

許世楷雖然不認同戰後國民黨將簡大獅等抗日人物視為「（中華）民族英雄」，但許氏、黃昭堂與周英明的言論之中，仍有以下三個特徵。第一，著手書寫（臺灣人本位的）「臺灣近代政治史」。第二，在該脈絡下將簡大獅視為「（臺灣）抗日志士」，並與「臺獨志士」柳文卿（乃至「臺灣」本身）做類比。第三，在這種歷史敘述之中，武裝行為與政治社會文化運動同樣被放到了「抗日」的脈絡裡去。

也許我們可以這麼說：許世楷與黃昭堂的書寫，是一種拒絕日本殖民統治，也拒絕中華民國殖民統治，而以臺灣為主體的歷史敘述。而在這個脈絡之下，簡大獅與其他從事武裝抗日行動的人們，成為了抵抗外侮，守護鄉土的志士，並給這些在日臺灣獨立運動者們提供了思想上的依靠。

六、結語

藉由本文的探討，可以發現從簡大獅在世時到其過世數十年後，簡大獅的名號雖然不時被遺忘，但也時常浮現在人們的字裡行間，成為人們論述臺灣歷史時的重要對象。

對於簡大獅在世時的日本人來說，簡大獅與其他武力抵抗者是值得畏懼，乃至感到敬佩的存在。而在簡大獅遭處刑之後，武裝抗日的歷史雖然不被1920年代新興的臺灣知識份子所重視，但逐漸成為同時期的中國人心目中的「臺灣抗日愛國者」。[38]戰後初期，國民黨內既存在著將「臺灣人武裝抗日」作為把臺灣人重新納入中華民國革命敘事的想法，但在陳儀徹底歧視臺灣人的態度下，曾經歷日治時期的臺灣知識份子，則提起了1920年代的政治社會運動史實作為證明臺灣人「抗日」過往的事蹟。戰後初期至二二八事件前，日治初期的武裝運動似乎僅受到極少數臺灣知識份子的關注。

---

[38] 陳志剛，〈從「土匪」到中國民族主義者：簡大獅的形象與20世紀前期的臺灣與中國社會〉，頁143-167。

二二八事件後，事情有了轉變。一方面，來到臺灣的外省人與「半山」開始重提（包括簡大獅的）臺灣武裝抗日的歷史，作為重新將臺灣人拉入對於黨國革命史觀的嘗試。對此，有些臺灣人（例如黃旺成）則透過編寫地方誌的名義，開始寫作臺灣人抵抗日本殖民統治的歷史，並將日治初期的武裝運動與往後的政治社會運動置於「臺灣史」的層次上一起探討。[39]就這樣，一本可以稱為「日治時期臺灣反殖民運動史」的著作，就這樣在「抗日」的大前提下出現了，而簡大獅也在其中以「抗日義民」的身份正式登上「臺灣史」的敘述。

另一方面，1970年前後，戰後旅居或流亡海外的臺灣人（其中有不少是臺灣獨立運動者）對於國民黨那套將「土匪」視為「（中華）民族主義者」的論述感到不滿，在學院中展開了自己的臺灣史研究。在許世楷這位旅日臺灣學者的著作中，以「抵抗與彈壓」，也就是「臺灣政治史」的層次一起探討武裝運動與其後的政治文化運動。而在許世楷、黃昭堂、周英明等旅日臺灣獨立運動者的眼中，包括簡大獅在內的臺灣抗日運動史給予了他們思考眼下臺灣的思想依靠。

綜上所述，可以得知縱貫整個20世紀，無論是日本人、戰前的中國人、戰後的外省人、半山，或是臺灣人，簡大獅與臺灣人武裝抗日的過往，都成為他們論述臺灣歷史時的重要對象。而許多論述的背後，都含有著明確的政治意涵：比方說將臺灣人納入中國人的範疇，或是追求臺灣人獨立自主的願望。即使是看似與政治無關的歷史書寫，也可能包含著傳承臺灣人歷史記憶的願望。[40]

最後，我們也可以發現，在二二八事件之後，臺灣島內與海外陸續出現了由臺灣人書寫「日治時期臺灣反殖民運動史」的現象。這些著作（包括本文檢討的《臺灣省通志稿》與《日本統治下の臺湾》、《臺湾民主国の研究》）為何出現？其對於現代我們對於「臺灣史」的認識框架產生了哪些影響，則是往後值得持續探究的課題。

39　這或許是繼治警事件法庭上蔣渭水、林幼春等人對武裝抗日表示同情以來，經歷日本時代的臺灣知識份子在戰後首次平等對待「武裝抗日」與「政治社會運動」。

40　葉榮鐘書寫《臺灣民族運動史》時如是，或許黃旺成在1950年代書寫《臺灣省通志稿》時也是如此。關於葉榮鐘書寫歷史，詳見若林正丈，〈葉榮鐘的「述史」之志〉，頁81-112。

引用書目

川西英通

2021 《東北史論：過去は未來に還元する》。東京：有志舍。

吳進義

1970 〈新刊介紹臺灣民主國之研究〉，《臺湾青年》，（東京）：118，頁31-32。

林熊祥、黃旺成

1954 《臺灣省通志稿》。臺北：臺灣省文獻委員會。

若林正丈

2010 〈葉榮鐘的「述史」之志〉，《臺灣史研究》，（臺北）：第17卷第4期，頁81-112。

高山國士

1899 〈至今勞聖主何以報皇天（兒玉總督後藤長官は何ぞ速に其實を引かざる）〉，《高山國》，（臺北）：第4期，頁3-4。

孫明海

1972 〈ポツダム宣言と臺湾人〉，《臺湾青年》，（東京）：146，頁1-12。

秦孝儀主編

1984 《總統蔣公思想言論總集卷32》。臺北：中國國民黨中央委員會黨史委員會。

陳志剛

2020 〈從「土匪」到「中國民族主義者」：簡大獅的形象與20世紀前期的臺灣與中國社會〉，《史繹》，（臺北）：第40期，頁143-167。

陳怡宏

2001 〈忠誠與反逆之間——1895~1901年間臺北、宜蘭地區「土匪」集團研究〉，（臺北：國立臺灣大學歷史學系碩士論文）。

陳怡宏編

2018 《乙未之役外文史料編譯（一）》。臺南：國立臺灣歷史博物館。

陳翠蓮

2002 〈去殖民與再殖民的對抗：以一九四六年「臺人奴化」論戰為焦點〉，《臺灣史研究》，（臺北）：第9卷第2期，頁145-201。

2016 〈臺灣戰後初期的「歷史清算」（1945-1947）〉，《臺大歷史學報》，（臺北）：第58期，頁195-248。

湯子炳

1946 《臺灣史綱》。臺北：劉濤。

黃有仁

1972 〈許世楷著『日本統治下の臺湾』〉，《臺湾青年》，（東京）：142，頁34-35。

顏杏如

2010 〈植民地都市臺北における日本人の生活文化　「空間」と「時間」における移植、變容〉，（東京：東京大學博士論文）。

再論反抗者宜蘭人簡大獅*

陳怡宏

摘要

簡大獅在日人於1895年統治臺灣後，於所謂的「土匪蜂起」時期開始崛起，部分臺灣文人稱其為「抗日三猛」之一，這些反抗者集團，從1895年的興起到1902年左右的滅亡，只存續了8年左右。本文試圖從當時對土匪的定義、當時時空背景（透過社會史的解釋）、權力場域變動觀點以及簡述簡大獅的興起到沒落的過程，最終簡述起其反抗的歷史意義。

關鍵詞：簡大獅、淡蘭古道、權力場域、抗日

* 本文係自陳怡宏，〈忠誠和反逆之間——1895～1901年間臺北、宜蘭地區「土匪」集團研究〉（臺北：國立臺灣大學歷史學研究所碩士論文，2001）進行改寫修正。特別是第一章、第二章跟第四章部分，並參考陳怡宏，〈邁向土匪之路——1895～1901年間北宜古道與「土匪」興起關係〉，《宜蘭文獻雜誌》（宜蘭）75/76期（2006.06），頁202-246部分改寫。

一、前言

由於1894年清日甲午戰爭的結果，臺灣在1895年經歷了臺灣官紳組建臺灣民主國，以及臺灣居民組成的義軍，展開一場保衛鄉土的乙未之役。[1]日軍於1895年10月攻陷臺南，後續並征服高屏六堆反抗勢力後，全臺大致底定。但自1895年底起，義軍開始於臺北及宜蘭城發起反攻，遭日軍平定後，由於鎮壓力道過猛，且日方新政引起不滿，因此此後全臺各地皆是反抗勢力蜂起。[2]

針對這段戰前的「抗日」歷史，戰前與戰後有著不同的研究典範。戰前主要是將這些反抗勢力視為土匪，征服土匪視為日人戰爭功績的「研究」，集大成者為《警察沿革誌》[3]，其第二編則依年代分期敘述，其分期方式為：1895.5.31-1895.11月自甲午戰爭起至以武力平定臺灣為止；其次是「本島治匪始末」（分北、中、南三區）1896年1月1日-1902年；最後則是日俄戰爭中之民情及其後的「騷擾事件」，其後的騷擾事件指的就是北埔事件（1907）至1915年左右之「隱謀及暴動」事件。第二編中卷的內容即稱為〈第二編 領臺後的治安狀況 中卷 社會運動史〉。

以上的時代分期一直為後世眾多研究者所沿襲，頂多只是將《警察沿革誌》中的名詞轉換而已，甚至依第二編的分類標準，將其研究劃分為「前期的武裝抗日」與後期的文化抗日。此種劃分固然有其優點，卻可能使人誤以為武裝抗日與文化抗日，兩者都是由有一體感的「臺灣人」，僅是因應情勢的不同而作出不同形式的「抗日運動」，問題是「武裝抗日」與「文化抗日」的時間以及「行動主體」並不相同。後期的「文化抗日」，基本是臺灣人在承認日本帝國統治的正當性後，由臺灣受過新式殖民教育的知識份子（許多人為本地資產階級的後代）所作的「參政權」要求運動，其與前期的「武裝抗日」份子，在組成及出身上原就不同，如將兩者並列在一起的話，似乎產生一幅臺灣人前仆後繼地為「抗日」運動而獻身的「抗日史」圖像，然此種圖像如上所述，是頗值得商榷的。

---

1 關於臺灣人的鄉土保衛戰，可以參見黃昭堂著，廖為智譯，《臺灣民主國之研究》（臺北：現代學術研究基金會出版，1993）；鄭天凱，《攻臺圖錄：臺灣史上最大一場戰爭》（臺北：遠流，1995）。另，前言所述均摘要改寫自陳怡宏，〈忠誠和反逆之間——1895～1901年間臺北、宜蘭地區「土匪」集團研究〉，頁7-19。

2 此即元旦事件，其始末參見陳怡宏，〈忠誠和反逆之間——1895～1901年間臺北、宜蘭地區「土匪」集團研究〉，頁31-55。

3 臺灣總督府警務局，《臺灣總督府警察沿革誌　第二編 領臺以後之治安狀況》（共三編，全五冊）（臺北：臺灣總督府警務局，1933-1942）。

此外，該書幾乎將所有的原因歸結到臺灣人的民族性、歷史因素（如開墾造成及清國統治力薄弱）及地理因素，這些因素可說含有日人民族優越感（戰勝國優越感）作祟在內。該書則開始敘述土匪蜂起攻擊日本憲警的事件經過，換言之，筆者認為《警察沿革誌》即由這些「土匪」的攻擊日人的行為，逆推出其匪亂多的「原因及動機」。此種僅由外觀事件來推得之想像的臺灣「民族性」因素，並不能說明事件的「原因」，而此正是該書的弱點，正因為該書在原因說明上並無說服能力，形成了後來的抗日論述者可任意利用該書，僅需將《沿革誌》語彙倒轉，並將原因改成自己相信的中華民族主義論述。該書可說大幅地侷限了戰後臺灣史研究的視角，且使這些抗日論述者連「史料」都僅嚴重依賴此類戰前編纂的「二手資料」。

第二種研究觀點則出現在戰後，將這些反抗視為民族主義式抗日事件。1949年後，臺灣迎接了另一次外來統治即中華民國的威權統治，由於臺灣人在1945年之前幾乎是面對與戰後完全不同的民族建構（Nation），即成為大和民族的殖民者努力，此使得新的統治者在占領臺灣後，面臨一則以喜，一則以憂的國族建構局面，喜的是舊殖民者留下的戰爭動員制度，諸如總體戰的精神動員等等，以及近代化的各種制度，如報紙等傳播媒體（臺灣人自創之報紙等傳媒制度，則在228事件後被迫終止），以及基礎國民教育設施，這些舊殖民留下的殖民遺產，對新統治者無異為一大福音。然而在此同時，這些制度的軟體則全是中華民族主義者（nationalism）的敵對者所做的「敵對論述」，對中國國族主義者來說無異是眼中釘，他們在一九四五年、一九四六年左右的報紙，特別是在二二八事件後更是如此，國民政府中有對二二八事件總結為是臺灣人受「皇民化」奴化教育太深，因此受日人及曾當日本兵之臺人，年輕人所煽動，故爆發此次事件，故需在教育中加強中華祖國的教育及加強教授「國語」以使臺灣早日回歸祖國文化的懷抱，中國民族主義者毫不掩飾他們對這種敵對論述的反感，一些諸如「臺灣同胞在日帝五十年統治之下，受到皇民化的毒素侵害」，故需以中華文化來救贖的論述，不絕於耳。中華民族主義者在此後五十年間努力傳達臺灣人是中國人的論述，但是對於臺灣的歷史（例如曾有不屬於中國的時期，及異於中國史的部分），他們要怎麼解釋呢？他們設法將之編入中國國史（National history）的範疇下，以中國史的脈絡解釋臺灣史。[4]

4　中華民族主義式論述的代表，可參考：林熊祥主編，黃旺成纂修，《臺灣省通志稿革命志抗日篇》（臺北：臺灣省文獻會，1954）。

作為對這種中華民族主義的反動，一些在美、日的臺獨論述者，則試圖建立臺灣民族主義的民族歷史。[5]其結果造成一有趣的現象：不管是臺灣或中國民族主義者為了構建其神話，開始將複雜的臺灣歷史加以簡化及賦予其民族精神象徵的意義，到這點為止，他們扮演了柯文所說的歷史學者的角色，但僅此而已，接下來他們所欲呈現的不是歷史家所做的調解者角色，而扮演了「立法者」（同時也是傳教者）的角色，他們各自宣稱自己對臺灣史的解釋（或可說是神話）才是對的，而在往後的日子中，他們也找到了各自的信徒（當然擁有較大行政權力的中華民族論述得到最多信徒），在學院中當然也是以中華民族主義者的擁護者佔多數，直至今日，此種現象仍在某種程度上限制臺灣研究深化的可能。

第三種研究取向則是實證史學及社會史的論述。1949年之後，中國史學界一部份成員來臺灣，相對地將其所信仰的實證史學轉口進臺灣的學院，他們的史學是一些1920年代的中國學者傅斯年等……到德國去轉手進德國的實證蘭克史學（蘭克本人不一定是這種史學的擁護者），強調歷史可以客觀地追求到歷史事實[6]，這種史學造成了美國印度裔史家杜贊奇（Duara）所論述的，由於確信可以追求到歷史事實，故這些史家連同其史學不可能會有反思的想法出現。[7]實證史家不會發現也許由於他所應用於「觀察分析」歷史對象的方法不同，將會產生完全不同的認識，實證史學亦造成了另一種神話——即認為可追求到全部歷史事實的神話。

此一實證史學在一九八〇年代後的臺灣史的史學界隨著對國族主義建構的新一代反感者增加，反有日益昌盛之兆，他們所使用的研究取徑是對臺灣史進行社會經濟史的分析，而這種取徑對於許多歷史事實的釐清及若干重要問題的解明有相當的貢獻，並以此證明過去的臺灣人並非為了民族建構而行動。然因對於民族建構的反感，這些人傾向傳統社會學中的結構（客觀）VS.行動者行動（主觀）二元對立中的結構論解釋，他們站在實證史學立場，因而連帶素樸地相信結構（客觀，物質）決定人的存在及行動，甚至完全忽略了歷史中的行動者其「心態」如何形成的問題。此種結構—行動二元對立及相信物質決定意識及行動的前

5　如日文原文出版於1970年的黃昭堂著，廖為智譯，《臺灣民主國之研究》（臺北市：現代學術研究基金會出版，1993）；如原著出版於1972年的許世楷著；李明峻，賴郁君譯，《日本統治下的臺灣》（臺北：玉山社出版，2006）。

6　關於蘭克史學如何被「轉手」進臺灣的過程，請參見《當代》（臺北）163期（2001.），頁3。其中有相當深入的分析，但該作者在分析日本時代臺北帝大時的史學科學風方面似乎有所不足，不過其對戰後中國史學界如何在臺灣重建的過程，倒是提供了不錯的背景分析。

7　Prasenjit Duara, "Why Is History Antitheoretical?", *Modern China 24:2,* Sage Periodicals Press, 1998. 4, pp 105-120.

提假設，並未遭到臺灣史研究者反省質疑，他們似乎如史家杜贊奇（Duara）所說的「歷史家反對理論」，既然可找到歷史真相，就不必質疑用的是什麼方法，只要是理性科學的方法就可以。

關於實證史學研究取向，解嚴前以翁佳音的著作為例，解嚴後則以楊永彬、鄭天凱、李文良之著作為例，以下說明之。

翁佳音的《臺灣漢人武裝抗日史研究一八九五－一九〇二》是劃時代的著作，該氏在書中盡可能利用所能得到之「史料」來進行論述，並以社會史角度提問：「這些由大地湧現出來的抗日勢力，其領導份子與成員多是哪些人？」，並由結構史的角度研究武裝抗日的政治、社會經濟背景及種種抗日因素。[8]

解嚴後的研究者主要有楊永彬等人，楊氏雖非研究「武裝抗日」事件，而是研究臺灣政權變動時，紳商如何與總督府建立新的關係，他論述許多迎日的紳商及其臨時機構（如保良局）之建立過程。楊氏總結道：「日人尊重舊慣的「生物學統治原則」不只是舊慣而已，即連臺灣社會都是督府佈下清代紳治社會的模擬本，走在體制內的紳商仍是社會的領導者。」[9]

鄭天凱的碩論為值得注目的論文，鄭氏以發生於1896年夏的雲林事件為中心，分近程歷史事件，及長期的歷史過程來分析該事件背後的歷史因素。[10]

李文良的著作與本文研究最為相關，李氏亦提出不少論點。李氏由地理環境及經濟開發的角度出發，分析臺北盆地東南緣社會經濟變遷的問題，並解決不少臺灣史研究上的問題，如他在論證「抗日份子」時，他認為應由清代社會脈絡來理解這群人，極具啟發性。該氏認為清末臺灣淺山地區因樟腦及茶葉開發，故產生極大利益，且有劉銘傳時代的開山撫番政策，且劉氏由於將民隘裁撤改成官隘，故在一八九五年時，官軍撤出此地域時，隘防真空，於是居民回復到一八七〇年代各地割據的情況。李氏在論述方面卻有一些瑕疵[11]，如李氏在文中暗示了行動者係為了「經濟物質利益」而行動，卻忽視了社會行動者未必純為經濟而行動，李氏推論似有簡化複雜歷史事態之嫌。

---

8 翁佳音，《臺灣漢人武裝抗日史研究：一八九五－一九〇二》（臺北：國立臺灣大學出版中心，1986）。

9 楊永彬，〈臺灣紳商與早期日本殖民政權的關係：1895-1905年〉（臺北：國立臺灣大學歷史學研究所碩士論文，1996）。

10 鄭天凱，〈政權交替下的地方社會——雲林事件（1896）的探討〉（臺北：國立臺灣大學歷史學研究所碩士論文，1995）。

11 李文良，《中心與周緣：臺北盆地東南緣淺山地區的社會經濟變遷》（臺北：臺北縣立文化中心，1999）。

二、權力場域的研究視角

筆者在本論文提議以權力場域及身份認同變遷的角度，來看清末日治初期的臺灣。「權力場域」係法國學者波笛爾（Pierre Bourdieu）所提出的概念，他認為權力場域是一個包含的許多力量的領域，受各種權力形式或不同資本類型之間諸力量的現存均衡結構的決定。同時，它也是一個存在許多爭鬥的領域，各種不同權力形式的擁有者之間對權力的爭鬥都發生在這裡。它又是個遊戲和競爭的空間，在這裡一些社會行動者和機構擁有一定數量的特定資本（尤其是經濟資本與文化資本），這些數量的資本足以使他們在各自的場域裡（如經濟場域、國家場域、知識份子場域）佔據支配性的位置。為了維持這種力量均衡，或是要去改變它就產生了各種策略，造成各方彼此敵對。在強加支配活動中的支配原則的方面引起了各方的爭奪。這種爭奪每時每刻都導致權力分享上的某種均衡，亦即所謂支配活動的分工。這種爭鬥同時也是在爭奪合法化的合法原則，爭鬥再生產各種支配基礎的合法類型。爭鬥的形式可能是實實在在的，有形的爭鬥，也可能是符號性的衝突，權力場域的組織結構是一種交叉融合的（chiasmatic）結構：按照占支配地位的等級制原則進行的分配（經濟資本）和處於被支配地位的等級制原則作出的分配（文化資本），恰好是一種反向對稱關係。[12]

筆者認為探討晚清日治初期臺灣的國家與社會時，可引入此權力場域的概念作為分析手段，其中不同的社會行動者及機構（清朝巡撫、地方政府、勇營、新設官衙及地方紳商、土豪、從軍之土勇、「一般人民」等等……）構成了一個晚清中華帝國地方（省級）的權力場域。其間重點是「鬥爭」（根據構成該場域的常規與規則不斷爭鬥，以把持該場域的關鍵產物——此處可指權力及經濟利益等等），然而不同行動者間因為佔據不同的位置（支配者或被支配者）及所佔有的資本不同，所以佔有支配地位的人有能力讓場域以有利他們的方式運作，但是仍不斷面對被支配者的挑戰及反抗。也許某種情況下場域會以「模式」的情況運作，這形成了一種習性（habitus）。[13]筆者認為清朝時的權力場域及所產生的習

12 Pierre Bourdieu、Ioic Wacquant, *An Invitation to Reflexive Sociology*, Chicago: the University of Chicago, 1992.簡體中譯本：李猛、李康譯，《實踐與反思》（北京：中央編譯出版社，1998），頁285。另本書另有繁體中譯本：李猛、李康譯，《布赫迪厄社會學面面觀》（臺北：麥田出版，2009）。

13 Habitus（習性）一詞是Bourdieu所提出的重要概念，意指「長期養成的生發原理」，這些原理再生產出一個階級或其一部份人的實踐。歸根究底，習性由一系列所謂的分類架構及終極價值組

性，是臺灣人在面臨新的挑戰——乙未政權變動時所賴以行動的基本。換言之，臺灣人主要是以「官方」的角度來看日本新政府，而非以「異民族統治」的觀點來看。即使「反叛」新官方者亦是利用清權力場域的「政治詞彙」（符號資本）及行動模式（武力及清朝的社會網絡）行動，忠誠新官方者則以舊權力場域中的「習性」來迎接日本政權到來，此與美國人類學家沙林斯（Marshall Sahlins）對夏威夷的研究相似，沙林斯認為夏威夷土著對待外來者庫克船長的方式，係將該外來者視為該土著文化中的某位神明對待，即將外來者編入自己的文化脈絡來解釋此他者的存在。[14]故筆者認為所謂忠誠與反逆的「評價」似成為奇怪的問題了，毋寧說臺灣人（及島上的統治者）皆身處權力場域（或用杜贊奇的說法則為文化的權力網絡）中，至少他們對權力場域此概念是「忠誠」的，而日本人即使提出了許多「統治策略」，皆可視為逐漸熟悉這個權力場域並逐步改造成新權力場域的方式，仍無法跳脫權力場域，而被徹底改造及禁止的行為即是以「武力」對抗國家（及其地域代理者）這個策略。以研究近代「國家」者的術語說就是：國家壟斷合法使用暴力的權力（綏靖）的過程，這正是本文所欲探討的主題——「土匪」事件。

筆者對權力場域論的僅有一點補充，即加入「社會網絡」的概念，筆者由相關資料中發現，臺灣社會是充滿著各種網絡，土匪間有其聯繫網絡，日人有其密偵網絡及仲介者的網絡，也許由「社會網絡」看臺灣社會，我們會發現人是生活在各種意義網絡中。西方學者不斷討論應由「階層」還是由網絡來看「中國社會」[15]，筆者認為毋寧視漢人社會是仍有其階層性，而每個階層之間都有著仲介者，仲介者構成許多網絡，每個階層又有著社會網絡，這構成了一個網絡複雜的

成。Bourdieu認為這些因素比亦是或語言更為根本，同時亦是群體成功或不成功地採取顯然有利於其自身利益行為的手段。雖然每一種習性都是歷史與行動的條件下產生的，但決不容許「不可預期測的新東西」（參見：David Jary and Julia Jary著，周業謙、周光淦譯，《社會學辭典》（臺北：貓頭鷹出版社，1998），頁297。

14 有興趣知道詳細內容的讀者，參見Marshall Sahlins, *How "Natives" Think: Captain Cook, For Example*, Chicago: University of Chicago Press, 1995.

15 關於網絡與階層論文章，請參閱：R. Keith Schoppa, *Blood Road: The Mystery of Shen Dingyi in Revolutionary China*, Berkely and Los Angeles: University of California Press, pp.4-7.中譯本：蕭邦奇著，周武彪譯，《血路》（南京：江蘇人民出版社，1999），頁4-7。《血路》一書把「社會看做是個體通過廣泛的私人聯繫而形成的連結體或聚集體。這些可能既是橫向又是縱向的聯繫隨之又組成社會關係束或關係網，而後者又是社會組織和群體諸如政黨和派系結構的基本成分。」「中國的家庭倫理通常建立在特殊個體的相互關係之上。也就是說，中國人（引用者按：主指漢人）很大程度上是通過他們在關係網絡中的地位及他們所屬的網絡來定義或被人定義的，也即獲得身份的。而這些網絡則又是以家庭、社區、職業、政治、經濟、社會、智力等一系列因素為基礎的」。這些觀點給予筆者相當的啟發。

社會，筆者不否認有階層存在，只是階層並非絕對的存在，毋寧是社會網絡更能代表社會的實態。然在本論文中，對於社會網絡僅初步探討，並非本文論述重點。

其次，對許多研究者喜歡提及的「抗日原因」以及價值判斷問題，如臺灣人是忠誠或是反逆、是否抗日等，筆者希望由「身份認同」來詮釋此問題。1895-1901年間臺灣人所面臨的問題，筆者認為與其是政治認同，毋寧說是身份認同的問題。在一個權力場域中處於特定位置的人（如後文所述的陳秋菊、林維新及林李成等），因應局勢之變動，進行各種選擇（也許是意識或習性使然），此種選擇使其身份由清朝地方頭人，一變而為所謂日本時期的「土匪」，而該行動者原本欲回復至舊有的權力場域情況，故進行鬥爭，然而終於無法改變整個權力場域的變遷，而身份認同漸漸被視為「盜賊式」的土匪，這些行動者之大部分想回復原來的身份，然而即使回復，亦非原來的清朝頭人，而變為日本時期的頭人，此形成了身份認同的變遷。一個人在「政權變動」下，由於不同原因，在不同時期有不同的身份，身處現代的我們如何對其做出所謂的「價值判斷」呢？筆者試從瞭解其身份認同變遷的角度，而非以先驗的價值判準分辨忠誠與反逆。

藉由觀察戰爭動員的過程及影響，可說是檢驗權力場域及身份認同最好的角度，透過分析乙未戰爭動員及「土匪」抗爭事件，可解開一些清末臺灣情況的疑點，即到底戰爭改變或確認了甚麼？如此也才可理解被視為「土匪」反抗者宜蘭人簡大獅出現的原因與意義。

以上的權力場域及變動可以圖示如下：

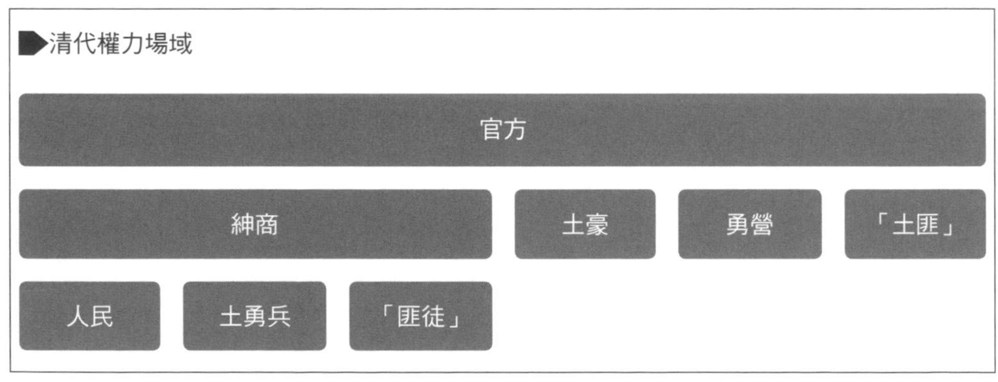

圖1▌清代權力場域示意圖

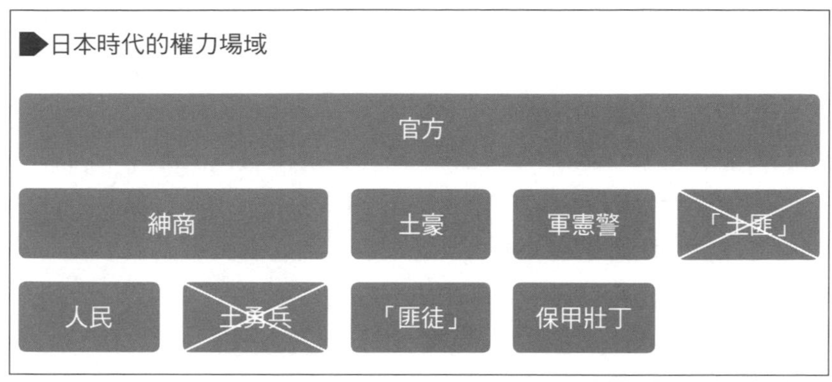

圖2▌日本時代權力場域圖

亦即，在清代可以在某種程度被默許甚至招安的「土匪」，以及私人武裝（土勇兵）及擁有私人武裝的土豪[16]，到了日本時代，是不被新的官方（日本殖民者）所允許存在的，因此最終在日本國家壟斷暴力的過程中，都是需要被消滅的對象，而在場域變動的過程中，若干人被逼上梁山，則被如民政長官後藤新平運用招降方式先給予機會並加以監視，如確實歸位不再反抗，則又負歸為紳商或「良民」。

以上的研究視角，對於理解日本時代初期的變動與反抗，有相當的解釋力，因此我們接著可以順著殖民者當時如何理解當時臺灣反抗者（即「土匪」）的角度，來理解殖民者如何抽絲剝繭建立其殖民統治，而反抗者簡大獅（生平詳後述）又是在怎樣的角度被理解，也可窺知一二。

三、日本官方對「土匪」的定義」與招降政策

臺灣總督府官員雖然對土匪有各種定義，但是有一篇可說集大成，並且依據此定義，最終使總督府得以順利制訂政策，治理臺灣。在1898年5月，有一篇文章〈臺灣ノ土匪〉呈給總督府高官參考（以下簡稱為〈台匪〉）[17]，其中對「土匪」之論述，得到兒玉總督及後藤的贊同並加以施行。

[16] 清代後期由於地方戰事頻仍，因此社會階層晉升管道變得多元，如「官階有正途、異路、軍功三者而已。由五貢、恩拔副歲□、舉人、進士出身者，謂之正途；由籌餉事例捐納者，謂之異路；由軍營保舉者謂之軍功。」參見〈名實□□〉，《臺灣新報》1897.4.20，1版。亦即紳商可靠捐官，一般人或土豪則可靠軍功來晉升。

[17] 作者不詳，〈臺灣ノ土匪〉，《後藤新平文書》R30-7-68，明治31年（1898）5月撰寫，無頁碼。此下本段之引文皆引自此文，不再加註。

〈台匪〉一文共分為八章，第一、二章講清朝時土匪的種類及處置，三、四章則現時（日本時代）的土匪種類及處置。五到七章則分別說明北中南著名土匪被逼成匪的經過，第八章則是歸順策之成績。

〈台匪〉作者在第一至四章，比較了清時與日本時代土匪的不同處。他認為「清時民間弄凶器者分為二種：曰逆，曰盜。所謂逆，指國事犯；所謂盜，指盜賊，而總稱之曰匪。所謂匪者，非人、惡人也。其居鄉里者謂之土匪，其往來不定者謂之流匪，其居山者謂之山匪或山賊」。若再加以區別，則可表列如下：

表1　國事犯與盜賊差異表

	國事犯	盜賊
目的	強取政權	強取財貨
品行	有方正之人	無方正之人
家人、財產	有家人、財產者多	有家人、財產者少
民望	良民也加入	與良民不相容
徒黨	至數千人或數萬人	止於二、三人或二、三十人

他認為清朝對國事犯及盜賊之處置亦不同：

> 清官對國事犯必至動兵，而官兵一出則暴徒立破、巨魁授首而亂平，蓋脅從之輩皆勸歸順，但誅巨魁而已。」「其對盜賊也，設所謂聯庄保甲之法，每街每庄皆部署自治警察，特別至冬季增雇壯丁力嚴警戒，謂之防冬……如有欲捕者，一一莫不得捕之，但隨捕隨出，未能絕盜賊之種而已。蓋此乃天下萬國之世態，即國事犯時存，盜賊常在也。」他並認為清朝對於如太平頂之盜賊，隨伐隨出，多力求招安而不努力討伐。「清朝時未嘗有愚弄官兵之土匪與倚賴土匪之良民。言有此者，乃為我內地人之誤聞、臆說也。

日本時代後，則產生了許多種類的土匪，這些多為日人所製造的：

> 全島之土匪種類增加甚多，試列舉於下：一、國事犯；二、盜賊；三、國事犯兼盜賊；四、借名國事犯之盜賊；五、兵吏誤認之盜賊；六、盜賊脅

從之盜賊；七、為父母、兄弟姊妹、妻子復仇之盜賊；八、為復權其職業財產之盜賊；九、失去衣食住而偷生之盜賊；十、自大陸偷渡求倖之盜賊。以上土匪類中，可認同其為真正之盜賊者，有第二項盜賊、第四項之借名國事犯之盜賊及第十項之自大陸偷渡求倖之盜賊三種。其餘皆清朝時之良民，現時則非其本意而為土匪，為可憐之徒，可謂為我日本人故，而被製造出之土匪。（下畫線為引用者加）

上述的土匪分類可簡單圖示如下：

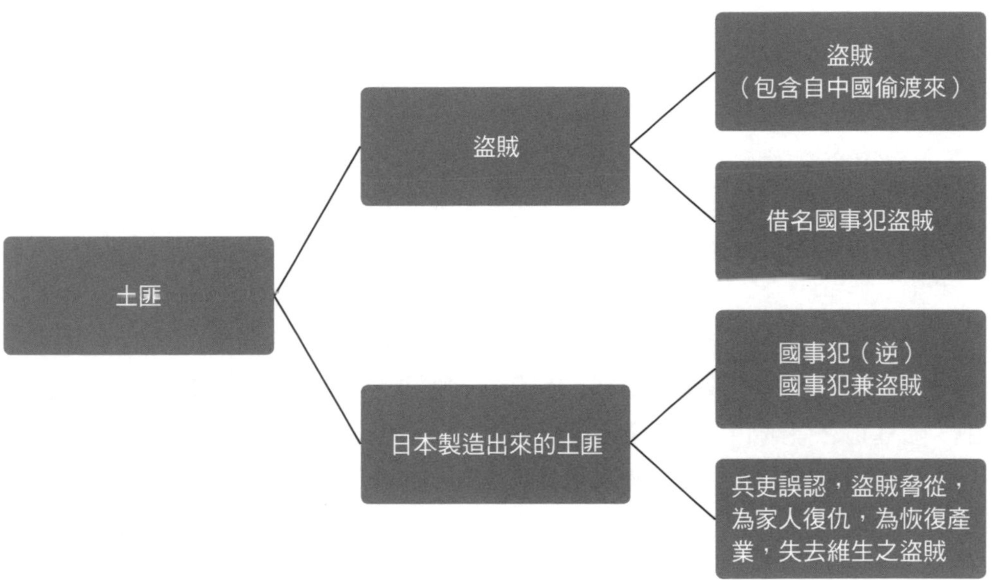

圖3▌〈臺灣ノ土匪〉的土匪分類圖
資料來源：本研究彙整。

〈台匪〉作者認真地面對日人在初期統治的失政，並嘗試提出解決辦法。他認為舊時之土匪只有國事犯與盜賊，國事犯則只誅首魁其餘不問，盜賊則與良民不相容，故容易捕獲。但到日本時代則是：

今則不然，國事犯姑且不論，連良民且有未能安堵就業者，而盜賊當中，亦有使良民表示同感者，不免相為隱蔽。

加上樺山總督時代收繳民間自衛用武器，盜賊即乘良民沒有槍械，更加進行搶劫。此有如猛虎驅群羊，形成土匪易於掠奪良民之好時代。而盜賊來時，平民報告官方以求保護時，官方僅有討伐一策。官方討伐多無法捕獲匪徒，此不免有捕風捉影之譏。因此，盜賊復來，憤恨平民報官，展開復仇行動。良民恐懼遭報復，故不再報官，良民遂有放任盜賊非為，而佯稱不知者。良民甚至繳納保護費給盜賊，希望倖免於難。

〈台匪〉作者直指討伐土匪策之無效，人民亦厭惡軍隊討伐，軍隊一旦採取討伐，反使良民受害被日軍所殺，甚至有：「臺灣土匪取錢不取命，日本官匪則取錢又取命」的傳言，故日軍討伐策的實行，反徒使良民與土匪更加結合在一起。於是討伐土匪三年，匪亂卻不止。他認為：

> 想此非我兵之罪，乃我政不得宜之結果也。故土人云：日本人知用兵而不知治民，然當局卻以為係憲兵、警吏可進行管理地方者不足之結果，大增其數，各配置本國之憲兵警吏達三千餘人於臺灣之小島，如此多數，為東西古今未有之異例。

他認為日本時代之土匪與清時之土匪性質不同，故其與良民之關係亦異。他認為欲掃除土匪，其根本之策有二：「一、製造土匪之事一律杜絕；二、土匪類中，除真正之盜賊外，使其全部復歸良民。」

〈台匪〉作者認為欲消滅製造土匪一事，需於民間遍設自治警察，僅留少數警吏於辨務署所在地，歸署長指揮自治警察即可。欲達使土匪復歸良民則需：

> 出土匪歸順之告示進行恩赦，但限於有下列資格者方可行之：一、於清朝時為良民者；二、有家人、財產者；三、鄰里鄉黨替其擔保者。兼有此三者自不待言，而欠缺第二項之資格者，若亦有其他資格則應許之。且若因我日本人之誤舉而燒毀家屋、失去財產者，則給與救恤金；又無論財產與職業，對可歸還者應努力歸還之。」這是他提出的新土匪政策。

在五至七章中，他分述臺灣北部林李成、陳秋菊；中部柯鐵、簡義；南部鄭吉生作為日人製造土匪之證據。

他認為林李成原為讀書人，在乙未之際採觀望態度，其後大有所感，故「悲憤而不能自禁，舉我文武官民之非，稱與臺人勢不兩立，呼我王師為禽獸軍，傳檄遠近糾合同志」，而發動了元旦事件。他認為林李成所為：「全出於國事犯，為號令嚴明之事也。」

他認為陳秋菊係受到誣告，故為匪：彼為臺北縣下文山堡之總理，是為我軍而忠勤者。其後，我警察人員誤信饞誣之言，欲捕縛彼也。彼以身逃入山中，土匪乃迎彼仰為匪首。

對於臺北宜蘭之土匪蜂起，他認為是新的礦業規則制定之因：

> 土人之礦業概為我日本人所取……該規則自明治二十九年九月十日施行，自其施行之日起，至翌年三十年五月八日止，臺灣居民因國籍未定，不准採礦，只准日本內地人而已。……故自礦區主及礦業主以至採金夫及採炭夫皆一齊怨嗟，而窮於衣食之餘，變而為匪者接踵而至。因此，礦區皆為匪區。

他認為總督府雖一面認為臺灣居民係日本帝國的臣民，亦給與其土地及家屋的所有權；同時卻稱臺灣居民不是日本帝國臣民，而不准臺人採礦。此即分割一人之身為國內國外之國籍而處置，〈台匪〉作者認為此處置相當奇怪。

對於中部的雲林事件，他則認為因政府處置失當，視雲林人土匪即良民，良民即土匪，採用報復政策無差別掃蕩雲林，導致土匪煽動良民。使得情勢變化：其目的所在，在於驅逐日本人，欲清臺地。盜賊之所為，一變而成國事犯之所為，窮鼠嚙貓此之謂也。

南部亦是鄭吉生則因仇恨原清縣令不發兵餉，故率先投降日軍，後因其推薦之人疑為土匪，故被下獄，其破獄逃走為匪。

〈台匪〉作者認為這些「匪首」原先多是迎接日軍的地方頭人，但因日人失政不得不為土匪。如林火旺、簡大獅、詹振及盧錦春等土匪，則似被其故意忽略，是否暗示這些人不是為日人所製造的呢？

以上是幕僚眼中的土匪問題與定義，臺灣總督府根據上述分析，據以實施兩件事情，一件是針對匪徒進行嚴格的法律懲罰，此即匪徒刑罰令的制訂：至1898年11月，臺灣總督以緊急律令二四號發佈著名〈匪徒刑罰令〉，又可窺知日人在法律上對匪徒的見解。〈匪徒刑罰令〉共分七條，第一條即稱：「不論何種目的，以暴行或脅迫，為達成其目的而結合群眾，是為匪徒之罪」。[18]換言之，此條文係用「行為」來定義匪徒，而非如上述幕僚所稱理解其動機，究其本質，對總督府官員來說，只要反抗日本人就是「匪徒」。

但，另一方面，1898年兒玉總督與後藤新平上臺後，「土匪」的動向開始有較大轉變。此肇因於日本人開始認真思考土匪問題，並制定了「歸順策」，以下述其大概經過。在兒玉、後藤來臺前即有歸順策，其時屬於各地各機構為政的狀態，故弊害甚多，後藤新平在參考幕僚等之意見後，制定了土匪招降策。而總督府擬定了招降對象，所欲招降者為如下之類型：

> （土匪）雖非僅為逞求一己財慾而行掠奪，然抱有一種政治之誤解。其政治誤解，即係欲回復臺灣；不喜新政而思慕舊政；或有稱為保護良民而抵抗軍隊，或由於讒誣不得不處身於逆境。雖均非出於頑迷固陋。然其衷心，自有所持。[19]

兒玉總督並曾訓示地方官，宣稱他在觀察匪情後，認為土匪「頗有希望從速歸順」，故此時不運用警察之妙，而一任於兵力者實難謂為上策。[20]在《後藤新平文書》中，日人曾做過土匪歸順意向調查，發現最期待投降者為陳秋菊、鄭文流、徐祿一派，此外，林火旺亦期望歸順，至於盧野、簡大獅一派則頑強凶悍，無歸順之意。[21]總督府幕僚及兒玉總督認為日治後之土匪多有不得已之苦衷，「今之土匪與清時不同，有受鄉黨愛護，原為有資有產之輩」，總督認為這類型可以「北部之林李成、陳秋菊；中部之簡義、柯鐵；南部之鄭吉成等」為例。[22]此外，又有許多人是因日人失政成為土匪者。對上述這二類「土匪」，屬於日人欲招降的對象。

---

[18] 〈匪徒刑罰令（明治31.11.5，緊急律令24號）〉，外務省條約局法規課編，《外地法制誌第4卷律令總覽》（東京，文生書院，1960），頁167。翻譯參見徐國章編譯，《日治時期律令輯覽》（南投：國史館臺灣文獻館，2020），頁110-112。

[19] 不著撰人，〈臺灣北部土匪投誠顛末〉，《後藤新平文書》R30，七-六三，1898.7-11月。求適齋主人中譯，〈臺灣北部土匪投降顛末〉，《臺北文物》（臺北），8：7.8（1959.6），頁31。以下只引中譯本。

[20] 〈明治31年5月25日地方長官ニ對スル兒玉總督談話要領〉，《後藤新平文書》R23-7-4（中研院臺史所影本），頁4。

[21] 〈臺北及宜蘭地方匪魁略歷〉，《後藤新平文書》R30-7-65。

[22] 〈幕僚、參謀及各旅團長ニ對スル兒玉總督訓示□要領〉，《後藤新平文書》R23-7-4（中研院臺史所影本），無頁碼。

此種對土匪形象之形成，係後藤新平招致臺灣紳商詢問的結果。據說紳商皆曰：「臺北土匪多帶有一種政治上不平份子；或是失業者；純粹之盜賊可能只屬一部份而已。政府若施仁政，宥恕其前惡而招撫彼等，彼等一定感泣而奉命」。[23]紳商認為其所以不降者原因在於因與軍憲警衝突造成情感之怨恨，且又有因礦業規則、製腦規則實施而失業者亦加入之，其為首領者當然無沒有一定要恪守「大義名分」，但無處理自身及部下之道，故亦甚可憐，加上又有臺灣人通譯及探偵從中陷害，更使官府與土匪愈行愈遠。[24]日人最先招降之對象即為元旦事件參與者林李成，據說後藤新平曾「招致宜蘭土匪總頭領林李成之親戚某，示我政府之深意；某大喜，明言當能瞭解我政治之旨趣，事可必成而去」。[25]

後藤新平等鑑於過去招降之事常有某某收賄代為斡旋之弊病，故將投降事宜移交辨務署處理。並且在使用探偵時，同一事務交與數名探偵偵察，直至結果相同始予採信。[26]又有甲機關承認招降，乙機關否定之事，故兒玉總督調和文武憲警，在5月25日及6月3日之對地方官及旅團長之訓示即是此目的。後藤新平時代，於1898年開始有大量「土匪」投降事宜，並給予授產。

首先是林火旺與陳秋菊的投降事件。其中陳秋菊的歸順條件為希望能開墾土地並要求給授產金，除希望有武器自衛外，還提出不希望日警至坪林尾河以南巡查，由土匪「自治」。[27]最終，陳秋菊等人在1898年8月10日上午於水聳湶坑口以鐘浸之家為式場，由知事舉行歸順式。歸順式當天，陳秋菊等解除武裝，與街庄長放爆竹掛紅布歡迎之，當天同樣有守備隊長官親臨及訓詞。儀式結束後，陳秋菊等備酒席乞飲，席中歸順者李五跳出表謝意，並欲隨臺北縣知事上臺北。後縣知事回臺北時，據說家家戶戶掛紅布、放爆竹設小宴以表敬禮。[28]此後，陳秋菊一派未再復叛。

因此，即使如原先沒有想要投降意向的簡大獅等人，日本官方也開始進行招降。簡大獅一直以來似無投降跡象，然因宜蘭臺北諸匪皆降，他發現逐漸孤立，遂漸有降意。簡大獅一派於1898年9月10舉行投降宣誓式，由村上知事、民政長官、憲兵隊代表及軍隊代表，各士林、芝蘭二保等街庄長、基隆參事蔡天培、林

23 求適齋主人譯，〈臺灣北部土匪投降顛末〉，頁33。
24 求適齋主人譯，〈臺灣北部土匪投降顛末〉，頁33。
25 求適齋主人譯，〈臺灣北部土匪投降顛末〉，頁33。
26 求適齋主人譯，〈臺灣北部土匪投降顛末〉，33。
27 〈谷信敬發，秘22號鄭聯揖等上申書〉，《舊檔》9121卷，署明治31年舊曆6月初四。
28 求適齋主人譯，〈臺灣北部土匪投降顛末〉，頁40-42。

本源管事等人列席。據說日官及紳商等候多時，終於劉簡全、簡大獅等人率共百餘名匪徒全副武裝，大張旗鼓抵達芝山岩會場。報上並笑稱原其大張聲勢稱有部眾400餘名，原來簡大獅一派僅不足200名。[29]

知事訓示中提及兩事：即不准帶槍械，聲稱此乃日本之「國法」；其次則是土匪不得再收取保庄金。[30]土匪並誓言六條，主要內容是督促部下安分，收回徵收保庄費用之名片，不收保庄費，軍槍不帶出街庄，安頓無業之部下應先稟明，造部下名冊。[31]

從上述的〈台匪〉的論述，似乎隱約可以看到以臺北、宜蘭為例，日本人發現有被日本人製造的土匪，如陳秋菊等人，也有可能原先在清代權力場域時，不是地方的頭人，而是屬於傭工、土勇等依賴勞動力為生的人，這些人與陳秋菊等人不是同類型的人，此外，古道上的人際交流網絡也各有不同，下一段將簡單介紹簡大獅與沿著淡蘭古道的各種產業與人群關係，闡述其社會史與社會網絡的意義。

四、簡大獅生平與淡蘭古道上的人群關係

（一）簡大獅生平與其反抗

簡大獅的歷史形象的變遷，本論文集已另有相關論文專文撰寫，本文只就史料上所見的簡大獅生平進行簡要說明。簡大獅並非一開始就從事其「土匪」事業，在日人編纂的《臺灣匪魁略歷．簡大獅條》中，如此記載：

> 簡大獅是宜蘭城內北門街人，後移居頭圍堡，其父原貧窮小農，僅為人傭作，不過餬口而已。大獅生而剽悍有膂力，進入陳輝煌的營中，為其一兵卒。屢次藉其勢屈辱良民，為人所畏憚。明治28年5月本島割讓之際，物情洶然，巡撫為一部分暴民所迫，私稱臺灣大統領，招募四方亡命之徒，他也屬於林火旺的部下，成為一頭目。我大軍登陸三貂角之後率領五、六十名之暴徒極力抗敵，忽遭官兵擊攘，倉皇之間僅以身脫，遁逃至石碇街八連港地方，一時落魄挑石炭營生。1896年12月起為匪首，屬林火旺之部

[29] 〈簡大獅一派歸順宣誓式の景況〉，《臺灣日日新報》109號，1898/9/11，2版。
[30] 〈簡大獅一派歸順宣誓式の景況〉，《臺灣日日新報》110號，1898/9/13，2版。
[31] 〈簡大獅一派の歸順顛末〉，《臺灣日日新報》107號，1898/9/9，3版。

下，大肆擾亂宜蘭及臺北管下。1897年簡氏脫離林火旺，又糾合匪黨而獨立。[32]

關於簡氏曾作坑夫一事，如此事為真，他可能因此而熟識來往於基隆堡、石碇堡、文山堡及滬尾間的盧野（盧錦春），進而結拜兄弟。《士林土匪仔歌》中，亦曾記載：盧野、簡大獅此黨土匪係自南邊興起，奉盧野為大哥，而前往北山招兄弟，並以簡大獅為頭兄一事。[33]

簡大獅是否曾參與「元旦事件」，吾人無法得知，雖然《臺灣憲兵隊史》中，曾提及簡大師在明治28年12月31日，自關頭方向欲襲淡水[34]，但對此事，筆者有所質疑：如果簡大獅在元旦事件時即相當強大，為何1896年10月的《新報》上所登懸賞匪首名單中，卻找不到簡大獅之名呢？[35]且在1895年1月7日，日人曾內部命令搜索的名單中，亦無簡大獅之名。筆者也試著使用漢珍的《臺灣日日新報》（包含1896年創刊的《臺灣新報》）試著以簡大獅為關鍵詞搜尋共有350筆資料，發現簡大獅的名號最早可查竟然晚自1897年10月14日一篇名為〈匪報一束〉的報導，依據金包里街某人密報，簡大獅以下十數名匪徒聚集於萬里突庄。[36]

此外，《士林土匪仔歌》中，聲稱土匪是奉盧野為大哥，後以簡大獅為頭兄來北山招兄弟。[37]按盧野的興起係在1896年9月之後，如盧野被日人逮捕後，檢察官曾列舉其罪狀，盧野的罪行，最早係1896年9月於文山堡畬箕湖抗敵憲兵，檢察官並未舉盧野曾參與元旦事件。[38]盧野自己亦承認是自金山被日人收奪後始

32　國立中央圖書館臺灣分館收藏，作者不詳（紙張上有臺灣總督府陸軍幕僚用紙字樣），《臺灣匪魁略歷》，無頁碼，著作年代不明，約明治34年（1904）左右。

33　何先著，何連福口述，吳萬水採集〈士林土匪仔歌〉，《臺灣風物》（臺北）4：5（1954.5），頁55。

34　臺灣憲兵隊編，《臺灣憲兵隊史》（臺北：臺灣憲兵隊，1932），頁61。該書將簡大獅寫作簡大師。

35　該賞格中，詳細載有重要匪首名單：「第一條捕獲匪首**林李成**、陳秋菊、詹振、李阿成、鄭文流等每名賞銀壹千圓。第二條捕獲副匪首若**林火旺**、**林大北**、陳有諒、黃可、陳有土、鄭阿貓、陳耆匏、張秋、李逢年、林川等每名賞銀陸百圓。第三條捕獲支黨首若李烏、周吉、陳小蜂、憨林、大目牛、郭長發、張用等各賞銀參百圓。」其中，有宜蘭人林火旺林大北及詹振等人名單，卻無簡大獅之名，不過此名單亦無林維新之名，參見：〈招安賞格〉，《臺灣新報》1896/10/23，1版。

36　〈匪報一束〉，《臺灣新報》，1897/10/14，3版。

37　何先著，何連福口述，吳萬水採集〈士林土匪仔歌〉，頁55。

38　〈盧阿爺以下公判決定〉，《臺灣日日新報》463號，1899/11/16，2版。

為匪[39]，按日人禁止自由採金係自元旦事件後，可知盧野至少是明治29年初後才能因金山被收奪而為匪。綜上所述，似可斷定簡大獅在1896年初當非重要匪首。

盧野簡大獅一派又是自何時開始崛起呢？相較於元旦事件及1897年的襲擊大稻埕事件為較有明顯「政治目的」之事件，如果觀察《臺灣新報》的報導，可知1897年7月左右出現盧錦春、林太平及其黨羽之名，其主要行為在強迫村莊進行「和庄」——即強行收取保護費[40]，此外，他們並從事流寇掠奪及擄人勒贖行為。對其行為有如下報導：

> 淡水轄之小基隆庄、石門、老梅、錫版等庄近日匪氛甚惡，有匪首盧錦春、林太平，率其匪黨沿庄搶奪，居民無武器可禦，避難淡水街，當此禾稻登場，奔出良民不敢收穫，百里之中盡成荒蕪，日後青黄不接，該處居民奚以聊生，所望政府速派大軍進剿，以奠民居，而靖匪難，庶免茲蔓難圖，積成地方之患也。[41]

這些北山土匪在1897年7月中，開始崛起，且橫行騷擾地方，屢經日本官方派兵剿討，地方似乎較為平靜。筆者認為盧阿野等土匪似因此而更加厭惡官方，多次威脅要攻擊官方。因此在1898年3月爆發盧阿野等人攻擊磺溪憲兵屯所的事件。先是3月7日，徐祿、盧錦春、李養及陳煌相會於姜仔寮庄議定欲襲擊金包里各屯所及憲兵屯所，7日下午錦春、李養率部下百餘往六堵，8日至基隆大武崙內寮與當地屯所交戰2小時，往瑪陵坑占領民家，至10日逼近磺溪頭庄之報頻傳，憲兵屯所長備戰。於下午3時果來襲，其數四百，盧錦春、李養自屯所南方來，簡大獅亦自西北方來襲，日憲兵共30餘名據堡壘與盧、李、簡從事戰鬥[42]，據說因占盡地利，居高攻擊屯所一度使日方戰事不利[43]，簡大獅一隊並奮力向屯所前方逼近，至下午5時盧、簡等人遂退至倒照湖及竹仔山一帶，並於12日徐祿、陳煌帶部下200人來，合計共700人，分由徐祿、簡大獅、盧錦春、王貓研統帥。日方得援後反攻之，盧、簡等始退。[44]後官兵退，這些人又出而擾亂地方。

---

39 〈盧野詳報〉，《臺灣日日新報》95號，1898/8/25。
40 〈滬尾匪情〉，《臺灣新報》1897/7/17，1版。
41 〈匪氛甚惡〉，《臺灣新報》1897/7/20，1版。
42 見臺灣總督府警務局，《臺灣總督府警察沿革誌　第二篇 領臺以後之治安狀況》（臺北：臺灣總督府警務局，1938），頁318-319。
43 〈磺溪頭於□□□土匪〉，《臺灣新報》1898/3/16，1版。
44 臺灣總督府警務局，《臺灣總督府警察沿革誌　第二篇 領臺以後之治安狀況》（臺北：臺灣總此事件似是盧阿野集團少數主動攻擊官方的紀錄，雖然盧阿野集團曾多次對抗官軍，但這似是一種土匪（治安擾亂者）VS官方（治安維持者）的一種對立，而非有「政治」意圖的抗爭行動。觀諸其後簡大獅等集團又繼續橫行搶劫地方人民，吾人似可推論：簡大獅等人的目的不是在「保護」臺人，驅逐「倭寇」，而是大規模組織型犯罪為主。[45]

另外，依據簡大獅的口供資料，提供他投降後，於1898年末再反抗的論述，具有參考價值，故贅引如下：

> 籍在宜蘭十六坎[46]，現在有64歲的親生父親及58歲的老母。
>
> 曾於明治31年舊曆7月歸順官府，其後由於勸誘我歸順的密偵對我說的話，與他對官方說的話似乎有所出入，逐漸加深我的疑慮，遂斷然決意再舉，一面召集部下三百人準備槍枝五百挺、彈丸五千發準備開戰，我記得那是舊曆10月28日的事情，恰好官方……盤據北山等待。……官兵如雲集般自四方包圍前後發砲，當然自己已經有覺悟。另一方面的首領許茂春、李桂枝、陳總理、詹番等九名分別領兵執總指揮旗，首先朝向優勢兵力的討伐軍，此日上午六點開戰到下午一點。激戰最烈的是七星墩之戰，數小時激戰後，我方逐漸疲累退散，最終我軍敗北，因此我從七星墩山的間道，與親信陳西外一名一同乘夜逃至金包里，其後數日，晝伏，夜則急從海道往滬尾。舊曆11月9日下午四時，搭乘Douglas汽船公司的海龍號秘密等待出航的時候，滬尾水上署的警官數名搜索船中，幸運未被發現，前往廈門，潛身廈門轎道街裁縫店方陽處，其後屢屢得到北山同盟者遭到逮捕的報導……。邂逅賴阿乾在廈門尋找數名部下，威脅良民，而受到道臺的嚴加搜索，逃到漳州隆惠縣。……現在想請求再度歸順，照顧居於宜蘭的老父母，從事正業為我終生希望。[47]

督府警務局，1938），頁319。

45 又簡大獅出身地的宜蘭，而在清末政權變動時已開始有大股匪徒出現，可知此種組織犯罪並非始自日人當政後。參見：黃益成口述，陳長城筆記，〈乙未日軍入蘭始末追憶〉，《臺灣文獻》（南投）45：1（1994），頁116。又Davidson亦曾提及乙未割臺之際，宜蘭正為土匪與游勇所苦。見James W. Davidson, *The Island of Formosa: the past and present*, London and New York: Macmillan & Co., 1903, p273.

46 十六坎為今宜蘭市中山路近北門口處，為入城必經之地，商旅繁忙，自古即為商家林立之地。見：黃雯娟撰述，《臺灣地名辭書卷一宜蘭縣》（南投：省文獻會，2000），頁195。

47 〈預審廷に於ける簡大獅の具狀（歸順を哀請す）〉，《臺灣日日新報》，1900/3/16，2版。

從上述我們可以看出關於簡大獅生平的路線，他的土匪之路是宜蘭—北山—淡水—廈門。當時交通不甚發達，他又是如何從宜蘭到臺北呢？主要依靠現在稱為淡蘭古道的幾條支線來聯繫。在清代及日本時代初期，這個地區有著複雜綿密的山系及蜿蜒其間的小道，前人就是透過這些道路縱橫臺北跟宜蘭。最後透過這個古道地緣關係與產業等如何串起這些反抗者人際網路，筆者簡要說明其社會史意義。

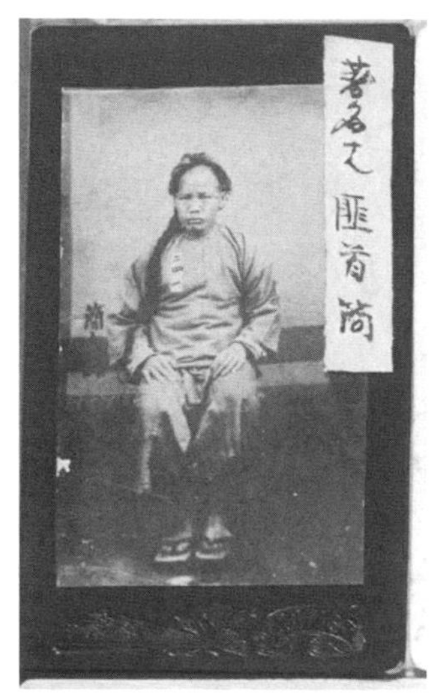

圖4▍簡大獅照片

資料來源：田中芳男，《臺灣帖》（東京：東京大學圖書館藏，1908），無頁碼。

（二）淡蘭古道上的產業與人群關係[48]

這些土匪（反抗者）出沒的地方有其地域性之外，也具沿著古道出沒的特性。以下是筆者整理臺北宜蘭地區反抗者的相關表格與分布地圖。

---

[48] 本段主要徵引自陳怡宏，〈邁向土匪之路——1895～1901年間北宜古道與「土匪」興起關係〉，202-246，特別238-239結論部分小幅修正。

表2 1896 1898年北宜重要匪首關係簡表

匪首姓名	出生地	勢力範圍	活動的古道路線	社會身分	敵對勢力	結盟勢力
林大北	宜蘭二結堡三結庄	宜蘭三結庄	北宜古道的宜蘭端	福祿派領袖		林李成
林維新	宜蘭頭圍堡下埔庄人	宜蘭	北宜古道宜蘭端	秀才		林李成
林李成	三貂堡遠望坑		三貂線	秀才、訟師、金礦開發者	中介者	林大北、林維新、盧錦春、徐祿
胡阿錦	中壢安平鎮	中壢一帶	不在古道上	富豪、縣稅吏、監生、糧運總管、賞戴五品花翎	無	主要與三峽及橫溪一帶人士結盟
蘇力	三峽	三峽	不在古道上	地方豪紳	無	胡阿錦、林李成
翁玉書	橫溪	橫溪	不在古道上	地方豪紳	無	胡阿錦、林李成
徐祿	三貂堡人或宜蘭人	宜蘭、坪林金瓜寮一帶（岳父是文山堡灣潭人）	文山線、三貂線	十勇營官、金礦開發	中介者	簡大獅、陳秋菊
鄭文流	坪林	文山堡（坪林為主）	文山線	豪紳、種植藍靛、製茶	簡大獅、盧錦春	陳秋菊、陳捷陞、徐祿
陳秋菊	深坑	文山堡（深坑為主）	文山線	總理、商人	簡大獅、盧錦春	鄭文流、陳捷陞、徐祿、詹振
陳捷陞	深坑、石碇	文山堡（石為主碇）	文山線	商人	簡大獅、盧錦春	陳秋菊、鄭文流、徐祿
詹振	錫口（今松山五分埔）	錫口及水返腳（今汐止）一帶	三貂線	綠林豪強、訟師	不詳	陳秋菊
盧錦春（盧野、盧阿野）	福建安溪人	水返腳	三貂線（發跡於文山線上）	雜貨商、綠林豪強	陳秋菊、鄭文流、陳捷陞	簡大獅、林火旺
簡大獅	宜蘭城	北山（今陽明山）	三貂線	土勇、礦工、綠林豪強	陳秋菊、鄭文流、陳捷陞	盧錦春
林火旺	宜蘭頭圍	宜蘭頭圍	文山線	綠林豪強	不詳	盧錦春

資料來源：陳怡宏，〈邁向土匪之路——1895～1901年間北宜古道與「土匪」興起關係〉，《宜蘭文獻雜誌》（宜蘭）75/76期（2006.06），頁215-216。

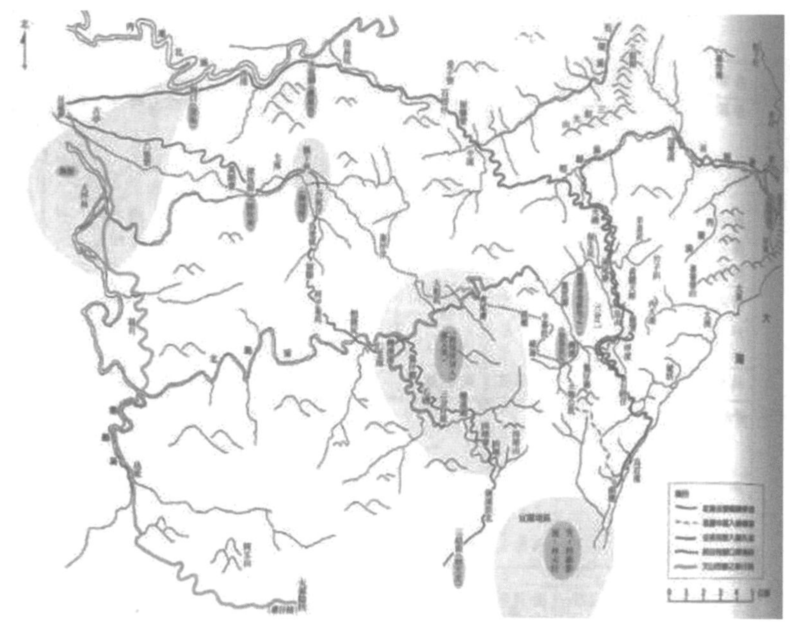

圖5▍北宜古道文山線土匪勢力圖
資料來源：陳怡宏，〈邁向土匪之路——1895～1901年間北宜古道與「土匪」興起關係〉，頁217。

圖6▍北宜古道三貂線土匪勢力圖
資料來源：陳怡宏，〈邁向土匪之路——1895～1901年間北宜古道與「土匪」興起關係〉，頁218。

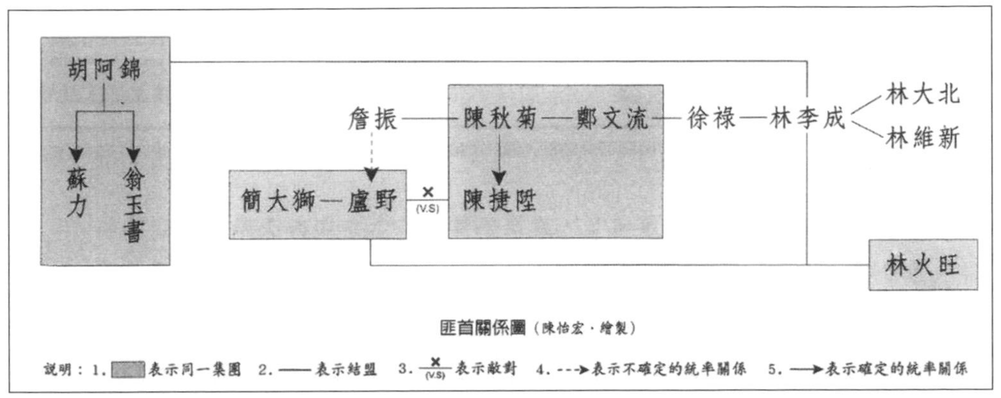

圖7 臺北宜蘭地區匪首關係圖
資料來源：陳怡宏，〈邁向土匪之路——1895～1901年間北宜古道與「土匪」興起關係〉，頁218。

在不同古道路線上生活的土匪，藉由古道連結生業與社會網絡，也決定了他們的勢力範圍。在日常生活中，他們藉由古道互相聯絡，在古道上找尋生業，或為礦工、傭工、茶販，或是當地的豪紳。當時局變化，隨著各種原因踏上土匪之路時，這幾條具生活與社會功能的古道，就成了他們足以為「土匪」的資本。因為透過這條古道，他們之間互相聯絡，或敵對或結盟，建立各自的勢力範圍，成就其土匪事業。這些人的出生地如果不是位在古道要衝上，而是在臺北盆地或蘭陽平原的大都市，或不是透過古道建立各種資本（社會網絡、生業甚至對地方威望等等）的話，根本無法成就其「土匪」事業。出身於臺北盆地或蘭陽平原大市街的匪首非常少，這些匪首不是出生在近山一帶，就是剛好位於古道路途上，這並非巧合，而是古道串起了這些人。

這些反抗領導者的勢力範圍及出身都不是孤立的村莊，他們都是在北宜幾條古道上縱橫的人物。這些北山相關勢力的詹振、簡大獅及盧錦春，以及宜蘭的林火旺，出身都非當地名望人士，也沒有在地色彩，可說是「流動商販型」的勢力。如簡大獅等人主要沿著三貂線，少部分經過文山線活動。相對於此，在文山堡一帶山區的深坑陳秋菊及族弟石碇陳捷陞，則有當地色彩，在清時即有相當地位，可說屬於被日人所逼的「同心巢式」勢力。

其他如林李成及徐祿在出身上則頗受爭議，但林李成在三貂堡遠望坑有一定地位是無庸置疑，徐祿在清末也曾被命為營官，同時從事採金業，可知非完全是無賴之徒。這兩人由於交遊面廣，居住地處於古道要衝，於是擔任起聯絡各地勢力的角色。

五、結語：宜蘭人簡大獅反抗的意義再思

由於過往針對日治初期的反抗研究各種受到政治視角的研究典範，本文則延續實證史學與社會史的研究脈絡，並提出權力場域變動的觀點，將宜蘭人簡大獅重新置於原來的歷史脈絡。如前所述，清代權力場域允許軍功方式晉升，因此可以透過武力，擔任土勇或是擁有私人武裝勢力，但是日本時代的權力場域則不允許這種方式，日本自從明治維新後為近代國家體制，因此不允許私人擁有武力。加以在權力場域的變動中，有許多人由於新政失業或是遭地方敵對勢力陷害，因此成為反抗者，亦即臺灣總督府幕僚所稱由日本所製造出來的土匪。

宜蘭人簡大獅的反抗屬於什麼類型的反抗呢？他的屬下有不少是由於失業或由原先的地方頭人角色因為種種原因而成為反抗者。簡大獅本人則是土勇兵出身，如果在清代權力場域，他原先很有可能會依循諸如宜蘭三星的陳輝煌等人的方式，亦即依靠軍功往上晉升，但是日本時代的轉換，隨之而來的各種權力場域轉換，導致他這種類型的晉升可能被阻絕。有些研究者或後世的臺灣人希望尋求一種臺灣反抗意志的象徵，加上簡大獅的各種供詞版本（如對清官與對日本官方的不同版本），以致於他的歷史面貌被疊加出各種可能。相較於陳秋菊等人希望恢復清代的地方頭人身份，從文獻中可以發現，簡大獅對於日本官方缺乏信任感，究其原因，部分源自於簡氏與其他原先有產業的反抗者相較，是一個無恆產也無地方基礎的反抗者。另外，由簡氏與部屬的行為也可發現，是比較類似盜賊的和庄收取保護費方式，也與傳統在地頭人的權力基礎不盡相同。本文最後建議如果要適切評價反抗者宜蘭人簡大獅的歷史地位，研究者應該著重於耙梳並考證相關史料，並且區辨其反抗的歷史脈絡與原因，才能得出較為妥適的結論。

引用書目

〈名實□□〉，《臺灣新報》1897/4/20，1版。
〈谷信敬發，秘22號鄭聯揖等上申書〉，《舊檔》9121卷，署明治31（1898）舊曆6月初四。
〈招安賞格〉，《臺灣新報》1896/10/23，1版。
〈明治31年5月25日地方長官ニ對スル兒玉總督談話要領〉，《後藤新平文書》R23-7-4（中研院臺史所影本）。
〈匪氛甚惡〉，《臺灣新報》1897/7/20，1版。
〈匪報一束〉，《臺灣新報》，1897/10/14，3版。
〈預審廷に於ける簡大獅の具狀（歸順を哀請す）〉，《臺灣日日新報》，1900/3/16，2版。
〈幕僚、參謀及各旅團長ニ對スル兒玉總督訓示□要領〉，《後藤新平文書》R23-7-4（中研院臺史所影本）。
〈滬尾匪情〉，《臺灣新報》1897/7/17，1版。
〈臺北及宜蘭地方匪魁略歷〉，《後藤新平文書》R30-7-65。
〈盧阿爺以下公判決定〉，《臺灣日日新報》463號，1899/11/16，2版。
〈盧野詳報〉，《臺灣日日新報》95號，1898/8/25。
〈磺溪頭於□□□土匪〉，《臺灣新報》1898/3/16，1版。
〈簡人獅一派の歸順顛末〉，《臺灣日日新報》107號，1898/9/9，3版。
〈簡大獅一派歸順宣誓式の景況〉，《臺灣日日新報》109號，1898/9/11，2版。
〈簡大獅一派歸順宣誓式の景況〉，《臺灣日日新報》110號，1898/9/13，2版。
《當代》（臺北）163期。
David Jary and Julia Jary著，周業謙、周光淦譯
　1998　《社會學辭典》。臺北：貓頭鷹出版社。
不著撰人
　1898　〈臺灣北部土匪投誠顛末〉，《後藤新平文書》R30，七-六三。
田中芳男
　1908　《臺灣帖》。東京：東京大學圖書館藏。
外務省條約局法規課編
　1960　《外地法制誌第4卷 律令總覽》。東京，文生書院。
何先著，何連福口述，吳萬水採集
　1953　〈士林土匪歌〉，《臺灣風物》（臺北）4（5）：55-56。
作者不詳
　1898　〈臺灣ノ土匪〉，《後藤新平文書》R30-七——六八。
李文良
　1999　《中心與周緣：臺北盆地東南緣淺山地區的社會經濟變遷》臺北：臺北縣立文化中心。
李猛、李康譯
　1998　《實踐與反思》。北京：中央編譯出版社。

2009 《布赫迪厄社會學面面觀》。臺北：麥田出版。
求適齋主人譯
1959 〈臺灣北部土匪投降顛末〉，《臺北文物》（臺北），8（7.8）：1-13。
林熊祥主編，黃旺成纂修
1954 《臺灣省通志稿革命志抗日篇》。臺北：臺灣省文獻會。
徐國章編譯
2020 《日治時期律令輯覽》。南投：國史館臺灣文獻館。
翁佳音
1986 《臺灣漢人武裝抗日史研究：一八九五－一九〇二》。臺北：國立臺灣大學出版中心。
國立中央圖書館臺灣分館收藏，作者不詳（紙張上有臺灣總督府陸軍幕僚用紙字樣）
1904 《臺灣匪魁略歷》。
許世楷著；李明峻，賴郁君譯
2006 《日本統治下的臺灣》。臺北：玉山社出版。
陳怡宏
2001 〈忠誠和反逆之間——1895～1901年間臺北、宜蘭地區「土匪」集團研究〉。臺北：國立臺灣大學歷史學研究所碩士論文。
2006 〈邁向土匪之路——1895～1901年間北宜古道與「土匪」興起關係〉，《宜蘭文獻雜誌》（宜蘭）75/76：202-246。
黃昭堂著，廖為智譯
1993 《臺灣民主國之研究》。臺北：現代學術研究基金會出版。
黃益成口述，陳長城筆記
1994 〈乙未日軍入蘭始末追憶〉，《臺灣文獻》（南投）45：1。
黃雯娟撰述
2000 《臺灣地名辭書卷一宜蘭縣》。南投：省文獻會。
楊永彬
1996 〈臺灣紳商與早期日本殖民政權的關係：1895-1905年〉。臺北：國立臺灣大學歷史學研究所碩士論文。
臺灣憲兵隊編
1932 《臺灣憲兵隊史》。臺北：臺灣憲兵隊。
臺灣總督府警務局
1938 《臺灣總督府警察沿革誌　第二篇 領臺以後之治安狀況》。臺北：臺灣總督府警務局。
鄭天凱
1995 《攻臺圖錄：臺灣史上最大一場戰爭》。臺北：遠流。
〈政權交替下的地方社會——雲林事件（1896）的探討〉。臺北：國立臺灣大學歷史學研究所碩士論文。
蕭邦奇著，周武彪譯
1999 《血路》。南京：江蘇人民出版社。

Bourdieu, Pierre, Wacquant, Loic,

1992 *An Invitation to Reflexive Sociology,* Chicago: the University of Chicago.

Davidson, James W.

1903 *The Island of Formosa: the past and present*, London and New York: Macmillan & Co.

Duara, Prasenjit

1998 "Why Is History Antitheoretical?", *Modern China,* 24(2): 105-120.

Marshall Sahlins,

1995 *How "Natives" Think: Captain Cook, For Example,* Chicago: University of Chicago Press.

Schoppa Keith R.

Blood Road: The Mystery of Shen Dingyi in Revolutionary China. Berkely and Los Angeles: University of California Press.

試論日治前期臺灣的非武裝抗日

陳進傳

摘要

日治時期臺灣抗日運動是臺灣近代史上的重要大事，影響至深至鉅，極得學界關注，紛紛投入研究。既有的成果大多偏重日治前期的武裝抗爭和後期的非武裝運動。相對而言，比較忽略前期社會大眾的柔性非武裝抗爭，本文即緣此而作。

所述內容，先行討論向來學界對日治時期臺灣抗日運動的歷史分期，藉以確立日治前期除武裝抗爭外，還有柔性的非武裝抗爭。接著透過文人抗爭的做法、社會階層因應和文學作品的反映，說明日治前期非武裝抗爭的表現方式，以資喚回歷史記憶。繼之探討這些非武裝抗日運動的形成背景，這包括日本殖民統治的原因和臺灣被迫統治的適應。前者可有高壓統治和籠絡政策的恩威並用，而後者分為族群認同、文化差異、保家安民等因素。最後將此日治前期臺灣非武裝抗爭的論述，運用在宜蘭地區，因宜蘭偏隅臺灣東北，有其區域性特性，值得探討。

關鍵詞：臺灣、日治前期、日治後期、武裝抗日、非武裝抗日

一、前言

歷史的書寫與詮釋，應該貼近真象與全貌，但常因無心或蓄意或立場的緣故，難以落實，不易完整呈現，甚至淪為意見相左，各自表述，特別是遇到重大轉折節點，如鼎革易代，政權交替時，情況更是嚴重。臺灣歷史的研究與論述，不失為可供參照比擬，遙相呼應的一面鏡子。

近代政治史上，臺灣政權更迭頻繁，四百年間，經過荷蘭、西班牙、明鄭、清朝、日治、國府，共六個君臨統治。他們彼此帶來不同的國家體制、政治管理、民族政策與社會文化等，使臺灣人民飽嚐多重殖民統治，熟悉因應族群融合，建構多元文化。然其主導核心就是政治，以致臺灣民眾在不同時期，接受互異的治理方式，由是產生對政治問題的態度與處置，既熟悉卻逃避，既敏感又冷漠，造成有些人熱衷政治，積極追逐，討好官衙；另多數人則保守自持，消極應對，但求保身。

此一現象在日治時期，幾乎是臺灣人共同的經歷與體驗，造成心理上的調適困擾，精神上的歸向抉擇，何去何從，情繫何處。這可因時間、地域與心境的不同而有所差別。如出生清代、長於日治、終老戰後，就會出現複雜的認同情結。而位處互異地域，感受自是有別，如同是臺灣人，在臺灣或日本或中國，心態體驗應是大相逕庭。又如個別臺灣人曾分別到過臺灣、日本與大陸，則異地風情、國仇家恨，滋生泉湧，點滴心頭。就此而言，日治前期的臺灣人，面臨變局無可避免，如何相機權宜，確實是件重大而嚴肅的課題。

準此以觀，全臺割讓伊始，抗日行動就全面展開，惟程度與作法有所差別。最強烈的是武裝抗日，戰雲密佈、兵禍連結；比較溫和的就逆來順受，容忍以待。前者集結義民，訴諸武力，對抗日本統治，進行大規模戰爭；至於容忍順受，並非欣然接受，而是只求保命安家，免遭迫害，然內心仍排斥不滿，消極以應，故可視為另類非武裝抗日。因此，日本治臺前期，臺灣普遍興起抗日行動，只是有武裝抗日和非武裝抗日之別。過去的相關研究，雖甚有可觀，然大多數偏重武裝抗日，對非武裝部分則輕忽略過，少有著墨。事實上，日治前期的武裝抗日，固然英勇壯烈，可歌可泣，令人肅然起敬。然更廣泛的社會民眾，進行黯然無聲、沈默以對，安靜藏私的非武裝抗爭，他們雖不是動用搶炮，出生入死，但為保家安民，跟日本政府消極周旋，所背負的壓力與內心的苦楚，吾人應該多所理解與研究。可惜的是，這種另類非武裝抗爭得不到關愛的眼神，少有問津，研究無多，因此本文之作，蓋有意義在焉。

二、日治前期臺灣非武裝抗日的問題意識

歷史發展常因異族入主，產生重大變革，由此造成統治者與被統治者的對立，出現衝突與抗爭，徵之日治時期的臺灣，真可對號入座，符合實情。儘管當時政治現象與社會氛圍，彌漫對立與抗爭，卻因時間更易與環境改變，抗爭方式與表現手法會作因應調整，而有武裝和非武裝，顯性與隱性，剛性和柔性的區別，但對日本殖民政府的不滿，則無軒輊。這就涉及歷史的分期與抗爭的方式，分期也者，乃歷史研究的重要取徑之一，互異的時代，顯現不同的變化與樣貌；所謂方式，則藉此偵悉遺忘與缺漏之處，並予以填補，發揮釐清作用。職是之故，茲提列數家對殖民時期臺灣抗日之歷史分期與抗爭方式的說法，俾作討論，藉以提出日治前期非武裝抗日的歷史失憶。

（一）日治時期臺灣抗日的歷史分期

曾有多位專家學者討論日治時期臺灣抗日的歷史分期，因限於篇幅，只取數則，以概其餘。

戰後臺灣史研究的先驅，具學術價值，應推郭廷以，他將日治時期稱為「悲壯之五十年」，其過程區分三期，首即「前期奮鬥」（1895-1902）：此七年間，風起雲湧，北自基隆，南至恒春，大小戰役數十次，日人窮於應付。次為「二期奮鬥」（1903-1915）：這階段的抗日有原住民的投入助陣，且深受大陸革命的影響，使戰鬥更形活躍激烈，特別是噍吧年事件最為悲痛，慘死者有三萬人之眾。第三「後期奮鬥」（1916-1945）：經過二十餘年的流血失敗，臺灣人民審慎思度，另謀出路，以政治鬥爭代替武力反抗，由知識青年主導，致力改進臺灣地位。[1]

1971年，葉榮鐘執筆的《臺灣民族運動史》即將付印，蔡培火作序，提及日軍佔領臺灣後，義軍四起，英勇抗敵，前仆後繼，終因彈盡援絕而覆滅。綜計臺胞之武力抗日前後二十年之久，最後以1915年噍吧年事件為結束，轉入一個新

[1] 郭廷以，《臺灣史事概說》（臺北，正中書局，民國43年3月），頁232-244。

的里程，就是臺灣民族運動。這個運動濫觴於1914年臺中中學校的創設，以1934年停止臺灣議會設置運動而告一段落，亦為時恰二十年。要之，臺灣抗日以噍吧年事件或成立臺中中學為界，分為前後兩期，各約20年。至於後10年則略過未論。[2]

《臺灣通志・革命志・抗日篇》對臺灣抗日運動的分期曾作概略說明：「臺灣自割讓隸屬於日本以後，在帝國主義鐵蹄下，呻吟過十餘年，至民國三年（即大正三年），有臺灣同化會之創設，是乃臺灣從事思想運動之開始，亦可謂政治運動之醞釀期。」[3]這話大致點出抗日歷史以設置同化會為斷界，之前是武裝抵抗時期，其後進入思想政治運動階段。

王詩琅認為抗日運動的性質，大致分為兩個時期：一是日軍入侵起至1915年前後，西來庵事件為止，稱為武力抗爭期，其方式前半段是打游擊戰，接後則多為蜂起暴動，期間約二十年。二是發端於臺中中學校創立至日本投降，亦得有二十年。這階段由受過近代思想洗禮的知識分子發動，迥異前一時期，而採取思想、文化、啟蒙、政治等多方面的運動，可謂非武力抗日時期。[4]

《中華雜誌》於1984年舉辦「七七抗戰紀念會」，尹章義發表論文，立足民族主義，強調臺灣抗日運動史是一部波瀾壯觀的發展史，可分為三期：第一期是反帝反侵略時期，從割臺開始，至林少貓殉難止，目的在反對日本人的佔領和統治，其間曾受到中國義和團事件的鼓舞。第二期是反帝反殖民時期，約從前期末至1915年，日本統治已趨穩定，本期大多藉宗教與幫會進行秘密抗日運動，主要目的在反對日人的剝削與高壓，同時也受到大陸革命運動的影響。第三期是反殖民、爭民權、爭自主權的民族運動，由於臺灣受到一次大戰的民族覺醒浪潮的感染，故本期目的在爭民主、自治，進而要求自決、自主。參與者大多是受日本殖民教育的人，其中到大陸參加建國抗日並與之合流者，也不乏其人。[5]

黃富三則謂臺灣抗日有積極和消極之別，其行動方式大致分為武力抵抗，政治、文化運動等方式。日本初治臺灣，臺人即揭竿起義，前仆後繼，然無法擋住日軍鎮壓，武力抵抗終被擊潰撲滅。後在一次大戰前後，受到世界新思潮和五四

---

2 蔡培火，〈序〉，載《臺灣民族運動史》（臺北，自立晚報，民國71年2月），頁1-2。

3 李汝和主修，《臺灣省通誌・革命志・抗日篇》（臺北，臺灣省文獻委員會，民國60年6月）頁58。

4 王詩琅，〈臺灣民族運動史〉，《文藝創作與批評－夜雨》（高雄，德馨室出版社，民國68年12月），頁131。

5 尹章義，〈臺灣抗日的求真與分期問題〉，《臺灣近代史論》（臺北，自立晚報，民國75年9月），頁71-74。

運動影響，臺灣於焉掀起政治和文化運動。但因日人彈壓和內部分裂，及至七七事變起，政治運動遭到制伏而消逝，只有文學、文人尚能苦鬥，一息尚存。[6]

旅日多年的戴國煇對臺灣抗日運動的看法亦大致如是。抗日主體是平地漢族，以1915年發生的西來庵事件為界，劃分兩個時期。由於戰場廣大，戰況慘烈，面臨日本近乎種族滅絕的殘酷鎮壓。造成武力抗爭，犧牲多而收效少，人們由此做了反省，有所覺悟。因此，西來庵事件後，武裝抗日運動轉變為文化及社會運動。然而也隨著日本積極侵略中國大陸而受牽連壓制，進而加強臺灣的皇民化運動。[7]

香港大學於1987年舉辦「臺灣歷史國際學術會議」，對臺灣近代史著力甚深的日本學者若林正丈提出〈臺灣抗日民族運動中的「中國座標」與「臺灣座標」〉，此文同年亦刊登在《當代》第17期。內容採用座標概念，進行靜態分析，將臺灣抗日運動在中國與臺灣兩個座標的命題上，結合時間效應，交織區隔為「革命・統一」、「改良・統一」，「革命・分離」、「改良・分離」四種類型，投射在抗日運動的實際狀況，分別對應的是「祖國派」、「待機派」、「臺灣革命派」、「一島改良主義」四個範疇名稱；進而將此抗日運動的分歧與渾沌，再作轉移過程的動態分析，藉以說明知識分子在抗日運動中，遊離其間的縱橫分合與起伏變化。[8]

1995年8月，吳三連臺灣史料基金會主辦「臺灣近百年史學術研討會」，李筱峰發表〈近百年來臺灣政治運動史中的國家認同〉。此文立足國家認同的基點對臺灣抗日運動亦作歷史分期。在半世紀的日本統治當中，武裝抗日的政治運動，大抵發生在殖民統治的前二十年。這段期間的武裝抗日分為三期：第一期是1895年5月至11月的臺灣民主國保衛戰；第二期是接續民主國之後到1902年間的抗日游擊戰；第三期自1907年的北埔事件起至1915年的噍吧年事件止。此後臺灣武裝抗日運動幾近尾聲（除1930年泰雅族的霧社事件外，幾乎未見大規模的武抗行動），隨之而來的是1920年代具有近代色彩的社會運動，政治運動，大部分的

[6] 黃富三、曹永和，〈導言〉，載《臺灣史論叢》，第一輯（臺北，眾文圖書公司，民國69年4月），頁7-8。

[7] 戴國煇，〈臺灣的認同危機〉，《臺灣近百年史的曲折路－「寧靜革命」的來龍去脈》（臺北，遠流出版公司，2002年4月），頁111-112。

[8] 若林正丈，〈臺灣抗日民族運動中的「中國座標」與「臺灣座標」〉，載《近代臺灣的社會發展與民族意識》（香港，香港大學校外課程部，1987年12月），頁287-306；《當代》，第17期（臺北，合志文化公司，民國76年9月），頁40-51。

篇幅就是環繞這個運動而書寫。[9]

同樣著眼國家認同的探究，還有陳翠蓮的〈在日本與中國之間：臺灣人的國家認同〉，作者焦點放在二〇年代臺灣因國家認同造成的爭議，指涉的臺灣人以日治中期以來參與政治社會運動的知識分子為主，至於基層大眾和仕紳階層則不在討論之列，進而將日治中期至統治結束，分三個時期，展開論述。換言之，日治前期的抗日行動就略過不談。[10]

（二）日治時期臺灣抗日的分期盲點

從上述專家學者對臺灣抗日運動的分期說法，值得吾人試作討論。

其一，定型分期：戰後臺灣抗日運動的歷史分期，郭廷以率先開筆，加上踵續者的觀點，基本上呈現一致的調性，就是前期的武裝抗爭和後期的非武裝抗爭，幾無例外，間有些微不同的是分期的時間斷限和分期的再分期。先說前後兩期的界線落在何時，第一次世界大戰、西來庵抗暴、成立同化會、臺中中學校設校等均有人持論，但這些事件的年代，非常接近，可說是相同時段。另一個時間斷限就是後期非武裝抗日的結尾時間，有的指明是到日本投降的1945年，然認為限於皇民化運動前，即1937年，亦不乏其人。儘管這種時間斷限雖有落差，但就事論事，對非武裝抗日的實質意義，無關宏旨。至於前後兩大時期下的再分期，因各作者看法不儘一致，容或略有不同，但所論內容差異無多，故就分期而言，大致相近。職是之故，戴寶村因而作總結式的定論，曰：

> 日本人以「異族」入主臺灣，臺灣人的武裝反抗、政治社會運動抗爭、思想文化啟蒙自覺等，幾與日人的殖民統治相始終。對於日治時代臺灣反抗運動的分類、分期，學界已有定型的劃分，即（1）武裝抗日時期（1895-1915）；（2）非武裝抗日時期（1915-1937）。[11]

其二，分期盲點：時間是理解歷史與研究歷史的基本路徑，但有時便於行

---

9 李筱峰，〈近百年來臺灣政治運動史的國家認同〉，《臺灣近現代史論集》（臺北，玉山社出版公司，2007年10月），頁9-18。

10 陳翠蓮，〈在日本與中國之間：臺灣人的國家認同（1920-1945）〉，載《中國現代史專題研究報告－臺灣與中國大陸關係史討論會論文集》，第22輯（臺北，中華民國史料研究中心，民國90年11月），頁234-235。

11 戴寶村，〈一九一五年武裝抗日事件的新視角〉，《臺灣史料研究》，第2號（臺北，吳三連臺灣史料基金會，1993年8月），頁20。

事，為求明快清楚，就作簡單而籠統的分期，用詞也偏向二分法或對立法的方式，如「武裝」與「非武裝」，使研究者望詞生義，順此理路，進行接續的論述，無形中限縮更多的探討空間。就以日治時期的抗日運動，分為前期的武裝抗爭和後期的非武裝抗爭來說，就會引向日治前期只有武裝抗日，沒有非武裝抗日的活動；同樣，後期非武裝抗日，則缺乏武裝抗日的部分與另類非武裝抗日的形式。在此情形下，對資料的搜集和內容的取捨，受到先入為主的思考影響，難免會有遺珠之憾。所以定型且簡化的歷史分期，固然明確，效果良佳，但似又無法周全。好在這只是盲點，並非失誤，只要不受其約制，而能擴大視野，增補其他史料與留意相關議題，即能有所改善。

試舉熟悉日治五十年歷史的王詩琅為例，他指出：

> 日人佔據臺灣半世紀間，他們雖然然用盡方法要來冲淡消滅臺灣的民族意識，但臺胞始終未曾忘記自己是漢民族，而這種意識時而爆發為激烈的抗日運動，時而為潛在意識，對日人作消極的抵制。而這種態度是遍及社會各階層的，且雖走販苦力娼妓也沒有例外。[12]
>
> 在這悠悠五十年又四個月的漫長歲月之中，臺胞在異族統治者的殖民地政策鐵蹄下，受盡壓迫搾取凌虐之苦，這苟非身歷其境之人，實難以筆墨形容的，而內心的痛苦和屈辱，也是無可言喻的。[13]

從如上話語，都是底層社會的消極抵制與痛苦屈辱，如細加體認，延伸思索，應可理解日治五十年的臺灣抗日運動是全民性、貫時性、普遍性；至於抗爭方式，同時兼具武裝與非武裝，只是因時而異，因地制宜，而有顯性與隱性，規格大與小之別。所以日治前期臺灣武裝抗爭中，應還有非武裝抗爭；後期的非武裝抗爭，仍時有其他形式的抗爭事件。

其三，意識取向：理論上，學術研究應嚴守客觀、中立，不帶情緒，沒有立場，拋除意識型態。話雖如此，但事實上，人不是絕緣體，當然帶有血性與感情；畢竟在處理事務時，無法緊守純科學理性，進行機械式的操作。因此，從事人文社會學科研究時，不知不覺間，在議題的選擇、資料的取捨、事件的解讀、

---

12 王詩琅，〈娼妓的民族正氣〉，《艋舺歲時記－臺灣風土》（高雄，德馨室出版社，民國68年6月），頁269

13 王詩琅，〈臺灣民族運動史〉，《文藝創作與批評－夜雨》，頁130。

書寫的立論等方面，多少會染上主觀的感情與意識的色彩，只要不是蓄意曲解，應該可以容忍與接受。

再者，外在環境與生存條件，有時可能干擾學術研究的客觀性，而落入過度解讀，略見偏聽。就此而言，嚴重一點，就如張炎憲所言，「讀書人在學而優則仕的心理下，自然易受統治者的擺布，而無法獨立自主。因此，歷史上敢反抗統治者，有骨氣的讀書人並不多見，大多因時轉向，冀求功名利祿，以求安樂。」[14]

郭廷以在《臺灣史事概說》敘述臺灣抗日五十年中，，前期和二期的武裝運動，全部都是戰爭、戰役、戰場的悲壯史實，全無提及仕紳與民眾的非武裝抗日活動；而後期非武裝運動就簡單帶過非武裝「臺灣文化協會」和「臺灣民眾黨」的成立。內容著重前期的武裝抗日，篇幅較多，後期的非武裝運動則明顯偏少，這就配合當時的治國理念與國家政策的需要。

從書名來看，葉榮鐘執筆的《臺灣民族運動史》和連溫卿《臺灣政治運動史》二書的名稱，似為包括五十年的臺灣抗日運動史，但因作者參與或經歷後期的非武裝抗日活動，所以討論的內容就限於非武裝時期；而且在解讀上，受到自己身歷其境的影響，比較具主觀意識，多少可看出心有定見。至於前期的抗日運動，則幾乎輕易放過。

又如李筱峰和陳翠蓮的論著，因年齡較為晚近，成長過程、養成教育與學術訓練，與前者相較，不儘相同，故關注的焦點亦或有別。他們根據國家認同的概念，探討臺胞的抗日運動，因此，很自然地重點就放在後期的發展，致使前期的非武裝運動就不在視線內。至於若林正丈的「臺灣解放構想」的類型，在方法上、類型上、詮釋上，雖很有新意，堪供相關研究的參考，但時間的選擇，卻限在後期的抗日階段，無意顧及日治前期的運動，說來似乎不夠周到。而他先前於1983年出版的《臺灣抗日運動史研究》，以日本學者，對臺灣有此精闢的研究成果，實在令人敬佩。但全書名為《臺灣抗日運動史》，卻只討論後期的非武裝而已，且內容也以此為論述基礎，而前期的抗爭運動，幾乎付之闕如。作者在文中對此亦未作說明與交待，也許會讓讀者誤認臺灣抗日運動，始於臺灣議會設置，前期的抗日表現，就排除在外。嚴格說來，似乎有些不妥。

14　張炎憲，〈重建臺灣人反抗精神史〉，《臺灣史料研究》，第2號，頁3。

（三）日治時期臺灣抗日的複式分期

多年來，筆者閱讀臺灣抗日運動的定型分期之論著，發覺多忽略前期的柔性非武裝抗日與後期的微式武裝抗爭，感到有些納悶，然因未深入探究，也就擱置下來。今因為要了解日治前期宜蘭抗日運動的非武裝作為，往昔的納悶重行浮上心頭。繼之又想，宜蘭是臺灣的一部分，無法置身事外，宜蘭出現的情形，當然跟臺灣各地都有關係，只是表現手法或許有些不同。於是引發課題的興趣，遂作進一步的了解。

依據如上說法，臺灣抗日運動牽涉抗爭時間因素與抗爭方式問題，時間因素可分縱軸的前期和後期，方式問題則有橫軸的武裝和非武裝。再將之組合與搭配，得出4種類型，就是前期的武裝抗日運動和前期的非武裝抗爭，以及後期的非武裝抗爭和後期的非武裝抗爭。只是過去的定型歷史分期，強調前期的武裝抗爭和後期的武裝抗爭；相對而言，前期的非武裝抗爭和後期的武裝抗爭，顯得乏人照拂，論述不足。是故，為求兼顧抗爭時段，擴大抗爭行動，特編製如下複式表格：

時間／方式	武裝	非武裝
日治前期	前期武裝抗爭	前期非武裝抗爭
日治後期	後期武裝抗爭	後期非武裝抗爭

對日治五十年臺灣抗日運動的分期與類型，可作如下解讀：

其一，依循既有的歷史分期，得為前期與後期。前期從日軍登陸發端至約當西來庵事件止，後期則接著起算到二戰結束。這種分期行之有年，且學界公認，亦無爭議，而且合乎史實。至於前期與後期項下時段的再次分期，就尊重各專家學者依討論的構想與內容，所作的決定。郭廷以將前期武裝抗日運動分為前期奮鬥和二期奮鬥。王育德則標示三期，即第一期的臺灣民主國保衛戰、第二期的抗日游擊戰和第三期則接續到西來庵事件。類此再分期的不同觀點，尚有多例，茲不贅舉。只要合於作者旨意，持之有故，言之成理即可。但見少數論著在時間的接續上會有落差，造成理解上的困擾，如後期非武裝抗日運動的結止時間定在中國抗戰結束，或臺灣皇民化初期，則未作交待。

其二，半世紀間，不論前期或後期的臺胞抗爭運動，都同時有武裝抗爭和非武裝抗爭，差別之處就是抗爭的手法、規模的大小和明暗的不同而已。大致說來，前期以武裝抗暴，出生入死的顯性表現為主，而一般民眾則採取非武裝的閉門自守，明哲保身的隱性作法。至於後期，主場由知識青年領導的政治社會與思想文化的非武裝運動；此外，社會大眾在日人淫威統治下，消極應對，自求多福，亦可歸列非武裝抗爭之列。至於少數激進分子抱持發展組織，革命起義的武裝抗爭，雖是屢遭破獲，卻也讓日人疲於奔命。這樣的歸類似更周延，跟實際情況較為吻合，也不抵觸原先所採行的定型分類，進而將其不足之處予以填補。

其三，將臺灣抗日運動史作這樣的分期與分類，看來應屬合理周延，但至今幾無任何專書敘述臺灣抗日運動史的完整全貌。如有通盤的論著，則篇幅有限，難以面面俱到，大概是前期偏重武裝抗爭，後期僅論及自由民主運動。若是主題式研究，盡皆名實相符，斐然可觀。但少數時段性專書，雖內容豐富，精闢獨到，卻冠以全時期的標題，似乎並不相稱。因此，如為貫時性的全篇書名，猶似「臺灣抗日運動史」等，內容僅是某一時段或某類主題，為避免誤解，應於書名另標示時間或副題，亦可在序言或立章節，略加說明，俾釋疑義。

三、日治前期非武裝抗爭運動的歷史記憶

縱然近年來，歷史學界非常重視日治時期的研究，特別是抗日運動更引人注目，但有趣的是，專門討論日治前期非武裝抗爭的論述，幾乎難得一見。吳文星算是少數例外，在其大作《日據時期臺灣社會領導階層之研究》雖有提述，但非為此議題而寫，而是研究當時臺灣領導階層時所產生的作品。反倒是有些非學出歷史的學者、畫家、作家等注意及此，固然他們大多不是專治臺灣史，卻從本身所學，推而廣之，關照抗日的歷史問題，充填日治前期非武裝抗日的相關論述，喚醒共同記憶，重回歷史現場。

（一）文人抗日的做法

早期重視日治前期非武裝抗爭的先驅者應推黃得時。他對半世紀的臺灣抗日史實，曾作精彩論述，將之分為三種行動，即武裝抗日、政治抗日和文人抗日。所謂武力抗日，包括日軍侵臺之初，官紳所領導臺灣民主國的抗日戰爭，以及各

地義民所作的游擊戰，雖敗猶榮，留下光輝聖戰的一頁。論及政治抗日，係指臺灣人在政治爭取平等，民族上要求自立的運動，因而建立許多抗日組織與發行各種雜誌報刊。至於文人抗日，較之前者，作法本身很平實而不轟轟烈烈，所以引不起一般社會人士的注意與關懷，以致很容易被忽略。這些文人明知本身沒有縛雞之力，卻有一顆熱烈的赤心，一腔沸騰的鮮血和一支千鈞的筆桿，可以激起堅忍不拔的民族意識，從事柔性的抗日活動。[15]

這些各地的文人仕紳，讀書明理，民族意識強烈，對臺灣淪陷，苦不堪言。他們亦深知無法與日本拼鬥，只好靠自己的學問和見識，除賦詩表示憤恨和不滿外，進而透過文字功能，維持和發揚傳統文化，提振民族意識。其具體做法可有兩端：

第一，設置私塾，亦稱書房：教年輕人讀中國古典經書詩文，這樣不但把優秀的傳統文化持續維持，亦能發揚光大。起初，日本政府認為書房僅是教學童識字，不以為意；後來方知是培養民族精神的溫床，就不准開設，可見文人之作為，已使日人懼怕。

第二，成立詩社：清代遺留的碩儒，普遍設立詩社，藉作詩機會，吐露對日人的不滿不平與家國的淒涼感懷，藉以排遣胸中的憤懣。同時，利用詩人集會的場合，對日本暴政，交換意見，徹底批判。值得安慰的是，傳統詩的韻美典雅，足堪品味，令人陶醉，深為中國文化感到驕傲與榮幸，益增對日人的排斥。[16]

對日治初期臺灣非武裝抗日運動亦具深刻見解的還有陳昭瑛。她認為清代在臺灣不遺餘力的推廣儒學教育，早就融入庶民生活，表現出尊師重道、孝順父母、重視家庭、崇奉祭祀等習俗。割臺之後，這種庶民儒學比士紳階層的精緻化儒學存活更久，成為維繫漢民族文化認同的主要力量。

日治初期，這些仕紳鑑於華夏民族不受異族統治的思想，成為抗日武裝部隊的主要成員。逮至遭受日軍的殘酷鎮壓，於是仕紳階層的武裝抗日活動轉到書院與詩社，以保存漢文化為己任，造成書院興盛，學生繁眾，為數遠超過公學校，呈現明顯對比，以致總督府對書院加強管理和限制學生人數。

書院之外，詩社是另一維繫傳統文化的堡壘。武裝抗爭失敗後，儒生轉而投注詩學。由是割臺以後，詩學發達，慷慨悲歌，激勵人心，深植社會。至於詩人

---

15 黃得時，〈日治時期臺灣文學中的民族意識〉，載《臺灣史研討會紀錄》，（臺北，臺灣大學歷史學系，民國67年6月），頁134-137。

16 黃得時，〈日治時期臺灣文學中的民族意識〉，載《臺灣史研討會紀錄》，頁137-141。

「目擊時艱，胸中所欲言而不敢言，又不得不言者，悉於詩焉發之。」意即詩人透過詩學的惕奮，增益柔性的干戈作用。[17]

陳昭瑛進而指出儒家的民族思想、歷史思想與文學思想，在日治時代成為臺灣人反抗日本殖民的大纛。有清一代，由於官學與民間興學的普及，儒學得到空前未有的發展，成為臺灣的本土文化。就因這個歷史事實，馬關條約簽後，許多生員成為抗日隊伍的領袖，表現對日本殖民的反對。同時也認為儒家的民族主義不僅是民間武裝抗日的心靈寄託，其後亦為許多文人士紳和知識份子的文學活動，歷史寫作，甚至政治作為的基本精神。[18]職是之故，凡此足以說明臺灣儒學在割臺初期，確立中流砥柱，發揮非武裝抗日的思想意識與主導力量。

抱持同樣見解的還有廖一謹。日人據臺之初，臺灣各地尚有不少進士、舉人、秀才等，為當時高級知識份子，民族意識甚強，深知昔日所學已失效益，乃從文字上求得寄託，藉以維持與發揚中華文化，實踐對日本統治的抗議。進而利用民間資源，成立文人社團，推廣詩文活動，作為柔性抗議目的的宣洩出口。

其一設置書房與義塾：以臺語教授漢文，重視讀書、寫字，強調道德人倫，經費由地方慈善人士或義倉捐助。以其功在維護民族精神及傳揚傳統文化，深入人心，故臺胞子弟皆願受教而無意進日語學校。致使日治初期，書房、義塾及學生數，均超過公立學校。日本政府由是強加壓迫，逼得書房無法存立，學生大幅萎縮。可見文人仕紳的作為與效果，及其衍伸的柔性非武裝抗日，已使日人芒刺在背，產生畏懼。

其二創立詩社與詩刊：甲午戰後，清代遺下飽學之士，紛紛設立詩社，將家國之痛與對日人之怨，或隱或顯的加以描述。並利用詩人集會，交換意見，批判日人暴政，激發民族意識。由於詩學、詩社、詩刊的薰陶浸淫，體會傳統文化之精髓，負起維護傳統文化的重任，乃有發揚光大的決心，深覺身為中國人的光榮，而不願當日本順民，油然產生消極應付的態度，影響所及，周邊親鄰百姓，自然受到感染，仿效學習。

其三遂行寄情與隱居：日本侵臺之時，舊文人年紀約當青壯之年，目睹大好江山平白遭異族吞佔，悲憤難抑，乃發為詩歌，以道悲痛。其中「宰相有權能割地，孤臣無力可回天」，何等的哀情。這些文人見事已不可為，部分內渡大陸，

---

[17] 陳昭瑛，《臺灣儒家的當代課題：本土性與現代性》（北京，中國社會科學出版社，2001年7月），頁27-30。

[18] 陳昭瑛，《臺灣儒家的當代課題：本土性與現代性》，頁159-160。

避遁祖國；而落居島上者，在有家回不得的感傷下，又無意降順異族，最好的歸宿就是「數間茅屋，藏書萬卷，投老村家。山中何事，松花釀酒，春水煎茶。」「俺唱這道情兒歸山去了。」[19]

（二）社會階層的肆應

對日治時期社會領導階層研究甚深的吳文星，獨具慧眼，從領導階層切入，發現與臺灣抗爭運動息息相關。其所論述的資料與內容，可為日治前期武裝抗爭提供諸多訊息與指引。

日軍上岸臺灣後，優勢兵力設備精良，卻鎮壓燒殺，殘暴施虐，造成臺灣變亂紛乘，惶然失措。當然臺灣也進行頑強的武裝抗爭，惟在兵員、訓練、武器、裝備等各方面均有所不足，甚為落後，各地義軍先後均告失敗。儘管日本大致弭平臺灣，武裝抗爭已式微清除，但社會民眾並非心悅誠服的順服日本統治。基於種種環境與背景，空氣中彌漫哀痛與悲憤，意圖揭竿反抗，卻擔心性命難保，識時務者為俊傑，只好改變抗爭形式與手法，形成日治前期的非武裝抗爭運動，帶頭人物與平民百姓轉換場景與名稱，致使社會的各個階層，如上層領導與基層群眾仍然繼續抗爭，所以日治前期非武裝抗爭的參與者就是社會上的各階層成員。茲根據吳文星的研究成果，討論日治前期的非武裝抗日運動。

先說內渡回籍：日軍攻臺前後，臺北為數甚眾的中上階層官紳富豪，變賣家產、攜帶細軟，逃往大陸。具貢生、舉人、進士身份者，率多遷回祖籍；在清國任官職者要求其臺灣親眷內渡。據估計，條約簽訂當年九月，內渡人數多達二千餘人，中南部仕紳豪富尚不計在內。次年底，情況愈來愈嚴重，半數臺北「貴族及紳士之家」均已遷回大陸，且有增加之勢，當時留臺進士僅宜蘭楊士芳一人。及至局面漸趨穩定，因大陸發展受阻及臺灣家產處理等諸多因素，則見部分人員陸續返臺。這是用腳開溜，以示非武裝抗爭的具體行動。另一種內渡就是臺灣年輕人，從小看到異族高壓統治，甚為反感，相對就憧憬祖國，回歸大陸，把人生的希望寄記在中國，這不僅是年少時李榮春的心聲，更是當時大多數臺灣青年的吶喊。要之，在日本殖民統治下，差別待遇、民族情感等因素，逼使他們紛紛出走。[20]

---

19 廖一瑾，《臺灣詩史》（臺北，文史哲出版社，民國88年3月），頁15-19。

20 李麗玲，〈真實與虛構——從人物論李榮春的文學世界〉，載《李榮春的文學世界》，（臺中，晨星出版公司：2022，12），頁143-144。

次言息隱山林：此一時期除內渡，直接逃避異族統治外，還有退居山林，聊表心跡，顯示非武裝抗日態度，人數亦甚可觀。就息隱者與殖民政府的關係觀之，未受總督府頒授紳章或參加相關活動者的極端份子則不問世事，毫無眷念，全然隱逸；其餘則過退休的頤養生活，或垂帳授徒，或懸壺維生，或寄情詩酒書藝，或唱和吟賦等，成為亂世氣節的生存之道，猶如政權交替下的遺民悲歌。更嚴重的甚至有人離群索居，鬱鬱而終。

再次消極配合：日治初期，總督府對社會領導階層，採取籠絡手段和利用策略，使之留臺並協助辦理殖民行政和相關業務。相對地，有些社會中堅基於生活現實的需要，或家族產業的維護，或社會責任的驅使，而忍辱負重，採取消極配合，勉強依從，出任職務，參與地方事務。迨至社會秩序安定，即「閉門讀書，不干世事」，情非得已，應可理解。此跟辜顯榮等人與公益會的汲汲營求，權益導向，雲泥有別，不可相提並論。

後論平民大家：一般平民百姓置身亂局，雖忐忑不安，然在傳統文化與儒家思想的長期潛移默化，早已深知非我族類與敵我意識。他們概皆安份守己，靜觀其變，既無意投靠，也不做馬前卒，這也算是柔性的非武裝抗爭。否則他們甘為鷹犬，告密通敵，助長氣氛，局勢將更艱困。再者，這些平民百姓悉數以農、工為業，生活清苦，無力內渡，由是安土重遷，做個柔性庶民，這種淡漠態度，不合作主義，就是普遍的非武裝作為。[21]

基層庶民雖然人數眾多，散居各地，分屬各個行業，但非社會領導階層，故其生活起居活動，無人注意，更不是文人筆下的素材。所以他們縱有諸多非武裝抗日的隱含而細微動作，也難以為人查覺，予以記載，實為大眾史學的缺憾。幸好熟稔臺灣史的王詩琅報導兩件事，見微知著，足資證實社會大眾的心聲。一件是他的親身經歷，即年青時，憑藉一股熱血，抱怨日人殖民統治，參加反日的各種活動，而且幾次被捕。可是他「這位一字不識的母親」未嘗責備過，她痛恨「臭狗仔」（日人），其後王詩琅要往中國時，她還暗地悄悄囑咐說，如果有可能的話，全家可以相機搬回大陸。有此真心反日意念，概可推想其他眾人，亦應大致如是。[22]

社會邊緣行業的柔性抵制日人也不遑多讓。值得稱述的是，藝妓也都深明大義，疏離日客。日治中期，臺北市內的藝妲與公娼不接日客，她們以善待日人為

[21] 吳文星，《日據時期臺灣社會領導階層之研究》（臺北，正中書局，民國81年7月），頁13-39。
[22] 王詩琅，〈慈愛勤進步的母親〉，《文藝創作與批評－夜雨》，頁17。

恥，萬一出現如此情形，就要被同輩譏笑，罵她為「番仔酒矸」，而不願與她為伍，被摒棄於外，爾後知道此事的本地客也不叫她。事情雖小，意義重大，可見異族統治下的臺灣，民族情懷是何等強烈地流淌在每一個人的血液裡。[23]類似這種賣藝不賣身，無意被日人污辱，就是極少數嫁給日本人為妻的，亦遭批評，為人所輕視不齒，在臺灣是沒有立足之地的。[24]

上述文盲婦人的心聲和接客女侍的態度，應非個案，而是一葉知秋，深寓擴大性的象徵意義，反應社會的普遍情形。這種相互看齊的群眾薰染，就是非武裝抗日的具體表現。

此類非武裝抗日的做法，日本都有強烈的感受，伊能嘉矩曰：「臺灣住民中之漢族，多半對日本懷有民族對立情緒，所謂以中華之民臣服夷狄治下之恥辱。」[25]概念之表達，措詞之激化，幾已極致，「恥辱」一詞，何等露骨，明示臺灣人民的不滿與憤恨，及其所激發的顯性武裝抗爭與隱性非武裝抗爭。

（三）文學作品的反映

歷史書寫有一分支曰歷史文學，所謂歷史文學就是歷史資料的保存，歷史事實的表達與歷史功能的運用。儘管文學作品是作家主觀見聞經驗的紀錄，卻能留下當時的歷史場景與事實真相，不失為可靠的文獻資料，藉此得以還原歷史，理解歷史，研究歷史。所以歷史重建亦需靠文學，文學功能闡揚歷史，此乃歷史文學之謂也。

由於文學關注的是人性與生活，描述當時社會現象，故在日治時期，也屬臺灣抗爭運動的一環，而為抗爭文學，政治意識多過文學色彩。因此，作品內容率以臺灣同胞的生活寫照與反映，當然抗日心態就從筆端流露出來。

至於文學的表現形式，可有出版刊物和文本創作兩種類型。就前者而言，在日本暴虐壓迫下，許多臺灣作家為護持臺灣文學，孜孜不倦，此起落地創辦許多文藝雜誌。這些刊物皆因受到日本人的摧殘與干涉，或資金短絀的影響，可惜皆短命告終。嚴格說來，這些日治時期的文學作品，雖鮮有佳構，但回顧前期的社會狀況，卻是臺灣抵抗運動的組成部分，政治意識相當強烈。它是寫實的，而非無病呻吟的哀傷；它是嶄新的，屬於臺灣人民的呼聲，它負有反叛、抵抗的精

---

23 王詩琅，〈娼妓的民族正氣〉，《艋舺歲時記－臺灣風土》，頁269-270。

24 黃俊傑，〈日據時代臺灣知識份子的大陸經驗：「祖國意識」的形成，內涵及其轉變〉，載《高雄歷史與文化論集》，第四輯（高雄，陳中和翁慈善基金會，民國86年10月），頁40。

25 伊能嘉矩，《臺灣文化志》，下卷（臺北，遠足文化公司。2021年3月），頁740。

神，敢於剔抉日本人的謊言，暴露社會的疲態；更重要的是，以始終一貫地發揚民族精神為職志。[26]論及回顧日治時期社會現象的抗日文學，首要長篇小說就是吳濁流的《亞細亞的孤兒》。行文中，吳濁流生動描摹彭秀才因日本統治而過隱居生活，以教書、鴉片、種花，度其餘生。並提到日人對不肯妥協的讀書人與提出抗議的教師，採高壓手段加以嚇阻，引發民眾滿腔熱血的沸騰。更以彭秀才的死，意謂書院教育的淪亡，而胡老人的過逝，則為家族倫理的式微。接著提到胡家祖墳遭日人強行闢為蔗田，逼得胡太明悲憤之餘，興起脫離國境，投向大陸，尋求發展的希望。[27]所以陳映真指出，臺灣深受日本帝國主義的荼毒，《亞細亞的孤兒》這種反對帝國主義，追求國家獨立、民族自由，使臺灣日治時代的抵抗文學，成為中國近代文學十分寶貴的遺產與風格。甚至日人尾崎秀樹也讚揚備至，認為這部作品充滿臺灣知識分子的苦惱歷程，正是日本殖民統治引起的社會、精神問題的縮圖。換言之，吳濁流把臺灣知識分子的困境描寫得栩栩如生，主角胡太明的造型就是日本統治下，臺灣知識分子的典範，以滿身承受時代狀況的一個具體代表。[28]

李榮春的抗日文學既是事實反映，也令人鼻酸。她從小聽聞日人治臺初期，十分兇殘，燒殺擄掠，無所不為，即養成痛恨日人之心理，甚至不願就讀日本人辦的學校，其英、日文程度都不錯，均是自學而成。少年時代就有萌生脫離日本統治的想法。後參加「農業義勇團」，赴中國各地日本佔領區工作，希望藉此機會，加入抗日戰爭的行列，《祖國與同胞》的書寫，就是這種情境下的真實紀錄。[29]

臺灣抗日文學的另一優秀作家就是鍾肇政。他以臺灣淪日前後的那一時代臺灣人民的生活為題材，寫出三十多萬字的長篇小說《沈淪》。當日本侵略者以排山倒海之勢，席捲而至，使一向寧靜、昇平、飄盪山歌的村落，已不能遺世孤立。這些陸氏家族成員就須投入時代脈動，他們飽嚐顛沛失所，悲歡離合的哀態，於是奮起力量，展開抗拒，以維護祖先拓荒的土地，保存傳統文化，延續家族命脈。由是寫出臺灣人民悲慘壯烈的抗日歷史，道盡在地同胞永不屈服的民族

---

[26] 葉石濤，〈鍾肇政和他的《沈淪》〉《臺灣鄉土作家論集》（臺北，遠景出版社，民國68年3月），頁170-171

[27] 陳昭瑛，《臺灣儒學的當代課題：本土性與現代性》，頁130-141。

[28] 張良澤，〈《吳濁流作品集》總序〉，載《臺灣文藝與我》（臺北，遠行出版社，民國66年9月），頁14-25

[29] 彭瑞金，〈李榮春全集序〉，載《李榮春的文學世界》，頁2-3。

精神，重塑割讓初期的社會動態，告示當時的思想潮流。尤有進者，抗爭文學《沈淪》雖是以客家陸姓望族所展開的抗爭悲歌，為家族運動作歷史見證，卻也反映日治初期臺灣社會的家族心態，更指述當時的自然景觀、民俗風土與良善人性的風貌。故允為日治前期抗爭文學的典範之作，洵不巫也。[30]就此而言，文學是處，斑斑歷史，歷史研究，烘托文學的永恆。

比較可惜的是，三十多年前，筆者從事田野訪查時，常聽到時年七十餘歲的耆老表示，其父、祖輩常回憶在日治初期時，對日本政府的抱怨與不滿，及所做的種種反應與抵制方法，雖然苦了自己，卻可舒緩內心的壓抑情緒。筆者當年識見不足，認為「事小不為」，未將此細瑣枝末記錄下來，致使這些大眾心聲的非武裝抗爭行動，將淪沒在歷史灰燼裡。及今思之，實感懊惱，誠屬遺憾。

四、日治前期臺灣非武裝抗日的形成背景

日治時期，臺灣抗日運動前仆後繼的展開，尤以前期為然。除奮不顧身，傷亡慘重的武裝鬥爭外，柔性的非武裝抗爭也普遍進行，潛藏在文人仕紳與市井斗民的不滿情緒，始終未曾消逝，卻常在適當時機，有所泛露，以為宣洩。惟因非屬流血戰鬥，未引人關注，以致相關記載，非常不足。好在仍有線索可尋，如前述文人仕紳的消極作為，書院詩社的紛紛成立，民間百姓的潛在心態，文學作品描述的抱怨實情等。從這些資料來看，日治前期，臺灣社會有此普遍性、多元性、潛藏性的非武裝抗日行動，背後當有深厚緣由與形成關係，值得探究。這些因素歸結為日本主動侵害和臺灣被迫接受兩大端點。

（一）日治前期臺灣非武裝抗日的日本因素

由於日本統治的影響，造成前期臺灣非武裝抗爭運動，個中因素包括：高壓統治和籠絡政策。茲分述之。

1. 高壓統治

反應是因刺激而起，日治前期，臺灣之有非武裝抗爭的反應，就是日本治臺高壓統治所激化的。

30　葉石濤，〈鍾肇政和他的《沈淪》〉《臺灣鄉土作家論集》，頁173-176。

日本統治後，頒布「六三法」，開宗明義規定：「臺灣總督於其管轄內，得發佈與法律同效力之命令。」簡單的說，就是日本政府准許臺灣總督獨裁，賦予他掌握臺民生殺予奪的全權，這一法律宣告總督具體統治臺灣的大本與立法基礎。意謂集司法、軍事、行政、立法等大權於一身的封建君主，從此可以恣意遂行高壓統治。當然也就引發臺灣民眾的武裝與非武裝的抗爭。[31]

說得具體些，君臨臺灣的總督，擁有絕對權力。包括（1）軍事權：武官出身的總督兼任臺灣軍司令，可以調動軍隊；文官總督亦有同樣實權。（2）立法權：總督有權任意發佈命令，儼然如同「土皇帝」，統治者的暴力體現，就是軍隊與警察得入民間，令人望而生畏變色。還有保甲惡法，鼓勵臺人互相監視，製造恐懼。遇有事件發生，就是嚴刑峻法，罪與罰同行。日人登陸後，遇到臺人武裝反抗，無論輕重，均處死刑。[32]

日本這種鎮壓統治的結果，各方面的運作，日本人都是高高在上，盛氣凌人，佔盡好處；臺灣人則卑微低下，動則得咎，吃足苦頭。由是造成日本人與臺灣人的族群對立，亦為支配與被支配者的敵視，且跟資本家與農工勞動者的階級抗衡相呼應，致使臺灣人民黯然傷感，哀怨不已。[33]

臺灣民眾遭到壓榨迫害，除了殖民統治者所造成的，還有少數殖民者的爪牙、買辦、漢奸等狐假虎威的欺侮民眾，進行強制榨取，以飽私利。被支配民眾蒙受悲慘命運的遭遇，在吳濁流的作品中，被明顯且生動刻畫出來。故而手無寸鐵的仕紳百姓，自然會適時有所因應。[34]洪棄生對臺胞的困狀，曾作深刻告白：

> 初，日軍之至，各地平民懼甚，路絕行人，炊火無煙，市街闃寂，民間相驚以倭，雞犬無聲。及肆為淫暴殺戮，民轉藐之，相指詬不以人類目。軍政施則憲兵可殺人，民政施則警察可殺人。……其他將官，則皆庇日而屈臺，吏復朘脂肉，民無所控愬，弱者吞聲，強者走險。舊與日為仇者，或為之倆。[35]

31　王詩琅，〈六三法頒佈的意圖〉，《清廷臺灣棄留之議－臺灣史論》，頁110-111。
32　楊碧川，《日據時代臺灣人反抗史》（臺北，稻鄉出版社，民國77年11月），頁2。
33　矢內原忠雄著，周憲文譯，《日本帝國主義下的臺灣》（臺北，帕米爾書店，民國76年5月），頁99-100。
34　張良澤，〈《吳濁流作品集》總序〉，載《黎明前後的臺灣》（臺北，遠行出版社，民國66年9月），頁19。
35　洪棄生，《瀛海偕亡記》（臺北，臺灣文獻叢刊第59種，民國48年10月），頁23。

這種欺壓與對立的具體現象，就是嚴重的差別待遇，充斥各行各業，無所不在。如任職機構，日本人與臺灣人的薪俸工資與補助獎勵，即見顯著差距，造成同工不同酬。就教育而言，日本人唸小學校，臺民則進公學校，雖同是六年，但二者的師資、設備與資源迥然有別。從土地來看，日本政府以低價收奪農民土地，交給來臺的日本資本家；或是將農地經過立法改成國有，再轉交變更為新的私有。依產業所示，企業家抱著征服者的心態，面對勞工，以工資比較，臺灣人平均為日本人的半數，飽受凌虐榨取。這種懸殊待遇，臺灣人雖是抱怨不服，卻也無可奈何。[36]

身歷其境的王詩琅就強調，日本統治臺灣期間，在政治、經濟、文化、教育、社會等任一方面，有一個最顯著的現象，就是他們對臺人的「差別」和「歧視」。誠然，在殖民高壓政策下，統治者與被統治者的「差別待遇」原不足為奇，但差距不可過大，這也是臺人反感憤慨的種籽，刺激成為民族覺醒的要素，因而表現在種種的怠惰式的柔性抗爭。[37]

這種差別待遇是統治者蓄意造成的族群對立，無形中，使弱勢者產生意識區別的心理自覺，諸多問題就此油然生出，次等的臺灣人在意識上有了自覺，悉知漢人與日人在各方面的待遇確有天壤之別，於是自卑、失落、憤怒、不滿的情緒，隨之浮上心頭。[38]武裝抗爭與非武裝抗爭，並肩而行，自是可理解的事。

在這情況下，臺灣人如何自處，心歸何處？茲舉二種人為例。其一是文人，他們若非噤若寒蟬，就是暗地裡期待解放的到來。吳濁流筆下內心徬徨的臺灣知識份子到處流浪漂泊或孤立封閉，意圖在心靈上尋找安身立命之處。此一精神上的疏離與寂寥，亦應為當時所有文人的共同心聲。《亞細亞的孤兒》就是刻畫臺灣知識份子精神上的心路歷程，及其在殖民統治下的苦悶與悲涼。[39]其二就是農民，由於臺灣經濟一直以稻作為基礎，所以殖民統治下傷害最慘重的莫過於佔大多數的農民了。然而他們所作的反抗，往往換來的是挫敗和屈辱。因此，逼得赤手空拳的農民們只好反求諸己，放棄武裝抵抗，轉而委曲求全的苟且生活。[40]

---

36 王曉波，〈日據時期「臺灣派」的祖國意識〉，《臺灣史與臺灣人》（臺北，東大圖書公司，民國77年12月），頁14-22。

37 王詩琅，〈日本佔據臺灣時期統治政策的演變〉《清代臺灣社會－三年小叛五年大亂》，頁38-39。

38 尹章義，〈臺灣意識與臺灣文學〉，《臺灣近代史論》，頁225。

39 葉石濤，〈臺灣鄉土文學史導論〉，《臺灣鄉土作家論集》，頁22-23。

40 葉石濤，〈臺灣鄉土文學史導論〉，《臺灣鄉土作家論集》，頁12-13。

2. 籠絡政策

自來統治者為求績效，常用的策略大多兩面手法，恩威並用，就是高壓控制和綏靖籠絡。日治前期的高壓統治，已如上所述，在此討論籠絡政策。

明治29年（1896）10月，第的三任臺灣總督乃木希典就職，次月發出訓示，「政治之要諦，在乎寬嚴適度，恩威並行，使人民畏其威而服其德，在臺灣施政上尤其為然。……倘仍有以暴威虐在地人民者，實為妨碍政令，污辱國家面目，故不論其係官吏，或係士民，當斷然加以糾察，依法處分勿怠。」民政長官水野遵，秉承上意，特指示治臺方針，「我總督府對該人民，不分彼我，一視同仁，愛護如同子女，必能共享太平之樂，仰各人等，深體此意，勿惑於流言。」故日人曾讚評曰：「日本唯民政長官水野遵，老成而有漢學，有柔桑臺灣之心，懲戒日人欺侮臺人者，斥責其奪取臺灣之權利者，其政略以安輯內外，使永遠無事。」可見乃木總督的統治，重視綏撫政策。[41]

具體做法就是治臺初期，透過官員的漢學交流，達到籠絡臺灣文人的目的。因日本喜好漢詩吟詠創作的來臺詩人，大都屬於統治者，幾乎盡是民政長官、高級官吏、知事（縣長）等。他們的作品談不上藝術水準，卻在政治上發生作用，其漢詩文可能是唯一和臺灣讀書人心靈溝通和聯繫感情的媒介，達到安撫效果。[42]相對而言，在地文人也願意透過詩人酬作與日本官吏建立友誼。因為對讀書人來說，漢字、漢學、漢詩依然是漢族文化傳統，他們大可陶然於那種「身在日營心在漢」的忘我情境。因此，日治前期，臺灣的知識份子，除了政治上外族、我族的問題以外，文化上的認同，反而沒有太大的衝擊。職是之故，只要日本官員以此示好，從漢詩著手，就跟傳統文人契性相近，得其認同，他們很快的將被籠絡住。簡言之，漢詩為雙方搭建互動的橋樑，使日本達到羈縻的目的。[43]

由於早年日本文化深受中國文化的洗禮，因此，治臺官員以漢學為懷柔手段，執行其政教策略，進而認知漢文化的要義，並無刻意壓制臺灣人的傳統思慕之情。統治者在物質上仍然允許臺灣文人仕紳、地主豪農、資產富商等，繼續享用中國式的封建土地剝削；而在精神上讓漢文化繼續存在，使臺灣人依舊停留在落伍與封建的層次。這樣的政策削弱既有資產階級對新統治者的敵意，使他們更

---

41 井出季和太，郭輝編譯，《日據下之臺政》，第一冊（臺中，臺灣省文獻委員會，民國66年4月），頁204-207。

42 葉石濤，〈日本作家在臺灣〉，《臺灣鄉土作家論集》，頁53-55。

43 胡萬川，《民間文學的理論與實際》（臺北，里仁書局，2010年10月），頁23。

加疏離農民、工仔與原住民。事實上，其目的就是便於日本殖民統治，這也是籠絡手段的有效運用。如此一來，臺灣文人仕紳就降低抗爭意識，走向柔性的明哲保身。[44]

日治之初，總督府為積極推動籠絡政策，遴選各地仕紳商賈等社會領導階層，擔任參事、區長等基層行政職位。桃園黃南球出身紳富望族，自是政府亟欲籠絡對象。因此，儘管黃南球抗日失利而內渡，但總督府仍於明治30年（1897），延攬南球次子黃運添出任苗栗辨務署參事，並授予紳章，以示尊崇。可惜運添於二年後病歿，總督府旋於次年強力敦促僑寓香港的黃南球繼任參事，並獲頒紳章。[45]另一備受安撫拉攏的名流就是臺北黃玉階。黃氏熟讀經史，宅心仁厚，樂善好施，懸壺濟世，擁有極高社會聲望與深厚人脈。無疑的，自然是總督府籠絡爭取的人選，明治31年（1898），榮授紳章，長期擔任大稻埕區長，並曾兼任大龍峒區長，任內清廉自持，盡心公務，甚得官民倚重和尊敬。[46]

對日本政府的安撫與籠絡，王詩琅說得既明快又深刻。曰：

> 日人進據臺灣之後，三百多萬的居民，除農工商等各界的老百姓，還有前朝的遺老和士大夫，這些人在當時屬於上層階級，望重一方，也可以說是指導階級。這些人，因為朝代改變，仕途無望，萬念俱灰，個個都在過著無聊的生活。日本當局眼見情形如此，長此以往，不但不是辦法，甚至可能為害其「統治」，於是絞盡了腦汁，想出來的方法就是制定紳章頒發，舉辦饗老典、舉辦揚文會。日當局以為如此，一來既可以表示政府是「敬老尊賢」的，二來也可以緩和他們的情緒，培養他們對日本政府的良好感情。[47]

所謂「制定紳章頒發」，就是日本治臺的次年，桂太郎總督發佈諭告，「尤其有誠之士，或為富而有德望之地方名流，仍與愚夫患民同列殊感不忍。此實有悖良民之道，且深切影響爾後島民撫育之政。茲特制訂辦法優遇有識而德高之

44　楊碧川，《日據時代臺灣人反抗史》，頁4-6。
45　吳文星，〈苗栗內山的拓荒者－黃南球〉，載《臺灣近代名人誌》，第三冊（臺北，自立晚報，民國76年12月），頁19。
46　吳文星，〈倡風氣之先的中醫－黃玉階〉，載《臺灣近代名人誌》，第一冊（臺北，自立晚報，民國76年元月），頁48-50。
47　王詩琅，〈日據初期的籠絡政策〉《清代臺灣社會－三年小叛五年大亂》，頁68。

士，使之得沐皇化之恩典，誠屬當務之最。」辦法頒佈後，授與紳章者逐年增加，至明治39年，約10年間，全臺總計達569人之眾。論其效益，對士紳表達尚文崇德之意，受領者甚感榮耀，社會庶民亦稱許此一美舉，頗思取法，而大獲人心，逐漸鬆開抗爭意識。

至於「舉辦饗老典」，兒玉總督到任後，認為統治之關鍵在於島民之綏撫，饗老典即為具體設施之一環，特於明治31年6月，邀請臺北縣轄內80歲以上高齡男女，齊聚總督府衙內無樂堂，設宴招待，表演音樂戲劇，發放禮物，他們均不勝感念，甚至激動流涕。嗣後續有辦理，並推廣全省。與會耆老歡欣雀躍之餘，回鄉後，均對子孫、近鄰者，述說典禮之盛大，優遇之隆崇，並自詡長壽有德，一般民眾甚表羨慕，滿意政府敬老之美風。

復次則「舉辦揚文會」，兒玉總督接著召集全島之人，答其策問，名為揚文會。其宗旨在聚集島內舉人俊秀之學者，徵求其平生蘊蓄之議論文章，藉以供治臺之資料，兼而振興文教，馴致淨化。參加人員共計72人，會期8天。兒玉總督率文武官員蒞會，並致開幕詞，盛況空前。對激勵文學，敦厚民風，啟發知識見聞，收效宏大，與會者返鄉與該鄰里親友，閑聊交談，猶念念不忘，歎賞不已。[48]

正當日本政府積極拉攏文人仕紳時，民間紳商業界也有所應合，協助官方推動綏靖政策。就在乃木希典總督任上，臺灣實業家發起「紳商協會」，為臺、日人士和親聯繫的機構。總督當局隨即公布紳商條規，對臺灣有學識聲望的士紳，依條例頒予御用紳士徽章，以資籠絡。並且訓令設置壯丁團，維持治安，此乃運作御用紳士的「以臺治臺」之策。儘管日人籠絡臺灣仕紳，但是，除了少數甘為日人工具外，大多數仕紳階級均抱消極態度，略事虛應。畢竟根深蒂固的漢民族意識難以泯除；對殖民地統治的差別待遇，無法視若無睹。當然，這種安撫措施，仍會收到一定效果，至少讓文人仕紳商賈不致有所作為。[49]

（二）日治前期臺灣非武裝抗日的臺灣因素

日治前期，臺灣之會有普遍性的非武裝抗爭，背後有廣泛而多重的因素，除日本殖民統治所導致外，臺灣本身的族群意識與文化習俗更是根本理由；當然生命財產的維護，也須要顧慮。這些因素相互間的糾結與牽連，使多數臺灣人民不

---

48 臺灣總督府警務局編，蔡伯壎譯註，《臺灣總督府警察沿革誌第二編・領臺以後的治安狀況，上卷（中譯本）》，第三冊（臺南，國立臺灣歷史博物館，民國97年11月），頁76-101。

49 王曉波，〈日治時期「臺灣派」的祖國意識〉，《臺灣史與臺灣人》，頁23-24。

敢放手一搏，奮勇殺敵，而自我束縛設限，痛恨中帶有幾許無奈，在此情境下，就走上非武裝抗爭的途徑。

1. 民族意識

臺灣人的民族意識，建立在血統的基礎上，具體的實踐就是反對異族統治。其論述可追溯到晚明，即依附「反清復明」，合理化反對外來政權，其實是「反清」重於「復明」。因此，清代「的年一小亂，五年一大亂」的民變，堪謂民族運動的雛型。及至臺灣割讓日本，大和民族就是異族，自然須作抗爭，用「血緣中國」對抗日本殖民統治。[50]

對臺胞而言，日本才是真正的異族。殖民統治後，基於民族對立，臺灣的抗日運動，當然比昔年的反清情緒更加高漲。日本領臺之初，任意殺戮，姦淫搶劫的暴行，不知多少百姓家破人亡，更增加臺胞對日本的仇恨感。日本企圖以武力鎮壓，結果反抗更加激烈。所以臺胞抗日犧牲慘烈，豈是天性好鬥，他們實是在民族大義和反抗暴政的雙重心理下，所作出大忠大勇的壯烈行動。[51]

戴國煇對此亦有獨到的見解，他指出就大陸的意識而言，臺灣人的意識具備三種立場：一是對祖先故鄉的一種「原鄉意識」；二是傳統樸素民族主義的「祖國意識」；三是接受辛亥革命的新興近代民族主義的「中國民族意識」等三種意識。看來是三種意識，實質上，就是建立在「民族意識」與「祖國意識」的基礎上。[52]

這種經由日本的壓制、榨取、歧視，所激發出來的民族意識，葉榮鐘曾作深刻的梳理，「我們出生於割臺以後，足未踏祖國的土地，眼未見祖國的山川，大陸上既無血族，亦無姻親，除文學歷史和傳統文化以外，找不出一點聯繫，祖國只是觀念的產物，而沒有經驗的實感。但是我們有一股熱烈強韌的向心力，這股力量大約就是所謂『民族精神』。」「和大和民族相比，漢民族是一種歷史悠久而文化深厚的民族，對當時處於被迫地位的臺灣同胞而言，不僅可以得到心靈的慰藉，而且也有武裝他們精神的效果。」[53]

---

[50] 施正峰，《臺灣民族主義》（臺北，前衛出版社，2003年3月），頁230。
[51] 王壽南，〈日本侵華與臺胞抗日的歷史評價〉，載《中國近代現代史論集・近代歷史上的臺灣》（臺北，臺灣商務印書館，民國75年9月），頁495。
[52] 戴國煇，《臺灣近百年史的曲折路－「寧靜革命」的來龍去脈》（臺北，遠流出版公司，2002年4月），頁69。
[53] 引自黃煌雄，《兩個太陽的臺灣－非武裝抗日史論》（臺北，時報文化公司，2006年7月），頁238-239。

這種強烈的民族情緒，日本政府也完全同意。《警察沿革誌》曰：「臺灣人的民族意識之根本問題，實繫於他們原是屬於漢民族的系統；本來漢民族經常都在跨耀他們有五千年傳統的民族文化。這種民族意識可以說是牢乎不可破的。」進而承認，臺灣人在日本統治下，懷抱民族反感，遇到機會，加上煽動，就會觸發這種民族心理的機微，以致暴亂頻繁，加上消極抵制。[54]

基於民族大義，興起的抗日運動，文人的看家本領就是操持筆桿，進行非武裝抗爭，連雅堂的著作即為最典型的範例。他在民族主義的激盪下，為保存中國文化與中國話（當時臺灣之「中國話」以閩南話為主），而有《臺灣語典》之編纂。對詩社、鄉土文學之提倡，作為民族思想之寄託。同時，發憤修撰臺灣歷史，故《臺灣通史》可謂以民族意識為依歸，保存臺灣文化（中國文化之延伸）為職志，發揚民族精神為目的。所以民族史觀乃連橫《臺灣通史》之歷史哲學。[55]

類此懷抱祖國情懷與民族意識的文人士紳，為數眾夥，茲舉數人，以相呼應。王少濤痛心臺灣割讓予日本的悲慘命運，自稱「棄地遺民」，企盼回歸祖國。故曰：「我是一遺民，傷心未忍視」，「愁題弔閱詩，聊抒愛國志」。這種「孤懸海外，心繫祖國」，卻有志難伸，只好「無才供濟世，養志且閒居」，被迫逃遯境外，另築桃花源，堅貞不屈地修身潔行，以期維繫民族氣節。[56]

吳濁流的消極抗爭，亦甚具代表意義。其佳構《亞細亞的孤兒》，原名《胡志明》，實有深義在焉。觀其改名的自白，令人肅然起敬。曰：

> 「胡志明」這個書名，巧合人名，恐被誤會，不得不改的。原來我命此名很多寓意，日據時代的臺灣人像五胡亂華一樣被胡人統治。又臺灣人是明朝之遺民，所以亦「志明」，此明字是指明朝的意思，而且這個胡字可通何字，所以解釋「怎麼不志明呢？」[57]

又如苗栗有一個秀才叫劉雲石，詩如其人，人如其詩，他有「夷齊餓死原甘餓，恥把周家粟療飢」之詩，充分流露有骨氣，有詩魂，亦如詩一樣的絕對不屈

54　王詩琅，《臺灣社會運動史－文化運動》（臺北，稻鄉出版社，民國77年5月），頁2-4。

55　劉妮玲，〈連橫民族史觀的價值與限制－以清代臺灣民變為例說明〉，《臺北文獻》，直字第61、62期合刊（臺北，臺北市文獻會，民國72年3月），頁247-248。

56　吳福助，〈序〉，載《王少濤　《王少濤全集》》（臺北，臺北縣政府文化局，民國93年12月）。

57　吳濁流，〈回顧日據時代的臺灣文學〉，《黎明前的臺灣》（臺北，遠行出版社，民國66年9月），頁63-64。

服於日本，且抵抗日本的行動亦不少，此乃民族氣節的真正表現。[58]

如上所述，臺灣這般濃烈的民族意識及其延伸的非武裝抗爭，造成日本統治的困擾阻礙，甚至施展不開。所以其治臺政策著重在割開臺灣與大陸的祖國情懷與民族思維。由是矢內原忠雄論曰：「臺灣原為中國的領土，中國人的殖民地，係住在臺灣的日本人，在日本有其本據一樣，臺灣人在中國有其故鄉，有其共同的語言及習慣。因此日本的臺灣統治，是拿臺灣拉開中國而與日本相結合。」一切的施政都是使臺灣遠離中國影響的制度，避開與中國的牽連。[59]

2. 文化習俗

社會生活與文化習俗雖看似細碎小事，但在統治與同化的過程中，占有重要地位，對某文化趨向另一文化的轉變，有著潛移默化的作用。早在首任總督樺山資紀時代，日本殖民者就已注意到臺灣人的社會生活、文化習俗跟日本出現明顯差異，並對如何同化與治理臺灣人民而費盡心機，結果還是收效不大，臺灣文化依舊是祖國文化的翻版，大陸民情仍然通用在寶島上。簡言之，順著祖國情懷民族意識的軌跡，就是文化認同與民俗尋根。

日本統治期間，臺灣人已具成熟的漢人意識，強調的是「血濃於水的感情」之血緣關係，嘗試以想像的種族純度帶來自我安慰。面對日本殖民者引入的西洋文化，以及現代化建設，臺灣人只得向文化中國尋求慰藉，在幾許鄉愁般的憧憬中，試圖以想像的華人文化優越性來作自我心理防衛。[60]

這種民族精神與文化認同是無法壓抑，仍在持續支配，整個社會還是守住漢人既有的生活方式。且看臺灣人民一直用自己的語言和文字，書房和詩社依舊維持運作，宣揚傳統文化，各地南、北管及地方劇團，繼續演唱中國歌曲，庶民社會大致還是生活在原有且熟悉環境的套路，未見有所改變。[61]

就此而言，葉石濤持平的指出，儘管臺灣文化建立濃厚的鄉土風格。「然而，臺灣獨得的鄉土風格並非有別於漢民族文化的，是以獨樹一幟的文化，它乃是屬於漢民族文化的一支流。縱令在體制、藝術上表現出來濃厚、強烈的鄉土風格，但它仍然是跟漢民族文化割裂不開的；臺灣一直是漢民族文化圈子內不可缺

---

58 吳濁流，〈詩魂醒吧！〉，《臺灣文藝與我》（臺北，遠行出版社，民國66年9月），頁109。
59 矢內原忠雄著，周憲文譯，《日本帝國主義下之臺灣》，頁169。
60 施正峰，《臺灣民族主義》，頁230。
61 楊肇嘉，〈前記〉，《楊肇嘉回憶錄》，上冊（臺北，三民書局，民國57年12月），頁4。

少的一環。」[62]更有學者說得更直白，認為臺灣移民多來自閩、粵沿海。臺灣之文化，即隨歷次移民渡海東來之中華傳統文化。「因此，不論飲食習慣、衣服被飾、居處建築、農耕工藝，或其社會活動，諸如婚喪祭祀皆與中土無異。在精神文化方面，舉凡宗教信仰、道德觀念、語言文字、學校科舉，亦均為我中華文化之傳承。」[63]此話雖有過當，然亦大致無誤，至少仍須受本土文化過程的影響。順此言論，進而提出數例，以資參證。

臺灣數百年來深受漢文化的影響，面對新的外來異族統治，寫漢詩、讀漢文、穿唐衫是一種精神上的消極反抗。前清遺老及地主們還結漢詩社，以存祖國之幽光。終身穿唐衫的蔣渭水，社會主義者王敏川則以實踐孟子的弘毅精神自居，蔡惠如言必「中華」、「祖國」，林獻堂也一輩子沐浴在漢文化裡。[64]

日本雖佔領臺灣，但宗教活動不甚振奮，對臺灣人原來的寺廟信仰及外國基督教，幾乎無從染指。雖然他們的神道教和基督教亦隨之而來，但僅與住在臺灣的日本人發生連結，其活動並不影響臺灣人及原住民的既存信仰。日本宗教家不曾因在臺灣傳教而流過血，流過汗，蓋他們無意也無法碰觸民間宗教，深怕引起信眾的抗爭。[65]

信仰的另一呈現方式就是喪葬，日治後，臺灣人的墓碑照舊書寫「皇清」，有些日人頗為不悅，要求取締，但民間依然故我，未予更改。《臺灣慣習記事》曰：

> 臺灣已脫離清朝的主權，全歸我日本國後，他們動輒仍用「皇清」的字言；在其墓碑銘上，男則刻記為「皇清顯考某」，女則「皇清顯妣某」，而不在乎者有之。國法上，他們也成為我日本帝國的臣民，其死後尚在墓碑銘冠以「皇清」的文字，誠在大義名分上所不許。[66]

閩粵移民臺灣既久，臺灣各地為求認祖歸宗，在各地興建各姓祠堂與家廟，設置蒸嘗祭祀，辦理血食，以示閩臺一家。有的回籍祭祖認親，抄錄族譜，由是

---

62 葉石濤，〈臺灣鄉土文學史導論〉，《臺灣鄉土作家論集》，頁2-3。
63 廖一瑾，《臺灣詩史》，頁3。
64 楊碧川，《日據時代臺灣人反抗史》，頁66。
65 矢內原忠雄著，周憲文譯，《日本帝國主義下的臺灣》，頁154。
66 小松孤松，〈公園與墓地〉，《臺灣慣習記事（中譯本）》，第五卷第十號（臺中，臺灣省文獻會，民國80年3月），頁169。

建構閩臺世代譜系，枝脈衍派。這種收宗睦族的工作，嘉慶以後轉趨興盛，日治時期，達到高峰。因為臺灣人在異族統治下，不願數典忘祖，更加重視，積極展開。日人見之亦無可奈何。[67]

比較興味的事，日治初期，有些傳統遺留的生活習慣，已不合時宜，應該改善，但很多百姓還是抱殘守缺，願意保留，其中當有抗爭的成分。如辮髮、纏足、鴉片等，因長期在滿清轄境，全與內地相同，已成為臺灣的習俗，無論這些東西多麼不合時宜，一旦要加以禁止，對他們來說，是生活上驚天動地的變化，無法適應。乃木總督見事關重大，也不強制執行，就說「如辮髮、纏足、衣帽無論改之與否，將任原住民之自由選擇；又如鴉片之物將置於一定之限制下，漸次收遏止之效。」意即不求急速變革，以免徒增更多的抗爭。[68]

從如上引述，這些臺灣子民所作的柔性堅持，消極抵制，最大靠山與精神支柱就是傳統文化。因此，不論是閩南語族或客家語族，背後都是同一根源的大陸漢人文化。雖然他們被祖國拋棄，但祖國本身卻依然存在，就立足在不遠的海峽對岸。所以當臺灣文人、作家不願被殖民國同化，自然就回向祖國民族，尋取文化認同，而且牢不可破，畢竟臺灣人本來就是一個士大夫的經典文化傳統。[69]

身為殖民的日本帝國，於治理臺灣時，感到無形阻礙，頗為力不從心，便意有所指的說出：

> 這些傾向歸結起來，不外是臺灣人原是屬於漢民族系統，還極濃厚地保持著他們原有的語言、思想、信仰，至於風俗習慣的末端不變有關。所以倘要觀察臺灣社會運動，首先為具備其基礎觀念來說，對於臺灣人，或推而廣之，對於整個漢民族的思想、信仰以及一般社會傳統、習慣，或關於民族性，必須具有某種程度的理解和研究，自毋須贅言。[70]

3. 生命財產

生存的基本要義，就是保障自己與家人的生命安全與田產財富。每當兵慌馬亂，烽火遍地時，奮勇殺敵，不顧危險者，固然有之，惟僅少數。大多還是保命

67　尹章義，〈臺灣意識與臺灣文學〉，《臺灣近代史論》，頁223。
68　喜安幸夫著，干城譯，《臺灣志士抗日秘史》，頁114-115。
69　胡萬川，《民間文學的理論與實際》，頁22-23。
70　王詩琅譯，《臺灣社會運動史－文化運動》，頁5。

要緊，好死不如賴活，於是戰爭過程與肆虐壓迫的前後，常有妥協求和或消極呼應，此乃人情之常，趨吉避凶的本能。

黃昭堂的說辭，值得引述。馬關條約簽訂後，臺灣北部文人仕紳領導階層，起初雖然希望抗日，支持戰事，隨後並未實際參與武裝抗爭，因為他們最關心的只不過是如何保護自己的身家安全。當日本軍隊快速進攻，北部臺灣民主國政府的惶恐與抗日勢力的崩潰，造成社會混亂之時，這些地方仕紳碩望的各種期待均告落空，唯一的願望就是保護身家性命，進而維持社會安寧，甚至希望迎接曾為他們所反對的日本軍來穩定秩序。由此可知，這些望族人物費盡心思，首要憂慮的，不外就是顧念自身的安全與財產，根本不是為了抗日。[71]

日本專家也有同樣見解。當日軍初進臺北城前，街頭呈現混亂場面。有一批仕紳、富豪與商賈等深恐受害，人財不保，於是集會協商如何收拾亂局。會議中仍可聽到槍響，暴徒吼叫及居民哀嚎，徒增恐慌與不安。與會人員不約而同的希望，要求日軍入城鎮壓，清理亂象，確保安寧。因此，幾經協議，同意推出以流浪臺北的鹿港辜顯榮為主，充任使者，走訪日軍大本營。何以這些上流社會人士會採取這種政策？實乃他們害怕「匪徒」威脅其生命財產，亦即他們目的不在抗日，最憂心的終究是為了保護自己身家安危與資產財富，以免遭到重大損失。而辜顯榮的行為，就民族大義言，近似賣國賊，備受譴責；但辜則辯稱為不得已的苦衷，曰：「我並非對清廷叛變，係為了保護三百萬同胞生命財產不受土匪劫掠，而甘願為日本帝國的耳目。」[72]這在當時，此話看似不無道理，但觀其後來的種種作為，卻又不然，且組織公益會，打壓日治後期的非武裝抗日運動，就更難自圓其說了。

吳文星從領導階層著眼，說法鞭僻入裡。仕紳、望族、富商等社會領導階層，由於財產豐裕、產值厚實，日治初期，一時脫產不易，內渡困難，致使留住臺灣者，當然不希望地方靡爛而遭池魚之殃。其所在意者，實以自身利益之維護為主，故旋即接受新政權，以確保社會地位與經濟優勢，此乃不得不屈服於現實主義所致。如地主貢生陳儒林、陳雲林及郊商白其祥等均係臺灣民主國議員，然而日軍登陸後，諸人態度驟變，轉而主張迎日軍入臺北城，俾可維持秩序。板橋林維源雖然回籍大陸，卻託高層向日官員說項，表示願為日本良民，希望殖民當

---

71 黃昭堂著，廖為智譯，《臺灣民主國研究－臺灣獨立運動史的一斷章》（臺北，前衛出版社，2006年1月），頁205-206。

72 喜安幸夫著，干城譯，《臺灣志士抗日秘史》，頁31-34。

局勿收其產業，並約束家人不要抵抗日軍，迨其逼進板橋，林家即出面輸誠，故得以保家安康，留住財產。[73]

霧峰林家也採取同樣做法。日軍佔領臺北後，揮軍南下，臺人抗爭逐漸潰散。面對政治、軍事新形勢，身為清朝官員，霧峰林家領頭的林朝棟，衡量輕重得失，決定內渡。但因家大業大，要求族人採取不抵抗政策，以避免不必要的犧牲，而留林文欽在臺照料家業。此時，總督府為減輕臺人的反抗意識，施行籠絡政策，徵召林文欽出任職務。但基於民族意識，他始終不入仕，在家侍奉老母，並經營商業貿易。[74]林幼春於乙未割臺時，隨族人避難泉州，迫於產業，不久重返霧峰。曾自述當時心情，曰：「幼春年十六，罹滄桑之變，淪胥于此十有三年，年廿八矣。每念檻猿囚鶴，輒欲破壁飛去，而舉族百餘，戀於芻豢，憤無可伸，咄咄終日，如有心疾。」悲憤之情，溢於言表，然身遭時代鉅變，感慨殊深，卻又無計可施；且為保全家族在臺的龐大資產，乃林氏族人不得不回臺治理。在臺期間，他們須與官員周旋應對，既苦悶又無奈。[75]

文人仕紳的去留與進退，除受身家利益外，實更肩負地方事務與社會安定的責任。因此，他們可能接受日本任命的參事、庄長、保正等基層職務，使地方得能維穩安定，免於紛擾失序，待社會逐漸寧靜後，再行退隱，以表心跡。

吳濁流的祖父是讀書人，漢學素養很好。年輕時，為了全族人性命，冒死去見日軍，此在當時是抱「殺身成仁」的悲懷，贏得日人與族人的敬重。但他不願對日低頭屈膝，故其餘生傾向道家無為自然的人生境界。這位祖父即是《亞細亞的孤兒》中胡太明祖父胡老先生的原型。[76]

日本治臺之初，各地抗爭激烈，但終歸潰敗，民眾驚恐失措。嘉義梅山吳炎熱心公益，望重鄉里，雖不願投靠異族殖民，卻深知拿捏分寸，見情勢險惡，已無可挽回，但顧念鄉眾生命安危與田產財富，免遭無謂犧牲，乃代表庄民向日方表明放棄抵抗；並安撫百姓，鎮靜應變，以保平安。因而於明治40年（1907），榮獲總督府頒發藍綬褒章。類此勇於冒險，挺身而出，緩解日軍壓迫，保障社會安寧而獲授勳章者，還可有多人。[77]

---

[73] 吳文星，《日據時期臺灣社會領導階層之研究》，頁51。
[74] 黃富三，《林獻堂傳》（南投，臺灣文獻館，民國93年11月），頁16-17。
[75] 廖振富選注，《林幼春集》（臺南，國立臺灣文學館，2020年元月），頁15。
[76] 陳昭瑛，《臺灣儒學的當代課題：本土性與現代性》，頁126。
[77] 楊惠仙，〈吳炎－日本對臺頒授藍綬褒章第一人〉，《臺灣文獻》，第57卷1期（南投，臺灣文獻館，民國95年3月），頁292-293。

領導階層為體恤社會生靈塗炭，關切百姓生命財產，求見日軍，不要濫殺無辜，固然功不可沒。但其能奏效，日本當局也想利用這些文人仕紳，進行地方疏導，解決抗爭，便於統治，亦為重要因素。就此而言，若林正丈的論述，極為切要。用字雖為多些，然亦值得抄錄。曰：

> 日本當局利用這些「有資產有名望」人士對地方社會所擁有的影響力，來維持其統治的順利。也就是，配合他們的資產、名望、對日協力度的程度，小則給予扮演派出所警官的跑腿角色的保甲幹部（保正、甲長）或區長、庄長，上則給予達到廳參事的地方行政末端的職務。甚至授與「紳章」，招待參加官方舉辦的正式宴會及其他榮譽，此時是由日本當局取代清朝成為權威的泉源來進行分配。當然，儘管這些人基本上已經無害了，但他們對地方社會所擁有的影響力也受到地方社會的制約，其影響力不知何時會朝向日本的統治。因此，當然也不例外地利用警察網對他們進行嚴密的監視與限制，以及從金融面加以管束、散佈專賣品（鴉片、鹽、煙草）的島內販賣權及其他制度性的手段來控制他們。同時，臺灣的日本殖民主義當局，也必須隨時把他們視為對臺灣人的政治性掌握的最優先對象。」[78]

五、結語

政府遷臺以來，研究臺灣抗日運動的風氣，一直未曾停歇，且有增溫加熱的趨勢，成果也豐盛可觀。筆者展讀之餘，助長理解，獲益良多，卻也萌生動筆念頭，只是天橋把式，光說不練，未曾著手。今受研討會之邀，且在宜蘭舉辦，身為宜蘭子弟，難以推辭，於焉應命，遂有此文之作。

約略說來，這篇湊數稿件，雖是應景之作，然似可提供如下幾點思考：

其一名實相符問題：經常所見的專書或篇章，名為類同全稱的「臺灣抗日運動史」、「臺灣民族運動史」、「抗日篇」等，但其內容並非完整的日治時期的臺灣抗日歷史，而是取其某一時段，如日治前期或日治後期或另闢時段而已。還有一種情形，雖敘述全部或某時段抗日歷史，但只討論部分選項的議題，並非作

[78] 若林正丈，《臺灣抗日運動史研究》（臺北，遠足文化公司，2020年3月），頁44-45。

整體性的書寫，造成書名與內容不完全相符。如有此情形，可在書名後另加註標題，或在行文中，稍作說明，用為交待，以釋疑義。

其二反應全面抗日：儘管研究臺灣抗日運動的著述甚多，但大致上早期的作品，受到當時空背景的影響，內容偏重武裝抗爭；而後期則情境有別，順勢而為，故其焦點放在非武裝的政治社會運動。至於前期的柔性抗爭和後期的其他形式抗爭，就比較不受青睞，也就少有著墨。事實上，日治時期臺灣抗日運動是全面性、普遍性、貫時性，除眾所熟悉的前期武裝抗日和後期的非武裝運動外，還有柔性、隱性消極的非武裝抗爭，如此才能建構一部完整的日治時期臺灣抗日運動史的全貌。

其三廣開史料來源：當筆者草擬內容，準備動筆前，先行查尋既有研究成果，發現此一標題的著述，相當少見。何以致此，或許是這方面的資料，過於薄弱，甚難取得。然而稍加查閱，許多官方文書、報刊雜誌均含有柔性抗爭的資料。還有是藏在日治時期傳統文人與青年知識份子所寫的雜文、詩作、短訊、日記、回憶錄。特別是小說，雖為文學創作，然內容所述都是作家在日治時期親身經歷的所見所聞，看似枝節小事，卻真實可靠，而為絕佳的非武裝抗爭史料，此乃歷史文學之價值。此外，耆老的追憶，也是珍貴的口述歷史，可惜現事過境遷，他們也都凋零故去，誠為無可彌補的憾事。

其四實踐庶民史學：近年來，典範轉移，受到年鑑學派的影響，強調庶民社會的重要，因而興起庶民史學的研究。臺灣抗日運動中，前期的武裝抗爭和後期的非武裝運動，非常重要，影響深遠。但貫穿全期的消極性武裝抗爭也不宜偏廢，置之不顧，這也是臺灣抗日運動中的另一組成部分，只是抗爭者是分散各處，自行其事的社會底層民眾。他們採取柔性、微弱、隱藏、自保的方式抵制日本統治，看來似有若無，卻事事俱在，如不加聞問，任其流逝，還真愧對這些市井小民的用心良苦，抗日情懷。庶民史學的要義與實踐，於是乎在。

附記

本文乃應研討會而作，原來標題是〈日治前期臺灣的非武裝抗日——以宜蘭為例〉，然此議題過去甚受忽略，鮮有論述，於焉多所探討與著墨，因而為省篇幅，遂將〈宜蘭為例〉的內容刪除，俟後再行書寫，致使標題與內容略作調整，謹此說明。

熱血男兒壯志雄飛
——蘭城民主啟蒙先賢故居地與活動處考據

黃文瀚

摘要

「宜蘭」於全臺的特殊性與光榮感，早在清治時期楊士芳考取進士，就已經開始積累，他與同窗李望洋一起創辦孔廟、擔任仰山書院山長以及興建碧霞宮，兩人對於漢文教育的努力下，教出了呂桂芬、張鏡光等傳承師道的學生，又標誌性地反映在蔣渭水、石煥長、陳金波等新一代人的身上。

回顧臺灣割讓後，臺灣人掀起悲壯慘烈的武裝抗日行動，雖然失敗，但是波瀾壯闊的和平抗爭運動繼之風起雲湧。蔣渭水、蔣渭川、陳金波、石煥長、郭雨新諸君，都是道地的宜蘭城人，他們積極投入文化、社會、政治改革運動，透過全臺性的辦報、讀報、宣講、結社、組黨、參選等種種活動，不但提升了宜蘭人的素養，更推展了民主啟蒙的新思潮，撼動了臺灣的專制政權，其影響可謂至深且遠。

返回歷史現場，重尋蔣渭水等臺灣民主先賢在宜蘭城的故居地與活動處，認識啟蒙世代的成長背景、早年教育與生活經驗；希望藉由傾聽民主的腳步聲，喚起民眾對歷史文化的記憶，理解先賢們的犧牲與貢獻，如何為現今的自由民主奠定基石。

關鍵字：碧霞宮、張鏡光、蔣渭水、蔣渭川、石煥長、陳金波

一、前言

1910年代，全球迎來自由平等、民權法治之普世價值，日本國內也有大量農民、工人群眾走向街頭，參與社會改造，形塑10多年間的大正民主時期。

與此同時，受到世界民主思潮衝擊的臺灣留學生，以留學生宿舍「高砂寮」作為聚會地點，先後成立「應聲會」、「啟發會」、「新民會」等學生團體，時常舉辦演講活動，勇敢提出政治訴求。

1919（大正8）年石煥長就讀東京醫學專門學校期間，成為新民會的在日留學生，主張六三法撤廢，陳金波則利用東京進修的契機，前往高砂寮聲援好友。寄宿於此的張深切曾云及：

> 臺灣的留學生一到東京，大抵由其學校的位置而分散，高砂寮是留學生最集中的地方，凡到東京的學生，無論時間長短，總有一兩次到這裡來寄足一下。所以這裡可以說是學生運動的最好去處，也可以說是臺灣文化運動的搖籃。[1]

臺灣文化運動雖然奉行「反宗教迷信」，一方面卻透過傳統漢學，表達主張，聯繫彼此，交遊往來。陳金波幼少學習漢學，為碧霞宮的門生，後任仰山吟社的社長，歷任文協理事、臺民黨中央執行委員、臺民黨宜蘭支部長，平生特重漢詩文教。[2]《風月報》曾記載其人行誼：

> 聖道衰頹，文風日墜，繼承五十年前，進士楊士芳大令，所創設之仰山吟社，募集社員，百有餘名，每日曜日，擊鉢一回，竝聘蘭之老儒，林拱辰、李琮璜、吳蔭培、莊贊勳、連碧榕等為顧問。每月一日，至十五日，二回。夜間在碧霞宮靜室，說明經史及詩法。[3]

石煥長的漢學根基也不俗，兄長石進源、石秀峰、摯友陳金波，都是碧

1 陳翠蓮，《自治之夢：日治時期到二二八的臺灣民主運動》（臺北市：春山出版社，2020年），頁28。

2 〈翰墨因緣／漢學振興〉，《臺灣日日新報》，1926（大正15）年4月5日，版4。

3 〈公爾忘私陳金波醫師〉，《風月報南方詩集》，1940（昭和15）年9月17日，版21。

霞宮門生，亦是蔣渭水社會運動的重要夥伴。這層關係看來，碧霞宮的漢文教學，應該也對石煥長起到不小的影響。石氏曾在《臺灣青年》接連發表過〈新論語〉[4]、〈新大學〉[5]、〈新大學備旨・釋六三與三一〉[6]、〈溪喻明朝太史方孝孺先生作〉[7]、〈道德之概念〉[8]等散文。他的文言作品擁有共同的特點，皆是假托聖人的口吻，援引四書經文，代聖人立言，夾雜個人意念。如其述：「曾子曰：吾日三省，吾身為臺謀，而不忠乎？與六三戰，而不勇乎？行不健乎？」、「子曰：六三在，不安眠，眠必有災」、「子曰：六三不撤，議會不設，文化不能進，經濟不能立，是吾憂也」等改編字句。[9]石煥長藉此傳達臺灣人的意志，反對日本內地與臺灣的差別待遇，為了追求自治的理想，需廢除六三法與三一法的特別立法，主張設置臺灣人的議會。

1920年代，蔣渭水、石煥長等人往來宜蘭、臺北兩地，配合陳金波等在地蘭紳分進合擊，啟蒙知識、喚醒人權與改革社會，經過他們的努力提倡，於宜蘭地區陸續成立「臺灣文化協會蘭陽聯合分部」、「臺灣民眾黨宜蘭支部」、「蘭陽農業組合」、「蘭陽總工友會」、「宜蘭新青年讀書會」等社會團體。

透過組織各式團體，宣傳文化講演，發起社會運動，藉著群眾力量達到逼迫政府的效果，以對抗日本當局不公平的對待。舉凡抗議宜蘭興業電氣會社收費過高、抗議礁溪庄大坡共同墓地徵收使用費、抗議宜蘭阿片新特許、抗議宜蘭無線電信局購地卻不設置、抗議宜蘭水產會社代理魚市抽取暴利、抗議二結庄與臺南製糖會社宜蘭製糖所不公平的贌耕關係、抗議宜蘭殖產會社與民爭地、抗議宜蘭興業電氣會社截斷水源……等等，為社會上不公不義等事件來發聲，為在地居民的權益來拚搏，甚至牽連到自我利益也在所不惜。

他們彼此具有鄰近的居住地，構成血緣、姻親、師徒、同學與地緣交雜的親密關係，即便後來搬走，前往異地發展，仍然深受影響。正所謂「打虎親兄弟，上陣

---

4 石如恆，〈新論語〉，《臺灣青年》第2卷第3號，（東京：臺灣青年雜誌社，1921年4月15日），頁39-40。

5 石煥長，〈新大學〉，《臺灣青年》第2卷第3號，（東京：臺灣青年雜誌社，1921年4月15日），頁40-43。

6 石煥長，〈新大學備旨・釋六三與三一〉，《臺灣青年》第2卷第3號，（東京：臺灣青年雜誌社，1921年4月15日），頁43。

7 蘭陽霜湖，〈溪喻明朝太史方孝孺先生作〉，《臺灣青年》第2卷第4號，（東京：臺灣青年雜誌社，1921年5月15日），頁19-20。

8 石霜湖，〈道德之概念〉，《臺灣青年》第4卷第1號，（東京：臺灣青年雜誌社，1922年1月15日），頁16-20。

9 石如恆，〈新論語〉，《臺灣青年》第2卷第3號，（東京：臺灣青年雜誌社，1921年4月15日），頁39-40。

父子兵」，因此，臺灣文化協會與臺灣民眾黨及其附屬社會團體等決策圈的中央職務，在蔣渭水的實際領導下，多有宜蘭人參與其中，以追求臺灣平等的待遇。

藉由昭應宮、城隍廟、文昌廟、碧霞宮、太平醫院、臺灣民眾黨宜蘭支部、巽門「假劇場」等集會地點，以及隨後設置的民眾講座，這些知識分子串聯在地鄉親，號召宜蘭人參與臺灣議會請願與地方自治制完成促進等全臺連署活動，並聲援地方上大大小小之歧視事件。

二、啟蒙先賢故居地

故居地在歷經多次搬遷、或政權遞嬗採取不同的地籍制度、或地上建物拆毀重建後，原有的位址已經不易辨認，因此，考據並不容易。本文歷經繁複與大量的考據，才得以逐一確認故居地。在此以蔣渭水、石煥長、陳金波、蔣渭川、郭雨新五人的故居地為例，論述其考據過程。

（一）蔣渭水故居地

1. 生平略歷

蔣渭水（1890-1931），出生於宜蘭街土名艮門89番地（今古記羊肉爐，舊城北路113號），1907（明治40）年住在宜蘭街土名艮門91番地（今雲仙茶館，聖後街220巷26-1號），至1914（大正3）年隨父親蔣鴻章遷居至宜蘭街土名巽門278番地（今中山路二段與和睦路團管區巷交接處，中山路二段388號）。

父親蔣老番（鴻章）在宜蘭城隍廟以命理為業，年幼時的蔣渭水也曾擔任過扶乩鸞生的助手。他在9歲時到人文薈萃的碧霞宮，就學於一生堅持漢學的宿儒張鏡光秀才門下，深受薰陶。至17歲始就讀宜蘭公學校，依據學識程度編入4年級，以2年時間完成6年期學業，後考取臺灣總督府醫學校。

1910（明治43）年醫學校報考者512名，錄取51人，錄取率僅10%，蔣氏入學門檻已相當競爭。[10]在1915（大正4）年以該屆第2名的成績畢業後，分發宜蘭醫院（現國立陽明大學附設醫院）實習一年，而於隔年1916（大正5）年在臺北市大稻埕太平町三丁目28番地（今延平北路二段31、33、35號）開設大安醫院，懸壺濟世。

---

[10] 臺灣總督府醫學校，《臺灣總督府醫學校一覽（大正七年度）》（臺北：臺北印刷株式會社，1919年），頁143。

成為醫師後，致力推行民主及文化啟蒙運動，成為臺灣文化協會與臺灣民眾黨的創立者，被視為日治時期最重要的反殖民運動領袖之一。

對於日本統治者，蔣渭水採取和平抗爭的立場，成立臺灣第一個政黨「臺灣民眾黨」，為非武裝抗日的代表人物，不幸於1931（昭和6）年因病早逝。

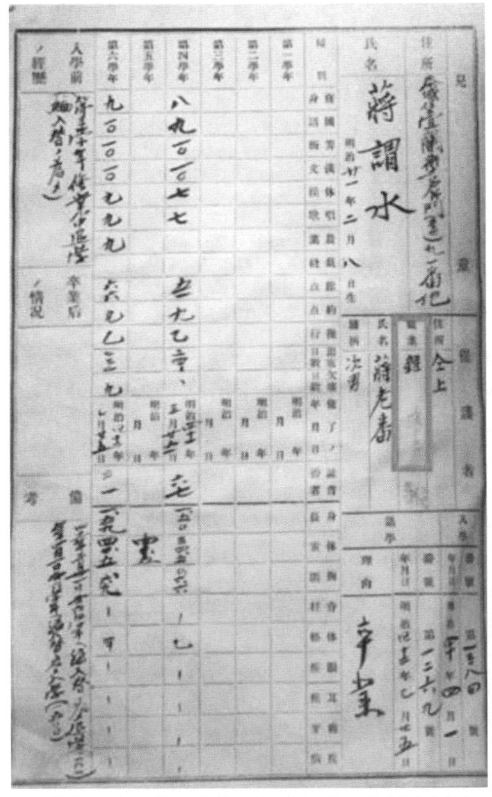

圖1▐ 蔣渭水宜蘭公學校畢業成績單，「保護者欄」記其父蔣老番為「雜（賣卜者）」（淡筆處，即相命師）。1907（明治40）年已17歲大齡的蔣渭水，始就讀宜蘭公學校4年級，至1909（明治42）年畢業，僅以2年時間完成學業。

資料來源：宜蘭市中山國小

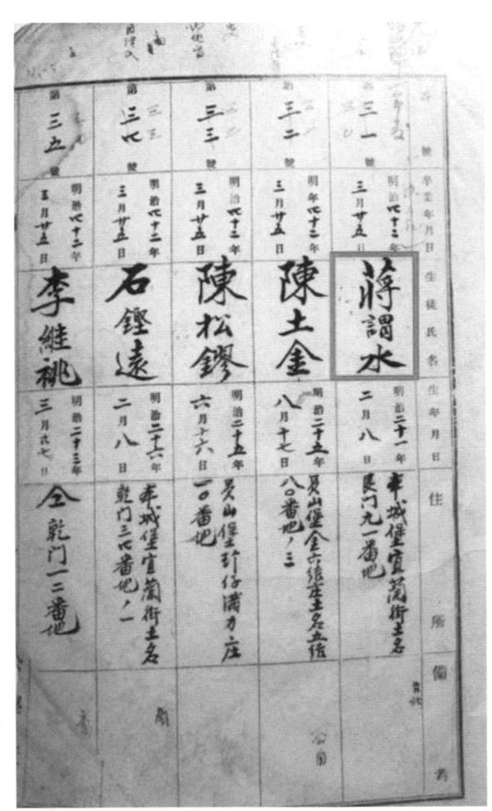

號	卒業年月日	生徒氏名	生年月日	住所
第三一號	明治四十二年三月廿五日	蔣謂水	明治二十一年二月八日	本城堡宜蘭街土名東門九一番地
第三二號	明治四十二年三月廿五日	陳土金	明治二十五年八月十七日	員山堡金六結庄土名五結八〇番地ノ三
第三三號	明治四十二年三月廿五日	陳松鏐	明治二十五年六月十六日	員山堡珍仔滿力庄一〇番地
第三七號	明治四十二年三月廿五日	石鏗遠	明治二十六年二月八日	本城堡宜蘭街土名乾門三七番地ノ一
第三五號	明治四十二年三月廿五日	李維禨	明治二十三年三月廿七日	仝 乾門一二番地

圖2▐ 蔣渭水宜蘭公學校畢業名錄《除籍簿》

資料來源：宜蘭市中山國小

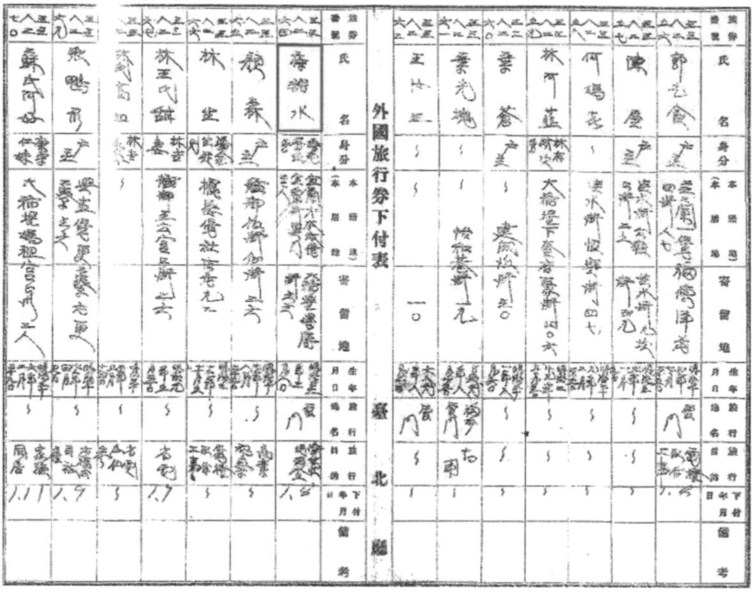

外國旅行券下付表 臺北廳

圖3 ▌蔣渭水旅券下付表（出境紀錄表），1917（大正6）年1月8日蔣渭水因「衛生狀況調查」目的前往廈門。

資料來源：中研院臺史所

圖4 ▌1931（昭和6）年蔣渭水臨終前與眾人合影，正室石有（石煥長妹）隨侍在旁，側室陳甜與弟蔣渭川側坐病榻。

資料來源：財團法人蔣渭水文化基金會

2. 故居地考證

艮門91番地即為蔣渭水、蔣渭川的故居地，為今雲仙茶館。1907（明治40）年蔣渭水就讀宜蘭公學校時，蔣家搬遷至此地，所以蔣渭水的宜蘭公學校畢業成績單與《除籍簿》皆登記住址為「艮門91番地」。

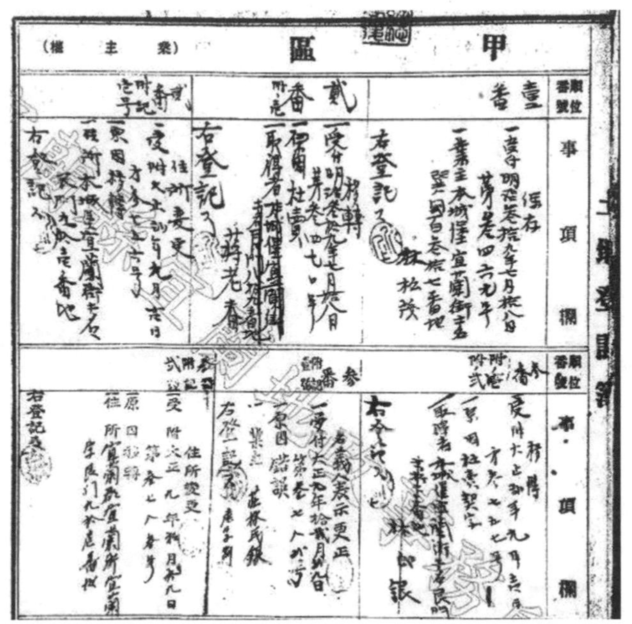

圖5▍艮門91番地（日據時期土地登記簿）
資料來源：宜蘭地政事務所

父親蔣老番先於1906（明治39）年7月18日買收艮門91番地的土地，對照戶籍資料，隔年住址才由艮門89番地遷址於此。

根據重測前土地登記簿的資料，艮門小段91地號（日治時期的艮門91番地），地上建物有303建號。

繼續追查303建號的《宜蘭縣建築改良物登記簿》卻查無資料，幸查《光復初期土地舊簿》於1958（民國47）年地主有辦理過「住址更正」，登記為「聖後街220巷26-1號」。

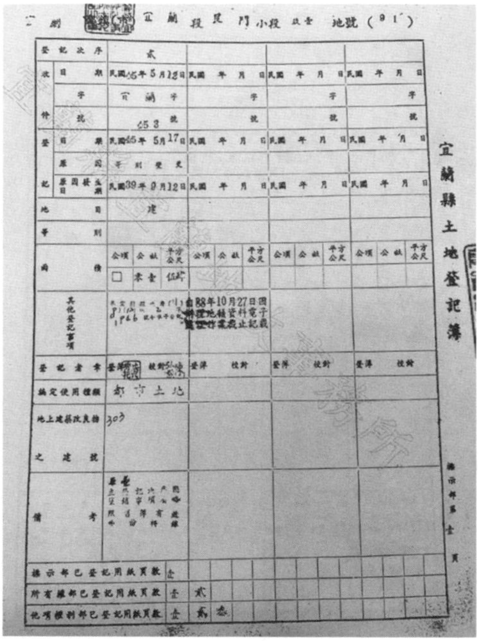

宜蘭縣土地登記簿

宜蘭段民門小段　地號（91）

登記次序	貳			
收件日期	民國65年5月12日	民國　年　月　日	民國　年　月　日	民國　年　月　日
登記日期	民國65年5月17日	民國　年　月　日	民國　年　月　日	民國　年　月　日
登記原因發生日期	民國39年9月12日	民國　年　月　日	民國　年　月　日	民國　年　月　日
地目	建			
編定使用種類	都市土地			

圖6 ▍重測前土地登記簿（宜蘭縣土地登記簿）
資料來源：宜蘭地政事務所

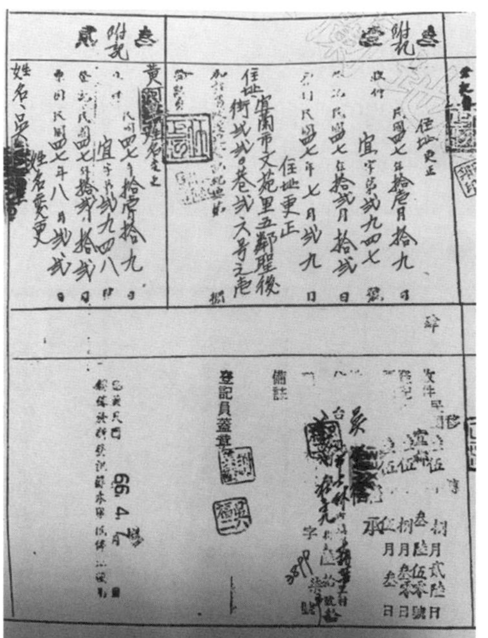

圖7 ▍重測前土地登記簿（光復初期土地舊簿）
資料來源：宜蘭地政事務所

最後，依據日治時期的地籍圖重新繪製，即可標明蔣渭水故居的位置：

圖8 ▍蔣渭水故址宜蘭街艮門91番地，現為雲仙茶館
資料來源：黃文瀚蒐集

（二）石煥長故居地

1. 生平略歷

石煥長（1891-1971），字如恆，號霜湖，出生於宜蘭中北街，舊址為宜蘭街艮門32番地，現為宜蘭市中山路三段130號的宜蘭郵局。

石煥長就讀東京醫學專門學校，畢業後在大稻埕開業行醫，同妹婿蔣渭水經營文化事業，於「臺灣文化協會」出任理事。並與蔣渭水、蔡培火、陳逢源等發起籌組「新臺灣聯盟」，但因事多人少而無法推行。又任《臺灣》雜誌、《臺灣民報》臺灣支局的幹部。

石煥長作為蔣渭水的妻舅，號「霜湖」，與蔣渭水名號「雪谷」排偶，經常以「如恆」筆名在《臺灣青年》發表文章。其人行誼對蔣渭水影響很深，常與蔣渭水攜手於全臺巡迴發表演說，據《日本中外新聞》報導稱當時「石煥長的名望僅次於蔣渭水」。[11]

1923（大正12）年1月16日，石煥長與蔣渭水等人向臺北北警察署申請成立「臺灣議會期成同盟會」，遭拒後，移往日本東京早稻田警察署提交申請，此次未被禁止而成立。但臺灣總督府卻依照治安警察法第八條第二項，禁止政治結社，同年12月因治安警察法被捕，後被判禁錮3個月。

假釋之後，石煥長將行醫的眼光投注在其他國家，曾經以醫業視察的名目，遊覽各國。1926（大正15）年石煥長轉往香港、新加坡、上海等地行醫，每到一地，都有親友與臺灣同胞投靠。陳逢源、陳逸松、史明、蘇新、謝雪紅、廖文毅等都在他們的傳記中述及得過石煥長的協助。陳逸松回憶錄中有一段石煥長在中國及新加坡的精彩記述：「他因為反對日本，不久就到上海行醫，開一家整容醫院。他在中國社會運動史上也相當有名，他和董必武、毛澤東、瞿秋白等都熟。在日本佔領上海後，他轉到新加坡行醫，他和新加坡的獨立暗中都有關係，新加坡人的獨立意念，都受到他們這些人的影響」。[12]

---

11 蔣朝根，《獅子狩與獅子吼：治警事件90週年紀念專刊》（臺北市：臺北市政府文化局，2013年），頁103。

12 陳逸松口述、林忠勝撰述，《陳逸松回憶錄（日據時代篇）》（臺北市：前衛出版社，1994年），頁51-52。

圖9▌蔣渭水（前排中）、陳甜（前排手拿雨傘）、石煥長（前排手拿大衣）至宜蘭文化講演，於宜蘭驛前合照。
資料來源：蔣渭水文化基金會

圖10▌石煥長（圖左）被拘假釋，蔣渭川（圖右）於臺北監獄迎接。
資料來源：〈石煥長君被拘事件〉，《臺灣民報》，1923（大正12）年8月1日，版13。蔣渭水文化基金會

圖11▍1924（大正13）年「治警事件」受難者假釋出獄合照，攝於臺北監獄，畫面中間未戴帽兩人，左為石煥長，右為蔣渭水。

資料來源：財團法人蔣渭水文化基金會

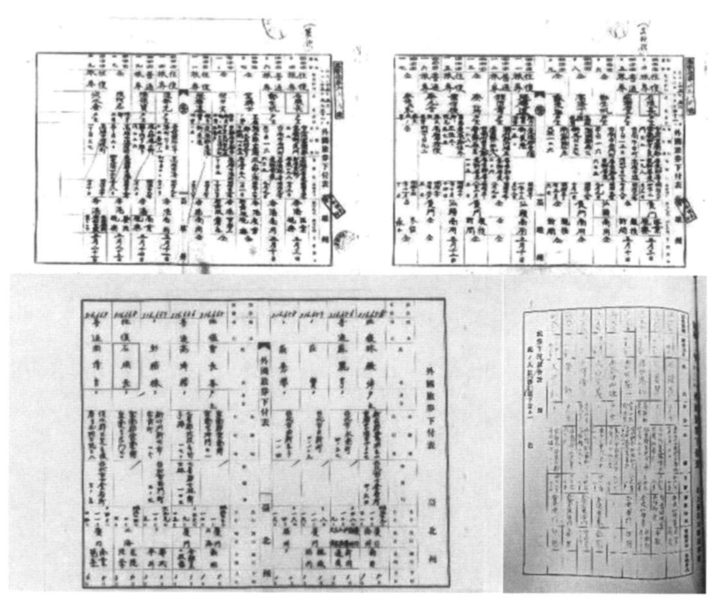

外國旅券下付表

圖12▍石煥長旅劵下付表（出境紀錄表），宜蘭石煥長因「醫業視察」、「醫院經營」目的前往香港、廈門、上海、菲律賓等地。

資料來源：中研院臺史所

2. 故居地考證

艮門32番地為石家祖宅，是石煥長的出生地，包括石煥長兄弟（秀峰、秀源、煥堂、圭璋、進源）、遠親（石拱旗等人）皆居住於此。

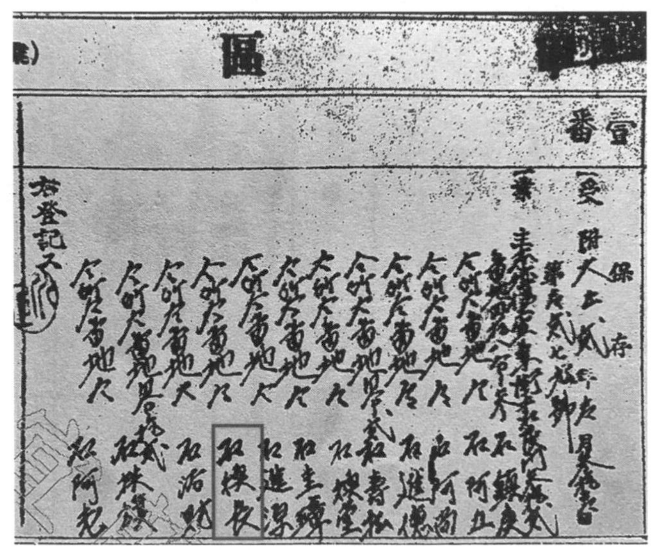

圖13▐ 艮門32番地（日據時期土地登記簿）
資料來源：宜蘭地政事務所

1924（大正13）年2月10日上午11點至11點40分，石煥長因違反治安警察法，遭到臺北地方法院搜索宅邸，包括同住的妻子黃金錠與侄子石壽松的房間皆在搜索範圍，然而沒有搜索到任何應予扣押的證物。[13]此處見證石煥長為了請願屬於臺灣人的議會，遭到日警搜索的受難地點。

根據重測前土地登記簿的資料，艮門小段32地號（日治時期的艮門32番地），地上建物有117、3424建號。

[13] 吳豪人，《大正十三年治安警察法違反事件豫審記錄》（臺北市：中研院臺史所，2016年），頁315。

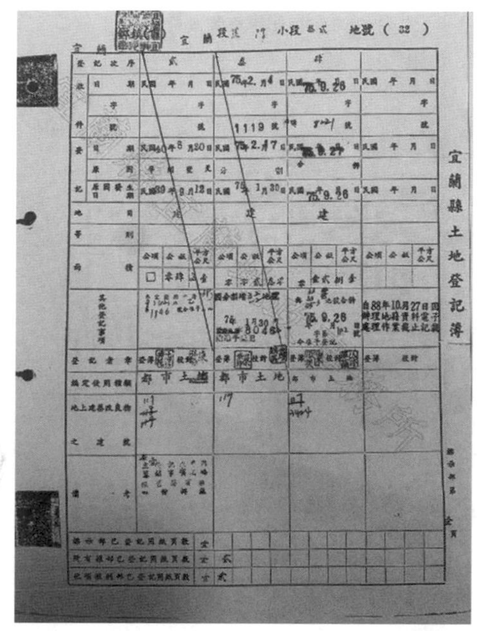
宜蘭縣土地登記簿

圖14 ▌重測前土地登記簿（宜蘭縣土地登記簿）
資料來源：宜蘭地政事務所

繼續追查117、3424建號的《重測前建物登記簿》，建物門牌登記為「中山路130號」。

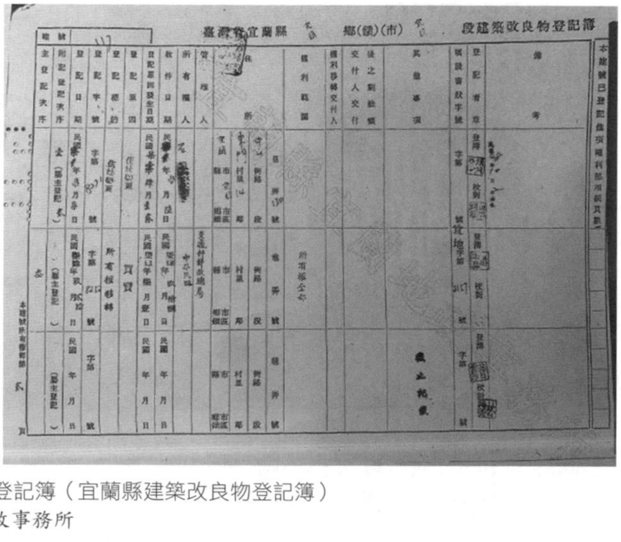

圖15 ▌重測前建物登記簿（宜蘭縣建築改良物登記簿）
資料來源：宜蘭地政事務所

戰後石家賣與交通部郵政總局，現為宜蘭市中山路三段130號的宜蘭郵局：

圖16▌石煥長故址宜蘭街艮門32番地，戰後為宜蘭郵局擴充收購
資料來源：黃文瀚蒐集

（三）陳金波故居地

1.生平略歷

陳金波（1889-1961），字鏡秋，號雪峰，出生於宜蘭內員山山麓，定居於乾門120番地（今文昌路100號）。宜蘭公學校畢業，後考上總督府醫學校，畢業後任職宜蘭醫院6年（1913-1918），擔任內科助手與醫官補，接著前往日本東京帝大醫學部進修，專研內科與兒科。1919（大正8）年8月自日本返臺後，在宜蘭醫院對面開設「太平醫院」，懸壺濟世。

陳金波在醫學校就讀期間，與晚他兩屆的同鄉學弟蔣渭水常有往來交遊，兩人志趣相投，播下日後他們共同推動社會運動的種子。在蔣渭水領導的「臺灣文化協會」成立後，次年起陳金波擔任該協會理事，積極參與會務活動，該會以策應「臺灣議會設置請願運動」，啟發臺灣人文化向上為目標，積極舉辦各種啟發民智的活動，諸如通俗學術講座、文化演講會。陳金波追隨蔣渭水巡迴各地演講活動，多次在宜蘭地區演講[14]，雖在警方臨場監視，亦不被動搖，兩人輪番演說，激勵地方民心。[15]

[14] 〈宜蘭政談講演會〉，《臺灣日日新報》，1927（昭和2）年9月26日，版n04。〈宜蘭民眾黨講演〉，《臺灣日日新報》，1928（昭和3）年5月19日，版4。

[15] 周家安、林正芳、楊晉平、莊漢川、朱堯麟、黃文瀚，《蘭城先賢》（宜蘭市：宜蘭市公所出版，2018年），頁201-203。

1930（昭和5）年霧社事件爆發，隔年陳金波與蔣渭水站在原住民立場發聲，認為起因是日本人長期苛虐暴政，原住民忍無可忍才挺身反抗，分別發表〈對霧社事件的看法〉，刊登於《臺灣新民報》。[16]

陳金波雖然於宜蘭醫院曾升任醫官補，成為該職位少數的臺籍醫師（大部分臺籍醫師僅為囑託），然而在開設太平醫院，為自由開業的醫師後，在政治立場與時間運用方面，更有餘力投身於社會政治運動，積極促成地方的農工團體，啟迪民智爭取民權，成為蔣渭水得力的左膀右臂。

圖17▐ 1908（明治41）年19歲的陳金波（前排左4）考取臺灣總督府醫學校，此為入學式的紀念照。
資料來源：宜蘭縣史館

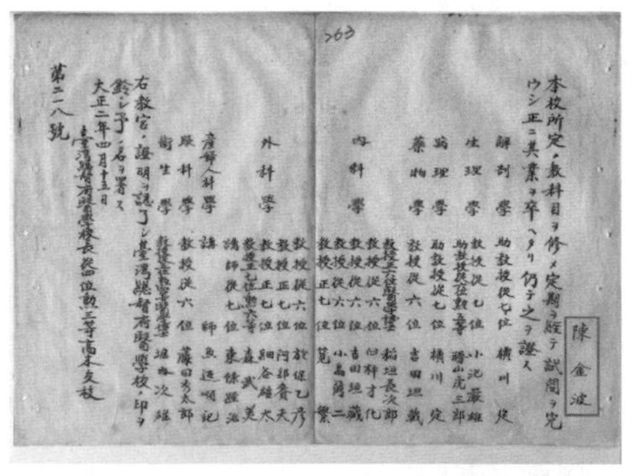

陳金波

本校所定ノ教科目ヲ修メ定期ノ試験ヲ完ウシ正ニ其業ヲ卒ヘタリ仍テ之ヲ證ス

解剖學
生理學
病理學
藥物學
內科學
外科學
産婦人科學
眼科學
衛生學

大正二年四月十五日

第二八號

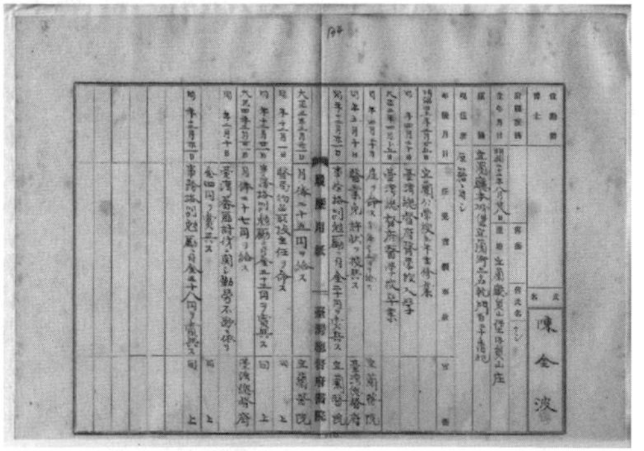

陳金波

圖18（左）▐ 1913（大正2）年陳金波的臺灣總督府醫學校修業證明
資料來源：國史館臺灣文獻館，典藏號：00002111014
圖19（右）▐ 1916（大正5）年陳金波任宜蘭醫院醫官補的履歷書
資料來源：國史館臺灣文獻館，典藏號：00002578022

---

16 〈對霧社事件的看法〉，《臺灣新民報》，1931（昭和6）年1月10日，版41。

圖20（左）▌1919（大正8）年石煥長（後排右3）就讀東京醫學專門學校期間，成為新民會的在日留學生，主張六三法撤廢，陳金波（中排左2）也利用東京進修的契機，前往聲援好友。

資料來源：宜蘭縣史館

圖21（右）▌1921年陳金波（後排左2）擔任臺灣文化協會理事，並積極投入社會政治運動，與友人石煥長（前排左1）合照。

資料來源：宜蘭縣史館

2. 故居地考證

乾門120番地為陳金波故居地，包括姪子陳廷章也居住在此，兩人皆加入臺灣民眾黨，共同攜手各場政談演說。

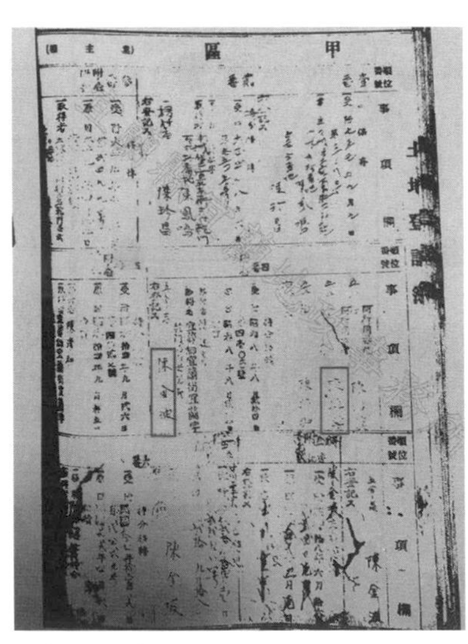

圖22▌乾門120番地（日據時期土地登記簿）

資料來源：宜蘭地政事務所

根據重測前土地登記簿的資料，乾門小段120地號（日治時期的乾門120番地），地上建物有925建號。

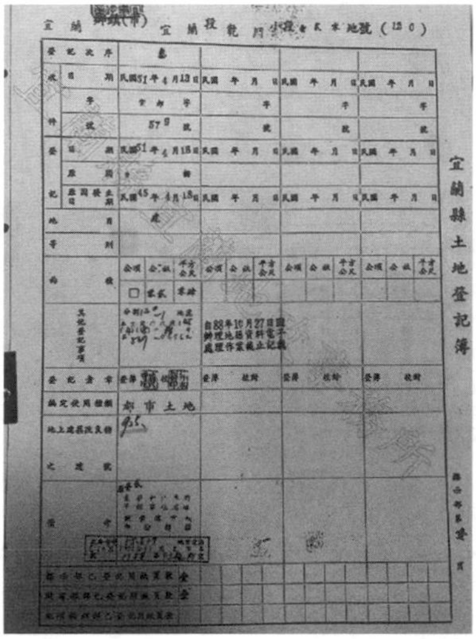

圖23▌重測前土地登記簿（宜蘭縣土地登記簿）
資料來源：宜蘭地政事務所

繼續追查925建號的《重測前建物登記簿》，建物門牌登記為「文昌路100號」。

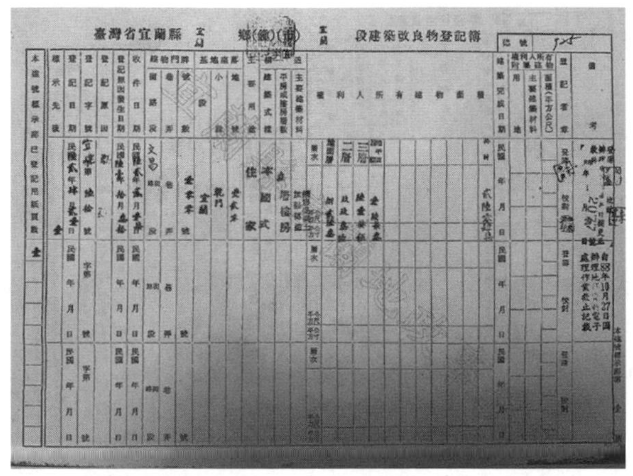
臺灣省宜蘭縣　宜蘭　鄉(鎮)(市)　宜蘭　段建築改良物登記簿

圖24▌重測前建物登記簿（宜蘭縣建築改良物登記簿）
資料來源：宜蘭地政事務所

最後，依據日治時期的地籍圖重新繪製，即可標明陳金波故居的位置：

圖25▍陳金波故址宜蘭街乾門120番地，右鄰為陳銀生宅
資料來源：黃文瀚蒐集

（四）蔣渭川故居地

1.生平略歷

蔣渭川（1896-1975），出生於艮門89番地（今古記羊肉爐，舊城北路113號），幼時住在艮門91番地（今雲仙茶館，聖後街220巷26-1號），至1914（大正3）年隨父親蔣鴻章遷居至巽門278番地（中山路二段388號）。公學校畢業後，因家中經濟漸不敷支出，禮讓蔣渭水攻讀醫學校，未繼續升學，遂入宜蘭郵局擔任接線生，接著移居臺北，開設小規模的學用品店。

日後受到兄長蔣渭水的民主啟蒙，追隨其文化政治運動，經常給予他適時的資助。隨後參加臺灣民眾黨及所領導下的臺灣工友總聯盟，四處奔走，訴求解放殖民壓迫、經濟榨取。於1939（昭和14）年當選第二屆臺北市會議員，在當時頗具政治聲望。

1945（民國34）年終戰後，蔣渭川首先在臺北市延平北路成立「臺灣民眾黨籌備處」，成員多為過去日治時期的民眾黨人士，隔年受臺灣行政長官陳儀壓迫，更名為「臺灣省政治建設協會」（以下簡稱臺建協），於全省各地成立分會，訴求省以下各級民意機關與縣、市、鄉、鎮、區長直接民選。

1946（民國35）年，臺政建協也向臺灣行政長官公署陳情，希望救濟省外臺胞，如汕頭[17]、海南島[18]、廈門[19]等地的臺人，無端遭到懷疑，遂而扣押財產、逮捕拘禁等情事，要求設法協助營救，並盡速派輪船運回。

在二二八事件發生後，陳儀表面上看似百般妥協，內心卻早早定調這是臺人叛亂，矇騙蔣渭川赴行政長官公署面談，假意承諾進行政治改革，豈料這是騙局一場，僅僅是緩兵之計，陳儀仍暗中拍電報要求軍隊來臺鎮壓。

1947（民國36）年3月8日南京軍隊來臺的隔天，陳儀旋派人刺殺，蔣渭川逃過槍口，四女巧雲無辜犧牲，么子松平波及重傷。蔣渭川逃亡藏匿期間，整理出《二二八事變始末記》手稿，澄清自己與政府交涉的過程，絕非臺奸，以表心跡。

鎮壓開始後，會員逾上萬人，二十五個分會的「政建協」，協會及其分部被官方命令解散，成員以「為一共產組織，煽惑民眾反叛中央」為由，陸續遭到逮捕與殺害，成為二戰後第一個被解散、被消失的政黨。

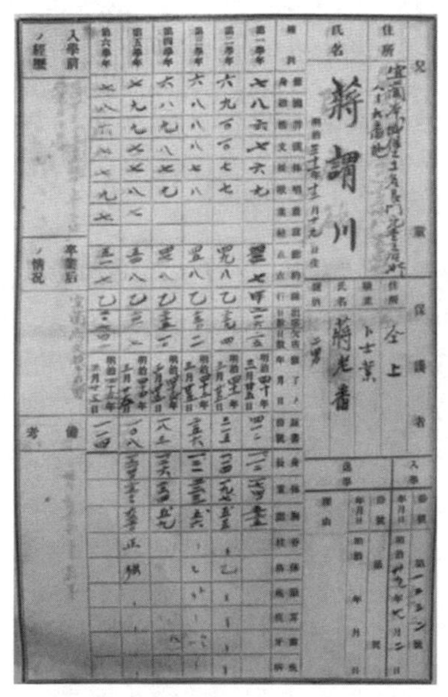
兒童
住所
氏名 蔣渭川
保護者
住所 仝上
職業 卜士業
氏名 蔣老番
第一學年 第二學年 第三學年 第四學年 第五學年 第六學年
入學前ノ經歷
卒業後ノ情況
備考

圖26▐ 蔣渭川宜蘭公學校畢業成績單，「保護者欄」記其父蔣老番「卜士業」（即相命師）。1906（明治39）年8歲的蔣渭川，就讀宜蘭公學校1年級，至1912（明治45）年14歲讀滿六學年完成學業。並記載畢業後的去向，任職於宜蘭郵局擔任交換手見習（電話接線生）
資料來源：宜蘭市中山國小

17 〈汕頭在住臺胞 十三日首船歸省〉，《民報》，1946（民國35）年2月12日。
18 〈商議營救 海南在胞〉，《民報》，1946（民國35）年2月21日。
19 〈旅廈同鄉座談會決向各方陳情起封財產〉，《民報》，1946（民國35）年8月29日。

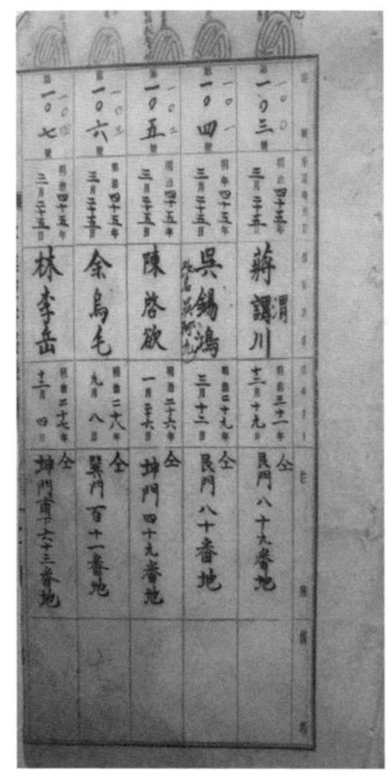

一〇三　蔣渭川　民門八十九番地
一〇四　吳錫鴻　民門八十番地
一〇五　陳啓欽　坤門四十九番地
一〇六　余烏毛　聚門百十一番地
一〇七　林李岳　坤門東六十三番地

圖27（左）▍蔣渭川宜蘭公學校畢業名錄《除籍簿》
資料來源：宜蘭市中山國小
圖28（右）▍1939（昭和14）年第二回臺北市會議員選舉，候選人蔣渭川於自家日光堂商會成立選舉事務所（競選總部）。
資料來源：蒼璧出版

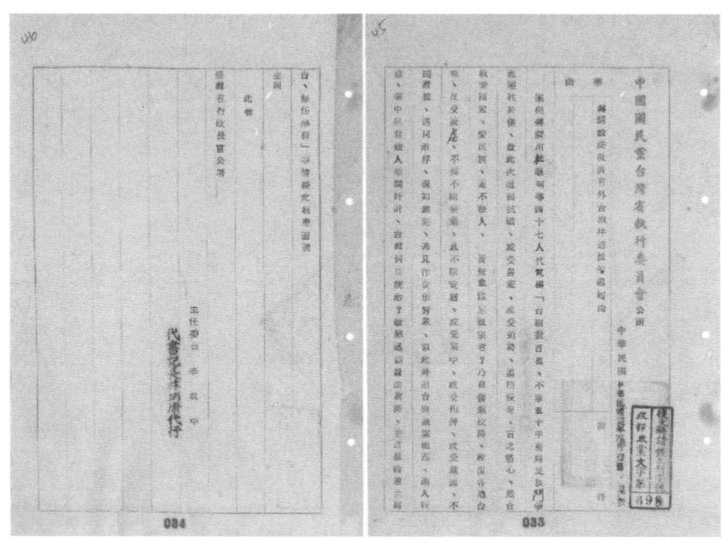

中國國民黨台灣省執行委員會公函

圖29▍1946（民國35）年蔣渭川、杜聰明等人呈請救濟省外臺胞，並速派輪船運回。
資料來源：國史館臺灣文獻館，典藏號：00318200018007

省政治建設協會

兩場演講均熱烈

【本報訊】省政治建設協會，于本月十日假國際戲院及第一劇場同時舉行憲法推行第二次講演大會，該會講演員分擔兩場者有蔣渭川講：「官僚政治與民主政治」，白成枝講，「憲政與台灣人的出路」，陳逸松講：「青年們，何處去」，顏春金講：「憲法與經濟」，張晴川講：「憲法與人民之權利」，以外於國際戲院則另有蔣時欽周合源，許振緒，王萬得，於第一劇場則另有陳招治，吳永發，陳華生，兩處情緒俱甚熱烈，各於十二時許始告散會。

圖30 ▍1947（民國36）年蔣渭川於第一劇場講演，題目：〈官僚政治與民主政治〉

資料來源：〈省政治建設協會 兩場演講均熱烈〉，《民報》，1947（民國36）年2月12日，版3。

圖31 ▍1951（民國40）年蔣渭川與陳金波等友人合照，前排右二為蔣渭川，其鄰座為陳金波，其上圓圈為甘阿炎。

資料來源：宜蘭縣史館

2.故居地考證

艮門89番地即是蔣渭水、蔣渭川的出生地，至1907（明治40）年4月4日蔣家搬遷至艮門91番地。蔣渭川、蔣渭水在公學校成績單與《除籍簿》，分別登記不同地點，一為艮門89番地，一為艮門91番地，致使對於蔣渭水昆仲在宜蘭的出生地，過去研究仍有模糊之處。更有甚者，誤認艮門89、91番地為同一地點（數字相近，所以位置應該不遠），研判會有如此的差異，源於誤植或番號改正。

經由宜蘭文史專家楊晉平等人再度考證下，透過蔣老番（蔣渭水父）的日治時期戶籍謄本、土地登記簿（行政區劃前土名登記簿）、重測前土地及建物登記簿與地籍圖等資料交叉比對下，可以得出：

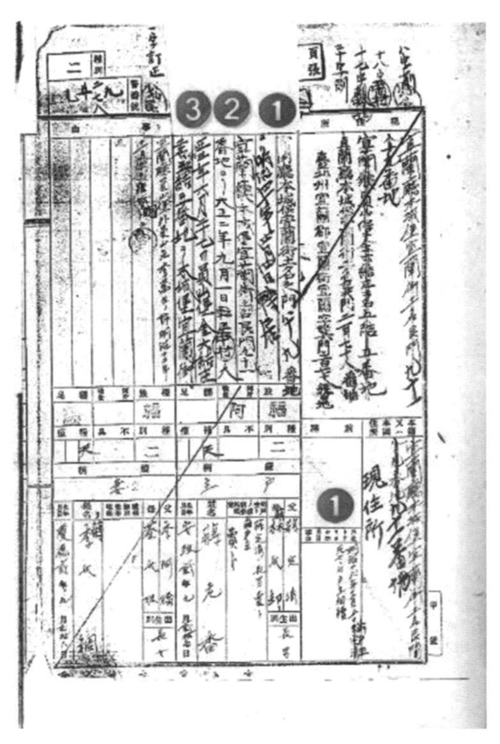

圖32▐蔣老番（蔣渭水父）的日治時期戶籍謄本
資料來源：財團法人蔣渭水文化基金會提供

（一）1883（光緒9、明治16）年12月5日蔣定清過世，原住址艮門89番地，「戶主相續」予蔣老番。

（二）1907（明治40）年4月4日蔣家搬至艮門91番地。

（三）1913（大正2）年9月1日蔣家搬至員山堡金六結庄土名五結5番地，大正3年改正為巽門278番地。

上述的戶籍資料，得以證實艮門89番地與艮門91番地為兩個地址，不是誤植與番號改正的情況。1907（明治40）年蔣家搬至艮門91番地，因此蔣渭川、蔣渭川的宜蘭公學校畢業成績單與《除籍簿》才會出現兩個不同的新舊地址，一個登記艮門89番地（弟弟蔣渭川先於明治39年入學），一個登記艮門91番地（哥哥蔣渭水後於明治40年入學）。

接著，我們只要追蹤艮門89番地為現今何地？即可知道蔣渭水、蔣渭川昆仲的出生地。根據重測前土地登記簿（宜蘭縣土地登記簿）的資料，艮門小段89地號（日治時期的艮門89番地）在民國80（1991）年與88地號合併，地上建物為3193建號。

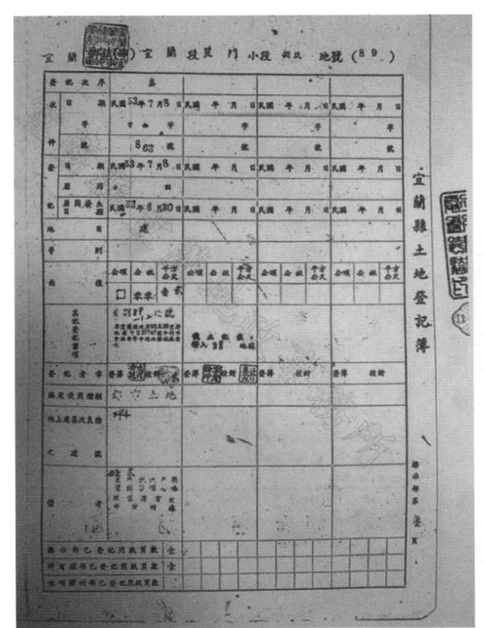
宜蘭縣土地登記簿

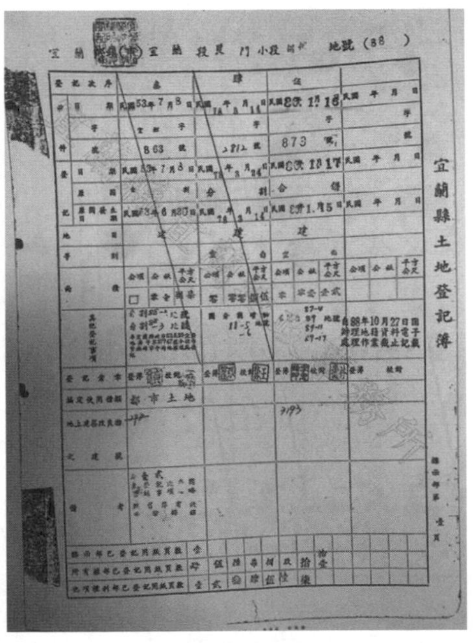
宜蘭縣土地登記簿

圖33 ▌重測前土地登記簿（宜蘭縣土地登記簿）
資料來源：宜蘭地政事務所

繼續追查3193建號的《重測前建物登記簿》，建物門牌登記為「舊城北路113號」。

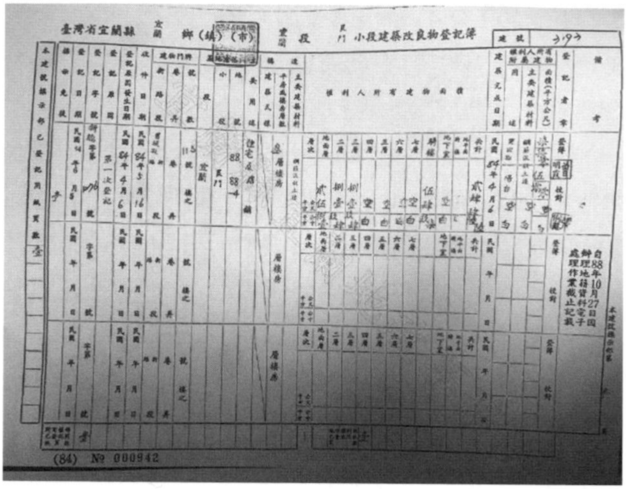

圖34 ▌重測前建物登記簿（宜蘭縣建築改良物登記簿）
資料來源：宜蘭地政事務所

最後，根據宜蘭地政事務所「宜蘭縣地籍異動索引」，艮門小段89地號（日治時期的艮門89番地）在民國80（1991）年與88地號合併，重測後「段名為艮門三段，地號為756」，利用內政部地政司「地籍圖資網路便民服務系統」進行複查，位置相符。

圖35 ▌宜蘭市艮門三段756地號
資料來源：地籍圖資網路便民服務系統

查驗結果，蔣渭水蔣渭川出生地，確定為今址「宜蘭縣宜蘭市舊城北路113號」，古記羊肉爐。綜合以上資訊，將日治時期的地籍圖重新繪製，即可得出蔣家的搬遷位置。

圖36▍地籍圖早已標明艮門89番地位置，但數字7與9形似，無法十分確定。
資料來源：日治時期地籍圖，黃文瀚修改

（五）郭雨新故居地

1.生平略歷

郭雨新（1908-1985），字沖雲，日治時期出生於宜蘭市西後街，宜蘭公學校畢業後，為宜蘭農林學校首屆畢業生，以第一名成績畢業保送臺北帝國大學農經系。

在宜蘭的住居曾搬遷兩次，出生地位於乾門159番地（今西後街116號），5歲搬至坤門132-1番地（今武營街50號）。13歲時父親郭根生過世，繼承坤門246番地（今民權路二段57號）戶主，並於23歲後前往臺北發展，移居臺北與板橋。

1937（昭和12）年印行的宜蘭農林學校刊物《蘭陽——創立十年紀念號》在大事記中罕見地記載：「有民眾黨政談，夜間嚴密監督學生」之註記，最早出現在1927（昭和2）年9月17日，最晚一筆出現在1928（昭和3）年5月1日，一共有10筆，這所當時宜蘭地區的最高學府，如此慎重地把「民眾黨政談」列為重要記事，可見民眾黨的活動，在知識階層帶來很大的影響，當時就讀二年級，戰後加入青年黨，成為省議會「黨外五虎將」的郭雨新，或許從時代的氛圍中得到啟發，而在戰後興起了參與政治的思想。[20]

1934年郭雨新完成臺北帝國大學附屬農林專門部卒業論文《臺灣磧地金的相關研究》，文中同情佃農悲慘處境。臺北帝國大學畢業後，郭雨新旋獲林松壽提拔，安頓於所經營的家族企業，擔任林本源興殖株式會社庶務主任。他學以致用，立即廢止中間搾取機關，取消「佃頭制度」的轉租行為，爭取佃農的權益，致力業佃間協調。[21]

終戰後，1950年郭雨新獲遴選為臺灣省參議會參議員，並在1951年至1971年間連任4屆臺灣省議員，以犀利言詞質詢，獲得「小鋼砲」外號，聞名全國：

> 青年黨新補參議員郭雨新，原來□□小鋼砲，他一起立就問：「林產局長來了沒有？」然後他又用手一指：「請上臺吧！」他一連串提出四個問題，□□林產局長李順卿應接不暇，歸座時一身是汗。[22]

因政治主張不同，屢遭當時執政的國民黨打壓，反而激發黨外有志之士抗議，開啟了大大小小、波瀾壯闊的民主運動。由於郭雨新畢生追求民主運動，被譽為「黨外祖師爺」。

1975（民國64）年，67歲的郭雨新參與第1屆第2次增額的立法委員選舉，提出包括「全面改選國會」、「廢除戒嚴令」、「直接民選總統及臺北市長」、「釋放政治犯」、「解除報禁」、「確保言論、出版、集會結社的人民自由」等政見，在故鄉宜蘭的選區卻出現數萬張的「廢票」而落選，導致宜蘭人集結縣政府前抗議，險些激起暴動。這一役改變了宜蘭乃至臺灣的政治史，鼓勵很多青年積極投身政治與社會的改革工作，成為日後推動臺灣民主運動的重要角色。

20　林正芳，《宜蘭的日本時代》（宜蘭縣：蘭陽博物館，2016年），頁175。

21　〈林松壽氏 佃人慰安懇談 十九日在板橋〉，《臺灣日日新報》，1935（昭和10）年6月12日，版n04。

22　〈小鋼砲打向林產局〉，《公論報》，1950（民國39）年6月14日，版4。

圖37（左）▌1931（昭和6）年23歲的郭雨新畢業於宜蘭農林學校
資料來源：《昭和6年3月臺北州立宜蘭農林學校第一回卒業紀念》
圖38（右）▌郭雨新（蹲坐者左2）等宜蘭農林學校同學參訪宜蘭專賣局
資料來源：《昭和6年3月臺北州立宜蘭農林學校第一回卒業紀念》

圖39▌郭雨新（蹲坐者右2）於校內實驗農園菸草田實習課
資料來源：《昭和6年3月臺北州立宜蘭農林學校第一回卒業紀念》

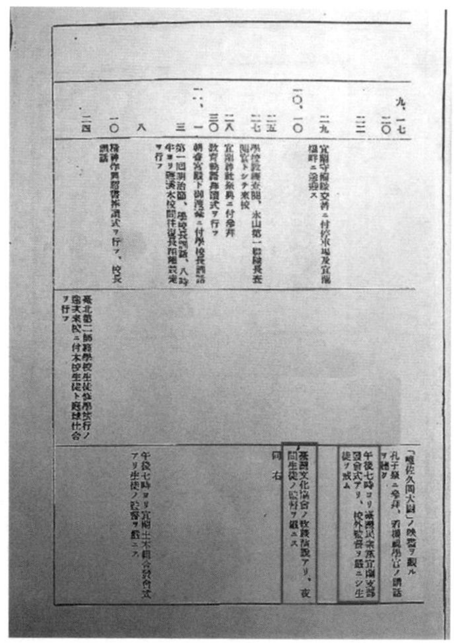

圖40▐ 1927（昭和2）年宜蘭農林學校記「民眾黨宜蘭支部發會式」、「臺灣文化協會政談演說」等語，嚴防學生參與社會運動。

資料來源：臺北州立宜蘭農林學校，《蘭陽：創立十年紀念號》（宜蘭：宜蘭農林學校，1937年），頁51

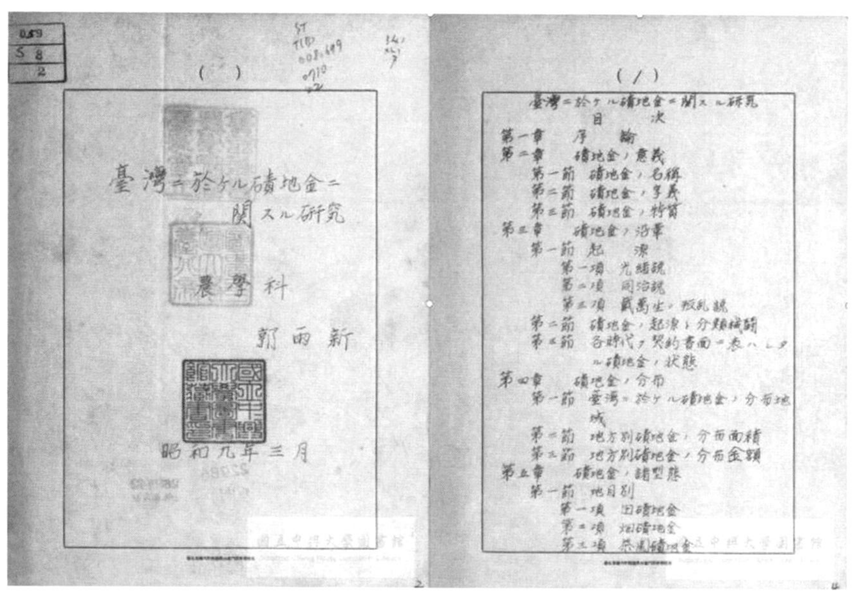

圖41▐ 1934（昭和9）年郭雨新《臺灣磧地金的相關研究》，臺北帝大附屬農林專門部農學科學士論文。

資料來源：國立中興大學圖書館

圖42▌1948（民國37）年郭雨新參加陳金波的六旬壽宴
資料來源：宜蘭縣史館

中華民國三十九年六月十九日

公論報
台灣

慶祝
郭雨新先生榮任臺灣省參議員

宜蘭農林學校同學有志

圖43▌宜蘭農林學校同學賀郭雨新先生榮任臺灣省參議員
資料來源：〈廣告〉，《公論報》，1950（民國39）年6月19日，版1

圖44▍1951-1973年間郭雨新擔任臺灣省臨時省議員三屆、省議員四屆，共計22年。當時與李萬居、郭國基、吳三連、李源棧合稱「省議會五虎將」。

資料來源：宜蘭縣史館

2. 故居地考證

乾門159番地為郭雨新出生地，在1913（大正2）年時隨著父親郭根生搬至坤門132-1番地（今武營街50號）。

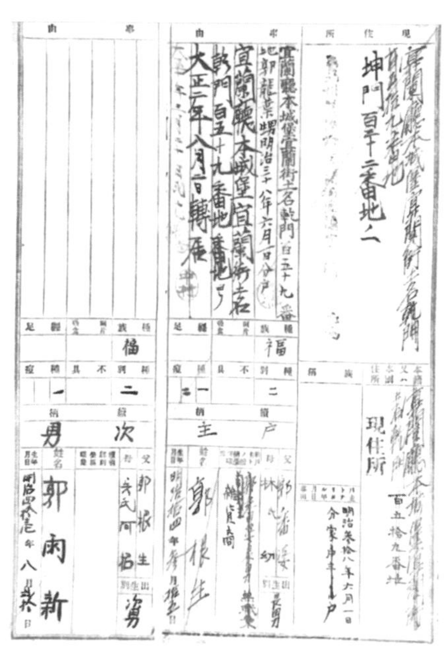

現住所

坤門百三十二番地ノ二

事由

宜蘭廳本城堡宜蘭街土名乾門百五十九番地

大正二年八月二日轉居

種族：福

續柄：戶主

姓名：郭根生

續柄：次男

父：郭根生

姓名：郭雨新

圖45▍郭根生（郭雨新之父）的日治時期戶籍謄本

資料來源：郭時南提供

根據重測前土地登記簿的資料，乾門小段159地號（日治時期的乾門159番地），地上建物有359、2056建號。

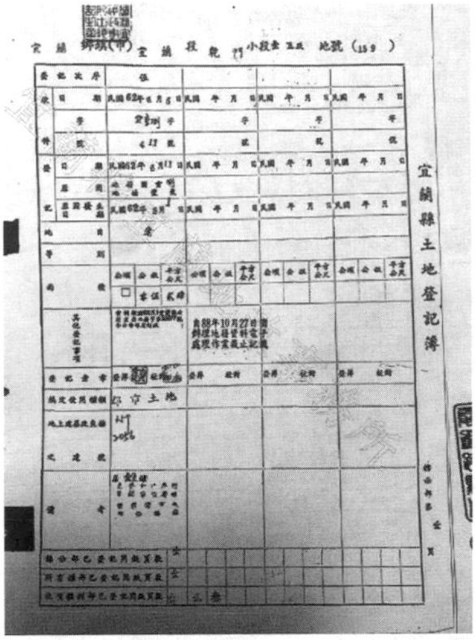

圖46▍重測前土地登記簿（宜蘭縣土地登記簿）
資料來源：宜蘭地政事務所

繼續追查359、2056建號的《重測前建物登記簿》，建物門牌登記為「西後街116號」，即戰後樂宮戲院的位置。

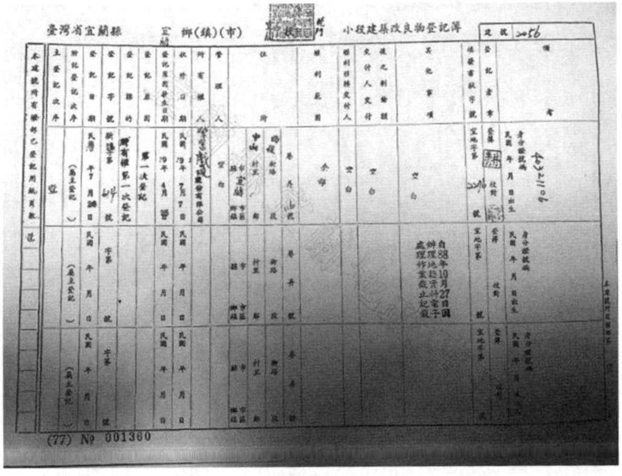

圖47▍重測前建物登記簿（宜蘭縣建築改良物登記簿）
資料來源：宜蘭地政事務所

最後，依據日治時期的地籍圖重新繪製，即可標明郭雨新出生地的位置：

圖48▌郭雨新出生地宜蘭街乾門159番地，戰後為樂宮戲院收購
資料來源：黃文瀚蒐集

三、相關的活動處

民主先賢大多居住在蘭城北面，周邊車水馬龍、人聲鼎沸，由於北倚宜蘭河，渡口船隻絡繹往來，水陸交通縱橫方便，又有官衙、廟宇、書院等文教行政機關座落其間，屬商業繁榮的城市精華地，是個適合居住的好所在。

經由文昌宮、碧霞宮、昭應宮、太平醫院、臺灣民眾黨宜蘭支部、民眾講座等處，連結起相鄰區域的文化人，舉凡蔣渭水、蔣渭川、陳金波、石煥長、郭雨新，這樣的地緣關係，讓彼此保持密切互動，投身於各個公私領域，有若電池串聯般更有能量。

（一）碧霞宮

位於乾門的宜蘭市碧霞宮，是市民的重要信仰中心，主祀岳飛。主殿有帥、王、帝三種造型神像，代表著生前的抗金統帥、朝廷追封的鄂忠武王以及後世加封的三界靖魔大帝，為臺灣少數祭祀岳武穆王的廟宇。

碧霞宮分為兩期建成，最早是由陳祖疇等人在1896（日本明治29）年舊曆4月16日開設坎興鸞堂；1897（明治30）年楊士芳、李望洋等人買地遷建至今地，並將他們所創辦的勸善局併附碧霞宮內，此時轉由兩人當頭來號召。

關於碧霞宮興建的緣由，依據廟方的說法，楊士芳在建廟之初，曾經寫了一份「啟文」或「榜文」，主張碧霞宮是為了抗日而創建的。然而從創廟時間、文章體例、聯名者的官職品級、諸紳的政治立場等眾多證據來看，這個說法是極具爭議的。

碧霞宮建廟之初，雖是在日本政權支持下而蓋，卻絲毫不汙主神岳飛忠孝節義的神聖，以及不掩廟方德育化人之形象。自創建迄今，做了許多公益活動，如賑米施棺、慈善募捐等等情事，碧霞宮同時也是蔣渭水、陳金波、石秀峰、石進源、石壽松等人的啟蒙受學之地，培養了一批批兼容漢學與西學的菁英門生。這些擁有地位、財富與知識的文化人，不顧本來優渥的生活，替全臺人民發聲，繼承著師長前輩們的漢文教育，秉持著「士不可以不弘毅，任重而道遠」的社會責任心，融合西方新知導入臺灣，對抗殖民者的高壓榨取，如火如荼地展開文化啟蒙運動。

由碧霞宮「忠孝節義」題匾將蔣鴻章（彰）列名，與蔣鴻章吸食阿片的紀錄[23]，以及宜蘭城富豪石豊泰之女石有送予蔣家當蔣渭水的童養媳等事蹟看來[24]，蔣渭水早年應當家境頗豐，屬於中上層階級，與當時的紳商集團，如楊士芳、李望洋、張鏡光、石豊泰等人，來往密切，應皆熟稔。

蔣渭水在獄中曾接到朋友張家坤的慰問書，信中寫到秦檜誣害岳飛，以「莫須有」的罪名羅織入獄，認為蔣渭水與岳飛同樣是遭受「莫須有」之禍，於是蔣爽快回應狂詩兩句：「在昔宋朝既有莫須有禍矣，於今大正豈無那能無殃哉？」。[25]又讀《宋史》秦檜陷害岳飛之事，痛罵秦檜傷忠誤國，實是古今大奸臣，若有天到西湖岳飛墓，定對秦檜像小便，才能解恨。[26]其作〈牢舍銘（仿陋室銘）〉也說：「宋朝三字獄，周代公治刑，多人云何罪之有？」[27]以上三件事例，可見蔣渭水自小在碧霞宮的讀書經驗，接觸到岳飛無畏的形象感召，影響其精神內涵相當深遠。

---

23 蔣老番（蔣鴻彰）戶籍謄本標註「吸食阿片」。

24 游錫堃，〈蔣渭水政治啟蒙探源〉，《臺灣史學雜誌》，期32，（新北：臺灣歷史學會，2022年6月），頁14-16。

25 〈入獄日記〉，《臺灣民報》，第2卷第9號，1924（大正13）年6月1日，版11。

26 〈入獄日記（續）〉，《臺灣民報》，第2卷第13號，1924（大正13）年7月21日，版13。

27 〈牢舍銘（仿陋室銘）〉，《臺灣民報》，第3卷第4號，1925（大正14）年2月1日，版16。

碧霞宮盛行宣講活動，年逾七十的楊士芳，也常與呂桂芬、張鏡光等晚輩攜手，至宜蘭各處登檯宣講：

> 宜蘭有邑紳楊士芳者，年邁古稀，尤童顏鶴髮，步武如壯，現設立宣講，在于街衢閭巷各處勸化，楊君任堂講之責，每遇講檯，迎請別處。宣講則儀仗整齊，鼓樂迭奏，楊君不辭勞煩，登檯首講善書，講畢，行三跪九叩之禮，舉止康健，人咸羨其樂善不倦焉。[28]

蔣渭水、石進源（石煥長五哥）、陳金波等人自幼接觸碧霞宮的宣講活動，學習這類號召普羅大眾的作法，同樣藉由各處巡迴演說，以親近地方百姓，宣傳改良社會的理念。在針對底層人民與公開演講的方式，很大的部分是受到蘭城頭號人物——楊士芳群眾魅力之直接影響。

圖49▍1937（昭和12）年碧霞宮正殿與拜亭
資料來源：臺北帝國大學青山公亮「臺灣史料調查室」團隊攝，臺灣大學人類學系影像藏品資料，檔案號：B406

[28] 〈至城宣講〉，《臺灣日日新報》，1897（明治30）年10月12日，版1。

圖50▐ 1941（昭和16）年碧霞宮正殿懸掛楊士芳、蔣鴻彰等人聯名敬獻「忠孝節義」匾。
資料來源：松山虔三攝，國家文化資料庫，典藏識別號：0005762099。臺北市臺北二二八紀念館授權

（二）昭應宮

位於巽門的宜蘭市昭應宮，在宜蘭市中山路上，其位置為清治時期宜蘭城內貫通南北的要道，至今仍是宜蘭市民的信仰中心。 依據《噶瑪蘭廳志》記載，1808（嘉慶13）年建廟，所祭祀主神為媽祖，「中塑神像，左祀觀音菩薩，右安置萬壽龍亭」，當時的昭應宮，坐西朝東（面向太平洋），兩進的格局。直到1834 （道光14）年，在原址對街改為坐東向西重建（面向雪山山脈），原址則搭建為戲臺，並增建後殿，成為三殿式格局，規模更為寬敞。

蔣渭水就讀於臺灣總督府醫學校期間，仍不忘故鄉宜蘭，於昭應宮成立讀報社，並交由其弟蔣渭川管理，讀報紙的時事給不識字的民眾，以啟桑梓民智。

1924（大正13）年8月20日晚間7時，假昭應宮戲臺召開市民大會，抗議總督府本來決議買收土地，建設宜蘭無線電信局（今東港路的中華電信宜蘭營運處），卻突然無端廢止，造成地主拆除與搬遷的損失，以及宜蘭居民通訊的不便。[29]陳金波藉此登臺演說，宣揚社會改革理念，卻遭到日警禁止。

29 〈廢無電及宜蘭街民〉，《臺灣日日新報》，1924（大正13）年8月20日，版4。

圖51▍1924年召開宜蘭無電設置期成的市民大會，遭到禁止的瞬間影像
資料來源：宜蘭縣史館

無獨有偶，1924（大正13）年12月27日，正值前一個月的宜蘭線東西鐵道聯絡通車，文化協會成員蔣渭水、蔡培火、蔡式穀三氏偕同前日本眾議員田川大吉郎至宜蘭，傍晚六點於昭應宮聚會，表面上開設歡迎會，實際上卻是政談演說，聲援臺灣議會請願運動，中途被平山警部禁止，命令百七十名的宜蘭民眾原地解散。[30]

1925（大正14）年11月16日，蔣渭水、林獻堂等文協成員至宜蘭演講，陳金波等宜蘭民眾一早即前往宜蘭驛迎接，一路敲鑼打鼓，護送至昭應宮登臺演說。可見臺灣文化協會全島走透透的活動，深獲一般民眾的認同，為基層人民爭取權益。

30 〈田川氏の歡迎會が 文化協會の政談演說に 早變りした為め解散〉，《臺灣日日新報》，1924（大正13）年12月29日，版n02。〈田川大吉郎氏之盛況〉，《臺灣民報》，1925（大正14）年1月21日，版3。

圖52▐ 1924（大正13）年12月25日對於臺灣議會請願活動相當幫忙的前眾議院議員田川大吉郎訪臺，以明治初年請開議會流血、耗財的日本經驗，勉勵治警事件入獄的同志，「不可急躁，非一朝而可達成目的，需覺悟有犧牲，具有堅忍不拔始終一貫之精神而後可」。

圖左至右為，黃呈聰、林呈祿、蔡培火、田川大吉郎、蔣渭水、洪元煌。

資料來源：蔣渭水文化基金會

圖53▐ 1925（大正14）年11月18日蔣渭水（著馬褂者右）、林獻堂（著馬褂者左）以及陳金波（脫帽著西裝）等文協成員於宜蘭火車站前合影。

資料來源：蔣渭水文化基金會

綜上所述，在民眾講座尚未出現前，文協與民眾黨多次的演講活動皆在此地舉辦，是具有歷史意義的場域，後來的郭雨新等黨外人士在競選公職時，也會來此誓師宣講，昭應宮可說是宜蘭人的民主聖地。

（三）文昌廟

1927年3月23日，東京帝國大學經濟部講座教授矢內原忠雄寓居臺北，利用學期末一整個月的休假，來臺訪問友人與視察產業。4月12日在嘉義公會堂演說，13日到臺中開講演會，15日至宜蘭。

1927（昭和2）年4月15日晚間7點30分至10點，以追求殖民地自治著名，東京帝國大學的矢內原忠雄教授，至文昌廟保甲俱樂部發表演說，演講題目為：「幸福之社會」，表達日本帝國殖民主義所衍生的民生問題，以及對被壓迫的民眾寄以深切同情，希望底層民眾可獲得公平與合理的對待，當晚聽眾達兩千名以上，盛況空前。[31]開講前，在受到八丁郡守的威脅壓力下[32]，矢內原教授當晚的講演內容略顯委婉，摘錄於下：

> 社會是多數的個人聚集做成的，是要完成各人的生活的機關，所以在社會的裏面，定然要具秩序要設制度，才會保得大家平安。但是社會不是死的，是時時在發展變動，所以社會中盡有的秩序制度，也要隨之改易，決不能刻版萬年不使變換。社會的秩序制度可比是人的衣服，人無衣服固不能生，但是衣服若不隨人的身體漸次改變，想將三歲孩子的衣穿到成人，那麼人的身體就要受他壓迫不能長大，或是要了春天夏天也不肯將冬天的棉裘脫下，那個人一定是要迫熱死了。所以頑迷的人當道，執意要將不合時勢、不應人心的古法舊曆，拚死力去強保守著，那時社會就受他的殘害了。再一面，有一輩不察社會的實情，徒想飛躍，肆意改革，弄得社會七顛八倒，這也不少，那算是過猶不及的吧。
>
> 社會中有一班假藉美名，設置機關阻止他人的發達，冒用公平自由的名，使一個駝背的老人家和一個青春的車夫立在同一的出發線上，叫他們二個賽走，你想那老人家不輸麼？誰也不想這是公平自由。做官人需要特

31　〈矢內原氏宜蘭講演〉，1927（昭和2）年4月16日，《臺灣日日新報》，版2。〈編輯日記〉，《臺灣民報》，1927（昭和2）年5月8日，版14。

32　〈八丁郡守大人的脾氣 叫臺灣人回去中國〉，《臺灣民報》，1927（昭和2）年5月15日，版14。

別看顧社會中貧弱的人，要施特別的方法去救濟保護他們才為正當，強富的官人不保護他，他也自己可以過日，但是現今的社會多的是要偏護富強的人咧。

要期社會和平，各人須抱愛人之心才行。若是大家相互疑忌怨妒，見面就想敵對，只憑自己的便宜做事，這樣世間一定是要攪亂，大家的「不幸」就不可設想了。我們對那不正不義，不消說，是要猛烈反對攻擊，但是對待人是斷不可存了惡意，方可說是真愛和平的。露國有個貴族杜翁，他是很善心的人，他最喜歡和貧窮的農人居處，他每日出外散步的時，一定帶些錢，在途中遇著貧窮的人，他就拿些錢濟給那個。一天他照例出外散步，遇著一個窮人，就想拿錢給他，但是那天沒有帶錢在身，他就伸手對那窮人叫道：「兄弟呀！我今天恰好沒有帶錢，老實對你不住，請見諒罷。」那窮人迅口應道——用著感激的聲調——：「我不要錢了！我從來是未曾受過人叫我兄弟的，而今你待我做了兄弟，沒有比這個更好的，你已經拿最好的給我了，我還想錢怎麼！！」臺灣的弟兄們，我這回到臺，是沒有帶什麼東西可以進贈你們，但是我的胸裏是抱著一個兄弟的心對待你們，請大家也看我做兄弟行。我抱着這個心不斷思念你們，尤其是切望在這臺灣所有的難題，都會用這個心去解決才是。[33]

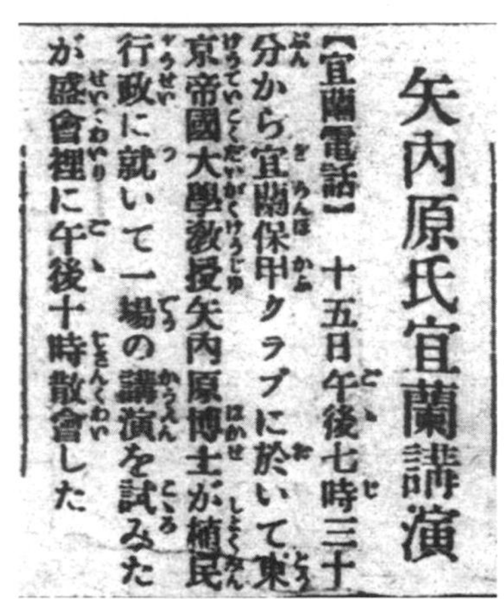

矢內原氏宜蘭講演

【宜蘭電話】十五日午後七時三十分から宜蘭保甲クラブに於いて東京帝國大學教授矢內原博士が植民行政に就いて一場の講演を試みたが盛會裡に午後十時散會した

圖54 ▌1927（昭和2）年4月15日矢內原忠雄教授於宜蘭保甲俱樂部，發表有關殖民地行政的演說。
資料來源：〈矢內原氏宜蘭講演〉，《臺灣日日新報》，1927（昭和2）年4月16日，版2

---

33 〈矢內原教授在臺講演的概要 全島各地雖受無理之夾攻 但德必不孤人道終是不滅之真理〉，《臺灣民報》，1927（昭和2）年5月8日，版12-13。

宜蘭保甲倶樂部（クラブ）設有劇場，1927年8月22日，警察課的刑警曾在此開演人潮擁擠時，趁機逮捕偷盜貴重金屬的犯人。[34]1928年4月17日，宜蘭新青年讀書會也與臺灣新人影片公司合作，選擇在此處開映「殖邊外史」與「探親家」兩部電影。[35]1930年該劇場因建築老舊且周遭開設西門市場而廢除，原本計畫遷移至碧霞宮後空地（今楊士芳紀念林園）重新另起一劇場，最終未果。[36]

受到矢內原忠雄教授在文昌廟演說的影響，臺灣民眾黨宜蘭支部的結黨式也於該地舉行。1927（昭和2）年9月8日下午4時，由蕭阿乖向宜蘭郡警察課提出成立「臺灣民眾黨宜蘭支部」的創設豫屆（報備），並決定在9月22日孔子誕辰（舊曆8月27日）舉行發會式。[37]當日下午5時，蔣渭水於文昌廟舉行臺灣民眾黨宜蘭支部的結黨式，並與蔡培火、李琮璜、陳金波等人登臺演講。晚間移至巽門戲園續開政談講演會，蔣渭水講「民眾黨的政治政策和經濟政策」，聽眾達1千餘人[38]，充分顯示當時社會運動的榮景。

（四）宜蘭醫院

1909（明治42）年蔣渭水宜蘭公學校畢業後，蔣渭水先至宜蘭醫院擔任傭員一年，明治43（1910）年方就讀臺灣總督府醫學校。據陳金波回憶蔣氏曾提及：

> 先生頭腦明晰，領悟過人，幼學私塾，誦讀孔孟詩書，比及民前六年十七歲時，始入宜蘭公黌，每期考試恒居第一。然於民前三年醫黌招生，應試不果，乃在宜蘭醫院暫當辦事員，餘假深自勉學。翌民前二年，再應醫黌之試，竟以空前優良之大成績升學，當時頗膾炙一般社會人口。[39]

蔣渭水在就讀宜蘭公學校時，晚陳金波一屆。畢業第一年考臺灣總督府醫學校失利，先入宜蘭醫院當傭員，餘假深自勉學，第二年方考上醫學校，致使晚陳

34 〈芝居見物の人込みで 貴金屬專門の犯人を逮捕 彌次で一時は大騷ぎ〉，《臺灣日日新報》，1927（昭和2）年8月24日，版n02。

35 〈宜蘭警察の此の横暴振 許可した興行を感情で取消ず〉，《臺灣民報》，1928（昭和3）年4月22日，版11。〈宜蘭讀書會後援影戲 被當局無理解散〉，《臺灣民報》，1928（昭和3）年4月29日，版6。

36 〈宜蘭保甲聯合會 決議新設劇場〉，《臺灣日日新報》，1929（昭和4）年1月17日，版4。

37 〈宜蘭民眾黨 發會式決定〉，《臺灣日日新報》，1927（昭和2）年9月14日，版n04。

38 〈宜蘭支部成立並開政談演說會〉，《臺灣民報》，1927（昭和2）年10月2日，版3。蔣朝根，《蔣渭水留真集》（臺北市：臺北市文獻委員會，2006年），頁116。

39 〈追念偉大先烈〉，《公論報》，1950（民國39）年8月5日，版3。

金波兩屆。

宜蘭醫院是蔣渭水外科實習與陳金波內科任職處，蔣渭水在實習結束後，與陳金波選擇不同道路，一個選擇前往繁華的大稻埕開業，廣結志士；一個選擇留在宜蘭，貢獻鄉梓。

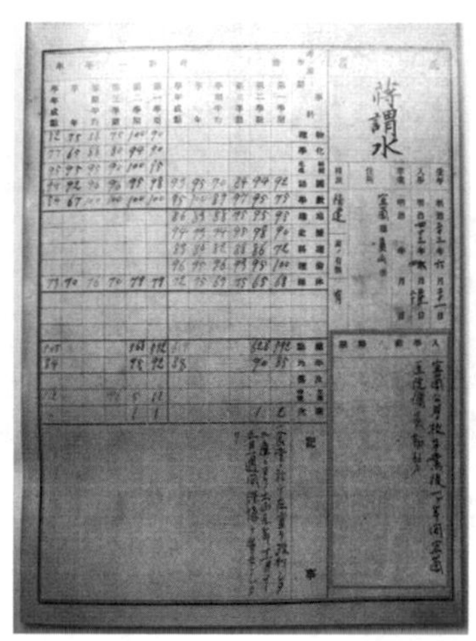

圖55▌1909（明治42）年宜蘭公學校畢業後，蔣渭水先至宜蘭醫院擔任僱員一年，明治43（1910）年方就讀臺灣總督府醫學校。
資料來源：臺灣大學醫學院

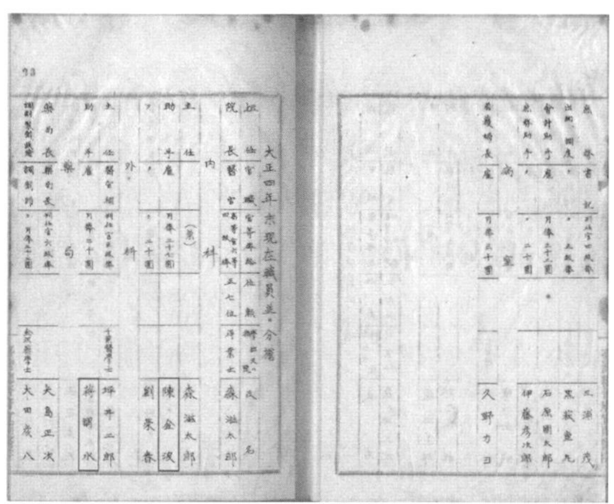

圖56▌1915（大正4）年蔣渭水於臺灣總督府醫學校畢業後，擔任宜蘭醫院外科助手，領月俸20圓，另見大兩屆的學長陳金波，任職宜蘭醫院內科助手，月俸27圓。實習一年後，1916（大正5）年蔣氏旋赴臺北發展，隔年即開設大安醫院，懸壺濟世。
資料來源：宜蘭縣史館

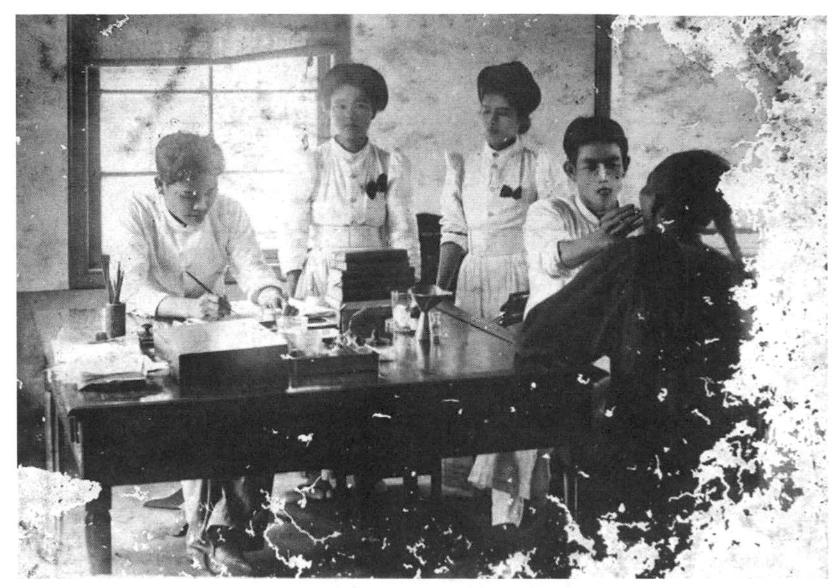

圖57▌陳金波醫學校畢業後，旋進入宜蘭醫院服務，六年期間由實習醫生升至內科醫官補。照片左側為正在填寫病歷的陳金波。
資料來源：宜蘭縣史館

（五）太平醫院

1919（大正8）年陳金波於宜蘭醫院對面開設太平醫院，曾搬遷兩次，移動至宜蘭郵便局對面的乾門44番地（宜蘭市中山路三段101號），戰後又搬遷至現址（中山路三段145號）。

太平醫院也曾作為社會政治運動的場所。1929年5月15日早上10點至下午2點於蘭陽農業組合事務所開臨時委員會，討論大湖山林拂下事件與三星電力會社水利問題，無端造成農民的損失，卻被臨監官兩次注意，會場一時相當緊張，只能倉促閉會。晚間8點只得轉移陣地，改在太平醫院續開常務委員會，委員李珪璋、陳廷章、楊來生、林火木、李友三，書記湯慶榮，顧問陳金波皆參加會議，繼續白天的討論，對於殖產與電力等項，向郡役所與總督府陳情，並委託古屋辯護士打訴訟官司。

1931年1月30日陳金波、石進源、林火木等人成立「宜蘭墓地回收期成同盟會」，由於沒有得到官方實質的回覆，於太平醫院協議下一步的具體方案，會中決定募集會員，擴大抗爭，以期貫徹目的。[40]

---

40 〈宜蘭街民有志 對墓地問題繼續運動〉，《臺灣日日新報》，1931（昭和6）年3月3日，版4。

圖58▌1919（大正8）年陳金波於宜蘭醫院對面開設太平醫院，曾搬遷兩次。昭和年間移動至宜蘭市中山路三段101號，留下陳金波（前排左3）、林火木（前排左2）、蕭阿乖（後排左4）等人紀念合影，戰後又搬遷至現址宜蘭市中山路三段145號。

資料來源：宜蘭縣史館

（六）臺灣民眾黨宜蘭支部

臺灣民眾黨宜蘭支部事務所，1927（昭和2）年本來在巽門234番地的蕭阿乖山海珍商行設置。為何最初的事務所會位於蕭阿乖商行內呢？此應有關於蕭阿乖所發起的魚市場事件。

宜蘭街魚市場歷年由宜蘭水產會社張阿茂等25人代理經營，向攤販抽取5%利息，攤販雖不平卻也無可奈何。直到1927年4月1日蕭阿乖與陳溪木、張何顏合資，於市場前通開設山海珍商行，經營水產批發，僅抽取1%利息，由於價格低廉，影響到魚市場的生意，宜蘭水產會社即向街役場反應。7月，官方頒布禁止經營類似市場的法令，命令山海珍商行不准自行批發。[41]於是，蔡培火、謝春木及蔣渭水等舊文化協會有志之士前來宜蘭應援，召開街民大會控訴水產會社的暴利行為。[42] 9月8日，由蕭阿乖向宜蘭郡警察課提出成立「臺灣民眾黨宜蘭支部」

[41] 〈宜蘭魚市仲買人紛擾 原因僅為感情〉，《臺灣日日新報》，1927（昭和2）年11月23日，版4。

[42] 〈宜蘭水產會社は 橫暴極まる 街政も刷新せよと 自己の非を顧みず反對の氣勢を擧げる人の群〉，《臺灣日日新報》，1927（昭和2）年7月26日，版n02。

的創設豫屆（報備），9月22日眾人於文昌廟舉行發會式[43]，並將第一代黨支部事務所設置於蕭阿乖山海珍商行。

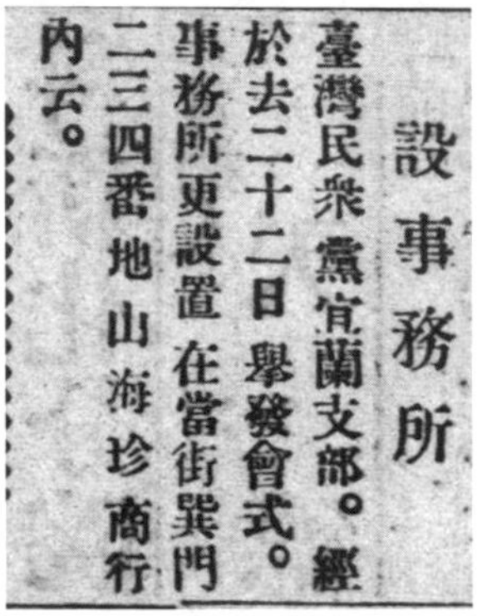

設事務所

臺灣民衆黨宜蘭支部。經於去二十二日舉發會式。事務所更設置在當街巽門二三四番地山海珍商行內云。

圖59▐ 1927（昭和2）年第一代宜蘭民眾黨支部事務所
資料來源：〈宜蘭／設事務所〉，《臺灣日日新報》，1927（昭和2）年9月30日，版6

在臺灣民眾黨宜蘭支部的強力介入下，1928年1月宜蘭街魚市場事件獲得完善解決，最終廢止宜蘭水產會社代理經營權。[44]同年3月第二代黨支部事務所即改移至蘭陽農業組合事務所內，且將臺灣民眾黨宜蘭支部、蘭陽總工友會、蘭陽農業組合三者合署辦公，一併合併至西門事務所。

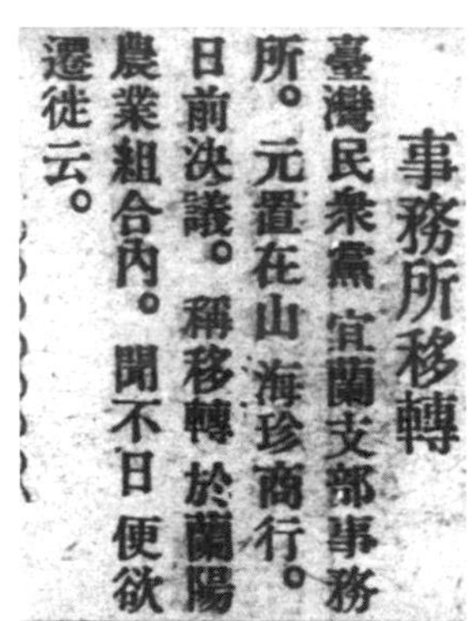

事務所移轉

臺灣民衆黨宜蘭支部事務所。元置在山海珍商行。日前決議。稱移轉於蘭陽農業組合內。聞不日便欲遷徙云。

圖60▐ 1928（昭和3）第二代宜蘭民眾黨支部事務所，移至蘭陽農業組合事務所
資料來源：〈事務所移轉〉，《臺灣日日新報》，1928（昭和3）年3月13日，版n04

43　〈宜蘭民眾黨 發會式決定〉，《臺灣日日新報》，1927（昭和2）年9月14日，版n04。
44　〈宜蘭魚市問題 通過街協議會 陳阿呆氏首頒街長勇氣〉，《臺灣日日新報》，1928（昭和3）年1月24日，版n04。

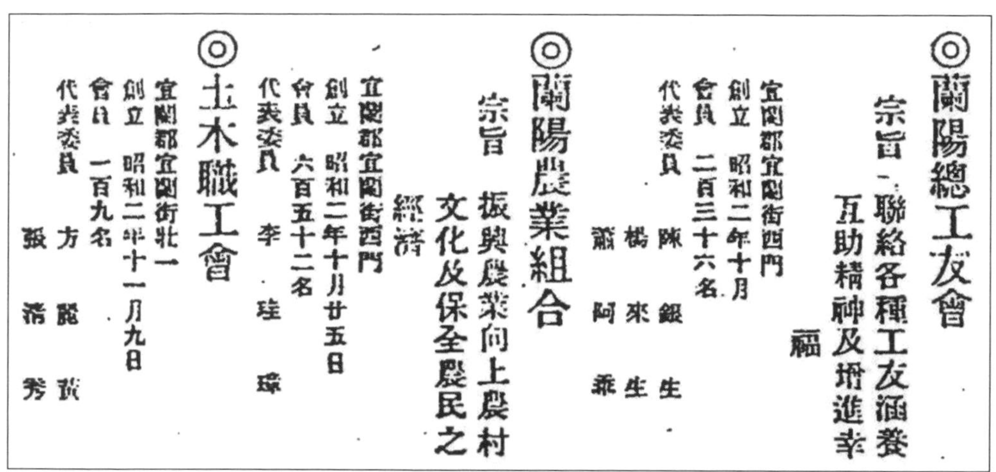

◎蘭陽總工友會
宗旨 聯絡各種工友涵養互助精神及增進幸福
宜蘭郡宜蘭街西門
創立 昭和二年十月
會員 二百三十六名
代表委員 陳銀生 楊來生 簡阿乖

◎蘭陽農業組合
宗旨 振興農業向上農村文化及保全農民之經濟
宜蘭郡宜蘭街西門
創立 昭和二年十月廿五日
會員 六百五十二名
代表委員 李珪璋

◎土木職工會
宜蘭郡宜蘭街北一
創立 昭和二年十一月九日
會員 一百九名
代表委員 方龍貴 張清秀

圖61▍臺灣民眾黨宜蘭支部、蘭陽總工友會、蘭陽農業組合三者合署辦公的事務所，曾經遷移至西門
資料來源：〈臺灣社會勞働團體調查〉，《臺灣民報》，1928（昭和3）年1月15日，版7

具體而言，從1929年「宜蘭街職業明細圖」地圖上看來，民眾黨宜蘭支部、蘭陽總工友會、蘭陽農業組合三者合署辦公的西門事務所，曾經是位於陳銀生的森隆商店。

圖62▍第二代臺灣民眾黨宜蘭支部曾經位於陳銀生森隆商店
資料來源：1929年「宜蘭街職業明細圖」

過去曾以蕭阿乖山海珍商行或陳銀生森隆商店作為黨支部事務所，但因店屋狹窄，需要更大的空間，宜蘭民眾黨支部一直在物色適當的場所。直到1929年3月支部同志買收巽門假戲園作為民眾講座，並將「臺灣民眾黨宜蘭支部」、「蘭陽農業組合」（該年6月改稱蘭陽農民協會）、「蘭陽總工友會」、「宜蘭新青年讀書會」四者合署辦公的事務所最終轉移至此。

民衆黨宜蘭支部

自置講座開座式

爲自置講座的提倡

圖63 ▌第三代臺灣民眾黨宜蘭支部位於民眾講座

資料來源：〈民眾黨宜蘭支部 自置講座開座式〉，《臺灣民報》，1929（昭和4）年3月17日，版4

（七）民眾講座

曾有人誤會矢內原忠雄演講的宜蘭劇場即是後來「宜蘭座」的位置，且就在矢內原教授演講不久後，受到他的激勵鼓舞，臺灣民眾黨宜蘭支部、蘭陽農業組合也在「此地」宣告正式成立。[45]然而，這個說法並無證據可以支持。

首先，矢內原忠雄並非在宜蘭座演說的，而是在文昌廟內的保甲俱樂部。[46]由日治時期土地登記簿也顯示，巽門241番地的「宜蘭座」，在昭和7（1932）年以前一直是田地，直到黃天賜、吳番薯等人買收後，隔年才出現建物。

---

[45] 江昺崙、林運鴻、張怡寧，《文協一百點：臺灣真有力地景指南》（臺南市：國立臺灣文學館，2021年），頁230。

[46] 〈矢內原氏宜蘭講演〉，《臺灣日日新報》，1927（昭和2）年4月16日，版2。

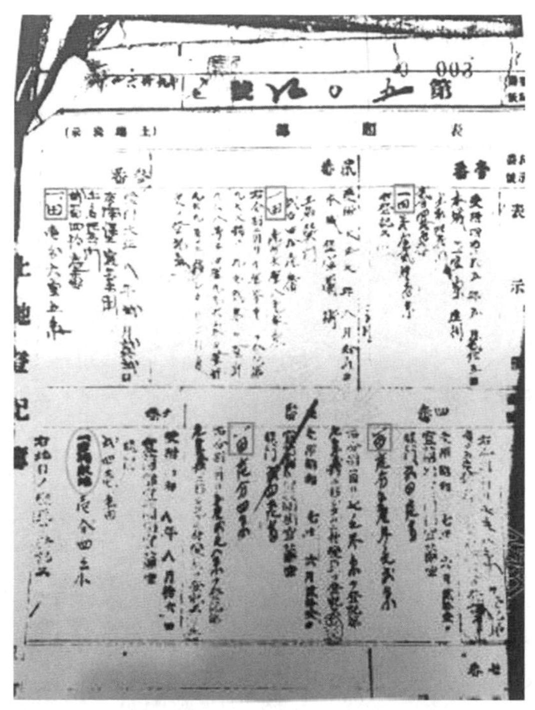

圖64▌巽門241番地（日據時期土地登記簿）
資料來源：宜蘭地政事務所

且從拍攝民眾講座的珍貴影像與相關報導看來，1927-1929年早有建築物存在，所以民眾黨的相關成員在此活動頻繁的講演場所，不可能是位於這個遲至1932年集資八萬圓興工、1933年8月24日開幕的宜蘭座。雖然兩者皆位於巽門，但據《臺灣日日新報》、《臺灣民報》等報紙，敘述此「假劇場」（即後來的民眾講座）正確位置是在「四結仔」，離宜蘭座的位置仍有一段距離。

過去經常租借使用的巽門「假劇場」、「假戲園」，在1929年3月1日被臺灣民眾黨宜蘭支部正式購置為「民眾講座」：「宜蘭民衆支部では假劇場み買ひ入れて常設講座」[47]，成為臺民黨首度集資購入的常設講座，在當時被視為創舉，甚至引起各地學習效尤，有效地避免當局藉口刁難、干涉與擾亂會場。

宜蘭支部林火木曾解釋「假戲園」名稱的來歷，原本打算作為戲園，「因當局不許可」，遂讓與宜蘭民眾黨支部便宜半價買收，作為民眾講座與「臺灣民眾黨宜蘭支部」等四者合署辦公的事務所來使用的經過：

47 〈如是我聞〉，《臺灣民報》，1929（昭和4）年3月3日，版11。

> 講座是既建築年餘，總坪數百七十坪，建築費二千七百圓，元本是要做戲園，因當局不許可，出資者非常憤慨，又且對民眾黨抱有理解與同情，特別犧牲本錢，將此戲園估價一千二百圓，支部同志踴躍出資，隨即買收，以作講座及事務所。[48]

圖65▍民眾黨宜蘭支部成立民眾講座。合影者有陳金波、蕭阿乖、石壽松、蔣渭水、陳銀生、李珪璋、林火木（前排坐者左1、2、3、5、7、8、9）、陳圻炘、陳廷章、李友三（後排立者左2、3、4）
資料來源：石精華提供，財團法人蔣渭水文化基金會

接著，換陳金波上臺，讀起式辭：

> 我們民眾醵金而起的廟宇寺院祠堂，以及人民的稅金所建的公會堂，都被土豪劣紳所把持，不肯給我們利用，故我黨要獲得講演場所的自由，除非自己建設不可，我宜蘭支部，率先為全島諸同志倡。[49]

---

48 〈民眾黨宜蘭支部 自置講座開座式〉，《臺灣民報》，1929（昭和4）年3月17日，版4。
49 〈民眾黨宜蘭支部 自置講座開座式〉，《臺灣民報》，1929（昭和4）年3月17日，版4。

蔣渭水代表黨本部致祝辭：

> 舉基隆、汐止、士林、淡水、新莊、臺南等處，場所被妨害之實例，並高倡欲得講演場所之自由，需打倒土豪劣紳。[50]

下午五點由蕭阿乖宣布閉會，並合影留念。是夜續開紀念演講演會，聽眾六百餘名，甚是盛況。陳金波述開會辭，李友三講〈社會的要求〉、張晴川講〈臺灣的怪現象〉、蔣渭水講〈印度的解放運動〉，陳廷章述閉會辭。

民眾黨宜蘭支部黨員買收巽門四結仔假戲園作為專屬的民眾講座後，也作為民眾黨宜蘭支部等四者合署辦公的事務所。從當日照片右側中可發現，講座已懸掛「臺灣民眾黨宜蘭支部」、「蘭陽農業組合」（該年6月改稱蘭陽農民協會）、「蘭陽總工友會」、「宜蘭新青年讀書會」四個事務所的直立招牌。

臺灣各社會運動團體，向來為開講演會的會場，受種種的妨害，以致受了不尠的痛苦。[51]此次宜蘭首次集資購買的專屬講座，解決了過去警吏經常恐嚇廟宇、戲園等場地擁有人不得租借的問題，確實帶來不少方便，進而引起各地仿效。但即便如此，仍是幾度遭受到官方不少壓力，就連其他單位借用民眾黨宜蘭支部的講座，亦遭受到干涉：

> 臺灣的社會運動團體要開講演的時候，都被當局干涉，故要找一個講演的場所，沒有一個不覺著困難了，所以民眾黨宜蘭支部，率先設置講座……聞宜蘭的講座，不但為民眾黨的專用，對於一般公共團體的集合，都可以無代使用。但是前月該地信用組合，曾約定借用，到期的時候，突然變更不敢用。又去三月二十日，該地理髮組合的總會又說要借用，至要開會時，到會者寥寥幾人而已，旁觀者大起驚訝，聞其內容，才曉得受某方面之干涉，聽說因為在講座開會，故會員不敢出席。[52]

甚至在臺灣民眾黨被禁，民眾講座改稱大眾講座，仍在發揮它的使命，持續為人民提供場地服務。

---

50 〈民眾黨宜蘭支部 自置講座開座式〉，《臺灣民報》，1929（昭和4）年3月17日，版4。
51 〈激成了永久的講座〉，《臺灣民報》，1929（昭和4）年3月3日，版2。
52 〈借用民黨講座也被干涉〉，《臺灣民報》，1929（昭和4）年3月31日，版6。

四、結論

宜蘭舊城為蔣渭水等人的故鄉，在八堵到蘇澳的火車通車以前，宜蘭三面環山一面環海，交通甚為不便，故蔣渭水在宜蘭醫院實習一年後，只能選擇前往臺北繁華都會區發展，廣結志士。直到1924年底火車宜蘭線的通車，連結西部與東部的交通往來，幾乎是同時間，文化協會「全臺走透透」達到最高峰，各種的宣傳活動紛至沓來，宜蘭地區因為通車而趕上這波熱潮，成為臺灣民主啟蒙活動中不可或缺的重要地理空間。

不論在治警事件中所扮演的重要角色，以及臺灣議會請願、地方自治制完成促進等運動中的積極參與度，甚至所遭受日方干涉、壓迫的嚴重程度，宜蘭人充分展現出「不屈」的意志力，此應遠溯早期移民社會的反抗DNA，近因蔣渭水、石煥長等人民主啟蒙精神的具體展現。

蔣渭水主導與參加的政談講演與巡迴活動，需要耗費大量的資金，弟弟蔣渭川或是妻舅石煥長、石進源、石秀源、石秀峰皆慷慨解囊、仗義疏財，支援其從事社會運動，甚至最終眾人也親身參與其中。

宜蘭不愧有民主聖地的美譽，自日本時代始，文化協會與臺灣民眾黨以及相關社會團體在此發芽扎根，並邀請了臺籍菁英林獻堂、蔡培火等人，以及日籍菁英田川大吉郎、矢內原忠雄等人來宜演講，在蔣渭水與諸位同鄉的策動下，發起了一波波的反對運動，誠然帶給殖民政府不小的壓力。

本研究利用新穎的研究方法，掌握眾人的戶籍與地籍資料，考據出先賢的故居地，並根據報紙報導歸納出相關的活動處，當中值得注意的是：一、確認蔣渭水蔣渭川昆仲出生地；二、矢內原忠雄是在文昌廟演說；三、臺灣民眾黨宜蘭支部的遷移順序；四、假戲園與民眾講座的因襲沿革等等。但仍有遺憾，關於臺民黨活動的大本營——民眾講座，只能確定宜蘭座非是民眾講座所在，並縮小範圍至巽門四結仔，無法確切得知詳細的地點，此尤待後續研究。

引用書目

（一）專書（依作者姓氏排列）

江昺崙、林運鴻、張怡寧

2021 《文協一百點：臺灣真有力地景指南》，臺南市：國立臺灣文學館。

林正芳

2016 《宜蘭的日本時代》，宜蘭縣：蘭陽博物館。

周家安、林正芳、楊晉平、莊漢川、朱堯麟、黃文瀚

2018 《蘭城先賢》，宜蘭市：宜蘭市公所出版。

陳逸松口述、林忠勝撰述

1994 《陳逸松回憶錄（日據時代篇）》，臺北市：前衛出版社。

陳翠蓮

2020 《自治之夢：日治時期到二二八的臺灣民主運動》，臺北市：春山出版社。

臺北州立宜蘭農林學校

1937 《蘭陽：創立十年紀念號》，宜蘭：宜蘭農林學校。

臺灣總督府醫學校

1919 《臺灣總督府醫學校一覽（大正七年度）》，臺北：臺北印刷株式會社。

蔣朝根

2006 《蔣渭水留真集》，臺北市：臺北市文獻委員會。

2013 《獅子狩與獅子吼：治警事件90週年紀念專刊》，臺北市：臺北市政府文化局。

2022 《熱血青春：蔣渭水紀念文集》，臺北市：財團法人蔣渭水文化基金會。

（二）電子資料

臺灣大學人類學系影像藏品資料，網址：http://ntuacis.digital.ntu.edu.tw/image/single.php？&ps_dataType=&ps_ethnic=&ps_content=&ps_photographer=&p=6&id=B402

地籍圖資網路便民服務系統，網址：https://easymap.land.moi.gov.tw/Home

（三）報紙資料（依年代時間排列）

〈至城宣講〉，《臺灣日日新報》，1897（明治30）年10月12日，版1。

〈入獄日記〉，《臺灣民報》，1924（大正13）年6月1日，版11。

〈入獄日記（續）〉，《臺灣民報》，1924（大正13）年7月21日，版13。

〈田川氏の歡迎會が 文化協會の政談演說に 早變りした為め解散〉，《臺灣日日新報》，1924（大正13）年12月29日，版n02。

〈田川大吉郎氏之盛況〉，《臺灣民報》，1925（大正14）年1月21日，版3。

〈牢舍銘（仿陋室銘）〉，《臺灣民報》，1925（大正14）年2月1日，版16。

〈矢內原氏宜蘭講演〉，1927（昭和2）年4月16日，《臺灣日日新報》，版2。

〈編輯日記〉，《臺灣民報》，1927（昭和2）年5月8日，版14。

〈芝居見物の人込みで 貴金屬專門の犯人を逮捕 彌次で一時は大騷ぎ〉，《臺灣日日新

報》，1927（昭和2）年8月24日，版n02。
〈宜蘭政談講演會〉，《臺灣日日新報》，1927（昭和2）年9月26日，版n04。
〈宜蘭支部成立並開政談演說會〉，《臺灣民報》，1927（昭和2）年10月2日，版3。
〈宜蘭／政談講演〉，《臺灣日日新報》，1927（昭和2）年10月30日，版4。
〈宜蘭第二回政談演講〉，《臺灣民報》，1927（昭和2）年10月30日，版6。
〈蘭陽總工友會 本月下旬發會式〉，《臺灣日日新報》，1927（昭和2）年11月19日，版n04。
〈八丁郡守的榮轉？〉，《臺灣民報》，1928（昭和3）年2月5日，版3。
〈宜蘭の演說會 臺灣民眾主催〉，《臺灣日日新報》，1928（昭和3）年2月24日，版n02。
〈工友大會〉，《臺灣日日新報》，1928（昭和3）年3月5日，版4。
〈宜蘭警察の此の横暴振 許可した興行を感情で取消ず〉，《臺灣民報》，1928（昭和3）年4月22日，版11。
〈宜蘭讀書會後援影戲 被當局無理解散〉，《臺灣民報》，1928（昭和3）年4月29日，版6。
〈宜蘭保甲聯合會 決議新設劇場〉，《臺灣日日新報》，1929（昭和4）年1月17日，版4。
〈激成了永久的講座》，《臺灣民報》，1929（昭和4）年3月3日，版2。
〈如是我聞〉，《臺灣民報》，1929（昭和4）年3月3日，版11。
〈民眾黨宜蘭支部 自置講座開座式〉，《臺灣民報》，1929（昭和4）年3月17日，版4。
〈借用民黨講座也被干涉〉，《臺灣民報》，1929（昭和4）年3月31日，版6。
〈對霧社事件的看法〉，《臺灣新民報》，1931（昭和6）年1月10日，版41。
〈汕頭在住臺胞 十三日首船歸省〉，《民報》，1946（民國35）年2月12日。
〈商議營救 海南在胞〉，《民報》，1946（民國35）年2月21日。
〈旅廈同鄉座談會決向各方陳情起封財產〉，《民報》，1946（民國35）年8月29日。
〈省政治建設協會 兩場演講均熱烈〉，《民報》，1947（民國36）年2月12日，版3。
〈小鋼砲打向林產局〉，《公論報》，1950（民國39）年6月14日，版4。
〈廣告〉，《公論報》，1950（民國39）年6月19日，版1。
〈追念偉大先烈〉，《公論報》，1950（民國39）年8月5日，版3。

（四）期刊雜誌（依年代時間排列）

游錫堃

2022年6月　〈蔣渭水政治啟蒙探源〉，《臺灣史學雜誌》，期32，新北：臺灣歷史學會。

（五）檔案資料（依年代時間排列）

「陳金波ニ醫業免許證下付通報（宜蘭廳）」（1913-05-01），〈大正二年臺灣總督府公文類纂永久保存第二十四卷警察〉，《臺灣總督府檔案．總督府公文類纂》，國史館臺灣文獻館，典藏號：00002111014。
「陳金波（任醫院醫官補）」（1916-02-01），〈大正五年臺灣總督府公文類纂永久保存進退（判）第二卷秘書〉，《臺灣總督府檔案．總督府公文類纂》，國史館臺灣文獻館，典藏號：00002578022。
「蔣渭川等呈請救濟省外臺胞案」（1946-04-01），〈旅外臺胞返籍接運〉，《臺灣省行政長官公署》，國史館臺灣文獻館，典藏號：00318200018007。

重讀蔣渭水：
他的抵抗論述與思想淵源*

陳翠蓮

一、前言：政治詮釋下的蔣渭水

一九二〇年代政治運動中，蔣渭水創立臺灣文化協會、臺灣民眾黨，啟蒙臺灣社會、首創風氣之先，是最受矚目的運動家之一。但是戰後國民黨政府統治，日治時期臺灣歷史不再被提起，蔣渭水也被社會遺忘。一直到1976年黃煌雄撰寫《臺灣的先知先覺者——蔣渭水先生》，蔣渭水重新進入人們的記憶。書中，黃煌雄定義「蔣渭水精神」：

> 一言以蔽之，便是代表民族的反抗精神，代表殖民地歧視政策下被壓迫民眾的反抗精神。這種反抗精神是徹底的、不妥協的、是有整套體系的、是不向威迫利誘低頭的、是不半途而廢的。[1]

抗日運動路線左右分裂後，黃煌雄認為蔣渭水從《孫中山全集》為找到出路，他並將蔣渭水的「民族反抗精神」與中國連結，認為「在孫中山影響下的中國民族運動的精神與主張，也就成為在蔣氏影響下的臺灣近代抗日運動的精神與主張」。[2]黃煌雄強調「反抗精神」、「臺灣的孫中山」，成為黨外運動時期的蔣渭水形象。

一九九〇年代臺灣民主運動大幅躍進，民主進步黨持續得到民意支持。1992年黃煌雄重新出版了蔣渭水傳記。但是，〈自序〉中拿掉了蔣渭水與孫中山的連結：

---

* 本文為國科會計畫「重讀蔣渭水：其抵抗論述與形象塑造」編號95-2411-H-004-021-MY2之部分成果，並發表於仰山文教基金會所主辦「臺灣民主 蘭城尋蹤學術研討會」，2023年5月19-20日。

1 黃煌雄，〈自序〉，《臺灣的先知先覺者——蔣渭水先生》（臺北：黃煌雄發行，1976），頁23。

2 黃煌雄，〈自序〉，《臺灣的先知先覺者——蔣渭水先生》，頁24。

> 在抗日陣營如此分裂聲中，**蔣渭水先生基於本身的實踐與研究的體驗，加上他對世界、中國與日本發展中情勢的觀察**，乃提出到他逝世前仍一直沒有改變的「以農工階級為基礎的民族運動」。[3]

新版內容做了幾項大幅度的修訂。第一、書中民國紀年全部改為西元。第二，大幅刪減蔣渭水對孫中山、中國國民黨、中國民族認同的文字。第三、不再著墨蔣渭水的祖國認同，而改為「漢民族情操」。〈再版序〉中，黃煌雄解釋說，研究臺灣近代運動要注意「臺灣人意識及臺灣民族主義興起」，日治時期被壓迫的臺灣同胞從臺灣人意識出發，代表臺灣人的要求所推展出來之運動就叫做「臺灣民族運動」，抵抗者就是以臺灣人意識為本位的「臺灣的民族主義者」。新版書中強調「臺灣近代民族運動的主體性」：

> 臺灣近代民族運動既代表「臺灣人的要求」，整個運動便要為臺灣人所受的束縛、不公與歧視而奮鬥，因此在運動過程上，儘管表現出強烈的對漢民族的認同，尤其表現出感人的對孫中心先生的尊崇與追念，但絕**不能因此而將「漢民族情操」、「對漢民族的認同」，視同對臺灣近代民族運動追求的最終目標；尤其絕不能因此而抹殺臺灣近代民族運動的主體地位**。

隨著臺灣民主運動的進展，黃煌雄筆下的蔣渭水蛻變成「臺灣民族主義者」、不再是「臺灣的孫中山」。

但這不是蔣渭水形象的最後定調。2005年，馬英九當選國民黨黨主席後，公開宣示「要尋求國民黨與臺灣歷史的連結」。而民進黨的陳水扁總統則因執政失敗，形勢日趨黯淡。2006年初，馬英九透過臺北市文化局重製蔣渭水大眾葬紀錄片活動與黃煌雄接觸。不久，黃煌雄第三度改版蔣渭水傳記，書名就叫《蔣渭水傳——臺灣的孫中山》。蔣渭水再度變換角色，重新與孫中山連結，不僅如此，因應情勢變化，蔣渭水有了新任務，開始與兩岸未來連結：

> 隨著兩岸關係的演變，連宋的訪問中國，以及未來情勢的推移，由於蔣渭

3 黃煌雄，〈黃煌雄自序〉，《蔣渭水傳——臺灣的先知先覺者》（臺北：前衛，1992），頁6。

> 水在臺灣近代民族運動史上，兼具有「臺灣精神」與「民族正氣」兩大最典型而又最突出的代表意義，**蔣渭水將可望和孫中山本人，共同成為兩岸最真實而又最有效的歷史連結**。[4]

無獨有偶地，2005年王曉波出版《蔣渭水全集》，編後記中這樣說：

> 雖然今天兩岸還未能統一，身為「臺灣孫中山」的蔣渭水和中國統一聯盟名譽主席陳其昌先生，還有相告者，連戰主席和胡錦濤總書記已達成「五項願景」，**「國共和解」已然成形…渭水先生和其昌先生都不要再為祖國擔憂了**。[5]

自一九七〇年代以來強大政治動力下，蔣渭水形象一變再變、任人揉捏，最後定著在「臺灣的孫中山」與「兩岸連結象徵」。蔣渭水堪稱日治時期政治社會運動人物中最受政治詮釋操弄者，令人慨歎與不忍。因此，本文希望梳理蔣渭水在日治時期短短十年政治運動期間的思想變化，探討其思想淵源，還給蔣渭水一個本來面目，以慰這位曾為臺灣努力奮鬥的先賢。

蔣渭水在〈五個年中的我〉一文中自述，自醫學校時代便有「政治熱」，與同學之間從事了種種政治活動，但自1916年從醫開業以來，有五年的時間是過了「無意義的生活」。直到1920年得了知己賴金圳，並透過他認識了林仲澍，情況才有改變。[6]林仲澍是早稻田大學畢業，曾參與《臺灣青年》的創刊，謝春木指出，活躍於東京臺灣青年會的林仲澍在1921年4月歸臺任職於電力公司，此時與蔣渭水接觸，產生了組織團體的契機；[7]林呈祿也證實林仲澍熱心提倡組織文化協會。[8]蔣渭水與林仲澍意氣極為相投，兩人積極計劃活動，可惜林氏早夭。蔣渭水於1921年春天得識林獻堂，支持臺灣議會設置請願運動，新交的同志與醫學校的朋友李應章、林麗明、吳海水、林瑞西等慫恿他出來組織團體，遂有同年10月臺灣文化協會的成立。[9]1922年他又成立政治結社新臺灣聯盟，1923年成立臺灣問題

4 黃煌雄，〈新版序〉，《蔣渭水傳——臺灣的孫中山》（臺北：時報文化，2006），頁7-8。

5 王曉波，〈不要再為祖國擔憂——《蔣渭水全集》補遺編後記〉，王曉波編，《蔣渭水全集》（臺北：海峽，2005），頁781。

6 蔣渭水（雪谷），〈五個年中的我〉，《臺灣民報》67號（大正14年8月26日），頁43-44。

7 謝春木，《臺灣人の要求》（臺北：臺灣民報社，1931），頁15。

8 林慈舟（呈祿），〈懷舊譚〉，《臺灣民報》67號（大正14年8月26日），頁49。

9 蔣渭水（雪谷），〈五個年中的我〉，頁44-45。

研究會，1923年12月16日治警事件被捕入獄，至1924年2月18日釋放，共拘禁68日。[10]1925年2月20日三審判刑禁錮四個月，即日入獄，5月10日假釋出獄。[11]

據筆者查詢資料所知，1923年之前，蔣渭水未曾在《臺灣民報》發表文章，該刊主要寫手都是留日青年如黃呈聰（劍如）、黃朝琴（超今）、王敏川（醒民）等人。1924年元月，蔣渭水最早發表的一篇文章〈希望島人教員的猛醒〉，是為回應《臺灣日日新報》的日本人投書；[12]接著又寫了〈生女為娼妓生男為嫖客〉[13]，內容略譯大阪《朝日新聞》有關日本婦運與廢娼問題論述，提醒臺灣人參考此一運動。這兩篇文章可為蔣渭水最初的嘗試之作，可知他在參與公共論述初期主要是讀報有感所做的闡述，文字也略顯生澀。

蔣渭水筆耕有兩個轉折點。治警事件是蔣渭水筆政生涯的第一個轉折點，被捕入獄後，他在臺北監獄不斷書寫。1924年2月起在《臺灣民報》上發表連續發表〈快入來辭〉、〈送王君入監獄序〉，連載〈入獄感想〉、〈入獄日記〉、〈獄中隨筆〉，此後漸活躍於《臺灣民報》。蔣渭水大量翻譯日文報導論著，或借「晨鐘暮鼓」專欄針砭時政，有時撰寫社論，論述功力大增。

1925年下半年起到1926年一整年的這段期間內，蔣渭水極少在民報上撰文。1927年元月臺灣文化協會分裂，是蔣渭水政治論述的第二個轉折點，此後他的關注焦點明顯轉向社會主義、農工階級運動、共產主義。

蔣渭水作品集曾有三次整理出版。第一次是1931年蔣渭水逝世後，他的社會運動同志白成枝、黃師樵負責大眾葬儀委員會、並擔任遺集編纂，曾付梓刊印蔣渭水遺集，但遭查禁。第二次是戰後白成枝、陳其昌等人為紀念蔣渭水逝世二十週年，於1950年出版《蔣渭水遺集》。[14]第三次是王曉波在陳其昌指認下重新編輯之《蔣渭水全集》。[15]《蔣渭水全集》內容篇幅與《蔣渭水遺集》有極大差距，筆者懷疑2005年已經年逾八旬的陳其昌，如何能夠指認一甲子之前同志在報上發表的作品？若這些文章是蔣渭水作品，為何未在記憶相對較為清晰的1950年收錄於《蔣渭水遺集》？因此，筆者對《蔣渭水全集》收錄的文章是否真為蔣渭水所作，持保留態度。

10　蔣渭水，〈入獄日記（續）〉，《臺灣民報》2：13（大正13年7月21日），頁11。
11　臺灣總督府警務局編，《臺灣總督府警察沿革志誌　第二編領臺以後の治安狀況（中卷）　臺灣社會運動史》（東京：龍溪書舍復刻本，1973），頁360。以下稱《臺灣社會運動史》。
12　渭水，〈希望島人教員的猛醒〉，《臺灣民報》2：1（大正13年1月1日），頁6。
13　渭水，〈生女為娼妓生男為嫖客〉，《臺灣民報》2：2（大正13年2月11日），頁11。
14　陳其昌，〈序〉，白成枝編，《蔣渭水遺集》（臺北：文化出版社，1950），頁2。
15　王曉波，〈不要再為祖國擔憂——《蔣渭水全集》補遺編後記〉，頁779。

試舉一例，1925年3月12日孫文逝世，14日《臺灣民報》刊出〈哭望天涯弔偉人〉一文。《蔣渭水全集》強調蔣渭水崇拜孫文，指稱此文為蔣氏所作。但1925年2月20日治警事件三審判刑確定，即日入獄，蔣渭水等人因此入獄至5月10日方假釋出獄。[16]這次入獄不比第一次可以在獄中寫作，入獄第二天，獄方就將筆墨奪去，在獄中的80天，只能讀、不能寫，蔣渭水只能將所思所感放在腦中，至出獄後才化作文字發表。[17]〈哭望天涯弔偉人〉一文刊出之日，正是蔣渭水在獄中被限制寫作之時，筆者認為此文作者另有其人。《蔣渭水全集》中多篇作品有類似問題，筆者不一一列舉。

因此，本文主要史料是臺灣總督府警務局編《臺灣總督府警察沿革志誌第二編領臺以後の治安狀況（中卷）臺灣社會運動史》中所收錄蔣渭水的種種文字，以及《臺灣民報》中蔣渭水所署名發表的作品。

以下，本文將蔣渭水抵抗論述分為日華親善論、文化向上說、社會主義思想、以工農階級的統一戰線論、共產主義說等幾個重點，並追溯其思想淵源。

二、日華親善論

1921年10月17日臺灣文化協會成立大會上，蔣渭水的演說中說明了他創設此會的動機：

> 臺灣人負有做媒介日華親善的使命。日華親善是亞細亞民族聯盟的前提，亞細亞民族聯盟是世界平和的前提，世界平和是人類的最大幸福，又且是全人類的最大願望。所以我臺灣人有媒介日華親善，以策進亞細亞聯盟的動機，招來世界平和的全人類之最大幸福的使命就是了。簡直說來，臺灣人是握著世界平和的第一關門的鍵啦。這豈不是很有意義、很重責任的使命嗎？我們一旦猛醒了負著這樣重大的使命，那麼就要去遂行這使命才是。[18]

蔣渭水標舉臺灣在日華親善中扮演重要角色，這種看法並不是他的創見。事實上，1914年3月日本民權運動家板垣退助來臺倡議同化會，即以日華提攜做為

16　臺灣總督府警務局編，《臺灣社會運動史》，頁360。
17　雪谷，〈獄中隨筆（一）〉，《臺灣民報》59號（大正14年7月1日），頁10。
18　蔣渭水（雪谷），〈五個年中的我〉，頁45。

說辭。板垣在演講會中指出，美國以排日暴論對日本加諸外交壓迫，欲驅逐劣等人種，斯可忍孰不可忍？故日本人做為亞細亞的一份子，非與中國提攜共同抵抗白人不可；而臺灣最接近中國，適於與之親善融合；在臺內地人實應尊重並保護本島人之生命財產，以促成同化為要。[19]同年11月板垣再度來臺，再倡「臺灣為帝國南門鎖鑰，日華兩民族離合之關鍵」，統治臺灣應以渾然同化為尚。[20]

而1920年發刊的《臺灣青年》中，也不乏日華親善之說。例如所日本眾議院議員永井柳太郎的文章就說：

> ……在同樣蒙受白種人奪去生存自由的有色人種中，有最高等文明的日華兩國人民，應該為與日華兩國人民同樣命運之多數有色人種的生存、自由、獨立而奮起，……達到「世界非只白種人的世界，而是全人類的世界」這樣大理想的重大天職，……日本人與中國人有著共同的世界文化使命，為確立此大理想，非徹底的共同提攜不可。……臺灣因不可思議的皇天之攝理，前曾屬於中國，今又屬於日本。臺灣住民的大部分，在血緣上是中國人，但同時又可謂為日本人。……所以臺灣是在介紹日本於中國、結合中國於日本上，實居於最適當、最便宜的天與的地位，這正是臺灣有著特殊天職的證據。……
>
> ……**介在日華兩國之間，有著重大文化使命的臺灣**，想必完成其使命的最適當機會，不久即當來。**我非常希望做為臺灣文化中心的本島人，自覺此重大的使命，為成為日華兩國結合的中心機關之使命奮鬥**。[21]

蔣渭水的日華親善主張與板垣退助、永井柳太郎等如出一轍。究之，板垣、永井等人所倡的日華提攜、日華親善、共同對抗西方侵略，正是典型的日本大亞洲主義論調。

大亞洲主義思想在日本有長久的歷史，自明治維新以來有眾多的提倡者，如勝海舟「亞洲同盟論」、德富蘇峰的「大日本擴張論」、高山樗牛的「日本主義」、樽井藤吉的「大東合邦論」、曾根俊虎的「興亞會」、岡倉天心的「東亞の理想」、田岡雲嶺的「東亞大同盟」，乃至日本浪人的「黑龍會」、「玄洋

[19] 臺灣總督府警務局編，《臺灣社會運動史》，頁14。
[20] 臺灣總督府警務局編，《臺灣社會運動史》，頁15-16。
[21] 永井柳太郎，〈世界的文化と臺灣人の使命〉，《臺灣青年》1：3（大正9年9月15日），頁2-8。

社」等，都打著大亞洲主義的旗號。[22]各種大亞洲主義的共同目標都是為了對抗歐美列強對亞洲的侵略，呼籲亞洲各國必須團結一致，但該如何達成此任務，則有千差萬別的主張。

日本於1895年取得臺灣、1910年併吞朝鮮，不斷擴張勢力之下，日本與亞洲各民族之間的矛盾日益明顯。同時，隨著日本的擴張，與歐美列強之間的利益衝突再也無法避免，西方各國對日本的警戒增強。一次大戰後，在美國主導下所舉行的華盛頓會議，對日本的軍備做了限制，〈關於中國的九國條約〉也否定日本在中國的特殊利益。面對「華盛頓體制」，日本認為其在亞洲地位受到威脅，更深深感受到美國、乃至西方世界對東亞新興帝國日本的排斥，1920年以來，日本國內大亞洲主義的議論一時之間達到最高峰。[23]

自學生時代就有政治熱、並且注視著林獻堂等人所領導之政治運動的蔣渭水，對於東京臺灣留學生所創辦的《臺灣青年》雜誌應該不陌生。蔣渭水「臺灣做為日華親善的橋樑、世界和平的鑰匙」之說與永井柳太郎的見解高度雷同，不無可能是從自這篇文章得來的靈感。

1927年蔣渭水發表〈我的主張〉一文，說明他主張世界和平，必先打破白種人的優越感，為此必須組織大亞細亞聯盟，圖謀日華親善，而臺灣人日華親善最是黨的媒介，臺灣人掌握了世界和平第一扇門的鑰匙。[24]蔣渭水的論述方式與日本大亞洲主義完全一致。

戰後日治政治社會運動的連溫卿曾指出，同化會創立之時，日本朝野倡導中日親善及亞細亞聯盟論，直至臺灣文化協會成立前後，這樣的論述為文協重要構成分子所接受，以為可以期待而愈加支持；並且，文化協會的會歌也顯現濃厚的此種傾向。[25]連溫卿的回憶，說明了文協創立初期的時代論述，及蔣渭水亞洲主義思想的淵源。

不過，日治時期從事政治社會運動的葉榮鐘，則對蔣渭水的「日華親善說」下了另一種註解：

> ……「日華親善」的涵義，臺灣人所說的和日本人所說的，內容不盡

[22] 請參伊東昭雄，《アジアと近代日本——反侵略の近代思想と行動》（東京：社會評論社，1990）；林慶元、楊齊福，《「大東亞共榮圈」源流》（北京：社會科學文獻出版社，2006）。

[23] 伊東昭雄，《アジアと近代日本——反侵略の近代思想と行動》，頁303-306。

[24] 蔣渭水，〈私の主張〉，臺灣總督府警務局編，《臺灣社會運動史》，頁415。

[25] 連溫卿著、張炎憲、翁佳音編校，《臺灣政治運動史》（臺北：稻鄉出版社，2003），頁58。

> 相同。
>
> 在日據時期臺灣人對祖國講好話固不可以，表示關切也是犯忌諱的。所以「日華親善」四個字是臺灣人對祖國懷抱滿腔孺慕的心情所可能表現的極限。因此，這句日人的口頭禪，由臺灣人的嘴講出來，其涵義比較自面上的意義，就更加複雜更加微妙了。有時後還能夠包藏一種對日本人的譴責甚至於表示抗議的意思。……[26]

鑑諸歷史，日華親善說是後來日本侵華的藉口，葉榮鐘十分清楚此說不為中國所喜。在戰後威權統治時期，日治政治社會運動被定義為「抗日運動」，強調臺灣人「眷懷祖國之念」、「復歸祖國懷抱為共同願望」。[27]，時代差異下，故而葉榮鐘必須如此婉轉解釋日華親善說，當不難理解。

觀諸蔣渭水不只在臺灣文化協會成立時提出「臺灣做為日華親善之橋樑」的主張，並且在多次重要場合不斷重覆這個說法。1923年12月治警事件發生，在次年7月法庭辯論時，蔣渭水將臺灣做為日華親善橋樑與世界和平鎖鑰之說再次指陳，並表示「我要感謝神明，使我生做臺灣人，是因為臺灣人把握世界平和的鎖鑰咧」。[28] 1924年初6月美國國會通過排日移民法案，日本舉國憤慨，認為是對東洋人的歧視，大倡亞細亞聯盟。此時，美國駐華朱爾萬公使在北京一俱樂部演講，指亞細亞人種沒有同化的可能性，是美國拒絕東洋移民的原因。蔣渭水乃為文批評號稱自由平等的美國，卻不能容許異民族在其國內生活，並以亞細亞人不能同化而拒絕移民，令人遺憾。[29]蔣渭水站在東方的立場，批判西方人的優越感，恰可說明他的思維模式。

1924年9月治警事件第一審公判，蔣渭水在法庭上說再度說明對臺灣人日華親善的使命、握著世界和平的鑰匙的願望。[30]

1927年蔣渭水發表〈我的主張〉一文，說明他主張世界和平，必先打破白種人的優越感，為此必須組織大亞細亞聯盟，圖謀日華親善，而臺灣人日華親善最是黨的媒介，臺灣人掌握了世界和平第一扇門的鑰匙。[31]

---

26 葉榮鐘等，《臺灣民族運動史》（臺北：自立晚報社，1981），頁281。
27 葉榮鐘等，《臺灣民族運動史》，凡例。
28 〈蔣渭水氏辯論〉，《臺灣民報》2：16（大正13年9月1日），頁20。
29 蔣渭水，〈駐華美公使之愚論〉，《臺灣民報》2：10（大正13年6月11日），頁4。
30 〈蔣渭水氏辯論〉，《臺灣民報》2：16（大正13年9月1日），頁20。
31 蔣渭水，〈私の主張〉，臺灣總督府警務局編，《臺灣社會運動史》，頁415。

蔣渭水的日華親善論述與日本大亞洲主義內容完全一致。蔣渭水不厭其煩、屢屢在不同時機陳述這套觀點，筆者認為這並非葉榮鐘所說婉轉表達抗議之詞，而是蔣渭水真確的信念。

三、文化向上說

蔣渭水期望臺灣人承擔起中日親善、世界和平的重大使命，但是臺灣人有這樣的能力嗎？作為醫師，1921年蔣渭水著名的〈臨床講義〉一文，為臺灣人做了診斷：

> 道德敗壞、人新刻薄、物質欲望強烈、缺精神生活、風俗醜態、迷信很深、深思不遠、缺乏講衛生、墮落怠惰、腐敗、卑屈、怠慢、只會睜眼前小利、智力淺薄、不知立永久大計……。[32]

他以醫師診斷的口吻指出臺灣人得了「智識的營養不良症」，非努力提升知識、充實文化不可。因此，他籌組臺灣文化協會，推展文化活動，希望改造臺灣社會，使臺灣人文化提升。在〈我的主張〉一文，也認為使臺灣人負擔其使命，首先必須先從教育民眾、提高文化的基礎工程著手，其次才有機會與內地人取得平等的國民資格，因此，成立以文化向上為目標的臺灣文化協會。[33]

蔣渭水好讀日本明治維新史，治警事件入獄時，他就帶了《明治維新治士活躍史》、《西鄉南洲傳》三卷研讀[34]，在獄中終日和維新志士西鄉隆盛、勝海舟、大久保利通、木戶孝允、江藤新平、板垣退助等神交，讀得津津有味，幾乎忘了身在跼天蹐地的獄中。[35]出獄後，蔣渭水屢屢以明治維新比喻臺灣的改革氣候，也常常在文化講座中講述明治維新史。[36]他也愛把二〇年代臺灣的政治社會運動，比喻做日本幕末與維新的角力，把總督府以降的特權階級稱為「臺灣閥」、如同德川幕府，文協一派是痛恨幕府專制的先覺志士，而治警事件則是摧

---

[32] 〈臨床講義〉，收入蔣渭水著、王曉波編，《蔣渭水全集增訂版（上）》（臺北：海峽，2005），頁4。

[33] 蔣渭水，〈私の主張〉，頁416。

[34] 蔣渭水，〈入獄日記（一）〉，《臺灣民報》2：6（大正13年4月11日），頁15。

[35] 渭水，〈入獄日記（續）〉，《臺灣民報》2：8（大正13年5月11日），頁11。

[36] 〈文協消息〉，《臺灣民報》2：12（大正13年7月1日），頁4。

殘民黨的安政大獄。他把1925年元旦稱為「臺灣維新的第一個元旦」，期望臺灣志士們努力於維新的大事業。[37]大人小孩、士農工商都要拿出精神，一齊從事於「維新事業」，主要的工作有四：1.人人購讀《臺灣民報》；2.人人加入文化協會；3.援助文協經費；4.急起設立讀報社，這四項工作正是啟發民智與提高臺灣文化的重要事業，是應該積極推動的當務之急。[38]

消極方面，蔣渭水認為應該去除臺灣社會中的陋風惡習。例如燒金謝神、祈安請醮，吸食阿片、毒害身體，婚葬聘金、奢靡浪費等，都是應該革除的惡習，才能使臺灣氣象一新、社會向上。[39]他說，民間習俗為逝去親人做百日、做功德，以為可以消愆滅罪，其實是浪費金錢的無知愚行；與其以有用金錢供於野僧，不如用來栽培子女。[40]聘金制度把婚姻當作買賣行為，視女子為商品，極度蔑視女性人格，他呼籲有自覺與智識的女性同胞應該起而掙脫舊制度的桎梏。[41]

1926年元旦，蔣渭水倡議「請大家來合力打掃偶像」，他將御用紳士、走狗、傀儡、迎合階級、特權階級、鄉愿等，都列入「偶像」之列，批判他們是不事生產的寄生蟲，鑽營私利、迎合當局，到處橫行，阻礙了文化運動的推進，必須人力掃除。[42]

在推動文化運動的過程中，蔣渭水發現最大的阻力來自官方的愚民政策的阻撓。臺灣學齡兒童就學率低；對照臺灣學齡兒童只有33%得進入公學校，在臺內地人兒童就學率則達99.07%，他批評殖民政府不重視教育普及，臺灣人初等教育設施不足明顯是基礎教育的燃眉之急。但殖民當局以經費不足為由，不願增設初等教育設施，卻將經費用於建設臺灣大學，以利少數內地人，跟本就是本末倒置的教育計劃。[43]殖民政府當局又對私立學校經營加以種種束縛限制、無理刁難，甚至臺灣文化協會要設立文化義塾，也被阻撓，頒佈〈學術講習會取締規則〉，以事前審查許可與繁瑣的程序加以限制。這無異是臺灣學政的極度壓迫，是愚民惡政的證據，是臺灣文化的恥辱。[44]

---

37 渭水，〈迎臺灣的新新年〉（社論），《臺灣民報》3：1（大正14年1月1日），頁1。
38 渭水，〈晨鐘暮皷〉，《臺灣民報》3：1（大正14年1月1日），頁24。
39 雪谷，〈晨鐘暮皷〉，《臺灣民報》3：3（大正14年1月21日），頁14。
40 雪谷，〈晨鐘暮皷〉，《臺灣民報》3：5（大正14年2月11日），頁8-9。
41 雪谷，〈晨鐘暮皷〉，《臺灣民報》3：4（大正14年2月1日），頁10-11。
42 雪谷，〈今年要做什麼？〉，《臺灣民報》86號（大正15年1月1日），頁10。
43 渭水，〈反對建設臺灣大學〉（社論），《臺灣民報》2：18（大正13年9月21日），頁1。
44 渭水，〈急宜撤廢取締學術講習會的惡法〉（社論），《臺灣民報》2：24（大正13年11月21日），頁1。

文化協會北支部與稻江義塾舉辦「打破陋風演講會」，宣傳打破迷信與惡俗，但警察竟然偏袒鼓吹迷信與浪費的建醮委員、虛榮士紳，派密偵與打手潛伏演講會，妨害秩序、製造事端，使警方得有下令解散的口實。聽講民眾識破官方詭計，號召群眾與之對抗，險些造成臺灣人之間的同胞相殘。蔣渭水因此批評，臺灣民眾從事陋習打破之事，總督府若是文明的官廳，應該出來相援助、至少嚴守中立，總督府方面卻偏袒一面，使其蛤鷸相持、隔岸觀火[45]，直指殖民當局的愚民政策與分化詭計。

四、社會主義思想

博聞強記的蔣渭水，並未停留在日華親善、亞洲主義等主張上，他很快跟著時代思潮前進，逐漸受社會主義思想吸引，並在政治運動中加以實踐。

（一）成立社會問題研究會

1922年10月，蔣渭水與連溫卿、石煥長組織「新臺灣聯盟」，後因治安警察法之施行而停擺；1923年7月又組成「社會問題研究會」，同人除蔣渭水外，還有連溫卿、石煥長、謝文達、日人山口小靜，辦事處設於連溫卿宅。[46]據臺灣總督府警察沿革誌的記載，山口小靜與日本社會主義者山川均、山川菊榮接近，後介紹連溫卿認識山川均夫婦，雙方往來密切；謝文達則是臺灣出身、居住長春之共產主義者。這些人結成社會問題研究會，研究無產階級解放運動之理論與戰術，並對青年加以宣傳煽動，醞釀無產階級運動。[47]

連溫卿指出，社會問題研究會雖被壓制，但影響卻不小，尤其是對青少年階層發揮作用，各地青年運動與同窗會運鬥爭即可反映。影響所及，在各地公學校同窗會鬥爭發生不久後，臺灣無產青年母體的「臺北青年讀書會」成立。[48]該讀書會成立於1923年9月，前身是「臺北青年會」與「臺北青年體育會」，由蔣渭水主導而成立，成員多是無政府主義、共產主義青年如翁澤生、鄭石蛋、高兩貴、洪朝宗、黃白成枝等約三、四十人。他們利用文化協會在臺北市港町的讀報社，以文協幹部為講師，研究社會問題、共產主義與社會思想，並以「打破陋習

45 雪谷蔣渭水，〈可惡至極的北署之態度〉，《臺灣民報》2：25（大正13年12月1日），頁6。
46 連溫卿著、張炎憲、翁佳音編校，《臺灣政治運動史》，頁80，122。
47 臺灣總督府警務局編，《臺灣社會運動史》，頁182-183。
48 連溫卿著、張炎憲、翁佳音編校，《臺灣政治運動史》，頁123。

演講會」之名，宣傳共產主義會無政府主義。[49]

高兩貴之子高銘堂、高何謙也證實臺北無產青年研讀馬克斯（Karl Marx）之《資本論》、剩餘價值說，以及克魯泡特金（Peter Kropotkin）、巴枯寧（Mikhail Bakunin）的無政府主義、蘇聯共產黨布哈林（Nikolai Ivanovich Bukharin）等人的理論，另方面閱讀大杉榮、河上肇、福本和夫等日本左派的書，因此思想愈發左傾。[50]

總督府警務局認為，透過山川均的指導，島內共產主義思想日增，左傾青年不再滿足於原本臺灣文化協會、臺灣議會設置請願運動，分裂危機升高。[51]

（二）「從早稻田大學畢業」

治警事件入獄期間，蔣渭水大量閱讀、獄中進修。他在獄中所讀之書主要可分為三類：一是醫學專業書籍，如《橋本內科》（橋本節齋）、《診斷學》、《醫事雜誌》等；二是歷史與人物傳記，如《明治維新治士活躍史》、《西鄉南洲傳》、《奈翁傳》（按：拿破崙傳）、《明治文化之研究》、《綱鑑易知錄》；第三類則是社會科學與社會主義的書籍，例如幸德秋水的《基督抹殺論》、《政治汎論》（威爾遜著、高田早苗譯）、《政治學大意》、《社會問題概論》、《文化主義與社會問題》（桑木嚴翼）等。他甚至以為「入獄實在像入學」，一點兒都沒浪費時間，比平時讀書時的成績都要更好。[52]

蔣渭水自謂，在醫學校時代曾經想要退學到日本內地，留學早稻田大學政治科。後來做了醫生，但願望仍然不變，雖然沒有時間，但至少要成為早大的校外生。1924年那次入獄，在獄中讀完了一部政治經濟科講義錄[53]，達成平生的願望，他自稱此次入獄如去早大一般，而今「畢業早稻田大學了」。[54]他對早稻田大學特別有好感，認為明治維新後打造了一個私立的早稻田大學，臺灣維新後，

49　臺灣總督府警務局編，《臺灣社會運動史》，頁185-190。

50　許雪姬主訪、李思儀等紀錄，〈憶述活躍的運動家高兩貴：——高何謙、高銘堂兄弟訪談紀錄〉，《記錄聲音的歷史》11期（2019年12月），臺北：口述歷史學會，2019，頁77-78。

51　臺灣總督府警務局編，《臺灣社會運動史》，頁586。

52　渭水，〈入獄日記〉，《臺灣民報》2：10（大正13年6月11日），頁10。

53　早稻田大學自東京專門學校時期的1886年起，開始發行各學科講義錄，召募校外生，使無法接受高等教育的人也有學習的機會。該講義錄先是由私人發行，次年改由學校出版部正式發行，以分冊形式，每週一冊（約60頁），三年發行完成。講義錄的發行開啟了具有相等學力編入正規生的機會，該校第四任總長田中穗積早年是經由研讀講義錄後進入政治科，該校教授津田左右吉也是自修講義錄後，編入政治科二年級。參島善高，《早稻田大學小史》（東京：早稻田大學出版部，2008），頁53。

54　雪谷，〈獄中隨筆（三）〉，《臺灣民報》61號（大正14年7月19日），頁12。

也應該有一個臺灣人的早稻田大學。[55]

早稻田大學的前身是1882年創立的東京專門學校。該校以政治經濟學科聞名，相對於東京帝國大學得國學派的政治學，早稻田大學以英美派的政治學為主，這與學校的創立者大隈重信、小野梓崇尚英美式的立憲政治不無關係。1903年東京專門學校改制為早稻田大學，1912年在該校創立三十週年慶祝典禮上，強調以「獨立的學問」、「活用的學問」、「造就模範國民」為立校精神。[56]

大正民主時期，早稻田大學師生在思想界與社運界都相當活躍。該校政治學教授大山郁夫，與東京帝大教授吉野作造齊名，被視為大正時期具指導性的思想家。大山郁夫是留美的政治學者，在政治社會運動參與過程中，逐漸由民本主義思想家者轉變成向馬克斯主義者，積極推動無產階級解放動，1926年當選日本勞動農民黨委員長。[57]其次，早大教授安部磯雄被視為日本「社會主義之父」，1899年組成社會主義研究會，1901年組織社會民主黨，1920年擔任新制早稻田大學政治經濟學部部長並從事於無產階級運動，1926年當選日本勞動農民黨顧問、並出任社會民眾黨委員長。[58]同時，受到社會主義思潮影響，早稻田大學學生高津正道、淺沼稻次郎等於1919年組成了「民人同盟會」，與東京帝大「新人會」同為急進的社會主義運動團體。民人同盟會熱心於社會運動，由早大教授大山郁夫與高橋清吾擔任顧問，並進一步分裂出以團結無產階級、建設新社會為目標的「建設者同盟」，而這兩團體的學生大半在日後加入了日本共產黨。[59]

蔣渭水心儀的早稻田大學，崇尚自由獨立學風，其師生在大正民主時期明顯傾向社會主思想、熱衷於實踐無產階級運動。在獄中，早大學者的作品成為他的精神糧食，深入研讀社會主義思想。

（三）文化書局

1926年6月，蔣渭水成立了文化書局，蔣渭水在《臺灣民報》上所刊登廣告指，「為應時勢之要求創設本書局」，該書局「專以介紹中國名著間普及平民教

---

55 渭水，〈晨鐘暮皷〉，《臺灣民報》3：1（大正14年1月1日），頁24。

56 島善高，《早稻田大學小史》，頁36，66，88。

57 太田雅夫，《增補大正デモクラシー研究：知識人の思想と運動》（東京：新泉社，1990），頁123-158，

58 山泉進，〈社會主義と博愛の精神（安部磯雄）〉，收入早稻田大學社會科學研究所日本近代思想部會編，《近代日本と早稻田の思想群像I》（東京：早稻田大學出版部，1981），頁209-233。

59 伊藤隆，《大正期「革新」派の成立》（東京：塙書房，1978），頁100-112，

育，和文則專辦勞動問題、農民問題諸書」[60]，在《臺灣民報》報導中也指出，該書局特以臺北尚無人採辦之中國出版之漢文新式書籍為主，以促進臺灣文化之進步。[61]文化書局長期在民報上廣告所賣書籍，主要包括：一類有關中國政治、政黨、文化與歷史之書籍，如《孫文民生主義》、《孫文建國方略》、《孫逸仙傳記》、《梁任公近著》、《民國政黨史》、《胡適文存》、《中國文化史》、《新文化辭書》等。[62]另外一類則是西方政治學、政治思想與社會主義思潮相關書籍，如《歐洲政治思想史》、《政治概論》、桑木嚴翼的《近代思潮》、堺利彥的《婦女問題》、山川均的《殖民政策下の臺灣》等等。[63]總督府警務局即認為，該書局所販賣、介紹者，大部份是中國出版有關思想、政治與社會運動的書籍為主。[64]從文化書局所販賣之書籍，也可以觀察到蔣渭水所接觸書籍與思想轉變之軌跡。

連溫卿指出，反殖民壓迫的思想運動早期以臺北為中心，漸次波及全島，經過一段時間的激盪後，所發生的影響擴及政治、文化各個層面，底層民眾也被喚醒而積極前進，如農民抗爭事件正是此種現象的顯現。反帝國殖民運動從思想運動走向實際行動，從都市資產階級擴散到勞動大眾，從政治問題轉移到經濟問題，這些都使得最早倡議的民族主義者土著大資產階級大感吃驚，1923年10月土著資產階級決議將臺灣文化協會本部由臺北移轉到臺南，正是面對新發展趨勢時退卻與迴避的表現，文化協會內的兩個潮流——進步與保守的對立，終於不得不表面化。[65]與蔣渭水行動路線接近的謝春木也認為，官方的鎮壓使得政治運動更加激化，至1925年民眾已無法滿足於以往思想啟蒙的範圍，而要求「走向實際運動」，所以有農民運動的興起。

面對社會主義運動、無產階級運動蓬勃的新局面，像文化協會這樣鬆散的啟

---

60 《臺灣民報》113（大正15年7月11日），頁16。

61 〈文化書局出現〉，《臺灣民報》108（大正15年6月6日），頁7-8。文化書局的住址在臺北市太平町三丁目大安醫院鄰，即《臺灣民報》臺灣支局舊址。1924年夏東京《臺灣》雜誌停刊，全力經營《臺灣民報》，設臺灣支局於蔣渭水大安醫院之鄰，蔣渭水為董事。1926年《臺灣民報》支局自蔣渭水處移出，是否因蔣氏與林獻堂一派關係生變，值得注意。

62 《臺灣民報》113號（大正15年7月11日），頁16；《臺灣民報》134號（大正15年12月5日），頁16。

63 《臺灣民報》137號（昭和元年12月26日），頁16；《臺灣民報》142號（昭和2年1月30日），頁16；《臺灣民報》143號（昭和2年2月6日），頁16；《臺灣民報》145號（昭和2年2月20日），頁16。

64 臺灣總督府警務局編，《臺灣社會運動史》，頁158。

65 連溫卿著、張炎憲、翁佳音編校，《臺灣政治運動史》，頁126-132。

蒙運動團體已經無能為力，文協體質的轉變勢在必行。[66]因此，文協會中愈來愈多主張激進路線的無產青年終究與地主階級的溫和路線無法相容。

五、以工農階級為基礎的民族解放統一戰線

1920年代臺灣政治菁英為了達到殖民地解放目標，積極尋求各種思想資源與可行方案，包括列寧以民族主義取代階級運動的策略、日本國內社會運動的發展、勞動農民黨的建議，甚至印度、愛爾蘭等反殖民運動對策等各國經驗，都是參考範例。其中，列寧與共產國際（第三國際）的革命路線愈來愈吸引蔣渭水的注意力，而中國國民黨與孫文的容共政策也與此一致。

（一）同胞須團結

蔣渭水眼看著臺灣文化協會內部左右路線之爭日益嚴重，1926年11月援引日本內地社會運動的發展做龜鑑，呼籲臺灣社會運動陣營的團結。蔣渭水先區別左右兩路線，所謂左傾派多是取革命激進手段，欲一舉推翻舊社會；右傾派多採漸進合理手段，逐步改良社會，實踐理想。左右兩派各有所長，也有所短。要之，左派之所短是「無視一切傳統，無視一切國情，翻譯外來思想為思想，採用外來手段為手段」，他稱之為「小兒空想病」；右派之所短是「認識社會情形太清，易被現實牽掛，沒卻高遠理想」，他稱之為「妥協主義」。日本勞働運動逐漸由左傾漸入右傾化，「反對無視國情的改造主義，反對沒卻理想的妥協主義」，便是應取的態度。[67]

1927年元旦，蔣渭水在報上呼籲「同胞須團結，團結真有力」。蔣渭水以生物界團結對抗威脅的例子，來說明團結力量大。他說：

> 列寧說，世界上被壓迫階級有十二億，而壓迫階級則僅三億。……這是因為什麼緣故呢？就是無產者們自己不能一致團結所致的。所以馬克斯出了一個口號曰「萬國勞働者需要團結！」便是為著這個緣故啦。
>
> 幸哉！近來無產階級大眾都漸漸覺醒起來了。像英國的勞働黨竟能握

66　謝春木，《臺灣人の要求》（臺北：臺灣新民報社，1931），頁24-26；54-55。

67　〈左右傾辯〉，《臺灣民報》132號（大正15年11月21日），頁4-5。本文並未署名，但黃白成枝等人所編之《蔣渭水遺集》將之編入，視為蔣之文章。

> 著英國的政權，……像露國的勞農兩階級竟能一躍而為露國之主人翁組織了勞農政府，……最近如中國國民黨，自民國十三年改組以來，以最大多數的農工階級為基礎一致團結，才有今日北伐軍之成功。…設使我臺四百萬同胞，個個都能覺醒團結起來，那就無論有那麼大的魔力，我們都可以抵制他。……所以我敢斷言：團結是我們唯一的利器，是我們求幸福脫苦難的唯一門徑。[68]

蔣渭水的文章中開口閉口就是列寧、俄國經驗，又以英國、中國的無產階級運動說明「團結力量大」道理，顯示出對此些思想潮流的鍾情。

1927年元月3日，文協終究還是分裂了，以連溫卿為首的社會主義派取得領導權，地主派幹部紛紛退出文化協會。謝春木認為，地主資產階級為主的舊幹部一派係以從事慈善事業的心態在面對社會運動，以為是在替別人謀福利；這與無產青年一派出於主義與思想所激發大不相同，後者積極爭取社會運動的領導權，這正是舊幹部派敗北退出的原因。[69]兩派的衝突對立愈演愈烈。

蔣渭水指出，殖民統治當局最懼怕的正是被殖民者的團結一致。此時他認為，殖民政府真正擔心的是民族問題，這會使殖民地人民團結、力量大增；若訴諸階級鬥爭，則骨肉相爭、勢力分散，徒使殖民者坐收漁利。[70]因此，應從事於團結殖民地人民的民族運動。

蔣渭水也與新文協幹部爭論殖民地政治運動的路線問題，林冬桂等人主張以階級鬥爭來追求解放，蔣渭水則認為殖民地運動若不能採取農工商學各界為基礎的民族運動，則無達到光明之路，俄國與中國的運動可為例證。[71]他並反對部分人士「以左為時髦，故特意粉飾為左派的幼稚病」。[72]

1927年9月，臺灣民眾黨成立之初，在臺南舉行演講會，鼓吹全民團結的殖民地抵抗運動。蔣渭水特別援引馬克斯、恩格斯、考斯基、列寧、大山郁夫、布施辰治、孫文與汪精衛等人的看法，來支持他的主張——殖民地解放運動中，民

---

68 蔣渭水，〈今年之口號〉，《臺灣民報》138號（昭和2年1月2日），頁11-12。

69 謝春木，《臺灣人の要求》，頁68。

70 〈階級爭鬪與民族運動〉，《臺灣民報》157號（昭和2年5月15日），頁2-3。本文並未署名，但黃白成枝等人所編的《蔣渭水遺集》收入。蔣渭水也曾說明自己對階級鬥爭的看法刊於《臺灣民報》157號，由此可證明此文為蔣渭水之作。參蔣渭水，〈對臺灣農民組合聲明書的聲明〉，《臺灣民報》161號，昭和2年6月12日，頁14。

71 〈新舊文協主義的討論〉，《臺灣民報》161號（昭和2年6月12日），頁11。

72 蔣渭水，〈對臺灣農民組合聲明書的聲明〉，《臺灣民報》161號（昭和2年6月12日），頁14。

族運動與階級鬥爭兩者不可偏廢。[73]他認為文化協會分裂以來，新幹部主張階級鬥爭，排斥民族運動，模仿第三國際的戰術，對民族運動者加以毀謗中傷，使得臺灣全民解放運動共同戰線紛亂不已，民眾勢力分散，解放運動為之停頓。[74]

蔣渭水認為1927年7月成立的臺灣民眾黨、1925年6月成立的臺灣農民組合與1921年10月成立的臺灣文化協會是全島性的三大解放運動團體，進一步探究，民眾黨的目的在從事實際政治運動，確立民本政治、建設合理經濟組織、改正社會制度缺陷；農民組合是為追求農民生存權，注重經濟運動，但要獲得經濟權非得廢除惡法，即從事於政治方面的鬥爭，以政治運動為必要手段；文化協會宗旨在促進大眾文化，屬思想運動團體，若要追求實際權利，非得組織另一團體，從事政治運動不可。所以三大團體都應追求獲得政治權利，著力於實際的政治運動，早日聯合成統一戰線。[75]言下之意，以經濟為目標的農民組合、以社會為目標的文化協會，都應合作於從事實際政治運動的臺灣民眾黨的領導。

臺灣民眾黨正是蔣渭水理想中「臺灣人解放運動的總機關」，正如中國國民黨是中國人解放運動的總機關一樣。[76]蔣渭水列論了馬克斯為共產主義之右派、列寧兼具理想與現實、孫文從民族主義出發追求社會主義的理想，由此得到結論：

> 我以為馬氏列寧氏孫氏三人，乃是社會運動家的大模範，我黨須要用做指南針。不可染著小兒病，也不可染著老衰症。小兒病者是輕卒〔率〕過激有觀前無顧後，青牛不識虎，盲人不怕蛇。老衰症是反動、保守、妥協。無膽過激與反動兩極端皆不好，極端的黨，必不能成就大眾的之黨。我黨須要把持理想，凝視現實，得其中庸穩健妥當，才能包含臺灣民眾，成就大眾的之黨，如此才能達到「民眾黨是臺灣人解放運動的總機關」的目標，能集中勢力，然後才能切實替臺灣人謀解放圖幸福。[77]

蔣渭水並進一步指出，臺灣有人主張階級鬥爭進行解放運動，這是錯誤的；帝國主義內的解放運動應採階級鬥爭，但殖民地的解放運動應採工農階級為基礎

[73] 〈臺灣社會問題改造觀（三）〉，《臺灣民報》178號（昭和2年10月16日），頁8。〈臺灣社會問題改造觀（四）〉，《臺灣民報》179號（昭和2年10月23日），頁8。〈臺灣社會問題改造觀（五）〉，《臺灣民報》180號（昭和2年10月30日），頁8。

[74] 雪谷，〈文協的新宣言〉，《臺灣民報》181號（昭和2年11月6日），頁7。

[75] 〈須要統一共同戰線〉，《臺灣民報》192號（昭和3年1月22日），頁2。

[76] 雪谷蔣渭水，〈我理想中的民眾黨〉，《臺灣民報》189號（昭和3年1月1日），頁4。

[77] 雪谷蔣渭水，〈我理想中的民眾黨〉，《臺灣民報》189號（昭和3年1月1日），頁4。

的民族運動。他援引列寧所主張必須先使帝國主義滅絕、方可能使後進國的經濟生活根本改造，亦即先於殖民地民族運動打倒帝國主義，繼而方能獲得無產階級解放。而第三國際對中國革命的決議，也正是先國民革命、再社會革命。因此蔣渭水認為，以工農為基礎的民族革命，才是殖民地解放運動的正確路線。[78]由此可知，蔣渭水領導的臺灣民眾黨，其目標正是以「工農階級為基礎的民族解放統一戰線」。

蔣渭水這些主張與共產國際（第三國際）與列寧所主張的〈民族・殖民地問題綱領〉一致。1920年共產國際第二回大會討論民族問題與殖民問題，認為帝國主義因壓榨殖民地的過剩利潤而得以壯大，要打倒帝國主義必須先使殖民帝國解體。但東洋諸國等後進國並未出現純粹共產主義的革命解放潮流，而是以資產階級的民主主義、民族主義運動為主。列寧認為，為使共產主義戰術與政策在後進國得以實行、不致成為空想，只要殖民地資產階級為主的解放運動是真的革命運動、是不妨害無產大眾革命精神教育的運動，共產國際應該給予支持。[79]

蘇聯主導的共產國際又在1927年因應日本共產黨山川均派與福本和夫派的爭議提出「二七綱領」，認為日本國家權力是以資產階級與地主為主導，農村地區還保存半封建殘餘關係，革命時機尚未成熟；因此應先進行對封建殘存的民主主義革命，再進入對資本主義之社會主義革命。為了不使左翼份子與溫和派大眾政黨分離，必須組成統一戰線，但共產黨作為內部的指導者，並保持絕對的獨立性。[80]

1928年臺灣共產黨遵照第三國際指示作為日本共產黨之下的臺灣民族支部而成立，由日共來指導進行殖民革命。臺灣共產黨政治大綱即指出，左派的錯誤在否認民族解放運動，主張直接實踐社會革命。但臺灣尚存封建殘餘，大眾的經濟鬥爭組織仍停在初步階段，所以須先進行民主主義革命性質的民族解放運動，臺灣共產黨的任務是吸收反日本帝國的所有革命勢力，建立以工農為中心的反帝國主義大同盟。[81]

此一時期，蔣渭水主張以「以工農為基礎的民族運動」正是吸收了共產國際

78　〈以工農階級為基礎的民族運動〉（社論），《臺灣民報》155號（昭和2年5月5日），頁21。本篇未署名，但黃白成枝等人所編的《蔣渭水遺集》收入。

79　いいだもも編譯，《民族・殖民地問題と共產主義：コシンテルン全資料・解題》（東京：社會評論社，1980），頁29-40。

80　公安調查庁調查資料，《日本共產黨史（戰前）》（復刻）（東京：現代史研究會，1962），頁159-160。

81　臺灣總督府警務局編，《臺灣社會運動史》，頁607-610。

「以工農階級為民族革命統一戰線」的理論，差別只在於誰是統一戰線的領導核心？共產國際認為共產黨是領導核心，而蔣渭水則以臺灣民眾黨為領導核心。

（二）效法孫中山

蔣渭水對中國的發展相當注意，對中國國民黨與孫文的動態也極為關心，並常將中國與臺灣對照，並以中國革命路線作為臺灣的指引。例如蔣渭水以孫越聯合宣言中指出共產制度不適用於中國，論證共產主義也不適用於臺灣。[82]又以國共合作前提是共產黨必須承認民族運動的重要性，力說被壓迫民族不可有反對民族運動的自殺行為。[83]又如借用孫文的民生主義，反對共產主義之階級鬥爭理論[84]，宣稱「臺灣民眾黨是臺灣人解放運動的總機關」，正如「中國國民黨是中國人解放運動的總機關」一樣等。[85]類此種種，都顯示蔣渭水對孫文的崇拜。與蔣渭水接近的謝春木也指蔣渭水為「孫文主義的信奉者」。[86]

但從《臺灣民報》的報導，就會發現有關中國情勢、中國國民黨、孫文與蔣介石的消息非常頻繁，顯示日治中期臺灣政治社會運動陣營對中國政情的關心與對孫蔣的期待者眾，並不僅僅是蔣渭水而已。

1925年月3孫文逝世，《臺灣民報》不久即刊出〈哭望天涯弔偉人〉一文，文中「西望中原，我們也禁不住淚泉怒湧」，稱他是「自由的化身」、「熱血的男兒」、「正義的權化」。[87]隨即，各界人士於3月24日在臺北舉行追悼大會，報導中稱「臺灣人敬先生為和平神、救世祖，對先生之死熱淚汪汪」；「熱淚是悲傷之極由內流出的，那禁得住淚灑滿襟呢？唉！一偉人之死，我們臺灣人不該放聲大哭？」[88]甚至，政治社會運動人士私下聚會悼念，例如黃旺成不顧日本特務的監視，與同志10人在他的書齋內召開追悼會。[89]此後數年，臺灣社會運動者每每在孫文的忌日在臺北召開紀念會，除了蔣渭水，包括王敏川、連溫卿、施文杞、蔡培火、謝春木、張晴川、陳春金等人都曾上臺演說，聽眾甚至達五千人之數。[90]此一現象說明，1920年代臺灣社會運動者仰慕孫文是共同的傾向，蔣渭水

---

82 〈階級爭鬪與民族運動〉，《臺灣民報》157號（昭和2年5月15日），頁2-3。
83 〈中國的民族運動〉，《臺灣民報》161號（昭和2年6月12日），頁2。
84 〈共產主義向左去　三民主義對右來〉（社論），《臺灣民報》160號（昭和2年6月5日），頁1。
85 雪谷蔣渭水，〈我理想中的民眾黨〉，《臺灣民報》189號（昭和3年1月1日），頁4。
86 謝春木，《臺灣人の要求》，頁84。
87 〈哭望天涯弔偉人〉（社論），《臺灣民報》3：10（大正14年4月1日），頁1。
88 〈臺灣人不該哭孫先生的死嗎？〉，《臺灣民報》3：10（大正14年4月11日），頁6。
89 〈黃旺成日記〉，1925年4月3日，未刊本。
90 〈孫先生忌年追悼大會〉，《臺灣民報》98號（大正15年3月28日），頁4-5。〈孫中山先生二週

並非特例。

同時，《臺灣民報》報導中經常將臺灣與中國類比，例如將臺灣文化協會的左右分裂，類比於中國國民黨蔣介石派與共產主義派的分裂，雙方連口號都相當類似；[91]又如連溫卿與左翼無產青年奪取文化協會領導權，即是模仿國民黨容共政策下共產黨的策略。[92]再者，謝春木也主張臺灣的社會運動要採用孫中山先生的路線，使民族運動與階級運動並行。[93]關心中國革命運動發展，是當時政治社會運動者的共同現象；而孫文聽取蘇聯建議、採取的聯俄容共路線恐怕更是仿效的原因。

六、走向共產主義

臺灣民眾黨成立後，內部的矛盾逐漸顯現。先是因為林獻堂、蔡培火資產階級一派政治態度差異，前者逐漸疏離臺灣民眾黨。在蔣渭水主導下的臺灣民眾黨，標榜「以工農階級為基礎的民族解放運動」，全力發展工運組織臺灣工友總聯盟、並組織農民團體，1928年中央常務委員會庶務部長彭華英不滿而辭職。彭華英在〈退出民眾黨聲明〉中明白指出，他退出民眾黨的理由，正是與蔣渭水派主張水火不容之故。彭華英認為，依照民眾黨的政綱應是專注於政治運動的政黨，其使命是為臺灣人爭取參政權。但是，黨內一部分人無視於創黨精神，只顧熱衷於勞工運動，雖數次提出警告，仍無回應。目睹黨內部分人士行動魯莽無謀，愚昧無知地以農工階級為中心，無智之輩橫行無忌，令人遺憾。[94]接著，1930年林獻堂、蔡培火、蔡式穀、楊肇嘉等人籌組臺灣地方自治聯盟，蔣渭水極力反對，最後中央執行委員會以「民眾黨員不得加入其他政治結社」決議，限兩週猶豫期，最後將林獻堂等十六名地方自治聯盟幹部除名。[95]

1930年臺灣政治社會運動於是形成左派文化協會、右派地方自治聯盟的態勢，民眾黨夾在左右之間，必須提出鮮明路線加以突圍。在資產階級溫和派進階

年的紀念會〉，《臺灣民報》150號（昭和2年3月27日），頁6-7。〈孫文追悼大會〉，《臺灣民報》200號（昭和3年53月18日），頁4。

91 〈中臺改革運動兩潮流〉，《臺灣民報》157號（昭和2年5月15日），頁2。文中指國民黨左右分裂，左派的口號是「打倒蔣介石」，右派的標語是「驅除共產派」；文協左右分裂，左派的口號是「打倒蔣渭水」，右派的標語是「驅除搗亂份子」。

92 謝春木，《臺灣人の要求》，頁56。

93 〈臺灣社會問題改造觀（二）〉，《臺灣民報》177號（昭和2年10月9日），頁8。

94 臺灣總督府警務局編，《臺灣社會運動史》，頁457-458。

95 臺灣總督府警務局編，《臺灣社會運動史》，頁486-487。

離去後，蔣渭水與幹部陳其昌等人愈發選擇左傾激進路線。

從臺灣民眾黨第三次全島黨員大會宣言、第四次大會政策綱領理由書，可以明顯看到共產國際對該黨的影響。第三次全島黨員大會宣言中，民眾黨對世界情勢的分析如下：

> 歐戰以來，銅牆鐵壁般的帝國主義基礎已經出現巨大裂痕而發生動搖。其原因在於帝國主義的矛盾、與蘇聯對立、殖民地民眾及帝國國內無產階級的不平。…一、帝國主義的矛盾，英法對立…英德對立…英美對立…德法對立…二、與蘇聯對立…**全世界已分為國際聯盟與第三國際兩大陣營**，最近兩三年第三國際的世界政策活動雖受帝國主義包圍壓迫而難以進展，但**世界各國共產主義已具有強盛發展之潛力**。[96]

臺灣民眾黨眼中的國際大勢，看壞西方帝國主義、寄望於蘇聯為首的共產主義陣營。1931年，臺灣民眾黨第四次全島黨員大會將修改綱領政策，修改理由書中指出：

> （創黨）四年間的客觀情況與主觀條件，都因世界經濟恐慌與解放運動進展發生極大變化。世界經濟恐慌普遍深刻化，農產物價暴落、產業強行合理化、勞動工資低下…世界經濟恐慌隱藏了資本主義最大危機，全世界經濟組織遭遇激烈轉換期，**帝國主義各國的資本主義經濟已陷入衰老沒落，蘇聯的社會主義經濟新興勃起，這是資本主義經濟與社會主義經濟的轉換時機**。…面對這樣的情勢，一般大眾的反帝國主義思想勃生。被壓迫民眾的勝利有賴於反帝國主義民眾糾合組織，採取共同戰線。因前述客觀情勢變化，島內大眾生活鬥爭意識異常強烈的主觀條件已形成。[97]

原來，前述列寧所提的「民族革命統一戰線」理論，在中國「國共合作」實踐的結果遭遇失敗，國民黨右翼進行清黨，共產國際認為東方民族資產階級背叛革命。此一失敗經驗使第三國際修正路線，於1928年〈共產國際綱領〉將資本主義發展分為三期：第一期是1914-1923，資本主義體系發生尖銳危機，無產階級

---

96 臺灣總督府警務局編，《臺灣社會運動史》，頁478-479。

97 臺灣總督府警務局編，《臺灣社會運動史》，頁507-508。

進行革命進攻。第二期是1924-1927，資本主義局部穩定，無產階級革命陷入低潮。第三期是1928年開始，資主本義總體危機將急遽發生，掀起對抗帝國主義的民族解放戰爭，最後導致資本主義的崩潰。[98]而前述臺灣民眾黨修改綱領理由書中，世紀經濟恐慌、資本主義體系激烈動盪、無產階級革命主客觀條件形成等論述，正是共產國際「資本主義第三期理論」的複製。

1931年2月18日臺灣民眾黨第四次黨員大會上，蔣渭水說明綱領修改理由後，全體同意將該黨綱領修改為「爭取勞動者、農民、無產市民及一切被壓迫民眾的政治自由」、「擁護勞動者、農民、無產市民及一切被壓迫民眾的日常利益」、「努力擴大勞動者、農民、無產市民及一切被壓迫民眾之組織」，成為以無產階級政黨。綱領政策通過後，立即遭到北警察署署長的禁止結社命令。

民眾黨被禁沒多久，蔣渭水跟著病倒，並且一病不起，於8月5日逝世。蔣渭水留下遺囑：

> **臺灣社會運動已進入第三期，無產階級的勝利，已經迫在眉睫**。凡我青年同志，務須努力奮鬥，而舊同志亦應加倍團結，積極的援助青年同志，望為努同胞之解放而努力。[99]

曾經是蔣渭水親密戰友的資產階級溫和派蔡培火，面對蔣渭水這樣的遺囑內容深感不解：「什麼叫做第三期？叫舊同志援助做第三期運動是什麼意思呢？」[100]

對共產國際政策綱領陌生的蔡培火，自然會有此問。而蔣渭水從1920年代初期即被社會主義、共產主義所吸引；民眾黨成立初期所揭櫫「以工農階級為基礎的民族解放統一戰線」，正是受列寧理論影響；至1931年第四次民眾黨黨員大會的政策綱領修訂，也是跟隨共產國際的「二八綱領」的判斷；甚至臨終所使用「資本主義第三期理論」語言，更明顯是共產國際語言。此時的蔣渭水，無疑已是共產主義信仰者。

98　趙勳達，《「文藝大眾化」的三線糾葛：臺灣知識份子的文化思維及其角力（1930-1937）》（桃園：中央大學出版中心，2015），頁93-94。

99　臺灣總督府警務局編，《臺灣社會運動史》，頁520。

100　張炎憲總編輯，《蔡培火全集第一冊：家世生平與交友》（臺北：吳三連史料基金會，2000），頁181。

七、結論

一九二〇年代臺灣反殖民運動曾有十年左右蓬勃飛躍的光景，蔣渭水在這十年中創立啟蒙運動團體臺灣文化協會、成立臺灣歷史上第一個政黨臺灣民眾黨，糾合同志率先倡議與行動。因為他態度鮮明、行動果決，蔣渭水成為臺灣總督府眼中的強硬份子，強力予以打壓。同時，因為總督府進行種種分化對策、運動團體資源與路線的競爭，蔣渭水與他的左右派同志之間關係緊張。但這都不影響蔣渭水在日治時期臺灣反殖民運動中動見觀瞻的歷史地位。

蔣渭水勤於閱讀、博聞強記，早期從事臺灣文化協會啟蒙運動之初，期待臺灣人擔負起日華親善的使命，顯然受到日本政界、輿論界大亞洲主義思想的影響；其後受連溫卿影響，研讀社會主義、共產主義書籍，也利用治警事件入獄期間吸收社會主義思想。他學習列寧理論、孫文路線，提倡以工農階級為主的民族運動，以俾殖民地團結對抗帝國主義；在他生命的晚期則接受共產國際的樂觀判斷，認為資本主義即將崩潰，倡議共產主義階級革命。蔣渭水一生思想多變，尤其在短短十年間，歷經右、中、左思想的劇烈轉變。

後人應該如何理解蔣渭水的思想變化呢？筆者認為，蔣渭水活躍於政治社會運動的十年間，思想資源包括幾個方面：一是大正民主時期蓬勃競爭的各類思想，無論是大亞洲主義、日華親善說、社會主義到共產主義運動，都同樣在日本內地激烈上演。二、蔣渭水與他的同志們關注中國革命，並引以為參考，必須注意的是，此時中國國民黨國民革命、孫文的聯俄容共路線正受蘇聯所牽引。三、蘇聯革命成功後成立共產國際輸出階級革命經驗，成為世界潮流，尤其受到被壓迫的殖民地人民歡迎。共產國際處理殖民地問題綱領受到高度關注，從列寧「民族革命統一戰線」到史達林的「資本主義第三期理論」，都是蔣渭水學習的範本。蔣渭受走在時代前端，受到時代左翼思潮影響，並緊緊跟隨主流思想變化。

蔣渭水思想歷經多次變化，在一九二〇年代臺灣政治社會運動者之中並不多見。在蔣渭水病篤時，與他關係水火不容的蔡培火也難捨曾經共同奮鬥的同志之情，並肯定他「孜孜不倦地做工」，但也坦言「他好新，思想不連貫」[101]，誠然

---

[101] 張炎憲總編輯，《蔡培火全集第一冊：家世生平與交友》，頁179-180。

是平實的評價。

從另一角度而言，蔣渭水思想多變，正顯示他不自我設限，嘗試接觸各種思想資源、採取所有可能路線，為脫離殖民統治狀態、解放臺灣所做的努力。

至於蔣渭水的政治認同是中國？臺灣？筆者認為從他留下的諸多作品中，並無明確答案。1924年治警事件法庭辯論時，蔣渭水對於「國民」、「民族」、「人種」[102]做了明確的區別。他說，國民是對政治上、法理上來看的，民族是血統、歷史、文化的區別，人種則是對體格、顏貌、皮膚區別的。而民族與國民的關係可有四種組合：一民族一國民、不同民族同一國民、同民族不同國民、一民族同化他民族。他說：

> 臺灣人不論怎樣的豹變自在，做了日本國民，便隨即變成日本民族〔國民〕，臺灣人明白地是中華民族，即是漢民族的事，不論甚麼人都不能否認的事實。…我日本帝國一國內即有十三個民族…我要感謝神明，使我生做臺灣人，是因為臺灣人把握世界平和的鎖鑰咧…以中華民族做日本國民的臺灣人應具有做日華親善之楔子的使命…[103]

依據蔣渭水的此一說法，他認為臺灣人雖有中華民族血緣，但已是日本國民，他希望臺灣人以此種特點，推動日華親善、促進世界和平。這樣的蔣渭水，恐怕已無法定位於一國的認同。

[102] 蔣渭水所說的國民是政治而言，近nation；民族以血緣為判別，近ethnic；人種以膚色為依據，即race。

[103] 〈蔣渭水氏辯論〉，《臺灣民報》2：16（大正13年9月1日），頁19-20。

引用書目

《臺灣民報》，大正13年1月——昭和2年10月。
いいだもも編譯
1980 《民族・殖民地問題と共產主義：コシンテルン全資料・解題》。東京：社會評論社。
山泉進
1981 〈社會主義と博愛の精神（安部磯雄）〉，收入早稻田大學社會科學研究所日本近代思想部會編，《近代日本と早稻田の思想群像I》。東京：早稻田大學出版部，頁209-233。
太田雅夫
1990 《增補大正デモクラシー研究：知識人の思想と運動》。東京：新泉社。
公安調查庁調查資料
1962 《日本共產黨史（戰前）》（復刻）。東京：現代史研究會。
王曉波編
2005 《蔣渭水全集》。臺北：海峽。
永井柳太郎
大正9年9月15日 〈世界的文化と臺灣人の使命〉，《臺灣青年》1：3，頁2-8。
白成枝編
1950 《蔣渭水遺集》。臺北：文化出版社。
伊東昭雄
1990 《アジアと近代日本——反侵略の近代思想と行動》。東京：社會評論社。
伊藤隆
1978 《大正期「革新」派の成立》。東京：塙書房。
林慶元、楊齊福
2006 《「大東亞共榮圈」源流》。北京：社會科學文獻出版社。
島善高
2008 《早稻田大學小史》。東京：早稻田大學出版部。
連溫卿著、張炎憲、翁佳音編校
2003 《臺灣政治運動史》。臺北：稻鄉出版社。
張炎憲總編輯
2000 《蔡培火全集第一冊：家世生平與交友》。臺北：吳三連史料基金會。
許雪姬主訪、李思儀等紀錄
2019 〈憶述活躍的運動家高兩貴：——高何謙、高銘堂兄弟訪談紀錄〉，《記錄聲音的歷史》11期（2019年12月），臺北：口述歷史學會，頁63-131。
黃煌雄
1976 《臺灣的先知先覺者——蔣渭水先生》。臺北：黃煌雄發行。
1992 《蔣渭水傳——臺灣的先知先覺者》。臺北：前衛。
2015 《蔣渭水傳——臺灣的孫中山》。臺北：時報文化。

葉榮鐘等

1981　《臺灣民族運動史》。臺北：自立晚報社。

趙勳達

2015　《「文藝大眾化」的三線糾葛：臺灣知識份子的文化思維及其角力（1930-1937》。桃園：中央大學出版中心。

臺灣總督府警務局編

1973　《臺灣總督府警察沿革志誌　第二編領臺以後の治安狀況（中卷）　臺灣社會運動史》。東京：龍溪書舍復刻本。

蔣渭水先生與臺灣民主啟蒙運動

蔣朝根

摘要

哲學家康德認為啟蒙運動是人類的最終解放時代，將人類意識從不成熟的無知和錯誤狀態中解放。康德又言，啟蒙讓人成為真正自主的人。

蔣渭水認為1920年代，臺灣的社會狀態，應稱為過渡時代，或是動搖時代，「在動搖時代裡，橫暴掠奪的帝國主義即將崩潰。另一方面亦意味被侵虐的弱者得獲解放。但是強國不但不乘此機會自我省察，反而頑冥執拗，以各種曲喻附說，力圖挽回自己正在崩解的頹勢……即使吾人欲循和平之道前進，亦不得不與彼等之頑冥執拗奮戰到底，不得不為脫離彼等之不公平待遇而戰。然則何以戰，何以脫，終其極究，無非闡明自己的立場，以順應世界澎湃的潮流。」蔣渭水認為「有了今日的動搖，才能有明日的進步」，世界大勢是不會捨棄臺灣而不顧，順應世界澎湃的潮流，「被因習傳統所桎梏的本島人啊！該覺醒的時刻已來到了！」[1]

文化是覺醒的要素，蔣渭水的臺灣解放運動的程是先以文化啟迪民智，打破殖民體制的隸屬思想，喚醒民眾「主權在民」的自覺，再以政治運動取得參政權，實施自治主義的三權分立立憲政治，最終解除加諸於個人或民族在文化、政治、經濟、社會的種種壓迫與束縛，邁向民主啟蒙運動最高理想民族平等、階級平權的大同世界。

1920年代，引領解放運動的兩個最重要團體，臺灣文化協會是民族運動的指導團體並為臺灣人啟蒙運動的團體[2]，臺灣民眾黨則是「臺灣人解放運動的總

---

[1] 蔣渭水，〈動搖時代の臺灣〉，《臺灣》3：9（1928年1月），頁47-49。

[2] 王乃信等譯，林書揚等編輯，《臺灣總督府警察沿革誌第二篇領臺以後的治安狀況（中卷——臺灣社會運動史第一冊文化運動》（臺北：創造出版社，1989），頁188。以下簡稱《臺灣總督府警察沿革誌文化運動》。

機關」[3]，此二團體及其所屬次團體，掀起一波波反殖民運動浪潮，在滾滾浪潮上，蔣渭水如果不是結社的首倡者，就是站在第一線的先鋒旗手。本文探討分析蔣渭水在臺灣民主啟蒙運動本質及其歷程。

關鍵詞：蔣渭水、臺灣維新、啟蒙運動、臺灣文化協會、臺灣民眾黨

[3] 蔣渭水，〈我理想中的臺灣民眾黨〉，《臺灣民報》190（1928年1月1日），第四版。

一、前言

蔣渭水先生的臺灣民主啟蒙運動是一場「臺灣維新」的運動[4]，起步於1920年代，臺灣「孤懸海外常後世界之進運，然而臺灣海峽實為東西南北船舶往來之關門，世界潮流皆胥匯流於此」[5]，在此大改造的時代，臺灣遠遠落後於世界思潮，正因如此，反而可以跨越時代、跨越地域，取各方之長，融為一體，此為臺灣維新之特色。

臺灣維新擷取日本明治維新揭櫫的〈五條御誓文〉[6]，以革新的精神，告別封建社會舊思維，引領臺灣人進入文明開化新世代；亦汲取歐洲「文藝復興」崇尚理性思考的人文主義精髓，破除神權與偶像崇拜的迷思，勇於追求個人自我價值，以創新的精神重塑新時代；並且與第一次世界大戰後的民族自決風潮同步，不做次等民族，自己決定自己的命運和前途；在思想傳遞上，載體亦擷取中國白話文運動，以淺白易懂白話文取代文言，標示臺灣維新是一場由知識分子走入群眾的社會變革運動。

蔣渭水以組織結社，匯聚各方力量推動臺灣維新。臺灣文化協會求智慧於世界，提升臺灣文化與世界文化並行；臺灣議會期成同盟會行殖民地自治的民族自決運動，臺灣民眾黨推動「廣興會議，公論決萬機」的立憲政治；臺灣工友總聯盟訴求各行各業「各遂其志」的經濟體制，臺北維新會則建立「除舊來之陋習」的文明社會，這些團體異身同根。

本島另兩個重要的社會運動團體，臺灣農民組合受到文化協會的啟蒙；臺灣自治聯盟從臺灣民眾黨分裂而出，可以說，1920年代本島六大社會運動團體都是從文化協會衍生。

---

4 蔣渭水，〈晨鐘暮鼓〉，《臺灣民報》3：1，（1925年1月1日），第二十四版。

5 臺灣文化協會創立事務所，〈臺灣文化協會創立趣意書〉（1921年8月），六然居資料室典藏，收於蔣朝根著，《熱血青春蔣渭水紀念文集》（臺北：蔣渭水文化基金會，2022），頁28。

6 五條御誓文（日文：五箇条の御誓文）是明治天皇親率文武百官向天地、人民宣誓，揭示國是方針，開啟了明治維新的歷史序幕。一、廣興會議，公論決萬機。二、上下一心，經綸盛行。三、官武一途迠至庶民，各遂其志，事要人心不倦。四、除舊來之陋習，基天地之公道。五、求智慧於世界，振大皇國之基業。下載日期：2023年5月14日，譯文取自維基百科，網址：https://zh.wikipedia.org/zh-tw/五條御誓文。

二、啟蒙運動的孕母文化協會

文化運動本質是臺灣人自我覺醒的運動。《臺灣總督府警察沿革誌》指出：

> 臺灣文化協會在其會則的表面，雖然只揭示「助成臺灣文化的發達」這一類的抽象目標……，它很明顯地是以民族自決和臺灣民眾的解放為其前進的目標。以臺灣特別議會的設置作為第一階段的運動，設法喚起島民的民族自覺，教育他們對本身地位和任務的認識，漸次進入民族自決，臺灣民眾的解放的路上去。[7]

臺灣近代政治思想意識為出發點的反殖民的運動，以臺灣議會請願運動為濫觴，但其主戰場在東京帝國議會，主要成員是知識青年；文化協會則是本島反殖民運動進入實踐階段的團體，成份涵蓋各個階層人士。

1914年，林獻堂與日本明治維新元勳板垣退助伯爵，共同發起成立「臺灣同化會」，宗旨在撤除日、臺人之間的壁壘，將臺灣人化育為日本人，使其享有與日本人同等之權利待遇，並以臺灣人做為中日同盟的媒介。在殖民體制差別待遇之下，撤除日、臺人之間的壁壘引起臺人相當的共鳴；將臺灣人化育成皇民，也獲得在臺日人官民熱烈回響，同年12月20日，在鐵道飯店舉行創立大會。因在臺日人普遍存有支配者的心態及割據意識，此一溫和組織在板垣伯爵回日本後，1915年1月23日，佐久間左馬太總督以「妨害公共安全」，命令解散。

同化會存續時間僅一個月又三天，隨板垣來臺，擔任同化會的日籍幹部多人以會費帳目不清被捕，參加同化會的蔡培火也遭革除公學校教職，由林獻堂贊助赴東京高等師範學校就讀，日後成為襄助林獻堂從事反殖民運動的左右手。

同化會創會之後，將近七年之久，本島才出現第二個現代性意識的結社——臺灣文化協會，該會發起時，一般人都觀望裹足，官方則更是戒慎恐懼。

蔣渭水先與吳海水、林麗明，拜訪總督府警務局長川崎卓吉，陳述文化協會的性質，局長承諾，若是文化運動就沒問題，於是，1921年7月18日，在蔣渭水大安醫院成立創立事務所。

---

7 《臺灣總督府警察沿革誌文化運動》，頁198。

川崎務局長復召見蔣渭水，再三釋明當局對文化協會的諒解是對文化運動的諒解，而非對政治運動的諒解。[8]

在這樣疑慮的氛圍下，島內外各界仍對於文化協會的創立寄予厚望，《臺灣青年》將先覺者比擬成明治維新的思想家、教育家，創立早稻田大學的大隈重信、天野為之：

> 顧臺灣見聞既梗，言論復塞，雖有耳目口舌手足，不能盡其用，而治者猶以寬政自誇，是與繩其手足而使行者何異，苟不自覺，前途奚堪設想。設使不幸擯於文化之外，數世之後，非唯不能望西人之肩臂，往昔之以中廈（夏）自誇視外人為蠻夷者，恐難免自為蠻夷矣。言念及此，苟有心者，無不動容。臺灣至今漸知團結及同盟之效，會社之利，組合之美，人所共知。爾來青年會到處望風而起，尤足欣慰。最近又聞有志鼓舞臺灣文化協會，直接間接運動文化為目的，美哉此舉。其亦大隈、天野之流亞歟。吾人深望其一日早成，其造同胞之福，觀發起人及贊成者皆一流先覺之士，當無患難成。然其如何運動如何收效，固吾人所樂聞者。夫人患不自覺，雖自覺猶患不能運動耳，苟自覺而能運動，猴可以為人，人可以為仙，驥雖伏櫪，儘可以斷韁馳騁，誰復能制。不然，馬雖解放亦馬耳，人雖人猶傀儡耳、奴隸耳，何足貴為萬物之靈哉，吾人深抱贊成，更望全臺同胞協心努力。以期達最徹底之目的。[9]

該文以斧鉞之筆，批判殖民統治箝制，臺灣社會思想閉塞，被擯於世界文化之外，幸有志者出而組織文化協會，期待全臺同胞協心努力，自覺解放運動能斷韁馳騁。

文協發起人有67人，其中蘭陽地區有蔣渭水、陳金波、石煥長、林嘉普共4人；贊成人65人，蘭陽地區有連碧榕、黃作禎、盧纘祥、張安仁、林阿水、楊旺樹、莊芳池、吳挺技共8人。當時臺北到宜蘭之間的鐵路尚未貫通，但蘭陽鄉親在132人當中即佔有12人之多。[10]

雖然籌備期間，察官（警察）對會員施行「預備試驗」，仍有五百名錚錚者

---

8 蔣渭水，〈文化協會創立經過報告〉，收於黃師樵編《蔣渭水全集》（臺北：蔣渭水大眾葬儀委員會，1932），頁371-376。

9 署名記者，〈就臺灣文化協會而言〉，《臺灣青年》3：3（1920年9月），漢文部，頁1。

10 《臺灣文化協會會章》，收於蔣朝根著，《熱血青春蔣渭水紀念文集》，頁29。

入會。[11]10月17日，創立大會時，會員已達1032人，本部設在大安醫院，從此，反殖民運動的主戰場從東京移轉至臺灣島內。

當天，蔣渭水報告創立經過，指出「臺灣人手裡握著世界和平第一道關口的鑰匙」，感謝神明賜給我們如此榮耀、光輝，又有尊嚴的使命！油然而生非實現這宏大使命不可的自覺，然而斯時的臺灣人罹患「知識的營養不良症」，沒有實踐這個使命的能力、技倆與資格，文化協會就是打造有能力實踐這使命的臺灣人的養成機關，治療病源的原因療法就是文化運動。

專任理事（秘書長）蔣渭水提出十帖的「知識的營養療法」：會報之發行、各市街設立讀報社（新聞雜誌閱覽所）、設立幼稚園、創設補習教育機關、設置體育訓練機關、組織文化宣傳隊、設立簡易圖書館、設立漢文研究所、電影及文化劇、各種講演會，這十項療方成為文化協會文化運動的方針。[12]

1921年11月30日，蔣渭水在會報第一號發表診斷書體裁的〈臨牀講義——關於臺灣這位患者〉一文，診療精神貧脊、因循苟且，思想閉塞、文化落後的臺灣社會現況。

這位名為臺灣的患者，職業是世界和平第一關門的守衛，有黃帝、周公、孔子、孟子等血統遺傳，資素強健，天資聰穎，幼年時即鄭成功時代，身體頗為強壯，頭腦明晰，意志堅實，品行高尚，身手矯健。自入清朝，因受政策毒害，身體逐漸衰弱，意志薄弱，品行卑劣，節操低下。轉居日本帝國後，接受不完全的治療，稍見恢復，唯因慢性中毒達二百年之久，不易霍然而痛。現症是世界文化的低能兒的慢性疾病，若能施以適當的療法，尚可迅速治療。反之若療法錯誤，遷延時日有病入膏肓死亡之虞。[13]

蔣渭水展開上醫醫世醫民的志業，以最大量的文化處方入藥，根除蒙昧主義的愚民思想，醫臺灣社會已病之病、欲病之病、未病之病。[14]

---

[11] 參閱蔣朝根編著，《在最不可能的時刻 蔣渭水留真集》，蔣渭水寫給林獻堂的書函「此雖區區五百人，卻是全島內之金剛石（培火均稱同志為金剛石，其他醉生夢死者為石頭、土砂），乃託察官施行預備試驗，一般意志薄弱，觀望不前者，早已被警官選為落第之列，故以五百名錚錚者，可當五千名之會神經者。」，（臺北：臺北市文獻委員會，2006），頁44。

[12] 黃師樵編，《蔣渭水全集》，頁371-376。

[13] 蔣朝根，《在最不可能的時刻 蔣渭水留真集》，頁17。

[14] 唐代孫思邈《千金要方論診候第四》曰：「古人善為醫者，上醫醫未病之病，中醫醫欲病之病，下醫醫已病之病，若不加心用意，於事混淆，即病者難以救矣。下載日期：2023年5月15日，網址：https://big5.wiki8.cn/guji/520/beijiqianjinyaofang/106842.htm。

三、以維新運動啟蒙做世界公民

蔣渭水認為被殖民地統治的臺灣，現況和日本維新時期相同，先覺們的犧牲，推翻專制腐敗的幕府，造就明治維新大業；臺灣在政治上、社會上、經濟上被日本特權階級壟斷，堪稱臺灣的德川幕府，呼籲臺灣維新的志士和島民同胞快起來，努力去做臺灣維新的大事業。[15]

蔣渭水特別指出，不是文化協會人的文化協會，乃是全體臺灣人的文化協會，文化協會的事業就是維新的事業，人人奮袂起來加入提攜臺灣到極自由、極平等、極文明底地位的文化協會；購讀開智識廣見聞，臺灣人思想的先導，臺灣人的靈魂，維新工具的《臺灣民報》，出錢出力設立文化講座，圖書館、讀報社以及引領時代新思潮的私立大學……等，明治維新後，日本有早稻田私立大學，臺灣維新也要有臺灣的早稻田大學。[16]

《早稻田大學教旨》是「學問之獨立」、「學問之活用」、「模範國民之培養」，私立大學才能自主辦教育，蔣渭水的理想是，臺灣的早稻田大學成為新臺灣人的養成機關。

蔣渭水認為文化啟蒙運動之後，臺灣才進入真正以人為本的人文主義的時代。

> 以前三十年來的臺灣，可說是偶像全盛的時代，以後臺灣是真正「人的時代」。歐洲人於三、四百年前文運復興時代，才得著「人的發現」－發現著「人是人不是神的奴隸」－我說臺灣人於四、五年前文化運動發生了後，才得著「人的發現」－發現「人是人不是人之奴隸和不是偶像的愚弄物－臺灣已經入在『人的發現了』後的時代了」[17]

偶像代表神權、君權、官權、權勢者及其它既得利益者，人有獨立自尊的思想與思辨的能力，人不是偶像的愚弄物。人有自由平等的天賦人權，人是人，不是他人之奴隸，民族有民族的尊嚴，一個民族也不是另一個民族的奴隸；臺灣人在文化協會的文運復興運動之後，才發現做為一個人的存在價值。

---

15 蔣渭水，〈迎臺灣的新新年〉，《臺灣民報》，3：1（1925年1月1日），第一版。

16 〈晨鐘暮鼓〉，《臺灣民報》3：1（1925年1月1日），第二十四版。

17 蔣渭水，〈今年要做什麼？請大家合力來打掃偶像！〉，《臺灣民報》86（1926年1月1日），第十至十一版。

民主自由的關鍵，在於國民的文明開化，蔣渭水創作的《臺灣文化協會會歌》充分呈現蔣渭水先生創立文化協會的初衷：

> 我等都是亞細亞　黃色的人種　介在漢族一血脈　日本的百姓
> 所以天降大使命　囑咱緊實行　發達文化振道德　造就此才能。
> 欲謀東洋永和平　中日要親善　我等須當作連鎖　和睦此弟兄
> 糾合東亞諸民族　締結大同盟　啟發文明比西洋　兩兩得並行。
> 可免黃白起戰爭　世界就和平　我等一舉天下利　豈可自暴棄
> 但願最後完使命　樂為世界人　世界人類萬萬歲　臺灣名譽馨。[18]

發達文化振道德，啟發文明比美西洋，實踐臺灣人守護世界和平的大使命，驕傲自尊的立足於世界舞臺，樂為文明開化的世界人，有在文化上凌駕殖民統治者的大志，啟蒙臺灣人要在世界的座標定位，認識自己是握有世界和平第一關門鑰匙的臺灣人，是參與國際社會事務的世界公民。

四、啟蒙運動基地——大安醫院

日治時期的文學家也是社會運動家，自稱孤立主義者的張深切，曾評論蔣渭水：

> 他本來可以靠醫術致富成為大亨，但他認為與其治少數人的病，不如治臺胞全體的病，與其治他人能治的病，不如治人不肯治而又難治之症。[19]

民智覺醒之後，蔣渭水積極組織不同性質的結社，進行多元的運動，大安醫院成為反殖民運動陣地。

在文化協會成立之前，1920年9月，臺灣第一位飛行家謝文達返臺鄉里飛行表演，蔣渭水在大安醫院成立稻江應援團。[20]同年11月，成立進行戰後思想研究的文化公司，購入當做研究資料的報刊、圖書，啟迪青年學子。[21]

18　蔣朝根，《在最不可能的時刻 蔣渭水留真集》，頁45。
19　張深切，〈蔣渭水〉，《里程碑》（臺中：聖工出版社，1961〉，頁335。
20　黃信彰，《臺灣空運文化的立體新世界》（臺北：臺北市文獻委員會，2007），頁35
21　《臺灣總督府警察沿革誌文化運動》，頁188

文化協會成立後，文協本部大安醫院成為諸多社會團體成立的胎動地。

1922年10月18日，臺灣第一個政治結社「新臺灣聯盟」，在大安醫院舉行發會式，本部設在石煥長的長安醫院。《臺灣總督府警察沿革誌》認為其規約「基於人類社會永久和平、共存共榮的原理，以研究在臺灣所反映的事實，必要時隨時發表演講為目的」，是相當進步的特異存在。[22]當局認為新臺灣聯盟與臺灣議會期成同盟會主腦者相同，期成同盟會在臺灣被禁止時，想要以新臺灣聯盟名義進行大演說計畫。[23]

1923年7月，由蔣渭水、連溫卿、石煥長成立的臺灣第一個社會主義研究團體臺灣社會問題研究會；[24]同年8月、9月臺北青年會、臺北青年體育會、臺北青年讀書會，都在大安醫院醞釀而後成立。[25]

報紙、書籍、雜誌是啟蒙的利器，大安醫院成為臺灣人的發聲基地。1922年4月，政論性雜誌《臺灣》，由「臺灣雜誌社」發行，設臺灣支局於此。同年，亦於同址設立資本額二萬五千元的「株式會社臺灣雜誌社」創立事務所。[26]1923年4月15日，臺灣人唯一言論機關《臺灣民報》發刊，設總批發處於大安醫院。1926年6月，民報總批發處遷移後，蔣渭水於此成立新文化介紹機關文化書局，並代辦啟蒙的讀報社、圖書館。[27]1927年6月1日，臺北勞動青年會成立，本部設在大安醫院；1927年9月6日，民眾黨臺北支部成立，原設在大稻埕民眾講座，後改設在大安醫院。

社會運動家王敏川、施至善、李山火都曾設籍大安醫院。[28]1927年2月1日，黑色青年搜查事件，莊海涵亦設籍在大安醫院。[29]

異議份子在大安醫院進進出出議論時政，醫院儼然是反殖民運動的「梁山泊」；在施行警察政治的本島，家宅匯聚如此眾多的異議團體，是相當罕見的特立獨行，一間醫院成為一個時代的縮影見證。

---

22 《臺灣總督府警察沿革誌政治運動》，頁9。
23 《臺灣總督府警察沿革誌政治運動》，頁54-55。
24 《臺灣總督府警察沿革誌政治運動》，頁7。
25 《臺灣總督府警察沿革誌文化運動》，頁248-252。
26 《臺灣》，第3：9，（1922年12月），和文部，頁67-69。
27 文化書局廣告，《臺灣民報》113號（1926年7月11日），第十六版。
28 王敏川子王世文、收藏家蔣敏全提供之日治時期戶籍謄本，蔣渭水文化基金會收藏。
29 蔣朝根，《在最不可能的時刻 蔣渭水留真集》，頁103。

五、政治啟蒙的開端——議會設置請願運動

《臺灣總督府警察沿革誌》指出「在本島，臺灣議會設置請願運動，與民族主義的啟蒙運動併行，同為本島社會運動勃興期的主要運動。」[30]又言「文化協會支持臺灣議會設置請願運動，以其成功為文化協會的使命之一，他們有這祕密的意圖，是毫無疑問的事實。」[31]文化協會的成員以協會的名目，參與啟蒙運動；而以個人的資格，參加臺灣議會設置請願運動，毫不避諱人物重疊，其行動昭然若揭。

1867年加拿大、1900年澳大利亞，1907年紐西蘭，先進的帝國主義大英帝國的殖民地相繼成立「自治領」，擁有獨立的議會。

後進帝國主義日本殖民地臺灣，1920年代展開殖民地的自治領運動——臺灣議會設置請願，在林呈祿的立論下，其方針是運用臺灣與日本不同的特殊地位，設置臺灣民選議會，賦予施行於臺灣的特別法律和臺灣預算的議決權。表面上是殖民地自治，在本質上蘊含決定自己政治地位的民族自決思想。

蔣渭水曾言「將政治放任給治者而不顧的態度，反足以妨害治者人格的完成」[32]愚民政策之下，民眾如果不覺醒，民主政治則是海市蜃樓。

1921年初，林獻堂、蔡惠如領銜第一次臺灣議會設置請願運動，蔣渭水覺得和自己的主義「臺灣議會設置是臺灣人唯一無二的活路」大有暗中相合。[33]重新燃起學生時代的政治熱情，其經營的春風得意樓也成為請願委員送往迎來講演，品嚐「精神料理」的會所[34]，文化協會的講座。

1922年5月，林獻堂領銜第二次請願歸來，當局認為請願運動與民族自決主義、自治主義並行，是要求脫離帝國統治的運動，不可姑息，不容許一國之中存在兩個帝國議會，施壓林獻堂退出請願運動。[35]

1923年1月1日，《治安警察法》實施，臺中州、臺北州警務部長並分別召見林獻堂、蔣渭水，質問是否有以民族自決和臺灣民眾的解放的政治運動傾向，

---

30 《臺灣總督府警察沿革誌政治運動》，頁21。
31 《臺灣總督府警察沿革誌文化運動》，頁215。
32 蔣渭水，〈廣義の衛生講話〉，《臺灣》4：2（1923年2月），頁46-50。
33 蔣渭水，〈五個年中的我〉，《臺灣民報》67（1925年8月26日），第四十四版。
34 蔣朝根編著，《在最不可能的時刻 蔣渭水留真集》，頁49。
35 《臺灣總督府警察沿革誌文化運動》，頁51。

警告絕不容許涉及政治問題的運動，要求文化協會提出承諾書，聲明並非政治結社，不擬進行政治運動。

《治安警察法》是申請與解散結社的法律規範，於是蔣渭水、蔡培火、石煥長商議成立臺灣議會期成同盟會以利持續推動。1923年1月16日，以石煥長為主幹，申請政治結社，總督府警務部長豬股松之助召喚石、蔣，以違反臺灣統治方針，蠱惑民心，諭令中止。

因第三次請願已經迫近，二人認為如被禁止反而能激發反對的氣勢，執意舉辦創會式及政談大演說會，以擴張聲勢。2月2日，田健治郎總督以違反《治安警察法》第八條第二款禁止成立。

「臺灣議會期成同盟會」是第一個以《治安警察法》提出申請的政治結社，也是第一個被依《治安警察法》禁止的結社。

蔣渭水、蔡培火運用第三次議會設置請願為契機，改以居住東京的林呈祿為主幹，會址設在臺灣雜誌社，向早稻田警察署申請結社，獲准成立。此後，請願運動在內地以同盟會、在本島以請願團的名義分別從事運動，避免觸法。

1923年4月，攝政宮裕仁「行啟」臺灣，營造皇室神格的假像，全島沸騰，臺灣各城市的警察拘留所滿員，臺北甚至因為無法再收容，就把人銬上手銬，幽禁於個人自宅。各學校的入學考試，奉命延期，困惑著數萬小學生。[36]

18日，裕仁將行經太平町前往太平公學校參觀，半夜，蔣渭水先將「臺灣文化協會本部的招牌」更改為「臺灣議會請願事務所」。晨，天未明，30餘名警官突檢大安醫院，沒收數萬張宣傳單，出入大安醫院之人，不問男女老幼全都先作身體檢查；憲兵、便衣警察超過150人，在四周圍站崗、警戒、巡視，過路的人只要被認為可疑就一個個攔下盤問。當裕仁的敞篷坐駕由騎兵護衛，行經大安醫院時，蔣渭水突然豎起高二間横三尺餘的「恭迎鶴駕臺灣議會請願團」大看板請願，北署署長近藤滿夫以違反《治安警察法》第十六條，在街頭張貼、散發、朗讀文字、圖畫、詩歌，妨礙其他公眾交通自由，紊亂安寧秩序拘留。[37]

《東京朝日新聞》以「臺北的島人不穩文化協會的領袖被召喚」報導，並指與韓國不逞份子有關；[38]《東京中外商業新聞》指蔣渭水藉奉迎東宮太子之際請

---

[36] 邱士杰，〈山口小靜與連溫卿〉，《批判與再造》，下載日期：2023年5月5日，網址https://lianwenqing.wordpress.com/2007/12/29/yamakuchi/

[37] 蔣渭水向攝政宮請願事件摘自清華大學「葉榮鐘全集、文書及文庫數位資料館」剪報-。下載日期：2023年3月9日，https://archives.lib.nthu.edu.tw/jcyeh/

[38] 〈臺北の島人不穩文化協会の領袖を召喚〉，《東京：朝日新聞，1923年4月23日》，收錄於蔣

願，包藏禍心惹禍遭拘留。

號稱臺灣人唯一喉舌，甫發刊的半月刊《臺灣民報》第二號〈編輯餘話〉揭載：

> 21日由臺北來電報云蔣渭水君，被當局檢束並家宅搜查，同人（仁）不知其詳隨即打電詢問，在京青年聞之莫不稱快，料必有事，遙祝其第一回的犧牲成功了。[39]

同報第三號則評論：

> 是誠何心？太子遊臺時，臺灣議會請願期成會幹部蔣渭水氏，為表區區敬意，揭奉迎旗於門外，當局以此為犯政治案，將蔣氏檢舉，此事電達東京，一般報紙無不大肆報道，若謂揭旗違犯治警，而我們前日歡迎請願委員入京時，其旗豈不大呢？蔣氏這回的旗，果然能比前於東京之旗較大嗎？若論治安警察法，同一法律，哪有隔一重海，而効力就差得這樣的多呢？而況這回為迎太子表敬意，豈不是有築奉迎門嗎？那個旗豈有比門大之理呢？奉迎之旗，有嫌過小，哪有忌厭過大，而將蔣氏拘引，當局此舉是誠何心？使人難解的很了。我臺人為公事受拘引者，實以蔣氏為嚆矢，做個臺灣民權運動史上的新新好的記錄，而蔣氏將來也不得不一番覺悟了，印度顏智為民權運動被禁，聞獄官待遇頗好，不知道蔣氏這番如何呢？[40]

蔣渭水成了臺灣第一位因議會請願自治運動被捕的政治犯。

六、從密偵報告看蔣渭水的民主啟蒙運動

1920年，臺灣實施州廳制，州警務部設有管制思想的「高等警察課」。蔣渭水成為特高警察、密偵盯哨列管人物。《臺灣總督府警察沿革誌》摘錄蔣渭水肆無忌憚的批判殖民統治的講文。

朝根編著，《在最不可能的時刻 蔣渭水留真集》，頁61。

39 《臺灣民報》2，（1923年5月1日），第九版。

40 《臺灣民報》3（1923年5月15日），第九版。

在讀報社演講〈政治哲學概論〉指出「有多數民住的反抗，再大的權力也沒有用處」：

> 昔時，秦始皇擁有非常大的權力，但虐殺人民，焚燒書籍，並且放言世界上沒有比自己更偉大者，自己是永久的天皇，稱皇統是萬世一系等，但卻只繼續了一代而已。法國往昔也如此，但一旦革命發生時，皇帝竟被送上斷頭臺喪命。[41]

蔣渭水認為重視武力國家主義是有限的，應採取世界主義。[42]

另一場〈群眾運動的原理〉則指出殖民地統治應該採自治主義、自由主義，把權利還給各民族：

> 生物都具有特性，其特性以人類為最多，而且具有心靈的特性。和民族具有作為漢民族的特性。因此，為發揮個人的個性，必須研究文化。不可單單做個樣子，要發揮個人的特性及各民族的特性，這就形成文化的中心。國家必須以此做基礎，而後統治之。使用強制的模型，即以同化來治人，是不可能的事，且是不可取的方策。如不是自治政策，則不能發揮個民族的個性，因此，必須把權利還給個民族……臺灣的政治也非為立憲政治不可，必須像日本國內一樣，非採三權分立而自由主義不可。在菲律賓，也採行自由主義，有很多人做官吏，人民的權利也是平等的。在印度或埃及，要求自由主義的呼聲高漲。自由的潮流已在臺灣的溪流裡奔流，文化協會即是盛米飯的飯鍋。我們必須吃這飯鍋中的文化米飯，渡涉自由的溪流，進入對岸幸福的臺灣天堂才可以。[43]

另一篇在松山庄文化講座演講〈明治維新〉的內容更是露骨：

> 江戶幕府有個叫井伊直弼的大老，在臺灣來說，是像內田總督一般握有大權的人。他發出命令，逮捕所有呼籲維新的人，並把他們悉數投入監獄。

---

41 《臺灣總督府警察沿革誌文化運動》，頁209-230。
42 《臺灣總督府警察沿革誌文化運動》，頁209。
43 《臺灣總督府警察沿革誌文化運動》，頁210。

> 當時，日本監獄的設備非常壞，且因對犯人家以虐待之故，產生眾多的凍死及餓死者，成為明治維新上供的祭品。為此，發生櫻田之變。櫻田門就是天皇的大門，高官顯爵都要經過此門，井伊大老就在此門被暗殺。由此事例來看，內田到臺灣時，應該也會發生某種事變，但臺灣人品行太過溫馴，所以沒有發生任何事情。[44]

蔣渭水獨占鰲頭，有三篇講文被蒐錄，該誌指出，由此可知其所懷抱思想之一端。

治警事件前，特高警察呈給內田嘉吉總督〈臺灣議會期成同盟會中心人物ノ經歷思想言動〉的報告中也以蔣渭水最詳細，其中指出：

> 耽讀《改造》、《解放》、《前衛》、《播種的人》等等之思想雜誌，又愛讀關於主義的單行本，研究印度的甘地、愛爾蘭的德．瓦勒拉、黑人賈維等的事歷，讚賞他們為著自己民族，拋棄身命而奮鬥的功績，常有憧憬其志向的言行。[45]

甘地的臺語譯音是「顏智」，治警事件公判庭上，三好一八檢察官論告中也指責「被告中多有崇拜印度的顏智，現臺北港町文化協會的讀報社，有揭顏智的寫真」。[46]〈印度的解放運動〉是蔣渭水經常演講的題目。[47]

特高警察調查非常縝密，1922年2月13日，文化協會與日本基督教會在春風得意樓，共同舉辦日本社會運動家「貧民街的聖者」賀川豐彥的招待會，席上蔣渭水的談話被監聽：

> 賀川先生是以救濟貧民為目的，來實踐對弱者的支助。而弱者不只是貧民而已，在這裡就有許許多多的弱者，即今日之島民也……我們同胞三百五十萬，今日正受著實在無法形容的壓迫，受非常差別待遇，受嚴刑竣法伺候。[48]

---

44 《臺灣總督府警察沿革誌文化運動》，頁210。

45 若林正丈解說，〈臺灣議會期成同盟會中心人物ノ經歷思想言動〉，《臺灣議会設置関係書類》（東京：不二出版社，2020年），頁295。

46 《臺灣民報》2：16（1924年9月1日），第二版。

47 參閱《臺灣民報》252（1929年3月17日），第四版。3月1日，宜蘭支部自購民眾講座開座式。夜紀念講演會講「印度的解放運動」。

48 若林正丈解說，《臺灣議会設置関係書類》，頁300。

1923年8月22日，蔣渭水在江山樓對自內地歸來的留學生演講也特高記錄如下：

> 歐洲大戰後的世界思想潮流，將自由幸福以及福音給予弱小民族。請看！愛爾蘭已經獨立而成為自治國家了，在印度已設置國民會議，菲律賓應獨立的機運也將來臨了。然而我們臺灣只有跟他們相比的小規模的，特別立法的議會設置運動而已，這樣的運動並不是格外冒進的行動，也不是不正當的行為！無論官方如何壓迫，如何施以強暴手段，我們非實踐其所信，殉其主義不可也！[49]

蔣渭水是殖民支配者的眼中釘——極端民族主義者，經常被跟監尾行，卻是被壓迫者反抗威權統治的精神象徵。

七、監獄就是自由的出發門——治警事件

總督府認為議會請願「具有恰如英國對待澳洲或加拿大的，可稱為獨立的自治體的意義」，將在東京成立的臺灣議會期成同盟會視為運用法域不同，在臺灣被解散，違法在內地成立的團體，不應容許。經過詳細縝密的密偵調查之後，1923年12月16日淩晨6時，以「違反治安警察法」搜捕該會成員，停止島內與內地的電報，化全島為黑暗世界[50]，製造有如1915年噍吧哖事件大屠殺的恐怖氣氛，並封鎖報導，直至豫審（調查庭）結束之後。[51]

在臺灣民主政治啟蒙運動中，蔣渭水早就覺悟「監獄就是自由的出發門」[52]、「人間的天堂」、「無產階級的別莊」、「保健的安全地帶」。[53]

獄中創作〈牢舍銘〉：「室不在美，有氣則通，窓不在大，有光則明，斯是

49 若林正丈解說，《臺灣議会設置関係書類》，頁223。

50 葉榮鐘，《臺灣民族運動史》，頁201。

51 蔣渭水譯，〈臺灣議會之起訴事件〉，《大阪朝日新聞》，1924年3月16日，譯文「臺灣的內治獨立陰謀團祕密結社，新臺灣聯盟一味之起訴事件，二個半月的新聞箝口令，已經解除了。」登載於《臺灣民報》2：3（1921年4月11日），第九版。

52 參閱《臺灣民報》210，（1928年5月27日），第六版：1928年5月21日，廖進平頒布臺灣議會請願宣傳壁單（由東京臺灣議會期成同盟會印製「要求設置臺灣議會、排擊總督獨裁政治」）被捕事件，蔣渭水拍發激勵電文「監獄就是自由的出發門，祈貴下的健闘！」，由陳木火在媽祖宮舉行，250餘名參加的廖進平慰安會中朗讀。

53 蔣渭水，〈入獄感想〉，《臺灣民報》3：7（1924年4月21日），第十一版。

牢舍，惟吾意誠」[54]，只要心中有光，就無懼囹圄暗黑與桎梏。

蔣渭水41歲的生命中，前半世在「淡蘭文風冠全臺」的宜蘭成長受基礎教育，故鄉是孕育蔣渭水一生追求公義情操的沃土。

據學者黃文翰、楊晉平考證，1890年，蔣渭水出生於宜蘭街土名艮門89番地（今古記羊肉爐，舊城北路113號），在開蘭進士楊士芳宅邸附近，距離「開蘭名宦」楊廷理倡設的宜蘭第一間學堂仰山書院、楊士芳倡建祭祀岳飛的碧霞宮不遠，碧霞宮附設的書房也是蔣渭水拜張鏡光茂才為師，學習漢學八年的地方，抗日三猛之一的簡大獅出生地北門口西後街就在碧霞宮西北數十步之距。[55]蔣渭水與妻舅石煥長、石進源、摯友陳金波都是碧霞宮附設的書房的鸞生，也成為日後反殖民運動的夥伴。

蔣渭水在充滿民族意識的環境中成長，紮下深厚的漢學基礎，治警事件入獄期間，能默誦〈歸去來兮〉、〈短歌行〉、〈赤壁賦〉、〈春夜宴桃李園序〉、〈陋室銘〉、〈送李愿歸盤谷序〉，分別仿作〈快入來辭〉、〈獄中賦〉、〈春日集監獄署序〉、〈牢舍銘〉、〈送王君入監獄序〉。[56]

〈快入來辭〉、〈送王君入獄序〉，以及白話文的〈入獄日記〉是《臺灣民報》最早刊登的三篇獄中文學，對惶惶民心起了安定的作用。

張鏡光因〈開生路論〉為生民請命，為人構陷入牢，與蔣渭水的從容入獄，都是基於民族意識與情操共鳴。

治警事件高壓籠罩下，議會請願簽署人數銳減至233人。1924年6月，蔣渭水、蔡培火兩位「未決囚」，在等待公判期間與辭去庄協議員的洪元煌、辭保正的李山火一同擔任第五次請願委員赴東京。此行，在島內御用報紙嚴厲批判無視法律，在內地卻成為媒體焦點，殖民地自治運動呼聲震撼帝都。

臺北地方法院檢察署檢察長三好一八在〈預審請求書〉，認定臺灣議會期成同盟會事務所實體非設在東京，而是設於太平町蔣渭水宅；並設分會於臺中州大屯郡霧峰庄林幼春宅、臺南市港町蔡培火宅，結社之事務與目的事業以居住臺灣之幹部及被告蔣渭水、林幼春、蔡培火、蔡式穀等人為首進行之。[57]

---

54 蔣渭水，〈牢舍銘〉，《臺灣民報》3：4（1924年2月1日），第十六版。

55 游錫堃，〈蔣渭水先生政治思想啟蒙探源〉，《蘭陽民主蘭城尋蹤》（宜蘭：仰山文教基金會，2023），頁26-45。

56 分別刊登《臺灣民報》2：3第八版、2：5第十六版、2：6第十四版，（1924年2月21日、3月21日、4月11日）。

57 吳豪人主編，《大正十三年治安警察法違反事件預審紀錄》（臺北：中央研究院臺灣史研究所，2016年），頁13。

在第一次的公判庭上，三好檢察官痛斥臺灣無特別設置議會的必要，「帝國議會是憲法所規定，再思要設一個臺灣議會，是違反憲法，是憲法以上的要求，是企獨立，是妄想的事。」又聲音極厲，顏色悽愴指出「不喜和日本同化，就不是日本的優良國民，此際宜離去臺灣」。

蔣渭水的供訴則指出，治警事件完全是新舊思想的衝突，殖民地自治主義才是主流，民族的同化不是一朝一夕可造就的，是自然的，不是強制可成的。被治者也會同化治者，被支配民族也會同化支配民族。被征服民族也會同化征服民族；在公判庭大義凜然的表明「我要感謝神明，使我生做臺灣人，是因為臺灣人把握世界平和的鎖鑰咧」，在庭上還諷刺「檢察官的論告，在我由形式上看來，說是檢察官的論告，不如說是警務局長或是臺灣總督的說諭」。[58]

1924年8月6日，第一審公判，裁判長堀田真猿以「檢事的起訴犯罪是證據不充分」宣判無罪，判刑只會讓被告被民眾視為英雄，被告所說的話，是三百六十萬島民為日本帝國所要說的。深信被告等人格，欲加尊重，以期內臺人融合。[59]三好檢察官不服，次日立即提出抗告。

第二審公判高等法院覆審部宣判蔣渭水刑期4個月。1925年2月20日上午，第三審高等法院上告部駁回被告的上訴，全案定讞，當天先收押蔣渭水。

蔣渭水到讀報社及友人家，搜羅平生所愛讀而未有功夫讀的書，百數十本，用了新聞紙裝成七包，當作獄裡的精神食物。之後，至江山樓出席入獄送別會，雖是突然間的集合，也有20名同志奔到。散席後趕赴原本就預約的城內松田齒科裝鉗金齒冠。蔣渭水認為在入獄前治療牙疾是大幸，不然四個月的獄中生活，難免齒痛之患了。

回到家，才知檢察官已經在召喚，要阻止晚上臺北青年的入獄送別茶話會、宜蘭同志的送別宴，雖然不能與同志話別，有些遺憾，仍欣然入獄，在微雨霏霏中，四、五十名志搭乘人力車排列徐行陪同入獄，途中遇著三、五名女青年，跟在車側，呼叫保重身體。

蔣渭水先至法院向檢察官報到，至天將黑時，再由囚車送監，同囚車之犯認為蔣渭水是替臺灣人做事的人，樂意幫忙搬書。[60]

第一次入獄，志士獄中文學在《臺灣民報》刊登，造成「精神復興的現

58 〈臺灣議會期成同盟會治安警察法違反事件第一審公判特別號〉，《臺灣民報》2：16（1924年9月1日），第二十版。

59 《臺灣民報》2：16，第二十二版。

60 蔣渭水，〈獄中隨筆〉，《臺灣民報》59，（1925年7月1日），第十一版。

象」[61]，《臺灣民報》銷售量大增，公判號第一審達8,000部（第二審躍增為10,000部）。遭致總督府忌諱，第二次入獄，蔣渭水的紙筆都被沒收，無法創作，計畫要將學生時代策劃毒殺袁世凱的熱血事蹟寫成小說，也只得作罷。[62]

蔣渭水有更多時間大量的閱讀，在獄中與書中人物對談神遊，蔣渭水尤其鍾情於明治維新的志士西鄉隆盛、勝海舟、大久保利通、木戶孝允、江藤新平、板垣退助等心照神交，幾乎忘卻身在跼天蹐地的監獄之中。在獄中飽讀政治、社會、經濟的書籍，出獄後，演講功力大增，自稱已經「早稻田大學畢業」。[63]

治警事件中被扣押搜查傳訊者99人，宜蘭人占7位，計有蔣渭水、石煥長，楊朝華、黃金碇（石煥長妻）、石壽松、連碧榕、黃作禎。三審後被判刑禁錮的七位，宜蘭有蔣渭水、石煥長二位。蔣渭水被官憲視為最主要的關係者[64]，無論特高警察的調查報告、檢察官的起訴書、法院的判決書都列名第一。

八、立憲政治的政黨運動

《臺灣總督府警察沿革誌》指出文化協會是基於民族自決主義喚起本島人——民族的——政治地位的自決，擬對民族解放運動加以指導的團體。這個事實表示了文化協會啟蒙運動的內容和政治運動不可分的本質。

文化協會的啟蒙運動，歷經臺北師範罷課事件、治警事件打壓，會員曾從創會時1032人降至1923年的652人，但至1926年10月17日第六期總會時，會員數已回升達1200人。

此際，受到世界思潮的影響，內部也呈現以連溫卿、王敏川為首的聯合世界無產階級向資本主義進行階級鬥爭；以林獻堂、蔡培火為首的在異民族統治殖民地向帝國主義進行合法的民族運動；以及蔣渭水為首的以農工階級為基礎的民族運動三條路線。

張深切，在《里程碑》中評論蔣渭水：

> 他為臺灣親手建立了兩個歷史性的組織，犧牲了他的一生（他本心要為臺灣人謀幸福，在日本帝國主義鐵蹄下，腳踏實地，組織了臺灣文化協會，

---

61 蔣渭水，〈獄中隨筆〉，《臺灣民報》59，（1925年7月1日），第十一版。
62 蔣渭水，〈五個年中的我〉，《臺灣民報》67，（1925年8月26日），第四十四版。
63 蔣渭水，〈獄中隨筆〉，《臺灣民報》61，（1925年7月19日），第十二版。
64 葉榮鐘，〈治警事件〉，《臺灣民族運動史》，（臺北：自立晚報，1987），頁206。

> 啟發臺灣民眾，進而組織臺灣民眾黨，掀起了轟轟烈烈的政治運動，鞠躬盡瘁）這種偉大的精神，在臺灣社會運動史上，實勘大書特書的。[65]

蔣渭水在〈我的主張〉一文，表明民眾黨是承繼文化協會的精神。[66]

蔣渭水也是第一位公開宣布組織政黨的先行者。1927年初，文化協會左右分裂；2月，蔣渭水在大安醫院籌設民眾黨的前身「臺灣自治會」、「臺灣同盟會」，並擅自印發綱領、政策標舉殖民地自治主義，二度被臺北州警察局審問警告。蔣渭水堅稱殖民地自治主義，是順應世界殖民政策的趨勢，表達「寧可玉碎，不顧瓦全而歪曲自己所持的信念」。[67]

1927年7月10日，民眾黨在總督府不容許極端的民族主義者蔣渭水參加，刻意製造的分化氣氛下成立，雖然是在沒有選舉制度下成立的政黨，當時創黨人數也僅165人[68]，但是象徵臺灣人爭取政治結社的自由有了重大的進展，解放運動已經由文化啟蒙進入政黨政治爭取參政權的階段，政黨是現代政治的表徵，民眾黨已開創臺灣政治史上新的里程碑。

民眾黨三大綱領：確立民本政治、建立合理的經濟組織、改除社會制度缺陷，須釋明，才能在黨務的運作上統一。同年10月28日，民眾黨第一次中央常務委員會審議綱領解釋案，蔣在「確立民本政治」這項，提出「期望立憲政治之實現」、「要求臺灣憲法之制定」、「反對掌握三權於一手的總督專制政治」、「根據臺灣憲法，應使司法、立法、行政三權完全分立，使臺灣人擁有立法部的協讚權」。

憲法是國家的根本大法，也是人民權利的保障，是國家主體意識的象徵。臺灣憲法強烈宣示臺灣人自治自主，實質的獨立，由於此案過於敏感，主幹彭華英指出：「發表如此之解釋案，結果無異表示本黨以殖民地自治為目標，如此將影響黨的存在。」中央委員會最後決定採用彭案「根據立憲政治之精神，反對總督之專制政治，實行司法、立法、行政的三權分立，使臺灣人擁有參政權。」[69]

蔣渭水理想的民主制度就是施行三權分立的臺灣憲法，這也是民主啟蒙運動「立憲政治」、「主權在民」思想的精髓。

---

65 張深切，《里程碑》，頁335。
66 《臺灣總督府警察沿革誌政治運動》，頁123。
67 《臺灣總督府警察沿革誌政治運動》，頁124-128。
68 《臺灣民報》166，（1927年7月22日），第四版。
69 《臺灣總督府警察沿革誌政治運動》，頁155-159。

1889年日本公佈《大日本帝國憲法》，1890年國會開議。1925年5月5日，公佈普通選舉法案，廢除納稅額限制，滿二十五歲男性有投票權及被選舉權。1928年2月20日實施第一次的普通選舉。

1930年1月發行的《臺灣民眾黨特刊》經過二次的新聞檢查，被迫將「反對總督專制獲得普選政權」改為「反對專制政治獲得普選政權」，再改為「反對特權政治獲得普選政權」才得以發行；1930年12月民眾黨的〈綱領政策修改案〉，非常先進的主權在民思想，滿十八歲以上的男女皆有選舉權及被選舉權。

民眾黨在蔣渭水的領導下，迅速發展。1927年9月22日，宜蘭支部於文昌廟舉行結黨式，支部設在蕭阿乖宅（宜蘭街巽門三一番地），當天政談講演會，蔣渭水講〈民眾黨的政治政策和經濟政策〉。[70]

宜蘭支部是民眾黨全島二十一個支部當中第八個成立，比當時社會運動蓬勃的臺中、彰化、北港支部更早。宜蘭支部黨員有石鏗遠、陳金波、李友三、李珪璋、林火木、蕭木枝、陳廷章、黃作楨、石秀源、楊來生、蕭阿乖、林本泉、陳記、陳堤岸、楊隆興、簡旺、朱耀南、陳圻炘、陳朝西、林全溪、藍廷槐、林嘉普、黎松嶽、蔣振生、李宗璜、謝清連等26位。[71]

「臺灣民眾黨」的譯稱Formosan Social Democratic Party（福爾摩莎社會民主黨）[72]，其屬性相當於現今民主國家的社民黨或工黨，是帶有社會主義屬性的政黨。

民眾黨是政治結社，從事政治運動，舉辦「政談講演會」。蔣渭水風塵僕僕，全島走透透巡迴講演，深耕基層大眾，宣傳民眾黨的理念，講題有〈民眾黨的政策綱領〉、〈民眾黨的政治政策和經濟政策〉、〈臺灣民度與自治制度〉、〈民眾黨綱領政策及工作並特質〉、〈黨的宗旨及黨員的任務〉」……闡明民眾黨的根本精神在於實施民選而且有議決權的真自治；也演講演〈民族問題與階級問題〉、〈帝國主義的麻醉劑〉、〈印度的解放運動〉……主張民族運動與階級運動二者並進。

1929年1月1日至4日，民眾黨召開第一次務磋商會及幹部訓練，宣揚立黨精神，蔣渭水講授〈資本與勞動關係〉、〈關於黨勢擴張及工作方面〉、〈階級運動與社會運動〉，強調民眾黨的路線已經由知識份子、資產階級為主的運動走向

---

70 《臺灣民報》176（1927年10月2日），第三版。

71 蔣朝根，《從大甲支部看臺灣民眾黨—杜香國史料藏品彙編》（臺北：蔣渭水文化基金會，2019年），頁88-89。

72 蔣朝根，《彩色與黑白的歷史對話 蔣渭水畫影集》，頁154。

以農工中心的全民運動。並闡明日本中央各政黨的狀況以及世界局勢。[73]

蔣渭水在民報發表一系列理論文章：〈我理想中的民眾黨—防止小兒病老衰症—把持理想凝視現實〉、〈須要統一共同戰線－民眾黨、文協、農組的合作如何？〉、〈臺灣民眾黨的指導原理與工作〉、〈請大家合力來建設一個堅固有力的黨〉、〈臺灣民眾黨的特質〉、〈臺灣民眾黨行階級運動有矛盾嗎？〉、〈民眾第一主義〉、〈臺灣民眾黨今後重要的工作〉、〈臺灣民眾黨的陣容〉。

從民眾黨成立到被解散，蔣渭水一肩擔起財政部主任，籌措黨的經費，不是黨的主幹，卻是民眾黨的理論與行動的指導者。[74]

九、工農群眾的解放運動

1927年5月1日的勞動節，蔣渭水在《臺灣民報》發表社論〈以農工階級為基礎的民族運動〉，主張帝國主義國內被壓迫階級的解放運動，應取階級鬥爭；在帝國主義國內殖民地被壓迫民族的解放運動，應取以農工階級為基礎的民族運動，臺灣的現實情境是屬於後者。[75]

蔣渭水認為欲求臺灣人之解放，要先喚起全臺灣人之總動員，佔臺灣人口最多的農工，才是貢獻生產真正的「有力者」，應以農工群眾為解放運動主力。民眾黨是多階級的黨，解放運動要成功，不能參加者只限於知識階級。[76]

民眾黨組黨前，蔣渭水已先著手勞工運動組織，1928年2月19日，催生臺灣工友總聯盟成立，統一全島勞工陣線，當時有29個團體參加，總會員6,367名。工友總聯盟並納入農、商、學團體，臺灣反殖民運動邁向多元運動。[77]

工友總聯盟帶動勞工運動蓬勃發展，黨內部分同志認為民眾黨應該與勞動運動脫離，專做政治運動、紳士運動，爭取參政權，不應以「無知愚昧」的農工階級為中心，出以無謀之行動。蔣渭水辨明：

> 民眾黨今日能被社會肯定、被官憲重視的原因，在於民眾黨背後有工友總聯盟三十三個團體及一萬數千名勞動者。黨不能輕視勞動者，且對勞動運

73 《臺灣總督府警察沿革誌冊政治運動》，頁187-188。
74 以上各篇收於黃師樵編，《蔣渭水全集》，268-306頁。
75 《臺灣民報》155，（1927年5月1日），第一版。
76 蔣渭水，〈臺灣民眾黨的特質〉，《臺灣民報》221，（1928年10月21日），第八版。
77 《臺灣民報》197（1928年2月26日），第三版。

動之指導，已明示在黨的政策中。

蔣渭水宣明勞動團體之指導援助將與黨分離，但本諸信仰以個人身分繼續從事運動。[78]

蔣渭水創作的《勞動節歌》，呈現其致力於農工啟蒙運動的理想，將非理制度消除盡清，各盡所能，各取所需：

美哉自由世界明星
拚我熱血，為他犧牲
要把非理制度，一切消除盡清
記取五月一日良辰

旌旗飛舞走上光明路
各盡所能，各取所需
不分貧賤富貴，責任依一互助
願大家努力一齊猛進[79]

1928年10月7日，蔣渭水指導臺北勞動青年會成員楊江海、陳木榮等，組成民眾黨的支持團體臺北維新會，會員300餘名，並將之納入工友總聯盟加盟團體。[80]宗旨在革除社會制度之缺陷，民族壓迫、父權壓迫、性別壓迫、道德低落、社會迷信、迎神祭禮浪費、冠婚喪祭奢侈等陋俗。工友總聯盟成立後十個月，1928年底，加盟團體達64個，成為全民運動的主力軍。民眾黨在蔣渭水領導下，建立農工商學聯合之全民運動共同戰線的解放運動。[81]

研究殖民政策學者矢內原忠雄，指出臺灣農民組合及工友會，不能算是純粹的無產階級團體，臺灣的地主、中產階級、資產家以其智識與財力援助農民組合及工友會。因此，臺灣階級運動帶有民族運動的性格，民族運動帶有階級運動的性格，「大體而論，民族運動即階級運動，階級運動即全民運動」是殖民地社會

78 《臺灣總督府警察沿革誌政治運動》，頁185-187。
79 收於蔣朝根編著，《在最不可能的時刻 蔣渭水留真集》，頁148。
80 《臺灣總督府警察沿革誌政治運動》，頁184。
81 《臺灣總督府警察沿革誌政治運動》，頁187-188。

的特徵使然；「殖民地臺灣的社會運動，必然是超階級的全民運動」[82]，矢內的論述與蔣渭水「以農工階級為基礎的民族運動」、「臺灣民眾黨是超階級的黨」理念相同。

十、殖民地問題國際化

日本殖民統治臺灣，對阿片（鴉片）癮者採登記之後，放任吸食的漸禁政策，不但不予以矯治，又實施阿片官造專賣，准許開設鴉片煙館，增加稅收，可以說是把黑色的煙膏視為「黑金」。

國際禁煙毒壓力下，日本在日內瓦簽署《國際片公約》，1928年12月28日，總督府公布《臺灣新阿片令》，宣布將關閉煙館，並矯正鴉片癮者。1929年1月8日再公布《臺灣阿片令施行細則》，石井保警務局長發表聲明：

> ……視察現狀，不難想見除現有特許者外，應尚潛在相當人數之癮者，於前述深陷病態固習之癮者，於改正令之下威迫以嚴刑，誠有失人道……然若就此放任吸食者自然絕滅，將形同在我光輝之制度上遺留陰暗之瑕疵，切切不可……期周告各地，違法吸食者應於此際悉數申請特許或矯正治療……[83]

主管鴉片政策的警務局，認為漸禁政策是「光輝之制度」，又以人道之理由，決定對難予矯正的密吸重癮者發給新的吸食許可證。

民眾黨主張阿片絕對禁止主義，認為此為當局收入主義的愚民政策，呼籲民間各團體奮起反對，向總督總督以及拓務大臣發出電報，要求當局反省，並以違反人道正義，訴諸中外輿論。

1929年6月3日，通令各支部在全島舉行「打倒阿片大演講會」，發放數萬張宣傳單，各地本島人醫師會、中產階級知識分子組成的如水社、臺灣留學生組成的東京的新民會，相繼聲援民眾黨。

1930年1月2日，民眾黨發出英文電報給國際聯盟：

---

[82] 周憲文譯，矢內原忠雄著，《日本帝國主義下之臺灣》（臺北：海峽學術出版社，2022）頁221=223。
[83] 劉明修著，李明峻譯，《臺灣統治與鴉片問題》（臺北：前衛出版社，2008）頁184。

Japanese government intentionally permit Formosan people opium smoking, such humanitaye sion also against international agreement, hoping stop uncivilized policy.

Representing 4,000,000 people, Formosan social democratic party

譯文：日本政府蓄意准許臺灣人吸食阿片此種非人道罪行亦違反國際公約希請阻止野蠻政策

代表4000000人之臺灣民眾黨[84]

總督府試圖運用林獻堂的影響力勸阻蔣渭水與阿片調查委員見面，林氏認為會見之事已定，若不如期赴約，恐委員誤解，亦有失民眾黨面子；3月1日，調查委員在鐵道旅館與林獻堂、蔣渭水、蔡式穀、林攀龍等人會面，聽取對總督府阿片政策失當的陳述。

民眾黨的反對阿片新特許，促使總督府修正虛應敷衍的漸禁政策，改成設置更生院，積極矯治阿片癮者，而阿片毒害、吸食的罪惡感，也深植臺人心中。

1930年10月27日，霧社起義事件，民眾黨立即揭示事件真相並指出「理蕃」政策的失當。蔣渭水在《臺灣新民報》發表評論，認為這是三十五年如一日的警察亂暴非為及對強行榨取的不平所導致，其發表的言論有一半被刪除。[85]民眾黨邀請日本反對黨全國大眾黨來臺調查，並向拓務大臣、貴族院議長、內閣總理大臣拍發電報：

我們認為霧社事件是不正當的管區警官對高山族剝削、迫害以及貪慾殘忍的處置才發生的，請速免去總督、警務局長、臺中州知事等人之職，並馬上採取保障高山族的生活，承認其自由，改採不阻礙民族發展的政策為宜。在此機會，我們要求徹底改革從來為保持官威，放任合法暴行的警察萬能的作風弊害。

臺灣民眾黨[86]

[84] 電報由蔣渭水長孫蔣智揚攝自國際聯盟檔案館，收於蔣朝根，《彩色與黑白的歷史對話　蔣渭水畫影集》（臺北：蔣渭水文化基金會，2018），頁154。

[85] 《臺灣新民報》346號，（31年1月10日），第十四版。

[86] 《臺灣總督府警察沿革誌政治運動》，頁245。

總督府雖極力掩跡埋聲，民眾黨又拍發「違反國際條約使用毒瓦斯殺戮弱小民族」措詞更強烈的電報，週知各界。[87]

日本在野黨在國會質詢，猛烈的指責臺灣統治失當，政壇掀起大風暴，總督石塚英藏、總務長官人見次郎、警務局長石井保、臺中州知事水越幸一相繼下臺。

十一、左右夾殺的民眾黨

張深切在其自傳體的《里程碑》書中指出：

> 其實，民眾黨本來為反對文協左傾而組織的右翼政黨，後來因為與地主階級分裂，地主階級另組織了自治聯盟，所以由自聯說，他是屬於左傾的；質言之：中立派的立場，由左翼看在右，由右翼看在左，亦左亦右，吃力不討好，甚且不斷受兩翼夾攻，招致滅亡。[88]

《臺灣總督府警察沿革誌》指出：大體上蔡培火一派以民族自決主義為其理想，尚不敢脫離日本統治，欲經合法政治運動逐步達成殖民地自治終極目標。蔣渭水一派欲將全臺灣人民組織化，併行推動民族運動與階級運動，與世界弱小民族及無產階級相提攜，與帝國主義做鬥爭，實現殖民地民族的解放，亦即臺灣之民族獨立為其目標。[89]

因黨的資產階級已經自組臺灣自治聯盟，1931年2月18日，第四次次黨員代表大會進行修改黨綱、政策、黨章，殖民當局事前已獲悉將走日本內地無產政黨路線的趨向，當新綱領通過時，太田政弘總督以違反《治安警察法》下令解散民眾黨。

警務局長井上英發表禁止理由，運動日趨過激，徒出於反母國的、反官的態度，穩健份子相續脫退，領導權激進份子掌握。綱領改修絕對的反對總督政治及主張民族自決；向國際聯盟拍發鴉片問題、霧社事件誣告電報，呈現露骨的民族主義運動。以農工階級為中心的民族運動，將其重心放在階級平等及民族平等，以民族運動為緯，以階級鬥爭為經。綱領中特別揭櫫爭取被壓迫民眾之政治自由等等，暗中強調殖民地之獨立，違背治臺統治根本方針，且阻礙內臺融合。[90]

---

87 《臺灣總督府警察沿革誌政治運動》，頁264。
88 張深切，《里程碑》，頁387。
89 《臺灣總督府警察沿革誌政治運動》，頁185。
90 《臺灣總督府警察沿革誌政治運動》，頁263-265。

矢內原忠雄指出「臺灣完全沒有政治的自由，甚至其胚芽胚種都難發現」，在臺灣「住民的參政權仍等於零，總督專制的極端，則臺灣又為世界殖民地中稀有的事例。」[91]

在沒有選舉制度下的民眾黨，仍透過群眾運動，發展成為「臺灣人解放運動的總機關」。在「動搖時代」誕生的民眾黨，也終因「動搖日本國策」，成了第一個被解散的政黨。

蔣渭水等幹部認為「臺灣民眾黨已死，臺灣人民依然存在」[92]，政府雖能禁止政黨，總不能禁止民心，欲以旗下工友總聯盟、農民協會、維新會繼續完成臺灣人的解放運動。

十二、民主啟蒙運動的精神與歷史資產

1920年代，臺灣近代民主思潮啟蒙的年代，在官方的《臺灣總督府警察沿革誌》中，蔣渭水名字出現的次數最多，達149次，是參與層面最廣，參與組織最多的社會運動家[93]，其發起或參與創立的重要組織有臺灣文化協會、新臺灣聯盟、臺灣社會問題研究會、臺灣議會期成同盟會、臺北青年會、臺北青年讀書會、臺北青年體育會、臺灣民眾黨、臺灣工友總聯盟及其旗下的臺北維新會、臺北勞動青年會……。

克良（何景寮）曾與蔣渭水在《臺灣新民報》筆戰，批判蔣渭水解放路線，民眾黨被解散後，發表〈臺灣民眾黨禁止後臺灣社會運動家們要走到哪裡去？〉卻稱讚稱蔣渭水為「臺灣解放運動中第一人的指導者」。蔣渭水深深體認：

> 凡為社會同胞，來做犧牲的人們，若是為著名譽來做的，就不能夠徹底。因為愛名譽，就更愛生命，因愛生命，便會怕死，若怕死，什麼事做得徹底呢？若是要博名譽才來犧牲，這是交換的、報酬的、貿易的，這種的犧牲，沒有多大的價值的。[94]

---

91 周憲文譯，矢內原忠雄著，《日本帝國主義下之臺灣》，頁222-225。

92 《臺灣總督府警察沿革誌政治運動》，頁268。

93 河原功統計《臺灣總督府警察沿革誌》，蔣渭水名字出現149次，排名第一。蔡培火89次排名第二，林獻堂87次排名第三。

94 《臺灣民報》2：25（1925年12月1日），第十二版。

蔣渭水絕對犧牲的社會運杜家本色，為臺灣人解放運動而生，為臺灣人解放運動而逝，1931年8月5日，因傷寒驟逝，臨終留影、大眾葬葬儀、遺集《蔣渭水全集》，都是充滿抗爭的意象。

大眾葬儀紀錄片被禁止全島放映，《蔣渭水全集》，遭二度新聞檢查，〈今年之口號「同胞須團結團結真有力」〉的專文，標題也被改為「今年之口號「○○○○○○○○○○」〉，內文也遭刪除過半[95]，團結是專制體制最懼怕的武器，也是捍衛臺灣民主制度最強大的利器。

> 設使我臺四百萬同胞，個個都能覺醒團結起來，那就無論有多麼大的魔力，我們都可以抵制他，那末吾人便不患環境魔力之強大，而所患者惟吾人不能團結哩。所以我敢斷言：團結是我們唯一的利器，是我們求幸福脫苦難的門徑。

蔣渭水曾言「臺灣是我們的臺灣，臺灣的社會是我們的社會，是不得袖手旁觀，放棄責任的。臺灣之厲害就是我們的厲害，臺灣社會向上之福利也是我們的福利。」[96]在臺灣民主啟蒙運動的歷程上，蔣渭水喚醒臺灣人的自覺與自治思想，民主、自由是需要付出代價的，唯有團結犧牲奮鬥才能得到；「我要感謝神明使我生做臺灣人，是因為臺灣人手裡握著世界平和的鎖鑰，世界平和的第一關門」，啟蒙了臺灣人的主體意識，也建立臺灣人的尊嚴與民族的尊榮，賦予臺灣人對世界和平做出貢獻的使命觀，「臺灣人樂為世界人」開啟臺灣人全球視野，體現生命共同體的世界公民觀。

1920年代，臺灣社會改革的先覺者初心都與矢內原忠雄一樣，「衷心仰望實現『被虐待者的解放，沒落者的上升，而自主獨立者的和平結合』」[97]的心境。「為弱者而起，為弱者揚眉吐氣，為弱者伸張正義」[98]，蔣渭水的臺灣民主啟蒙運動亦是如此。

---

[95] 黃師樵編，《蔣渭水全集》，頁464-467。
[96] 蔣渭水，〈晨鐘暮鼓〉，《臺灣民報》（1925年1月21日），版14。
[97] 周憲文譯，矢內原忠雄著，《日本帝國主義下之臺灣》，序言頁V。
[98] 蔣渭水，〈動搖時代的臺灣〉，《臺灣》3：9，頁47-49。

引用書目

維基百科，〈五條御誓文〉（日文：五箇条の御誓文），下載日期：2023年5月14日，譯文取自網址：https://zh.wikipedia.org/zh-tw/五條御誓文。

唐代孫思邈《千金要方論診候第四》。下載日期：2023年5月15日，網址：https://big5.wiki8.cn/guji/520/beijiqianjinyaofang/106842.htm。

蔣渭水向攝政宮請願事件，摘自清華大學「葉榮鐘全集、文書及文庫數位資料館」剪報。下載日期：2023年3月9日，網址：網址：https://archives.lib.nthu.edu.tw/jcyeh/

王乃信等譯，林書揚等編輯

1989 《臺灣總督府警察沿革誌第二篇領臺以後的治安狀況》。臺北：創造出版社。

矢內原忠雄著，周憲文譯

2022 《日本帝國主義下之臺灣》。臺北：海峽學術出版社。

吳豪人主編

2016 《大正十三年治安警察法違反事件預審紀錄》。臺北：中央研究院臺灣史研究所。

邱士杰

2007 〈山口小靜與連溫卿〉《批判與再造》，下載日期：2023年5月5日，網址 https://lianwenqing.wordpress.com/2007/12/29/yamakuchi/

林呈祿等編輯

1922-1924 《臺灣》。東京：臺灣雜誌社。

1923-1927 《臺灣民報》。東京：臺灣雜誌社／臺灣民報社。

1927-1930 《臺灣民報》。臺北：臺灣民報社。

1930-1932 《臺灣新民報》。臺北：臺灣新民報社

若林正丈解說

2020 〈臺灣議會期成同盟會中心人物ノ經歷思想言動〉《臺灣議会設置関係書類》，東京：不二出版社

張深切

1961 《里程碑》。臺中：聖工出版社。

黃信彰

2007 《臺灣空運文化的立體新世界》。臺北：臺北市文獻委員會。

黃師樵

1932 《蔣渭水全集》。臺北：蔣渭水大眾葬儀委員會。

游錫堃編著

2023 〈蔣渭水先生政治思想啟蒙探源〉，收於《蘭陽民主蘭城尋蹤》，頁16-45。宜蘭：仰山文教基金會

葉榮鐘

1987 《臺灣民族運動史》。臺北：自立晚報

劉明修著，李明峻譯

2008 《臺灣統治與鴉片問題》。臺北：前衛出版社。

蔡培火編輯

1920　〈就臺灣文化協會而言〉《臺灣青年》3：3，東京：臺灣青年雜誌社。

蔣朝根

2006　《在最不可能的時刻 蔣渭水留真集》。臺北：臺北市文獻委員會。

2018　《彩色與黑白的歷史對話 蔣渭水畫影集》。臺北：蔣渭水文化基金會。

2019　《從大甲支部看臺灣民眾黨—杜香國史料藏品彙編》。臺北：蔣渭水文化基金會。

2022　《熱血青春蔣渭水紀念文集》。臺北：蔣渭水文化基金會。

治警事件的時代背景與制度環境
——以宜蘭社會網絡之變遷為中心

何義麟

摘要

1923年治警事件發生後，被起訴的18名之中，共有14人畢業於臺灣總督府醫學校與國語學校，開業醫師有6位，曾任公學校教師有7位，其中8人曾赴日求學，這群人都是當時臺灣接受近代學校教育的社會精英，他們的人際網絡主要在求學歷程中建立，其中蔣渭水及其妻舅石煥長兩人，是來自宜蘭而在臺北開業的醫師。他們能夠與全臺知識分子串聯起來，共同投入當時的政治社會運動，顯示當時全島住民的社會網絡已經形成。換言之，治警事件的起因與近代臺灣社會網絡的變遷，兩者有密切關聯。如果聚焦宜蘭則可看到，治警事件後隔年，1924年八堵到蘇澳的宜蘭線鐵路全線通車，兩地往來日益密切，蔣渭水與石煥長家族成員更積極投入各種政治社會運動，家鄉陳金波醫師等地方人士也積極奧援。在此階段，宜蘭與全臺灣各地政治社會運動融為一體，加上巡迴各地演講等活動的展開，全島規模的臺灣人意識正式確立。簡而言之，日治時期臺灣的社會網絡之變遷，正是推動歷史前進的巨輪，以宜蘭地區為例即可看到這個變化過程。

關鍵詞：治警事件、蔣渭水、石煥長、陳金波、社會網絡、學校教育

一、前言

若要探討「治警事件」必須從「臺灣議會期成同盟會」談起，2004年出版的《臺灣歷史辭典》中，由筆者撰寫的這個詞條如下：「此為推動臺灣議會設置請願運動所成立的政治團體，結社過程引發著名的『治警事件』。1923年1月起《治安警察法》適用於臺灣後，文化協會不便推動請願運動，因此領導人蔣渭水、林呈祿等決定另組政治團體。同年1月30日以石煥長為主幹，正式向警方申請設立『臺灣議會期成同盟會』，2月2日總督府依《治安警察法》下令禁止。同年2月11日蔣渭水、蔡培火等前往東京，向帝國議會提出設置議會之請願書，重要幹部商討後，決定以林呈祿為主幹，於16日向早稻田警察署申請設立同名團體，21日在臺灣雜誌社舉行成立典禮。總督府知悉該會幹部利用兩地執法的落差，將被禁止團體以同一名稱易地立案後，選定同年12月16日以違反《治安警察法》之罪名，在全島進行大規模搜捕，多位領導人被捕下獄，史稱『治警事件』，此事件對臺灣人之政治運動有深遠之影響。」[1]以上這段文字說明事情的來龍去脈，但並未討論事件的起因與對臺灣社會的影響。

1918年第一次世界大戰結束後，民族自決的聲浪抬頭，在東京求學的臺灣學生也展開行動，不僅發行雜誌，同時聯合島內士紳與知識分子推動「臺灣議會設置請願運動」，並成立「臺灣文化協會」展開文化啟蒙運動，就在這樣的情勢之下爆發了「治警事件」。此事件不僅未阻礙請願運動的推展，在訴訟答辯內容公開傳播的刺激之下，不願受到歧視壓迫的臺灣人意識更加明確化，追求享有民主自由權利的聲浪更加高漲。因此，今日再探討治警事件的來龍去脈及其影響，必須從更寬廣的視野來檢視。1920年代，臺灣全島交通與訊息網絡日益完備、各種產業迅速發展、學校教育制度確立，全島規模的漢人社會網絡也已形成。這樣的「因」才會有各種政治社會運動興起的「果」，加上這段期間爆發的衝突事件，當然對本地社會造成一定的衝擊。

要重探此一事件，首先必須了解其時代背景與殖民統治下的制度環境。在此先提出結論，筆者認為：日本在臺灣的殖民統治，對本土社會造成的最大衝擊，

---

[1] 原刊詞條內容有誤，藉此機會修訂為如上新版。何義麟，〈臺灣議會期成同盟會〉，收錄於許雪姬總策劃，《臺灣歷史辭典》（臺北：行政院文化建設委員會，2004），頁1179。現有線上版的文化部「臺灣大百科全書」可供查閱。參考書目：葉榮鐘，《臺灣民族運動史》（臺北：自立晚報社，1971）。

就是讓臺灣整體規模的交通與社會網絡形成，同時也刺激包括來自閩粵兩地的漢人移民確立「臺灣人意識」。這樣的論點，黃昭堂早已提出，但他並未用微觀或具體的實例去論證，也不是針對治警事件的歷史脈絡進行討論。[2]儘管如此，這樣洞見還是頗具參考價值。另外，有關「臺灣人意識」的形成過程，一般也常見採用安德森（Anderson）的「想像的共同體」之概念來分析，特別是有關「印刷資本主義」或「巡禮圈」等分析用語，更是經常被運用。[3]為驗證這些概念，歷史的細節更需要加以釐清。因此，本文除了參照以上宏觀的視野，主要是著重於人際網絡與時空背景，來重新探究百年前「治警事件」的歷史定位，同時也將檢視宜蘭出身的蔣渭水、石煥長兩人，能夠成為此次事件主角所代表的意涵。

有關日治時期臺灣醫師的社會地位及其在民族運動扮演的角色，駱明正的專書有深入的分析，但因僅限於醫師並未涵蓋各類知識分子的動向，較難全面關照整個時代的脈動。[4]殖民地臺灣的近代學校教育是由臺灣總督府所引進，藉由各地公學校到總督府國語學校（1919年改稱臺北師範學校，簡稱北師）與總督府醫學校（1922年改稱臺北醫學專門學校，簡稱北醫）等學校教育，培育出一批日治前期的社會精英。1920年代，這批知識分子在蔣渭水號召之下，集結起來展開反殖民的政治社會運動。他們是藉由殖民地近代學校教育過程建立的「學緣」而聚集，特別是北師、北醫這兩所學校畢業生，大部分都返鄉就職並建立全島規模人際網絡，如此才得以展開一呼百應的行動。

1921年文化協會成立，這兩所中等學校的畢業生大量入會，充分展現其「學緣」所蓄積的能量。根據北師出身的謝春木的描述，1920年《臺灣青年》（1920.7～1922.2）在東京創刊後，每期有數十部傳入校內，避過舍監的嚴厲監視，分配到各寢室傳閱。[5]由此可知，當時青年熱切地吸收新思潮，很多人藉此獲得政治的啟蒙，進而展開具體的行動。這本雜誌的作者如蔡培火、蔡式穀、鄭松筠、吳三連、黃呈聰等，都是北師前身總督府國語學校的畢業生，其啟蒙青年

2　黃昭堂，〈第二次世界大戰前臺灣人意識的探討〉，《臺灣淪陷論文集》（臺北：現代學術研究基金會，1996），頁81-109。本文於1987年以日文發表，同年底中譯版在臺灣的雜誌刊登發表。

3　班納迪克·安德森（Benedict Anderson）著，吳叡人譯《想像的共同體：民族主義的起源與散布》（臺北：時報文化，1999）。

4　Ming-cheng M. Lo, *Doctors within Borders: Profession, Ethnicity, and Modernity in Colonial Taiwan*（Berkeley, Calif.: University of California Press, 2002）本書評介，請參閱：陳德智，〈評介駱明正《疆界內的醫生：在殖民地臺灣的專業性、民族性與現代性》〉，《臺灣師大歷史學報》34（2005年12月），頁207-222。

5　謝春木，《臺灣人の要求》（臺北：臺灣新民報社，1931），頁14-15。有關謝春木的生平事蹟，請參閱：何義麟，《跨越國境線：近代臺灣去殖民化之歷程》（臺北：稻鄉出版社，2006）。

批判殖民統治的效果極為顯著。

另一方面，臺北醫學校學生則形成另一個人際網絡。他們畢業後開業行醫，收入穩定經濟自主，政治覺醒者自然就成為文協的核心幹部，其中蔣渭水、賴和就是代表性的人物。而北師的畢業生，大多是到日本升學之後成為運動的主力，並成為政治理念的主導者。例如，北師畢業的蔡培火與林呈祿兩人，就是最具代表性之人物。此外，謝春木從北師畢業後就讀東京高等師範學校，而後轉任《臺灣民報》記者，並返臺投入政治社會運動。《臺灣青年》後續逐步發展為《臺灣》（1922～1924）、《臺灣民報》（1923～1930），1930年更進一步改組發行《臺灣新民報》，號稱是「臺灣人唯一的言論機關刊物」。因此，民報社自然成為各種運動推展的最重要據點。

百年後回顧治警事件之際，我們可見到地方醫師之「學緣」網絡的重要性，再透過人際網絡，還可以看到「民報社」這個集結點的存在。藉由這兩個關鍵的線索，不僅可以重新檢視議會設置運動時地主資產階級之動向，同時也可進一步探索殖民地臺灣新興知識分子的集結過程。因此，筆者在本文將試著採用社會網絡（social network）的分析概念，重新檢視治警事件發生的歷史脈絡，希望藉此可以較為另類的觀點來討論治警事件。

社會學者認為，社會網絡理論發源於人類學者探討小團體人際關係結構之研究，而後也被政治學者運用權力關係與網絡地位的探討，其概念與方法也被應用於歷史人物之研究，當然這項理論也成為社會學研究的新取向。[6]由於日益受到社會學者的重視，目前還有UCINET等各種軟體，針對社會網絡中的各種關係，進行更精確的量化分析（social network analysis, SNA）。本文不採量化分析，而是以此用語試著重新勾勒臺灣全島與宜蘭地區出身接受新式教育的知識分子，為何能夠在1920年代政治社會運動中，扮演著極為關鍵的角色？

觀察1920年代新興知識分子的行動範圍可發現，他們所參與公共事務或政治社會運動，以活動空間來看大致有三個層次。第一，島內外跨界移動並傳播近代知識的行動者；第二，參與全島規模集會結社的行動者；第三，定居於出身地的地方社會精英等。以宜蘭出身者來看，曾到東京求學的石煥長，正是扮演島內外思想與人際網絡連結的代表性人物。1920年《臺灣青年》創刊時，他就讀東京醫學專門學校，因而在雜誌上用漢文以筆名「如恆」發表文章，提出他對政治改革

[6] 蔡毓智，〈社會網絡：社會學研究的新取向〉，《思與言》46：1（2008年3月），頁1-33。

的想望。而後，他回到臺北永樂町開設「長安醫院」，擔任「臺灣文化協會」理事。石煥長是蔣渭水的妻舅，號「霜湖」，研究者認為這是與蔣渭水號「雪谷」成為對仗而取用。為了推動議會設置請願運動，蔣渭水託付他擔任「臺灣議會期成同盟會」的主幹（負責人），向警方提出申請，因而捲入治警事件。[7]他曾前往赴日求學並返臺參與政治運動的經歷，讓他成為島內外跨界移動並傳播反抗思想的人物類型。

第二種類型是具有號召力可連結全島社會網絡的領袖，蔣渭水就是典型的代表人物。眾所周知，他藉由推展議會設置請願運動與成立文化協會之行動，成為林獻堂倚重的全島規模之領袖人物，藉由治警事件的消息傳播，更將他的地位推向高峰。事件之後政治社會運動風起雲湧，地方領袖成為重要的社會支持力量，因而出現陳金波（1889-1961）醫師這類人物。他既是蔣的同鄉也是醫學校畢業的前輩，1927年以後成為臺灣民眾黨宜蘭支部的領導人。[8]

如果從社會網絡的分析來看，來自陳金波等宜蘭鄉親的後援，一直是蔣渭水政治活動重要的支撐力量。過去陳金波等地方領袖較少被納入討論範圍，從社會網絡來看，這類人物扮演的角色也不能忽視。總而言之，蔣渭水投入政治社會運動的過程中，除了具有共同理念的姻親石煥長來協助之外，在宜蘭開業行醫的陳金波等地方領袖，也是重要的社會支持力量。因此，本文以下將聚焦於宜蘭的這三位醫師，藉由這三位節點（node）人物所建立的不同層級之社會網絡，試著說明臺灣全島與宜蘭地區政治社會運動發展的歷程。

二、升學的跨境移動與近代思潮之傳播

1920年代是臺灣青年奮起的年代，他們開始引領時代的潮流。這批青年知識分子大多屬於日本殖民統治體制下，接受近代學校教育成長的世代。他們不僅在臺灣接受公學校或中學校教育，許多人甚至前往日本或中國大陸求學。他們為了升學而從鄉村到都會的移動，自然地會建立新的人際關係，進而形成全島規模的人際網絡。近代的學校教育，或許會讓青年學子進入統治體制並認同日本，但獲

7 楊晉平，〈第二章 石煥長行經時代的印記〉，收於游錫堃編著，《臺灣民主蘭城尋蹤》（宜蘭：仰山文教基金會，2023），頁46-62。

8 有關陳金波的生平事蹟，請參閱：范燕秋，〈日治時期宜蘭地區政治運動領導者：陳金波醫師〉，《宜蘭文獻雜誌》16（1995年7月），頁72-87。陳麗蓮編著，《蘭陽詩醫陳金波：觀風閣詩集》（宜蘭市：宜蘭市公所，2022），頁247-258。

得近代思想的啟蒙，並看到社會壓迫與歧視的問題之後，也會引發一些人摸索抗爭的路徑。因升學而跨境的移動，不僅讓知識分子吸取批判性知識，同時也讓他們有機會集結起來並採取反抗行動。以下可以從島內學潮的產生，以及中日親善與東洋和平等論述的傳播過程來進行檢討。

（一）臺灣學生的升學管道與跨境移動

如前所述，1920年代議會設置請願運動的展開、文化協會之創立等，主要參與者是國語學校（北師）與醫學校（北醫）的畢業生與在學生。根據林柏維的統計，臺灣文化協會的52名領導群之中，地主占15名，醫師占14名，海外留學出身者占15名，醫師幾乎都是北醫畢業生。而赴日求學之後成為運動的主力，大多是北師出身者，這三種類型人物占了75%強的比例。換言之，這些領導者大多數是曾受近代學校教育的知識分子。[9]特別是北醫學生，畢業後在自各地開業，經濟基礎穩固後，很多人成為文協的核心幹部。更重要的是，地方醫師所形成的全島規模人際網絡，這才是政治運動的社會基礎。他們利用報刊或演講進行宣傳，喚起民族意識，批判總督府的惡政，爭取民眾的權利。

1919年1月4日「臺灣教育令」公布，總督府依此法令建立各級學校，臺灣總督府國語學校改名為臺北師範學校。1922年2月6日，基於內地延長主義的統治方針公布，再次公布修訂後的教育令，一般稱之為「新臺灣教育令」。[10]這次的修法，主要是配合同化政策，開始推動「日臺共學」，並新設「臺北高等學校」。如此一來，北師與北醫不再是島內的最高學府。然而，「共學」的措施並未完全化解中學教育機會不平等問題，甚至迫使大量希望接受中學教育的臺灣青年，必須到日本去升學。[11]臺南出身的吳新榮、羅東出身的陳逸松等都是這種情勢下，到日本求學的青年。

此外，1920年代，臺北師範學校等中學生受到文化協會活動的刺激，在校的學生開始勇於表達不滿，因而一有偶發事故，隨即爆發學潮。[12]1922年2月，北

---

9 林柏維，《臺灣文化協會滄桑》（臺北：臺原出版社，1993），頁74。

10 臺灣教育會編，《臺灣教育沿革誌》（臺北：臺灣教育會，1939），頁628-665。復刻版《臺灣教育沿革誌》（臺北：南天書局，1995）。根據新教育令，1922年設立臺北高等學校，1928年設立臺北帝國大學，至此臺灣近代學校教育體系正式確立。

11 何義麟，〈日治臺灣中等教育變革及其影響〉《臺灣學通訊》125（2022年1月），頁4-7。

12 有關學潮經過，本文參考中文譯本後再修訂，原文請參閱：臺灣總督府警務局編，《臺灣總督府警察沿革誌第二編中卷》（臺北：臺灣總督府，1939）。復刻版《臺灣社會運動史》（東京：龍溪書舍，1973），1995年臺北南天書局二版發行，以下簡稱《臺灣總督府警察沿革誌》。

師學生不服警察取締未左側通行，而與大稻埕新起街派出所警察發生衝突，而後警察來校取締時遭學生阻擋，南署岡野署長率三名警察拔刀進入校園。結果，45名學生被捕，經過學校師長與部分文協領袖奔走後，被拘捕的學生21日獲得不起訴處分，但還是有15名學生被退學，此即為「第一次臺北師範事件」。[13]事後，警方還指責文化協會幹部蔣渭水從中策動，藉由御用報紙攻擊才剛成立不久的文協。結果在各校當局壓迫下，共有425名學生會員退出文協。[14]此次，林秋梧（1903-1934）也是被退學的學生。而後，他到東京就讀駒澤大學，成為忽滑谷快天的弟子，1930年返臺後，在臺灣佛教界提出各種改革主張，其中心思想被視為是「左翼的解放佛學」，並被稱為「革命僧」。[15]

雖然爭取權益面對退學的風險，但學生還是勇敢地起來反抗學校的壓制。1924年11月，又爆發「第二次臺北師範事件」。事情起因於修學旅行地點意見分歧，臺灣學生人數較多且要求到南部旅行，但學校偏袒日人學生發布「宜蘭修學旅行」，因而有123名臺籍學生集體缺席抗議，學校不得不停課一週。[16]由於學生持續抗爭，學校當局先發表退學與停學者名單，經過家長與校方交涉，最後共有36人被迫退學。[17]這次被退學者與在此前後捲入學潮的學生，有幾位日後也投身各種政治社會運動。升學機會與校內處境不平等，畢業後就業機會與待遇也不平等，這是激發臺灣人意識的重要原因。而為追求升學機會的跨境移動，自然也造成社會網絡擴展與社會運動的激進化。

以上有關1920年代兩次臺北師範事件，包括筆者在內過去許多研究者已進行詳細的分析，事件的經過已經釐清。[18]但是，如果以社會網絡理論來分析校園內外情勢，不論是從內臺學生隔閡或師生間不平等關係來看，都可以發現臺灣學生是一個具凝聚力的次群體，內外環境早已具有發動抗爭的關係結構。了解此種潛在的情勢，讓人更能認清衝突的前因後果。兩次北師學潮，正好是在治警事件爆發前後相隔一年，從前述警方觀點與新聞報導可知，學潮與文協活動有密切的關聯。而且，事後學生的升學與跨境移動，也擴大社會運動者的人際網絡。

---

[13] 何義麟、簡宏逸編，《圖說臺北師範校史》（臺北：五南圖書，2013），頁50。
[14] 林柏維，《臺灣文化協會滄桑》，頁160-161。
[15] 李筱峰，《臺灣革命僧林秋梧》（臺北：自立晚報社，1991）。
[16] 〈臺北師範公學部生百廿名同盟休校 原因に遠足の事から〉，《臺灣日日新報》，1924.11.20，第五版。
[17] 林柏維，《臺灣文化協會滄桑》，頁161-162。
[18] 有關1920年代學潮的經過與影響，請參閱：何義麟，〈日本時代臺灣青年的覺醒與抗爭：以臺北師範學校出身者之動向為中心〉，《臺北文獻》217（2021年9月），頁81-119。

（二）近代思潮的跨境傳播與影響

學生覺得受不平等待遇才發生學潮，而追求平等的思想啟蒙，主要就是來自於求學期間積極的吸取新知。隨著臺灣青年的跨境移動，近代思潮的跨境傳播也更加廣泛。例如，臺灣文化協會不僅推展啟蒙運動，專務理事蔣渭水還吸取當時日本流行的思潮主張：臺灣人掌握世界和平的第一關，因為世界和平需要建立大亞細亞聯盟，其前提必需要「日華親善」，臺灣人是「日華親善」的重要媒介。1921年9月蔣渭水撰寫〈臺灣文化協會會歌〉，歌詞中第二段主張：「欲謀東洋永和平　中日要親善／我等須當作連鎖　和睦此弟兄／糾合東亞諸民族　締結大同盟／啟發文明比西洋　兩兩得並行。」[19]這是他合理化創立文化協會的說詞，這樣的理念似乎頗具正當性。

1920年代前期，還是大正民主時期，這類主張頗為風行。這種論述是呼應日本內地思潮的訴求，也是對抗總督府統治方針的一種說法，大致獲得赴日求學的臺灣學生所支持，但多少人真心相信則令人懷疑。例如，蔡培火也曾呼應這種思潮，在1922年5月東京發行的《亞細亞公論》創刊號發表一篇〈極東の平和果たして如何〉一文，討論極東（遠東）和平如何實現，呼籲日本撤廢對朝鮮、臺灣的差別待遇政策，並主張「日華親善」是實現極東和平最基本的要素。這時他住在東京，與中國、朝鮮等有識之士展開交流，積極尋求臺灣在東亞的新定位，思考如何擺脫日本帝國主義的壓迫，因而提出這種高調的論述。[20]依據紀旭峰的分析，《亞細亞公論》是一本朝鮮人創辦的雜誌，揭起「人類主義」的普世價值，提倡東洋人聯盟之主張。[21]

黃呈聰、王敏川也在《亞細亞公論》也發表文章，因林呈祿與負責人熟識，刊物上登載批判總督府言論壓迫的文章與「臺灣議會設置請願書」。[22]刊物中籲求亞細亞民族平等合作的氛圍濃厚，此時臺灣青年與朝鮮、中國留學生建立聯絡網。此時臺灣青年學生的人際網絡，豈止是全島規模，甚至已經擴大到整個東亞

---

[19] 蔣朝根編著，《蔣渭水留真集：在最不可能的時刻》（臺北：臺北市文獻會，2006），頁45。

[20] 陳翠蓮，〈大正民主與臺灣留日學生〉，《師大臺灣史學報》6（2013年12月），頁53-99。

[21] 紀旭峰，〈「半植民地中国」・「植民地臺湾」知識人から見たアジア〉，收於後藤乾一、紀旭峰、羅京洙共編，《亜細亜公論・大東公論　解題総目次編》（東京：龍溪書舍，2008），頁63-90。

[22] 黃呈聰，〈臺湾の経済的危機〉，《亜細亜公論》1：3（1922年7月），頁22-29。王敏川，〈希望賢明政治家之出現〉，《亜細亜公論》2：1（1923年1月），頁14-17。〈臺湾に於ける言論圧迫を内地朝野諸君に訴ふ〉、〈臺灣議會設置請願書〉，《亜細亜公論》1：1（1922年5月），頁76-92。

地區。但是，這樣的說詞還是無法瞞過日本的官方嚴密的監控。1923年1月發行9期後，《亞細亞公論》就被禁止，該刊東洋和平與東洋人平等的理想，當然也就無法實現。[23]

正如後敘，此時石煥長與蔣渭水也積極呼應中日親善東洋和平的論述。治警事件就在臺灣知識分子抱持亞細亞聯盟等想望的氛圍下發生，官方採取大逮捕的方式，意圖壓制臺灣社會精英的行動，政治氛圍也就開始翻轉。而後，二林事件爆發，加上文化協會分裂，中日親善與東洋和平的論調，逐漸變得不合時宜，部分運動團體的主張日益左傾化，最終被總督府全部掃除殆盡。

三、領導者的出身背景與社會階層

蔣渭水為何提出「中日親善、東亞和平」的訴求作為文化協會的理念？這種論述的傳播路徑，依據現有史料大致可以推斷，石煥長可能是影響他產生這種思想的人物之一。因為石煥長是治警事件核心人物，曾赴日就讀東京醫專，參加新民會，而且曾經在《臺灣青年》雜誌發表文章。他不僅擁有島外學生的人際網絡，也積極在刊物上發表其政治改革理念。該雜誌創刊後，即使未到日本升學的有志青年，也可透過閱讀吸收最新的思潮。

石煥長除了以本名撰文投稿《臺灣青年》之外，還曾以石如恒、霜湖、石霜湖之名等發表文章。[24]其中最具代表性的是〈新大學　備旨〉一文，他以文言文強烈批判六三法、同化的教育制度等統治政策，進而要求給予臺灣自治權，文末還有如下結語：

> 是以吾輩再進一言曰：賢明督憲欲收植民地最後之成功，欲保東洋大局之平和，非先去禍根不可，欲去禍根非先除不良屬吏不可，倘或不然，閣下雖具有充分之誠意，而所頒政令恐不能行矣。[25]

---

[23] 紀旭峰，〈「半植民地中国」・「植民地臺湾」知識人から見たアジア〉，頁63-90。

[24] 他以不同名號發表的文章如下：石如恒，〈志願〉，《臺灣青年》1：1（1920年7月），頁37-40；石如恒，〈新論語〉，《臺灣青年》2：3（1921年3月），頁425-426；石煥長，〈新大學備旨〉，《臺灣青年》2：3（1921年3頁），頁426-430；霜湖錄，〈溪喻（明朝方孝儒先生原作）〉，《臺灣青年》2：4（1921年5月），頁199-200；霜湖，〈生物進化より見たる人体の變化〉，《臺灣青年》3：1，（1921年7月），頁385-395；石霜湖〈道德之概念〉，《臺灣青年》4：1（1921年7月），頁385-395。（《臺灣青年》頁碼以國立臺灣歷史博物館復刻本為準）。

[25] 石煥長，〈新大學 備旨〉，《臺灣青年》2：3（1921年3月），頁430。

將「東洋和平」之關鍵繫於臺灣統治之成敗，此論點就是前述蔣渭水在文協會歌的意旨，而且石煥長此文較早發表，由此可以推斷蔣渭水的歌詞創作可能受其影響。接續這篇文章，隨後有篇署名：子虛子〈新孟子〉的文章，呼應石煥長之改革要求並表示：「議員之設，選之以公，自治者可以無憾矣。高官吏屬之邀，無分其族，賢能者可以展其才矣。各校之課，勿低其程，百萬之才，可以速成矣。完中學之度，加之以大學之立，有志者免負笈內地矣。」[26]這段文字反映議會設置與教育制度改革之要求。此外，蔣渭水合理化改革運動的論述如下：「我之所以從事臺灣的社會運動，乃在圖謀改善臺灣人的生活，期以與日本人同立於平等地位，使臺灣人得以善盡日華親善媒介的歷史使命。」[27]這類「日華親善媒介的歷史使命」之說詞，總督府似乎並未採信。

不論如何，1920年代臺灣知識分子藉由辦刊物來溝通政治理念，並藉此達成共識。例如，林呈祿在《臺灣青年》發表〈六三法問題の帰著點〉一文，強烈主張推動臺灣議會設置運動，獲得大家贊同成為共識，就是最具代表性的實例。[28]臺灣青年社與文化協會或石煥長與蔣渭水的連結，代表著臺灣知識青年之間，有一個島內外的聯絡網。發動治警事件的大逮捕，隱含著總督府想要壓制臺灣人的改革要求，同時也可封鎖臺灣人這個聯絡網。

1923年12月16日，總督府以違反《治安警察法》為由，針對議會期成同盟會成員展開全島規模的大逮捕行動，搜查住家之後拘捕41人，僅被住家搜查的12人，被搜查並被傳訊10人，僅被傳訊者34人（在東京的林呈祿與鄭松筠未經拘捕直接起訴），總計涉案者共達99人。[29]有關逮捕後起訴、預審到判決的經過，並非本文的討論重點。以下主要在於分析這99人的出身背景與學經歷，藉以分析日治時期臺灣社會網絡之變遷。

全島的涉案者高達99人，但被判刑與被罰金的人不多，大致可說是雷聲大雨點小的恐嚇型辦案手法。整個事件的核心人物是被押送至臺北監獄的29人，其中18人被起訴，13人被判刑入獄與罰金。起訴者的出身地、學經歷與社會階層，大

---

26 子虛子，〈新孟子〉，《臺灣青年》2：3（1921年3月），頁431。子虛子本名不詳，尚待考訂。

27 《臺灣總督府警察沿革誌》，頁453-455。譯文採用：簡炯仁，《臺灣民眾黨》（臺北縣：稻鄉出版社，1991），頁260。

28 林呈祿，〈六三法問題の帰着點〉，《臺灣青年》5（1920年5月），頁24-41。

29 葉榮鐘，《日據下臺灣政治社會運動史（上）》（臺中：晨星出版，2000），頁236-238。葉榮鐘原本著作中總數相同，但扣押者41人，被搜查並被偵訊者11人，被搜查者12人，被傳訊者35人等，人數略有不同。請參閱：葉榮鐘，《臺灣民族運動史》，頁206-209。

致彙整為表一：「治警事件」被起訴判刑者的社會網絡一覽表，如此可以更明顯看出他們的人際關係。

表一 「治警事件」被起訴判刑者的社會網絡一覽表

	姓名	住所或州／本籍地	島內學歷／經歷	社會階層表徵	遭遇／刑期	備考
1	蔣渭水	臺北市／宜蘭街	醫學校／醫師	開設大安醫院	監禁四月	1925.2.20入獄 5.10假釋出獄
2	蔡培火	臺南市／北港街	國語學校／編輯	東京高等師範學校／雜誌編輯人	監禁四月	1925.2.21入獄 5.10假釋出獄
3	蔡惠如	臺中州／清水街	書房／商業	日本中國旅遊／福州經營漁業	監禁三月	1925.2.21入獄 5.10假釋出獄
4	林呈祿	東京市／大園庄	國語學校／編輯	明治大學／雜誌編輯人	監禁三月	1925.3.2入獄 5.10假釋出獄
5	石煥長	臺北市／宜蘭街	東京醫專／醫師	開設長安醫院	監禁三月	1925.2.22入獄 6.16假釋出獄 （另案緩刑關係）
6	林幼春	臺中州／霧峰庄	書房／貸地業	參加櫟社漢詩人	監禁三月	1925.3.2入獄 5.10假釋出獄
7	陳逢源	臺南州／臺南市	國語學校／商業	三井洋行／進出口貿易	監禁三月	1925.2.21入獄 5.10假釋出獄
8	蔡式穀	臺北市／新竹街	國語學校／律師	明治與中央大學法科／辯護士	罰金百元	
9	蔡年亨	臺中州／清水街	國語學校／商業	清水帽蓆同業組合長	罰金百元	
10	鄭松筠	東京市／豐原街	國語學校／律師	明治大學法科／辯護士	罰金百元	
11	林篤勳	臺中州／彰化市	醫學校／醫師	開設彰德醫院	罰金百元	
12	林伯廷	臺中州／北斗街	公學校／貸地業	北斗望族／甲長保正	罰金百元	
13	石錫勳	高雄街／彰化街	醫學校／醫師	開業醫師	罰金百元	後返彰化鄉開業
14	王敏川	臺中州／彰化街	國語學校／編輯	雜誌編輯	無罪	
15	蔡先於	臺中州／梧棲街	國語學校／會社職員	明治大學法科／辯護士	無罪	1928年成為辯護士

	姓名	住所或州／本籍地	島內學歷／經歷	社會階層表徵	遭遇／刑期	備考
16	吳清波	臺中州／彰化街	書房／商業	報刊記者／主任	無罪	
17	韓石泉	臺南州／臺南市	醫學校／醫師	開設韓內科醫院	無罪	而後取得熊本醫大博士
18	吳海水	鳳山街／臺南市	醫學校／醫師	開業醫師	無罪	

出處：筆者自製

資料來源：葉榮鐘，《臺灣民族運動史》（臺北：自立晚報社，1971），頁272。
葉榮鐘，《日據下臺灣政治社會運動史（上）》（臺中：晨星出版，2000），頁302。
國家圖書館特藏組編輯，《臺灣歷史人物小傳：明清暨日據時期》（臺北：國家圖書館，2003）。

被起訴的18名之中，共有14人畢業於臺灣總督府醫學校與國語學校，其中共有6位醫師7位曾任公學校教師，這些人之中有8人曾赴日求學。整體來看，大半屬於受近代學校教育的社會精英。以社會網絡分析概念來檢視，這份逮捕名單也可看出當時臺灣人社會網絡。涉案的99人之中，最核心的兩個節點（node）人物是蔣渭水與林獻堂。因為文協的領導階層，主要就是各地傳統士紳與新興知識分子所建立的人際網絡。1922年，總督府對林獻堂等資產家以緊縮銀根、褫奪仲賣利權的手段，迫使其退出文化協會與請願運動。同時，又發布田健治郎總督接見林獻堂等八位士紳的消息，偽稱這些士紳向總督保證願意停止請願運動。藉以企圖分化文化協會成員的團結，此即所謂「八駿事件」。[30]此事件主要是打擊林獻堂，隔年的治警事件主要是打擊蔣渭水。換言之，兩事件是要切斷兩個社會網絡節點人物之人際關係。

任何社會網絡都必須靠核心領導者的網絡擴散出去，才能連結到每一個人，而非全體涉案者都可連結起來。其中，蔣渭水是屬於「魅力型領導人」[31]，眾多擁有共同政治理念的臺灣知識分子，在他的號召下緊密地團結起來，展開各種爭取近代公民權利的運動。他們一起被捕後，各地親族或關係人必須密集聯繫，社

30 林柏維，《臺灣文化協會滄桑》，頁94-96。一般學者都認為：「八駿事件」是懷柔林獻堂等資產家，激發青年學生不滿，藉此分化文化協會成員的事件。

31 此處所謂「魅力型領導人」，即為德國社會學家韋伯（Max Weber）所稱具有卡里斯瑪（Charisma）人格特徵的領導人，這是他從早期基督教觀念中引入政治社會學的一個概念。韋伯將正當支配的類型分為三種：法制型支配、傳統型支配、卡里斯瑪型支配等。藉由其概念分析，大致可說蔣渭水是具有卡里斯瑪特質的領袖。請參閱：韋伯著，康樂等譯，《支配的類型：韋伯選集（Ⅲ）》（臺北：遠流出版社，1989）。

會網絡變得更加緊密。另一個核心人物是林獻堂，相對於蔣渭水他屬於「傳統型」的領導人物，他的權威來自於世家的名聲與財力，以及他的學養與關懷社會的氣度，才得以成為全臺士紳的表率。

此外，這99名涉案者，還包括眾多許多位未被起訴的地方醫師。由北至南分布來看包括：邱德金、陳增全、周桃源、黃朝清、陳朔方、陳英方、林糊、賴和、林麗明、李應章、黃文陶、黃金火、王受祿、陳江山、莊媽江、李炳森等，他們在後續政治社會運動中，很多人都扮演著重要的角色，甚至展開不同的運動路線。相對地，另一個群體是擁有地方名望的資產家如：連碧榕、楊肇嘉、蔡敦曜、呂磐石、呂季園、杜清與杜香國父子、林資彬、許嘉種、劉青雲等人，他們各有其參與社會運動方式。以上分布各地的醫師與有名望的資產家，原本並不會也沒有機會聚集在一起，但因文化協會與治警事件，各地社會精英等於建立了一個聯絡網。

根據研究者分析，社會學者對於社會概念的視角，大致可分為結構主義與個體主義。結構主義者認為整體的現象才是研究的重心，個體主義者主張個人的行為及對行為的理解是社會學的研究主題。在這集體／個人的光譜之間，社會網絡學者採取鑲崁（embeddedness）的概念加以調和，並特別注意行動者的社會關係網絡，來檢視他們的經濟與社會活動。[32]用這個概念來看治警事件，可以發現涉案者的人際網路結構，都因事件審判與新聞報導而更緊密聯結起來。而後續的主要影響，就是造成1920年代政治社會運動的擴展。

四、宜蘭地區社會網絡之擴展及其效應

治警事件爆發後，民眾對於被告入監牢時的歡送活動，以及出獄後的熱烈迎接的陣仗，可以明確看到來自臺灣民間社會的支持力量。其中宜蘭地區民眾也熱烈支持，這種「社會支持網絡」存在，不僅有助於運動的推展，也有助於危機的解除。治警事件爆發後宜蘭街被搜查，都是石煥長的親族，包括仰山吟社漢詩人石壽松（姪子）、宜蘭街協議員連碧榕（連襟）、黃定楨（內弟）等，但日後他們都不是社會運動幹部，長期支援蔣渭水社會運動者是醫學校前輩陳金波。1889

---

[32] 蔡毓智，〈社會網絡：社會學研究的新取向〉，頁5-9。鑲嵌（Embeddedness）理論是經濟社會學中的概念，意指經濟行動是被錯綜複雜的社會網絡中，各式強弱不一的社會關係所滲透或影響，而產生對於經濟活動的特殊制度化過程。本文借用這個概念檢視1920年臺灣政治社會運動。

年，陳金波（字境秋）出生於宜蘭員山庄的地主家庭，父親陳鳳鳴為知名漢醫。他曾入私塾學習漢文，1906年才進入宜蘭公學校就讀，1908年公學校未畢業即考總督府醫學校，比蔣渭水高兩屆。1913年4月畢業後，他回到宜蘭醫院工作長達6年。1919年5月，辭職後前往東京帝大醫學部進修，9月返鄉在宜蘭街開設「太平醫院」，成為開業醫師，曾任仰山吟社社長。文化協會成立後，他於1922年出任協會理事。[33]

1923年治警事件之後，文化協會更積極舉辦各種全島巡迴的演講活動，宜蘭往往是北部重要的一站，而陳金波則成為現地接待者的角色。宜蘭被納入全島巡迴活動一環，除了1895年以後學校教育建立的人際網絡，交通網的擴張也是重要的因素。1924年，八堵到蘇澳的宜蘭線鐵路全線通車，因此宜蘭與全臺灣各地政治社會運動，迅速地融為一體。根據蔣渭川地的回憶，宜蘭線未開通之前，宜蘭較為封閉，往返臺北宜蘭的交通不便，幾個路線都必須耗費許多時間與金錢才能往返，他表示：「我們清寒的青年，為了節省費用，普通是上午二時就從南門出發，黎明前到景尾，步行翻過幾重山嶺，天黑以後抵達礁溪，在這裡搭乘臺車，於下午九時才到達宜蘭。」他強調這樣只要在坪林尾吃一頓午餐，不必過夜，費用也才能節省。[34]臺灣史學者陳偉智曾借用地理學者時空壓縮的分析論點，挪用「開蘭」的意象，說明18世紀以來三次開蘭造成的移動經驗上的時空間改變。第一次是18世紀末漢人的入墾，第二次是1924年宜蘭線鐵路開通，第三次是2006年國道五號的雪山隧道開通。他認為這三次宜蘭時空間上的改變，都對地方社會造成巨大的影響。[35]其他的改變或影響暫且不談，文協巡迴演講到宜蘭時，陳金波必須出面接待主持，顯然是宜蘭線鐵路開通帶來的效應之一。

根據警察沿革誌的紀錄，1927年7月10日臺灣民眾黨成立，宜蘭支部則是在9月29日成立，當時主幹（負責人）是蕭阿乖[36]，常務委員林火木，該年底支部黨員數共19人。[37]支部成立之前，同年4月15日「宜蘭新青年讀書會」成立，主要

---

33 陳麗蓮編著，《蘭陽詩醫陳金波：觀風閣詩集》，頁247-258。

34 蔣渭川口述、林衡道訪問，〈蔣渭川先生訪問記錄〉，收於黃富三、陳俐甫編，《近現代臺灣口述歷史》（臺北板橋：林本源基金會，1991），頁193-206。

35 請參閱：陳偉智，〈故鄉喪失、無政府主義、與歷史可能性：重讀1930年黃天海《回顧我的故鄉》〉，收於李素月主編，《「再現」別有天：宜蘭生態與環境變遷：「宜蘭研究」學術研討會論文集第十屆》（宜蘭：宜蘭縣史館，2015），頁381-426。陳偉智，〈記憶的追尋與地方感的重建：宜蘭文學的文化社會學考察筆記之一〉，《宜蘭文獻》106（2017年2月），頁4-25。

36 蕭阿乖，臺灣總督府國語學校中退，戰後曾任礁溪鄉首任鄉長。李心儀、陳世一編纂，《礁溪鄉誌（增修版）》（宜蘭：宜蘭縣礁溪鄉公所，2010），頁17。

37 臺灣總督府警務局編，《臺灣總督府警察沿革誌》，頁435-440。沿革誌記載：中央常務委員：

負責人是李友三[38]、蕭阿乖。隔年，宜蘭支部常務委員林火木與李珪璋的努力，10月25日促成「蘭陽農業組合」，11月22日楊來生與蕭阿乖促成「蘭陽總工友會」的成立。[39]由此可知，這時候比較活躍的民眾黨幹部是蕭阿乖，林火木與李珪璋等三人。根據新聞報導，1928年宜蘭支部幹部陳金波、李珪璋、林火木等，曾要求郡守改革刷新水利組合之人事，以公平的選舉辦法選出評議員，進行組織改造。這段期間，陳金波不僅擔任蘭陽農業組合、蘭陽總工友會的顧問，同時努力在推動一些實務性的改革。[40]總言之，民眾黨成立後，他擔任中央執行委員與宜蘭支部常務委員。民眾黨聲勢較高時，他曾大力鼓吹政治改革，同時也積極援助農民與勞工運動。[41]

陳金波不僅參與政治運動，他與官方也維持良好的關係。資料顯示，1920年起也擔任宜蘭街官派協議會員，1926年曾出任宜蘭街助役（副街長），1925年起擔任宜蘭公學校保護者會（家長會）會長，直到1961年過世，長達36年。1935年11月，他最高票當選宜蘭街民選協議會員，隔年11月當選臺北州會議員。[42]由此可知，他在蘭陽三郡擁有極高的聲望，不僅接受官方諮詢，也反映民意。他領導地方社運人士提出各種改革要求，同時也扮演殖民統治者倚重的地方領袖。1930年代，臺灣逐步進入戰時氛圍，這段時期陳金波扮演的角色日益吃重。他以一位開業醫師，不僅參與蔣渭水領導的社會運動，同時也在宜蘭擔任各種公職，肩負起地方社會與官方的溝通橋樑，他的生平經歷反映宜蘭地區從邊陲被納入全島運動圈的過程。戰後他擔任首任宜蘭市長時，把蔣渭水故居前的道路命名為「渭水路」，展現他對蔣渭水的尊崇。從日治到戰後他一直堅守崗位，這種長期耕耘家鄉醫師，也是一種代表性的人物類型。

1931年8月5日，蔣渭水病逝於臺北醫院，8月5日蔣渭水去世後，林獻堂從霧峰親自到臺北慰問家屬，並決定參加8月23日的出殯儀式。但他在8月17日的日

林火木（宜蘭），陳金波並未列名中央常務委員。

[38] 李友三（1888-1961），曾赴名古屋就讀農業學校，返臺後參加文化協會與民眾黨，曾擔任臺灣工友總聯盟的秘書長，1946年當選臺北縣選出之省參議員。章子惠編，《臺灣時人誌》（臺北：國光出版社，1947），頁30。

[39] 《臺灣總督府警察沿革誌》，頁453-455。

[40] 陳麗蓮編著，《蘭陽詩醫陳金波：觀風閣詩集》，頁363-364。王玉靜主編，《蔣渭水紀念文集》（臺北縣：臺灣研究基金會，2006），頁79-81。

[41] 范燕秋，〈日治時期宜蘭地區政治運動領導者：陳金波醫師〉，頁73-78。2022年。

[42] 范燕秋，〈日治時期宜蘭地區政治運動領導者：陳金波醫師〉，頁76-81。主題「宜蘭．天晴．風雨香」網站，人名/日治/陳金波，下載日期：2023年5月4日，網址：https://www.g337918.com.tw/陳金波/。

記中記載：「今早接蔣之訃音，稱為『大眾葬』。大眾者，無產大眾之謂也。自思尚有些少之財產，當不應參列其葬式，庶免被人非議。」他從「預定參加」到「不參加」葬禮的心境轉折，其關鍵點完全在「大眾葬」一詞。最後感嘆地說：「深惜其民族運動之精神而變為共產運動也。」[43]這樣的評斷也說出民眾黨與地方自治聯盟分道揚鑣的原因。蔣渭水是深具領袖魅力之人物，在抗日團體的網絡中具有舉足輕重的地位，林獻堂與他有非常密切的關係。[44]但無可否認的是，因舉辦「大眾葬」的政治角力，讓因治警事件而形成全島社會網絡出現分歧，這個問題也影響到戰後的臺灣社會。

儘管如此，1920年代的社會運動對臺灣還是產生極大的影響。簡炯仁認為：總督府的近代化政策與臺灣住民對日本人的抵抗過程，其最主要結果就是形塑住民的土地意識（Territorial identity）與民族意識（Ethnic identity），兩者結合起來就是「臺灣人意識」。[45]如果用社會網絡來看，同樣也可以看到臺灣人意識的凝聚過程。

五、結語

1920年代臺灣學校教育體制日益完備，接受中等教育的青年日益增多，這批青年學生受到啟蒙思潮或學潮的影響，隨後很可能就成為反殖民鬥爭的革命預備軍。他們在上述升學、退學、轉學的過程中人際網絡逐漸過大，而後就成為他們日後參加社會運動的重要資本。如果將臺灣視為一個整體，臺灣全島社會網絡的建立，首先值得注意的是國語學校與師範學校畢業生。其中有些人在不同時期赴日求學，而後在政治社會運動中扮演著重要的角色。例如，蔡培火停留東京期間，還透過植村正久牧師，結識田川大吉郎等國會議員，如此才得以推動「臺灣議會設置請願運動」。同時，也邀請到日本國內贊同殖民地自治之學者吉野作造、木下友三郎等學者投稿《臺灣青年》雜誌，其貢獻卓著。

以醫學校的畢業生為例，大約在1910年前後開業的醫師，隨後都會逐漸參與

---

43 許雪姬主編《灌園先生日記（四） 一九三一年》（臺北：中央研究院臺灣史研究所籌備處，2001），頁247-368。並請參閱：中央研究院臺灣史研究所，「臺灣日記知識資料庫」網站：https://taco.ith.sinica.edu.tw/石煥長/。

44 有關林獻堂與蔣渭水的交誼，請參閱：翁聖峰，〈被遮蔽的臺灣新學與「新」文學（1895-1920）〉，《臺灣風物》70：4（2020年12月），頁27-65。

45 簡炯仁，〈日本帝國的殖民統治與臺灣意識的興起〉，收於高雄縣政府編，《蔣渭水逝世六十週年紀念暨臺灣史學術研討會論文集》（高雄鳳山：高雄縣政府，1991），頁103-111。

公眾事務。范燕秋指出：「（他們）不僅對推展近代醫療衛生有重大貢獻，也對地區政治與社會文化發揮極大的影響力。」[46]誠如其言，日治時期臺灣醫生往往在地方扮演多重的角色，陳金波是代表性人物。然而，從人數比例來看，從事民族運動的醫師並非多數。正如駱明正專書標題顯示，殖民地臺灣的醫師往往是在追求專業化、民族化與現代化之間徘徊。在其專書中，她分析不同時期臺灣醫師如何形塑其自身的認同，也探討1920年代出現部分民族的醫師對抗甚至挑戰殖民地政治權威的情形。[47]這類人物大概可以蔣渭水、石煥長為代表。蔣渭水積極展開的挑戰權威行動，不僅讓他成為全島規模的領導者，同時也激發出全島的社會網絡，這個網絡在「大眾葬」前後才出現分歧。

另一位代表性人物是石煥長，可惜他的事蹟比較少人知曉。根據臺灣民報與日記資料庫顯示，治警事件後他到新加坡行醫，1927年5月26日林獻堂曾與他見面，新聞報導他是在新加坡行醫頗獲肯定。1931年10月間，林獻堂日記提到：謝春木向他表明將前往上海，並計畫與石煥長合作經營通訊社。根據報導，石煥長在1926年從新加坡轉往香港開設整形醫院，而後他常以石霜湖之名在外活動，1930年在上海開業行醫，最後也定居終老於此。

1939年5月18日，林獻堂日記有如下之紀錄：「適石煥長在中央ホテル以電話來言其母死，旬日前歸自上海，余與五弟往會之。」[48]停留上海期間，他頻繁與臺灣人往來，關心臺灣的時勢變化。戰後，臺灣時局變化迅速，他更積極奔走，往來上海、香港、臺灣各地。1947年二二八事件發生後，他曾返臺會見林獻堂與諸多親友，關心大家的安危。1949年以後，他全家定居上海並未回到臺灣，因而其事蹟不能被提起，除了宜蘭石家後代之外，從此臺灣社會各界就被迫遺忘他的存在。[49]

從林獻堂與石煥長的長期交誼可知，治警事件之後形成的全島規模社會網絡，部分人士還是持續地維繫著。實際上，真正傷害臺灣民眾信賴關係是戰後的白色恐怖統治，在威權體制下島內外臺灣人的聯絡網也被封鎖，而且臺灣人意識

46　范燕秋，《宜蘭縣醫療衛生史》（宜蘭：宜蘭縣史編纂委員會，2004），頁105。

47　請參閱：陳德智，〈評介駱明正《疆界內的醫生：在殖民地臺灣的專業性、民族性與現代性》〉，頁207-222。

48　中央研究院臺灣史研究所，「臺灣日記知識資料庫」網站，《灌園先生日記》，下載日期：2023年5月4日，網址：https://taco.ith.sinica.edu.tw/石煥長/。

49　宜蘭石家後代石清正受訪時曾說明自己的家族抗日事蹟，包括：叔公石圭璋前往中國大陸參加抗日團體，以及因叔公石煥長的事蹟得以獲得史明信賴的經過。請參閱：何義麟，〈臺灣協志會石清正先生口述訪談紀錄〉，《臺灣風物》67：2（2017年6月），頁133-170。

也不容表露出來。今日若要在蘭城尋訪臺灣民主的蹤跡，蔣渭水、石煥長與陳金波這三位醫師的事蹟，必須要一併了解。同時，也要了解日治時期臺灣人意識的形成過程及其重要性，如此才能掌握這段歷史的發展脈絡。

引用書目

中央研究院臺灣史研究所，「臺灣日記知識資料庫」網站，《灌園先生日記》，下載日期：2023年5月4日，網址：https://taco.ith.sinica.edu.tw/石煥長/。

主題「宜蘭・天晴・風雨香」網站，人名/日治/陳金波，下載日期：2023年5月4日，網址：https://www.g337918.com.tw/陳金波/。

〈臺北師範公學部生百廿名同盟休校 原因に遠足の事から〉，《臺灣日日新報》，1924.11.20，第五版。

〈臺湾に於ける言論圧迫を內地朝野諸君に訴ふ〉，〈臺灣議會設置請願書〉《亜細亜公論》1：1（1922.05），頁76-92。

子虛子

1921 〈新孟子〉，《臺灣青年》2（3）：431。

王玉靜主編

2006 《蔣渭水紀念文集》。臺北縣：臺灣研究基金會。

王敏川

1923 〈希望賢明政治家之出現〉，《亜細亜公論》2（1）：14-17。

石如恒

1920 〈志願〉，《臺灣青年》1（1）：37-40。

1921 〈新論語〉，《臺灣青年》2（3）：425-426。

石煥長

1921a 〈新大學 旨〉，《臺灣青年》2（3）：426-430。

1921b 〈新大學 旨〉，《臺灣青年》2（3）：430。

石霜湖

1921 〈道德之概念〉，《臺灣青年》4（1）：385-395。

何義麟、簡宏逸編

2013 《圖說臺北師範校史》。臺北：五南圖書。

何義麟

2016 《跨越國境線：近代臺灣去殖民化之歷程》。臺北：稻鄉出版社。

2017 〈臺灣協志會石清正先生口述訪談紀錄〉，《臺灣風物》67（2）：133-170。

2021 〈日本時代臺灣青年的覺醒與抗爭：以臺北師範學校出身者之動向為中心〉，《臺北文獻》217：81-119。

2022 〈日治臺灣中等教育變革及其影響〉，《臺灣學通訊》125：4-7。

李心儀、陳世一編纂

2010 《礁溪鄉誌（增修版）》。宜蘭：宜蘭縣礁溪鄉公所。

李筱峰

1991 《臺灣革命僧林秋梧》。臺北：自立晚報社。

林呈祿

1920 〈六三法問題の帰著點〉《臺灣青年》5（5）：24-41。

林柏維

1993 《臺灣文化協會滄桑》。臺北：臺原出版社。

紀旭峰
2008　〈「半植民地中国」・「植民地臺湾」知識人から見たアジア〉，收於後藤乾一、紀旭峰、羅京洙共編，《亜細亜公論・大東公論　解題総目次編》，頁63-90。東京：龍溪書舍。
范燕秋
1995　〈日治時期宜蘭地區政治運動領導者：陳金波醫師〉《宜蘭文獻雜誌》16：72-87。
2004　《宜蘭縣醫療衛生史》。宜蘭：宜蘭縣史編纂委員會。
韋伯著，康樂等譯
1989　《支配的類型：韋伯選集（Ⅲ）》。臺北：遠流出版社。
班納迪克・安德森（Benedict Anderson）著，吳叡人譯
1999　《想像的共同體：民族主義的起源與散布》。臺北：時報文化。
翁聖峰
2020　〈被遮蔽的臺灣新學與「新」文學（1895-1920）〉，《臺灣風物》70（4）：27-65。
章子惠編
1947　《臺灣時人誌》。臺北：國光出版社。
許雪姬主編
2001　《灌園先生日記（四）　一九三一年》（臺北：中央研究院臺灣史研究所籌備處。
許雪姬總策劃
2004　《臺灣歷史辭典》。臺北：行政院文化建設委員會。
陳偉智
2015　〈故鄉喪失、無政府主義、與歷史可能性：重讀1930年黃天海《回顧我的故鄉》〉，收於李素月主編，《「再現」別有天：宜蘭生態與環境變遷：「宜蘭研究」學術研討會論文集第十屆》，頁381-426。宜蘭：宜蘭縣史館。
2017　〈記憶的追尋與地方感的重建：宜蘭文學的文化社會學考察筆記之一〉《宜蘭文獻》106：4-25。
陳翠蓮
2013　〈大正民主與臺灣留日學生〉《師大臺灣史學報》6：53-99。
陳德智
2005　〈評介駱明正《疆界內的醫生：在殖民地臺灣的專業性、民族性與現代性》〉《臺灣師大歷史學報》34：207-222。
陳麗蓮編著
2022　《蘭陽詩醫陳金波：觀風閣詩集》。宜蘭市：宜蘭市公所。
黃呈聰
1922　〈臺湾の経済的危機〉《亜細亜公論》1（3）：22-29。
黃昭堂
1996　〈第二次世界大戰前臺灣人意識的探討〉，《臺灣淪陷論文集》，頁81-109。臺北：現代學術研究基金會。

楊晉平

2023　〈第二章　煥長行經時代的印記〉，收於游錫堃編著，《臺灣民主蘭城尋蹤》，頁46-62。宜蘭：仰山文教基金會。

葉榮鐘

1971　《臺灣民族運動史》。臺北：自立晚報社。

2000　《日據下臺灣政治社會運動史（上）》。臺中：晨星出版。

臺灣教育會編

1939　《臺灣教育沿革誌》。臺北：臺灣教育會。

臺灣總督府警務局編

1939　《臺灣總督府警察沿革誌第二編中卷》。臺北：臺灣總督府。

蔡毓智

2008　〈社會網絡：社會學研究的新取向〉《思與言》46（1）：1-33。

蔣朝根編著

2006　《蔣渭水留真集：可能的時刻》。臺北：臺北市文獻會。

蔣渭川口述、林衡道訪問

1991　〈蔣渭川先生訪問記錄〉，收於黃富三、陳俐甫編，《近現代臺灣口述歷史》，頁193-206。臺北板橋：林本源基金會。

謝春木

1931　《臺灣人の要求》。臺北：臺灣新民報社。

霜湖

1921　〈生物進化より見たる人体の變化〉，《臺灣青年》3（1）：385-395。

霜湖錄

1921　〈溪喻（明朝方孝儒先生原作）〉，《臺灣青年》2（4）：199-200。

簡炯仁

1991　〈日本帝國的殖民統治與臺灣意識的興起〉，收於高雄縣政府編，《蔣渭水逝世六十週年紀念暨臺灣史學術研討會論文集》，頁103-111。高雄鳳山：高雄縣政府。

1991　《臺灣民眾黨》。臺北縣：稻鄉出版社。

Lo, Ming-cheng M.

2002　*Doctors within Borders: Profession, Ethnicity, and Modernity in Colonial Taiwan* Berkeley, Calif.: University of California Press,.

石煥長與治警事件

楊晉平

摘要

百年來臺灣人努力追求地位提升與爭取平等對待，殖民者為穩固統治基礎，一再以威壓、分化及有限度釋出部份政治權力應對，這讓警事件在百年前的臺灣真實發生，類似事件並一再循環，影響百年來臺灣的發展歷程。

在「臺灣民主，百年追求」的過程中，宜蘭人始終扮演著不可或缺的角色。大正12年（1923）1月16日宜蘭人石煥長、蔣渭水與蔡培火等決議在臺北市永樂町5丁目158番地石煥長的長安醫院成立「臺灣議會期成同盟會」，並推石煥長為主幹（負責人）代表向警署提出成立報備，1月30日正式提出申請，這是臺灣政治結社的開始，但是在2月2日結社旋即遭禁止，臺灣第一次的政治結社，僅三日就胎死腹中。

「臺灣議會期成同盟會」在臺北被禁止，大正12年（1923年）2月，第三次臺灣議會請願委員蔣渭水、蔡培火、陳逢源利用赴東京請願機會，2月16日在東京牛込區若松町臺灣雜誌社舉辦籌備會，同日，改以人在東京的林呈祿為負責人，石煥長、蔣渭水等為理事，轉向早稻田警署提出成立「臺灣議會期成同盟會」的政治結社組織豫屆，結果獲准在東京成立。2月21日同盟會在臺灣雜誌社舉行成立典禮，本部也設於臺灣雜誌社內。是年12月臺灣總督府以「臺灣議會期成同盟會」違反《治安警察法》第8條第2項為由，展開全島大檢舉，史稱治安警察法違反檢舉事件（Tī-an Kéng-chhat-hoat Ûi-hóan Sū-kiāⁿ），又稱治警事件，石煥長及妹婿蔣渭水均被捕判刑，石家也多人遭受牽連。

石煥長出生在清末宜蘭中北街郊商家庭，成長在日治初期，曾受私塾教育，有良好漢學基礎，也讀過宜蘭公學校，後轉往日本進入東京醫專就讀，是殖民地新教育所孕育下，具備近代教養的新興知識分子。本論文旨在初步梳理石煥長的出身背景外，主要專注在石煥長與治警事件的發生、石煥長與治警事件的審判及治警事件的影響三方面。

關鍵字：石煥長、治警事件、臺灣議會期成同盟會、六三法撤廢、八駿事件

一、前言

治警事件是日本殖民統治時期最大的政治案件，被稱為「臺灣社會運動史上的里程碑」、「臺彎史上最初的政治裁判事件」、「臺灣民族運動史上最初的法庭抗爭」。[1]整個事件經過豫審、禁錮、假釋、公訴、開庭辯論十餘次、上訴、駁回、第二次服刑，時間長達1年7個月，歷經田健治郎、內田嘉吉、伊澤多喜男三位總督。[2]

1918年，林獻堂在日本東京神保町中華第一樓邀宴臺灣留日學生主要人物27人，席間林獻堂提出「對臺灣當如何努力？」要求留日學生各抒己見。出身宜蘭中北街，在東京醫專就讀的石煥長就參與其中，自此其本人與家族多名成員，出錢出力，積極投入臺灣的政治運動，1923年1月16日臺灣史上第一次政治結社「臺灣議會期成同盟會」就是由石煥長出任主幹，後臺灣總督府以「臺灣議會期成同盟會」違反《治安警察法》第8條第2項為由，展開全島大檢舉的治安警察法違反檢舉事件。結果7人被判刑，石煥長被判三個月，卻被關押最久，最後出獄，其妹婿蔣渭水被判刑四個月，是判刑最重的二個人之一。

治警事件受牽連全臺有99人，宜蘭除石煥長、蔣渭水外，受傳訊或搜索的還有黃金錠（石煥長妻子）、黃張聯珠（石煥長岳母）、連碧榕（石煥長連襟）、黃作禎（石煥長妻舅）、石壽松（石煥長姪子）、楊朝華（石煥長鄰居，雕塑家楊英風父）等，石煥長住處、石壽松住處、黃張聯珠的黃舉人宅（圖1）都被搜索，另蔣渭水在宜蘭街巽門的住處應也被搜索，其妻石有（石煥長妹）應也被傳訊，顯見石氏家族在臺灣史上第一次政治結社扮演吃重角色。宜蘭街治警事件被傳訊扣押、及搜查名單（詳表1）。[3]

1 吳豪人，《殖民地的法學者：「現代」樂園的漫遊者群像》（臺北：國立臺灣大學出版中心，2017年），頁128。

2 蔣朝根，《熱血青年蔣渭水紀念集》（臺北：財團法人蔣渭水文化基金會，2022年），頁141。

3 吳豪人，《治安警察法違反事件預審紀錄》（臺北：中央研究院臺灣史研究所，2016年），頁103、217、227、311、315、317、359。葉榮鐘，《日據下臺灣政治社會運動史上》（臺北：晨星出版有限公司，2000年），頁236。

表1　石家受治警事件牽連者簡表

地區	被傳訊扣押者	被搜查者	備註
宜蘭街	石煥長 蔣渭水（石煥長妹婿） 楊朝華（石煥長鄰居）	黃張聯珠（石煥長岳母） 黃金錠（石煥長妻子） 石有（石煥長妹） 連碧榕（石煥長連襟） 黃作禎（石煥長妻舅） 石壽松（石煥長姪子）	

圖1▌治警事件被搜索的黃纘緒宅，在傳藝中心重建現況
資料來源：國立傳統藝術中心

有關治警事件的研究，雖還沒達到汗牛充棟，也應算是豐富了。而在林獻堂、黃旺成、張麗俊等人的日記，或史明、陳逢源、謝雪紅、陳逸松等人的傳記中，都會出現石煥長或或石霜湖的名字。在林獻堂《灌園日記》多次提到石煥長，石煥長多次到霧峰拜訪林獻堂，林獻堂到新加坡、上海也都有與石煥長見面。就是近年才出版的《史明回憶錄》，也有一段父親林濟川與石煥長是留日好友，石煥長夫婦到臺北「常來我家暫住」[4]，又說：「渭水伯的大舅子，就是民族主義者石煥長，他在戰後1950年代之際，聽說還在臺灣、香港等地，為了臺灣獨立努力奮鬥。」[5]史明也在受訪時談到：石煥長侄孫石清正贊助他《臺灣四百年

4　史明，《史明回憶錄》（臺北：前衛出版社，2016年），頁106。
5　史明，《史明回憶錄》，頁109。

史》漢文的出版，小時候稱呼「煥長叔」、「蔣渭水叔」等，很親近。[6]在中國上海名媛董竹君2013年出版《我的一個世紀》中也有他在監獄被保釋，「當時為我擔保的是一位福建人石霜湖醫師。對石先生的膽大義助，一直銘記在心。」[7]

石家人對這位六叔，或六舅更是推崇，其侄石壽松在《石家族譜》讚六叔：「性風流慷慨，疏財仗義，廣交四海，為人謀事至誠，到處頗受歡迎，可謂北辰居其所而眾星拱之。」[8]蔣朝根對舅公與祖父的好交情，是這樣說：「石氏的兄長石煥長、石進源、石秀源等、都是蔣渭水社會運動的重要夥伴。石煥長號霜湖，蔣渭水號雪谷，石煥長在永樂町開設長安醫院，蔣渭水在太平町開設大安醫院，其間情誼不言可喻。」[9]宜蘭女醫石滿在接受游鑑明訪談表示：她提出留學的願望，但母親並不同意，石滿便使出絕招，請六叔石煥長回宜蘭代她求情，六叔還答應要親自送她到日本。臺灣協志會的石清正在接受何義麟口述訪談也特別提到六叔公。蔣渭水長子蔣松輝在接受林德政〈民族鬥士蔣渭水之子：百歲耆老蔣松輝先生口述史〉時，更大篇幅的談到他的六舅，不難想像，百歲耆老蔣松輝在談六舅時，一定是眉飛色舞，神采奕奕，這是與石家有過接觸的人，都有的印象，石煥長是社會的北辰人物，也是石氏家族的中心，眾星拱之。

這樣有魅力的人物，大家只是初淺的認識，尤其石煥長與治警事件的關係，知道的人更少。一百年前石煥長是臺灣議會請願、臺灣文化協會的重要參與者，是臺灣第一次正式政治結社「臺灣議會期成聯盟」的主導者、負責人。有人說：「宜蘭地區產生石煥長與蔣渭水，改變了臺灣史的發展也影響了宜蘭人的思維。」[10]本文就是試圖以「石煥長與治警事件」，來認識「改變了臺灣史的發展也影響了宜蘭人的思維」的石煥長。

二、石煥長在宜蘭的成長過程

（一）石煥長的家世

石煥長，字如恆，號霜湖，清光緒17年（1891）2月3日出生在宜蘭城中北街

6 陳儀深訪問，〈史明先生訪問紀錄〉，《海外臺獨運動相關人物口述史續篇》，頁22。
7 董竹君，《我的一個世紀》（北京：三聯書局，2020年北京第九次印刷），頁218。
8 石壽松，《石家族譜》，手稿，未出版，頁6-11。
9 蔣朝根，《蔣渭水留真集》（臺北：臺北市文獻委員會，2006年），頁202。
10 俞甯凱，《歷史視野下的宜蘭經驗（1981~2005）》，（臺北：國立政治大學臺灣史研究所碩士論文，2010年），頁I。

（圖 2），現為宜蘭市中山路三段130號宜蘭郵局（圖 3），其父石豊泰經營宜蘭最大郊行石萬安（現在的貿易及船運公司，以藥材、米為主）。石豊泰外孫，蔣渭水長子蔣松輝口述訪談〈家世，童養媳的母親及舅舅石煥長〉篇幅中談到其家世：

> 我母親的家族，是個地方望族，我外公是大地主，非常有錢，他還讓一個孫女去日本讀醫，叫做陳石滿，是他的第三個兒子的女兒，我有我外公家的族譜，總共是7個舅舅，只有六舅學醫，我外公讓我六舅石煥長， 去日本讀中學，一路讀上去，石煥長排行第六，所以我們都叫他六舅，六舅字霜湖我父親字雪谷，他們倆人大約是差兩三歲，這個字是他們一起做漢詩的時候取的，霜對雪、湖對谷。[11]

石煥長家族是地方望族、大地主、非常有錢，他有兄弟姊妹九人，其排行第六，兄長個個出眾，並努力事業，大哥石秀峰是開蘭進士楊士芳女婿，；二哥秀源畢業於宜蘭國語傳習所，後任宜蘭醫院雇員，再轉臺北地方法院宜蘭出張所通譯，並經營宜蘭製油株式會社；[12]三哥煥堂任職宜蘭廳稅務課，也在浮洲、[13]枕山等地，從事土地開發；[14]四哥石圭璋畢業於臺灣總督府農事試驗場獸醫科第一回（圖 4）[15]，返回宜蘭開設牧場，是當時宜蘭的創舉，並在臺北蘆洲開採金礦，[16]也到石碇開採煤礦；五哥石進源也是臺灣總督府農事試驗場農科畢業，後又公費選派到日本熊本高等農林學校深造，[17]後被宜蘭廳長小松吉久提拔，出任

---

[11] 林德政，《口述歷史採訪的理論與實踐：新舊臺灣人的滄桑史》，〈民族鬥士蔣渭水之子：百歲耆老蔣松輝先生口述史〉，（臺北：五南圖書出版，2017年）頁140-141

[12] 「仝上宜蘭製油株式會社」（1920-03-11），〈大正八年臺灣總督府專賣局公文類纂會計永久保存第六冊〉，《臺灣總督府專賣局》，國史館臺灣文獻館，典藏號：00100217021。

[13] 「石煥堂外一名開墾成功地賣渡許可ノ件（指令第四一一五號）」（1909-09-01），〈明治四十二年臺灣總督府公文類纂十五年保存第八十八卷殖產〉，《臺灣總督府檔案．總督府公文類纂》，國史館臺灣文獻館，典藏號：00005245001。

[14] 「石煥堂外二名官有原野年期貸渡願許可ノ件」（1910-02-01），〈明治四十三年臺灣總督府公文類纂永久保存第九十六卷殖產〉，《臺灣總督府檔案．總督府公文類纂》，國史館臺灣文獻館，典藏號：00001695006。

[15] 「獸醫講習生卒業證書授與式」（1907-03-29），〈明治40年3月臺灣總督府報第2160期〉，《臺灣總督府（官）報》，國史館臺灣文獻館，典藏號：0071012160a007。

[16] 「鑛業許可（李春發）」（1915-12-01），〈大正四年臺灣總督府公文類纂永久保存第九十三卷殖產〉，《臺灣總督府檔案．總督府公文類纂》，國史館臺灣文獻館，典藏號：00002432002。

[17] 許雪姬，〈戰前臺灣人英屬北婆羅洲移民史〉，《來去臺灣（臺灣史論叢　移民篇）》，（臺北：國立臺灣大學出版中心，2019年）頁247。

宜蘭廳利澤簡區長，曾至臺北八里開採煤礦，[18]又經營礁溪製酒公司，[19]並投資羅東製酒公司，[20]又到花蓮開辦鰹魚工廠等事業。[21]

圖2▐ 圖右上方為石煥長家族經營的石萬安郊行及居所，圖右下方尖屋頂就是宜蘭郵便局。
資料來源：《宜蘭郵便局繪葉書》宜蘭廳中北街郵便局前

---

18 「石炭共同鑛業權者加除名願許可（石進源其外）」（1913-06-01），〈大正二年臺灣總督府公文類纂永久保存第八十八卷殖產〉，《臺灣總督府檔案．總督府公文類纂》，國史館臺灣文獻館，典藏號：00002168022

19 「礁溪製酒公司石進源」，〈大正十一年自四月至六月酒類生產販賣見込高調〉，《臺灣總督府專賣局》，國史館臺灣文獻館，典藏號：00102453026。

20 「羅東製酒公司」，〈大正十一年臺灣總督府專賣局公文類纂會社公司調（酒造會社ノ分——大正十二年財物局調——酒類專賣實施材料——三冊ノ內乙）〉，《臺灣總督府專賣局》，國史館臺灣文獻館，典藏號：00102442023。

21 「地方稅所屬地開墾豫約貸付（石進源）」（1918-01-01），〈大正七年臺灣總督府公文類纂十五年保存第二十八卷地方〉，《臺灣總督府檔案．總督府公文類纂》，國史館臺灣文獻館，典藏號：00006533006。

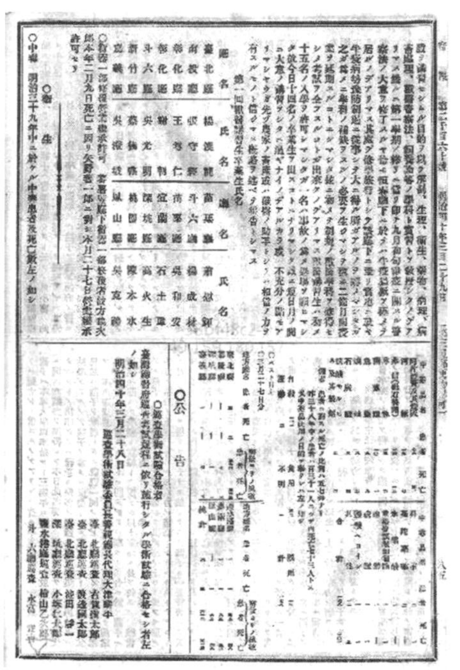

圖3（左）▍現在宜蘭郵局就是以前石家，舊郵便局在其右側。
資料來源：宜蘭縣史館
圖4（右）▍「獸醫講習生卒業證書授與式」《臺灣總督府（官）報》
資料來源：國史館臺灣文獻館，典藏號：0071012160a007。

（二）石煥長的求學

石煥長家世好，受教育是必然的，但卻沒有發現其入私塾的史料，但從其發表在《臺灣青年》的〈新論語〉、[22]〈新大學－備旨〉、[23]〈溪喻明朝太史方孝孺先生作〉、[24]〈道德之概念〉等文，[25]發現他漢學造詣很深，究竟師事何人？幸其外甥蔣松輝有說：「六舅字霜湖我父親字雪谷，他們倆人大約是差兩三歲，這個字是他們一起做漢詩的時候取的」。石煥長與蔣渭水一起做漢詩，從何師學漢詩，蔣渭水老師是張鏡光，他們一起，那石煥長應也是師事張鏡光，霜湖與雪谷是入學時張鏡光為他們取的，因私塾入學，塾師會借用恩主之名為學生賜名，

[22] 石如恆（石煥長），〈新論語〉《臺灣青年》第2卷第3號，（東京，臺灣青年雜誌社，1921年3月26日），頁26-30。
[23] 石煥長，〈新大學－備旨〉《臺灣青年》第2卷第3號，頁30-32。
[24] 蘭陽霜湖（石煥長），〈溪喻明朝太史方孝孺先生作〉《臺灣青年》第2卷第4號，（東京，臺灣青年雜誌社，1921年5月15日），頁19-20。
[25] 石霜湖，〈道德之概念〉《臺灣青年》第4卷第1號，（東京，臺灣青年雜誌社，1922年1月20日），頁16-20。

這也就是所謂學名。霜湖與雪谷對仗，應是他倆一起入學，張鏡光同時為他們所取的學名。

張鏡光在碧霞宮設帳，私塾名為「省心齋」，是宜蘭城內最著名的私塾，諸多大戶人家子弟慕名投在其帳下，石家離碧霞宮不遠，石煥長五哥石進源也是隨張鏡光讀四書五經（圖 5），[26]石家也有多人在「省心齋」讀書。從上述，可推想石煥長漢學教育應是與蔣渭水同在碧霞宮「省心齋」接受張鏡光的薰陶。

石煥長有到宜蘭公學校接受數年的日文教育，但沒畢業就在1909年考進總督府農事試驗場第六回乙科就讀，同年6月結業，[27]並又考入總督府農事試驗場第四回獸醫科，在是年12月結業，[28]回到宜蘭。

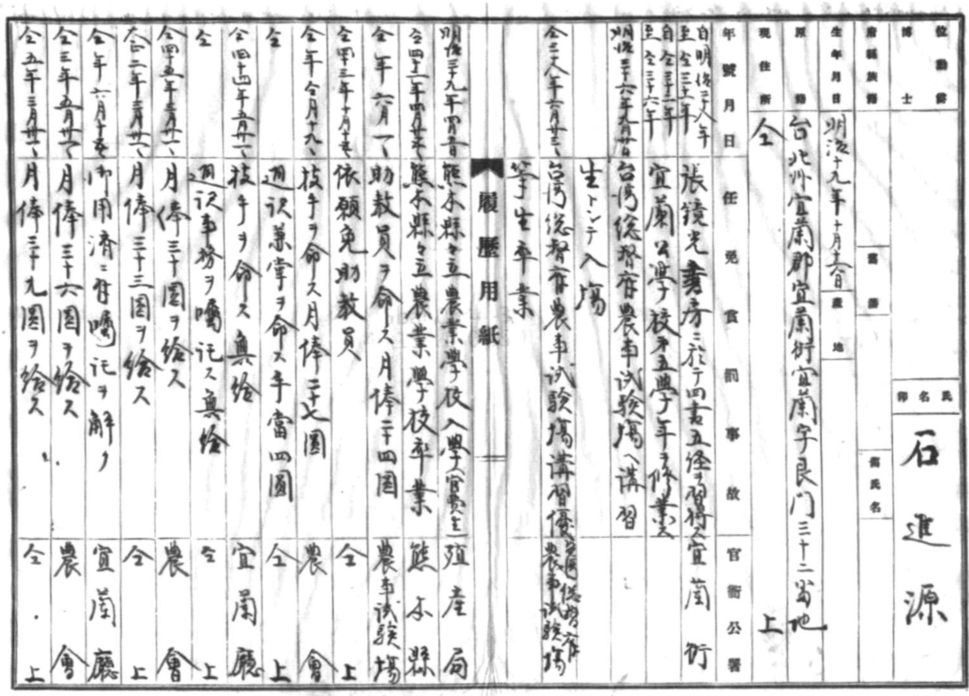
位階勲等
爵
族籍
生年月日 明治十九年十月十五日
原籍 台北州宜蘭郡宜蘭街字艮門三十二番地
現住所 仝上
氏名 石進源
年號月日 任免賞罰事故 官衙公署
自明治二十八年 至仝三十三年 張鏡光書房ニ於テ四書五経ヲ習得ス 宜蘭街
自仝三十三年 至仝三十六年 宜蘭公學校ニテ五學年ヲ修業ス 宜蘭街
明治三十六年九月廿日 台湾総督府農事試驗場ヘ講習生トシテ入場
仝三十八年六月廿三日 台湾総督府農事試驗場講習優等生卒業 台湾総督府農事試驗場
履歷用紙
明治三十九年四月 熊本縣立農業學校ヘ入學（官費生） 殖産局
仝四十二年四月 熊本縣立農業學校卒業 熊本縣
仝年六月一日 助教員ヲ命ス月俸二十四圓 農事試驗場
仝四十三年十月 依願免助教員 仝
仝年八月十九日 技手ヲ命ス月俸二十五圓 農會
仝 通訳兼掌ヲ命ス手當四圓 仝
仝四十四年五月廿一日 技手ヲ命ス 宜蘭廳
仝 通訳事務ヲ囑託ス 仝上
仝四十五年二月廿八日 月俸三十圓ヲ給ス 農會
仝二年三月廿六日 月俸三十三圓ヲ給ス 仝上
仝年六月 御用済ニ付囑託ヲ解ク 宜蘭廳
仝三年五月廿六日 月俸三十六圓ヲ給ス 農會
仝五年三月廿一日 月俸三十九圓ヲ給ス 仝上

圖5▌「石進源」，〈昭和三年臺灣總督府專賣局公文類纂酒類賣捌人申請書第二冊ノ五〉，《臺灣總督府專賣局》

資料來源：國史館臺灣文獻館，典藏號：00102971034。

---

26 「石進源」，〈昭和三年臺灣總督府專賣局公文類纂酒類賣捌人申請書第二冊ノ五〉，《臺灣總督府專賣局》，國史館臺灣文獻館，典藏號：00102971034。

27 〈農業卒業〉《臺灣日日新報》，1909年6月23日，第5版。

28 〈畢業講習〉《臺灣日日新報》，1909年12月22日，第5版。

（三）石煥長的就業

石煥長於1909年底自總督府農事試驗場第四回獸醫科結業，旋入臺北刑務所宜蘭支所（圖6）為通譯，1912年臺北刑務所宜蘭支所改稱臺北監獄宜蘭支監，石煥長為雇員，月薪16元，[29]次年月薪升為17元，1915年5月1日，臺灣商工銀行於宜蘭街坤門創立宜蘭支店（現為金昇銀樓宜蘭市中山路三段107號，址在石家對街，圖7），[30]石煥長轉職宜蘭商工銀行為行員，但不久後離職轉往日本留學。

石煥長在機關任職外，也參與石家事業，1915年2月19日宜蘭官民籌組24人花蓮港視察團，石家有石煥長、石進源、石紹光三人參加，[31]隨後石家在花蓮開設鰹魚加工廠。

圖6▐ 臺北刑務所宜蘭支所現況
資料來源：宜蘭文化局

29　《臺灣總督府職員錄》，頁224。
30　《石家族譜》，頁10。
31　〈花蓮港視察團出發〉《臺灣日日新報》，1915年2月22日，第5版。

圖7▐ 在石家對街的臺灣商工銀行宜蘭支店舊址
資料來源：楊晉平攝影

（四）石煥長的婚姻

石煥長成婚甚早，在1911年，當年他21歲，由三叔石崇岳主持，迎娶開蘭舉人黃纘緒與黃張聯珠（人稱聯珠奶）旺女黃金錠為妻，當年黃金錠19歲，因此他與宜蘭聞人連碧榕成為連襟。婚後長女采瓊、長子濬清、次子濬潘先後出世。三名子女都在宜蘭完成基本學業，之後，長女采瓊到上海協助父親美容整型事業（如圖8），且嫁給連碧榕三子連文琠（如圖9），戰後定居花蓮長良。長子濬清、次子濬潘則到日本習醫，二兄弟娶大稻埕李春生孫女李燕燕，李央央二姊妹為妻，四人都是醫生，後來在上海、北京、天津等地開設美容整型醫院。

石煥長在新加坡行醫師時，認識一蔡姓女子，成為其第二任太太，並育有一女石麗玉，後來在北京又認識第三任太太顧筠，是明代大儒顧炎武的後人，也是女醫師，並生有二子一女，石煥長一生感清生活十分精采。[32]

[32] 石濬潘，〈關於父親石煥長先生（1890-1971）〉，2021年4月，未刊搞。

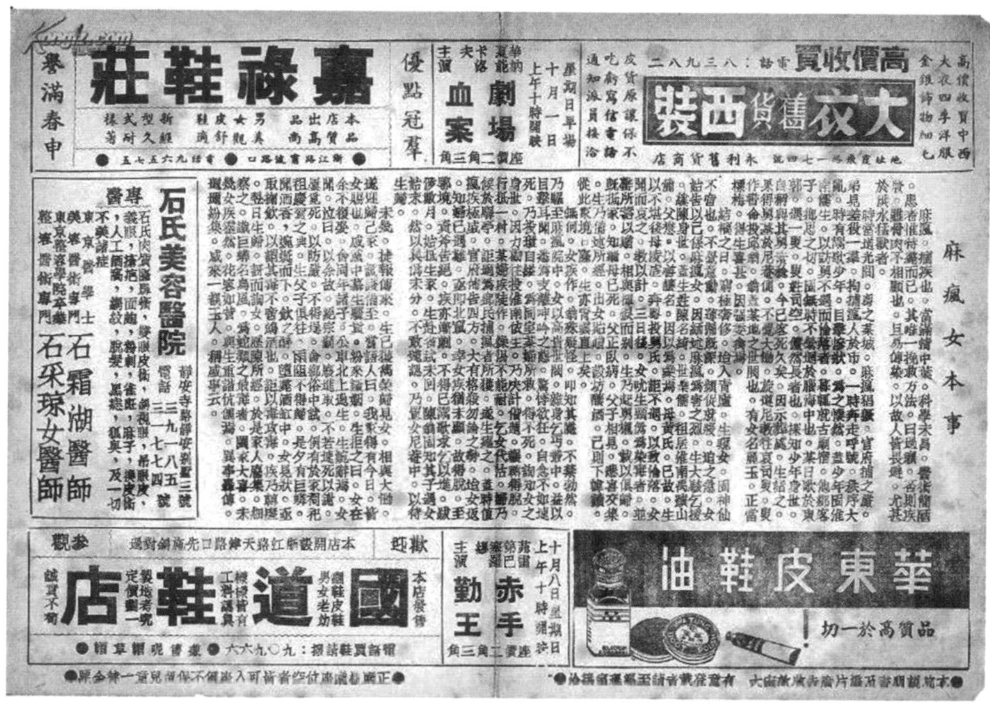

圖8 ▌1939年9月石氏美容醫院廣告
資料來源：上海金城大戲院《麻瘋女本事》

圖9 ▌石煥長長女石采瓊結婚，後排戴眼鏡者為石煥長
資料來源：蔣朝根提供

（五）石煥長留學日本

石煥長所學是獸醫，但並沒有從事獸醫工作，為何會在年近三十才興起轉往日本習醫？不得而知，但有二點值得觀察；一為1914年掌管家業的三哥煥堂過世，五哥進源接掌後跨足金融，但經營不得法，造成虧損，改由四哥珪璋經營，也不見起色。石煥長見到危機，也自感無力挽救這頹勢，遂提出分家各房獨立，立志前往日本深造，求取專門技藝。[33]另一是與石煥長交密的妹婿蔣渭水1915年從臺灣總督府醫學校畢業，回到宜蘭醫院接替宜蘭人第一位西醫林人和醫生的位置，次年又轉往臺北大稻埕自行開業，或許，這是對石煥長日本習醫的另一激勵力量。

只是石煥長日本習醫其五哥進源並不認同，1917年石煥長已在基隆搭船要往日本，其兄還以石煥長放棄家政帳目不清為由，要求員警將其請下船，二兄弟為此不快，進源自知理屈，還提出書面謝罪狀向弟弟賠罪，[34]石煥長當年又赴日本，進入東京醫專就讀，開始其留學生活。

（六）石煥長與蔣渭水

石家與蔣家是鄰居，兩人是玩伴，且是同學，也是妻舅與妹婿，又是意氣相投的同志，經濟寬裕的石煥長，是蔣渭水經濟的支柱，蔣渭水孫財團法人蔣渭水文化基金執行長蔣朝根在編著的《蔣渭水留真集》是如此說明其祖父及舅公「石氏的兄長石煥長、石進源、石秀源等、都是蔣渭水社會運動的重要夥伴。石煥長號霜湖、蔣渭水號雪谷，石煥長在永樂町開設長安醫院、蔣渭水在太平町開設大安醫院，其間情誼不言可喻。」[35]

蔣家認為石、蔣是「重要夥伴」，「情誼不言可喻」，石、蔣的鄉後輩，也是追隨者，出身東京帝大的陳逸松在回憶錄，記述1921年1月30日由林獻堂領銜的第一次臺灣議會設置請願書有178人聯署，陳逸松自己參與聯署，他卻說：「當時岡山留日學生界還有一位參加聯署的著名人物叫石煥長，他是宜蘭人」，他又說：「石煥長與林獻堂同輩，和蔣渭水同年。他是臺灣文化協會的創立者之一，他和蔣渭水等組織新臺灣聯盟、臺灣議會期成同盟會、社會問題研究會等，

---

[33] 《石家族譜》，頁5-6。
[34] 《石家族譜》，頁6。
[35] 蔣朝根，《蔣渭水留真集》，頁202。

他對蔣渭水影響很深，蔣渭水對他非常尊敬。」他再說：「我和石煥長在岡山相處有一年的時間，他是我的同鄉前輩，他對我很照顧，我對他也很尊敬。」[36]陳逸松是清代宜蘭著名門閥陳輝煌的孫，恃才傲物，但他很尊敬石煥長，也說石煥長：「對蔣渭水影響很深，蔣渭水對他非常尊敬。」無論從自己人感覺到「情誼不言可喻」，或外人觀察到「影響很深」，「非常尊敬」，只是說明石、蔣兩人的情誼非一班。

1931年蔣渭水去世，石煥長在上海號召臺灣同鄉，為其舉辦大型追悼會，蔣渭水子蔣松輝、蔣時欽等也到上海依靠六舅石煥長。石、蔣兩人是親人也是同志，更是志同道合的知己。

三、石煥長與治警事件的發生

1917年石煥長從宜蘭來到東京，進入東京醫學講習所（次年改為東京醫學專科學校）就讀，適逢日本國內大正民主運動，又在1918年1月8日美國總統威爾遜在國會提出「十四點和平原則」，高揭民主、自決，要求殖民地居民的利益應受重視。公開協議和自由貿易的進步主義國內政策投射到國際領域有「人民要求實行議會民主政治、要求獲得普選權、要求憲法落實等種種民主權利。」

大正民主是指日本自1912年桂內閣總辭至1932年犬養毅遭暗殺的20年間，所推行之符合現代民主的政治體制及政策，由於大部分時間落在大正時代內而得名。在第一次大正政變後這期間，日本內閣多為政黨政治的互動，內政上以民意所趨為主，外交則採取對中國內政不干涉、日蘇友好等策略（幣原外交）。

另外，在外地（殖民地）經營方面，則更尊重民族自決意旨，多為政策開明。以臺灣為例，臺灣總督改由文官出任，臺灣議會設置請願運動、臺灣文化協會、臺灣農民組合、臺灣工友總聯盟等各種政治、社會運動勃興。

臺灣新興知識分子，即大多數接受日本教育，與以往知識分子不同類型，他們是具備近代教養之知識分子。新興知識分子是殖民地新教育所孕育的階層，一般而言，都是覺醒於民族意識的人。在抗日運動中，他們都充分發揮了知識分子的文化性、社會性、政治性功能。1920年以後，臺灣抗日運動的主要旗手正是這群新興知識分子。這是治警事件發生前，世界潮流，日本情勢與臺灣現況。

---

[36] 陳逸松口述、吳君瑩紀錄、林忠勝撰述，《太陽旗下風滿樓．陳逸松回憶錄》（臺北：前衛出版社，2015年修訂版四刷），頁51-52。

（一）日本的大正民主運動的洗禮

石煥長是在大正6至11年（1917－1922）在東京留學，當時「在日本的留學生與臺灣社會傳統的讀書人有極顯著的不同，他們離開總督府專制統治下臺灣，負笈東瀛，在明治維新後的日本高等學府接受新式教育，接觸到世界最新的思潮，他們可以說是臺灣社會新興的具有近代意義的知識分子。[37]石煥長是在大正民主運動，「人民要求實行議會民主政治、要求獲得普選權、要求憲法落實等種種民主權利」[38]的洗禮下，接受殖民地新教育所孕育，具備近代教養的新興知識分子，在抗日運動中，他們都充分發揮了知識分子的文化性、社會性、政治性功能。[39]因此，石煥長在1921年以石如恆之名，在《臺灣青年》第2卷第3號，〈新論語〉提出「獨立吾不得而夢之，得真自治者斯可矣！」[40]這應是受大正民主洗禮，為臺灣前途所提出的解方，但這方針也成為日治時期所有社會運動、文化運動、政治運動的基調，影響至今。石煥長一百年前的目標，臺灣的自治之夢，臺灣人築夢踏實，經一世紀，一步一血淚，慢慢在完成。至於獨立，一百年前石煥長不得而夢之，於今，臺灣人猶在努力不懈。其真知灼見，可經百年的檢驗，也為後人立下百年的逐夢空間。

（二）世界思潮的激盪

1. 威爾遜民主自決

1918年1月8日美國總統威爾遜在國會提出「十四點和平原則」，作為處理第一次世界大戰後國際和平的建議。呼籲要給被殖民各民族「應保證他們有確實安全的生活，和絕對不受干擾的發展自治的機會」，並要「關於各國對殖民地的權益的要求，應進行自由、開明和對公正的協調，並基於對下述原則的嚴格遵守：在決定關於主權的一切問題時，當地居民的利益，應與管治權待決的政府的正當要求，獲得同等的重視。」[41]

37　周婉窈，《日據時代的臺灣議會設置請願運動》（臺北：自立報系文化出版部，1989年），頁14。
38　任德山，《翻開日本史》（新北：華翔文創，2017年），頁261。
39　黃英哲，《漂泊與越境：兩岸文化人的移動》（臺北：國立臺灣大學出版中心，2016年），頁24。
40　石如恆（石煥長），〈新論語〉《臺灣青年》第2卷第3號，（東京，臺灣青年雜誌社，1921年3月26日），頁26-30。
41　曹德謙，《美国演义：1901-1945》（海口：南海出版公司，1991年），頁247。

2. 不合作運動

一戰結束後（1918年），印度也受到威爾遜民主自決的激勵，反英運動隨之興起，要求自治的呼聲高張，英國對印度的統治轉趨嚴厲，律師出身的甘地（當時臺灣稱顏智）發起了不合作運動，籲以非暴力的不合作手段，抵制英國的統治。要求印度人不納稅、不入公立學校、不到法庭、不入公職、不購買英貨。[42]臺灣與印度同為殖民地，命運相同，只求提高地位，享平等待遇，所以都傾向非武力的體制內改革，所以當時臺灣人非常推崇顏智，也注意印度不合作運動的進展。

3. 中國革命

臺灣與中國有地緣和文化的牽連，中國1911年發生辛亥革命，1919年5月4日，又因巴黎和會上有關山東問題的決議，引發北京的學生遊行示威，是中國近代史上的一次學生運動，史稱五四運動，這二次運動性質不同，但臺灣也受到影響。

4. 韓國三一運動

在第一次世界大戰後巴黎和會時，由於美國總統伍德羅·威爾遜提出十四點和平原則，其中包括反殖民的民族自決原則，鼓舞了當時在日本留學的韓國學生。1919年3月1日，數萬名韓國民眾聚集到京城塔洞公園。學生代表宣讀完《獨立宣言書》後，群眾情緒激昂，高呼「獨立萬歲」等口號遊行到停放高宗靈柩的德壽宮。不斷有群眾加入到遊行示威的隊伍，到下午3時參加遊行示威的群眾已達30萬人。同一天，在朝鮮半島多地也同時爆發了示威活動。三一運動很快席捲整個朝鮮半島。從3月1日到5月31日的三個月期間，朝鮮半島有200萬以上群眾參加了上千起反日示威和武裝起義。[43]

（三）臺灣的奮起

在日本大正民主運動的洗禮及世界思潮的激盪下，臺灣島內仕紳與留日學生受到鼓舞，對地位提升與平等待遇追求起心動念，自1918年六三法撤廢期成同盟、《臺灣青年》發行、臺灣議會設置請願運動、臺灣文化協會等組織風起雲湧，石煥長均參與其中，並扮演積極種要角色（表2）

---

[42] 陳澤義，《影響力是通往世界的窗戶》（深圳：海天出版設，2014年），頁245。
[43] 石源華，《韓國獨立運動血史新論》（上海：上海人民出版社，1996年），頁338。

表2 石煥長參與臺灣政治社會運動狀況

時間	團體名稱	擔任職務	備考
1918年5月	六三法撤期成同盟	東京27名學生代表	
1920年1月11日	新民會	創始成員	
1920年7月16日	臺灣青年	撰稿、編輯、募款	
1921	臺灣議會設置請願運動	聯署人	
1923年4月15日	臺灣民報	臺灣支局主任	
1921 1924 1925	臺灣文化協會	發起人 理事 理事	
1922年10月18日	新臺灣聯盟	主幹	
1923年1月16日	臺灣議會期成聯盟	主幹	
1923年7月	社會問題研究會	發起人、講師	

1. 六三法撤廢同盟

1918年5月，林獻堂在東京神保町中華第一樓宴請臺灣留學生石煥長等27人。席上林氏提出「對臺灣當如何努力」的問題，徵求大家的意見。席間議論百出，莫衷一是，林氏秘書施家本提出一個實際問題。他說：六三法（圖10）是臺灣人的枷鎖，我們該快快把它撤廢，我們要決行一種運動。這一控訴，立刻獲得與會人員一致的贊同，即席擁林氏為會長，由會長指派幹部，成立「六三法撤期成同盟」，旨在取消總督特別立法權，將臺灣納入帝國憲法體制，使臺人享有和日人一樣的法律地位。[44]

石煥長對六三法撤廢有其堅持，是要「極力，傾心而撤之」，認為「六三者，能生人，能殺人」，「六三在，不安眠，眠必有災」，所以要「傾全神，對六三。行有餘力，則以學文」。這在其〈新論語〉一文，可見一二：[45]

> 曾子曰：吾日三省吾身，為臺謀，而不忠乎。與六三戰，而不勇乎，行不健乎。
>
> 子曰：青年勤則活，逸則死。謹而慎，傾全神，對六三。行有餘力，則以學文。

[44] 葉榮鐘，《日據下臺灣政治社會運動史上》（臺北：晨星出版有限公司，2000年），頁87。

[45] 石如恆，〈新論語〉《臺灣青年》第2卷第3號，（東京，臺灣青年雜誌社，1921年3月26日），頁29-30。

子曰：六三者，能生人，能殺人。

子曰：危不危，危栽，危栽。

子曰：酷矣，六三也，傷矣，吾不復言西庵。

子曰：聞之者，不如見之者。見之者，不若受之者。

子曰：五回無撤六三之案，可謂詐矣。

子曰：六三在，不安眠，眠必有災。

子曰：六三之存，不可不防也。一則以恐，一則以懼。

子曰：士不可以不運動，任重而道遠。責以為己任，不亦重乎。撤而後已，不亦遠乎。

子曰：盡人事，極力，傾心而撤之，樂亦在其中矣。不勞而閑且逸，於我如蜉蝣。

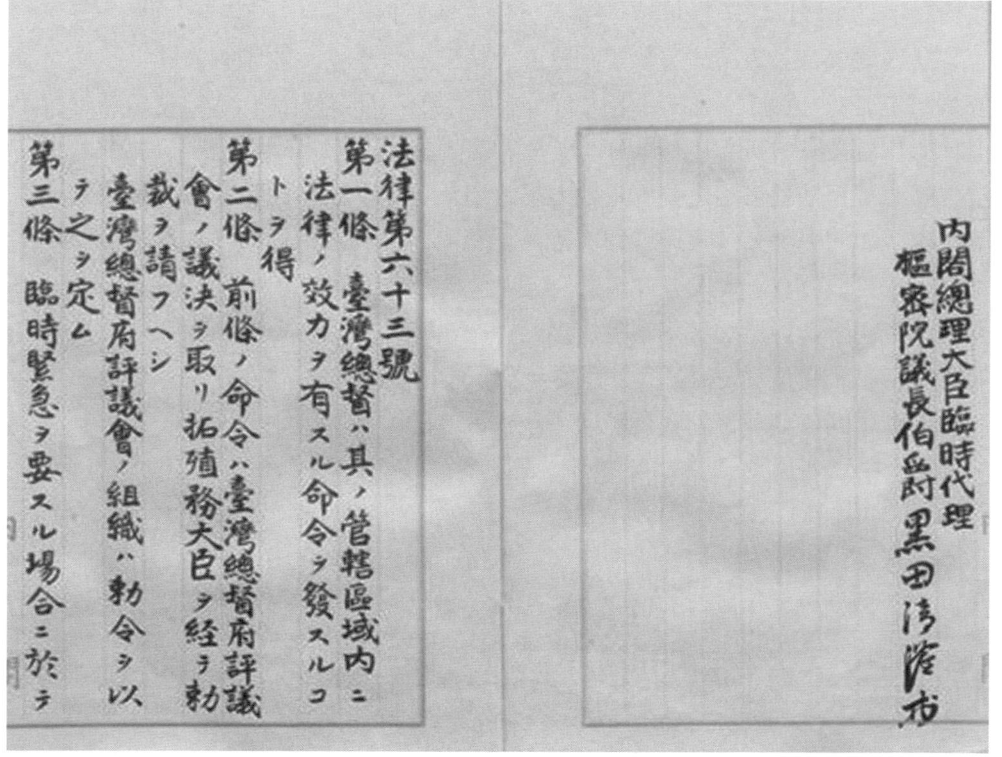

內閣總理大臣臨時代理
樞密院議長伯爵黒田清隆

法律第六十三號
第一條　臺灣總督ハ其ノ管轄區域內ニ法律ノ效力ヲ有スル命令ヲ發スルコトヲ得
第二條　前條ノ命令ハ臺灣總督府評議會ノ議決ヲ取リ拓殖務大臣ヲ経テ勅裁ヲ請フヘシ
臺灣總督府評議會ノ組織ハ勅令ヲ以テ之ヲ定ム
第三條　臨時緊急ヲ要スル場合ニ於テ

圖10▍明治29年（1896）國會公佈法律第六十三號《臺灣施行法令相關法律》，簡稱「六三法」。
資料來源：日本國會圖書館

2. 臺灣議會設置請願運動

臺灣議會設置請願運動的生成與發展，見證臺灣菁英與西方憲政主義思想的首度相遇。以林獻堂為首的臺灣菁英，於1921年至1934年間，為求設置臺灣議會而向帝國議會共提出總15次的請願運動。[46]

1920年11月28日，林獻堂、石煥長、蔡培火、鄭松筠等新民會會員在東京麴町區富士見町教會召開六三法撤廢的集會。後來因為林呈祿認為撤廢《六三法》無異於接受當局的內地延長主義政策，有損於臺灣的特殊性和獨立性。受其主張影響，運動的方向遂由撤廢《六三法》轉為設置臺灣議會的訴求。

決定展開臺灣議會設置請願運動後，林獻堂便在東京神保町中國基督教青年會館內召集學生開始簽署，由於籌備時間倉促，簽署者178人，多為東京的臺灣留學生，臺灣島內僅有林獻堂、葉榮鐘等十人。請願書於1921年1月30日提出，後來在1921年3月21日交付請願委員會審查，遭到兩院同時以「不採納」回應。[47]

《臺灣議會設置請願書》（圖11）「請願之旨趣中，開宗明義地表示：「謹按大日本帝國，為立憲法治國，臺灣乃隸屬於帝國版圖之一部。故在臺灣統治上，認為須設特別制度之範圍內，務宜準據立憲政治之原則，固屬當然之理。」[48]這也呼應了石煥長自治之夢，走地方議會自治之路。石煥長也參與臺灣議會設置第一次請願的聯署，《陳逸松回憶錄》記有：「由林獻堂領銜，包括我這個小學生在內，共一百七十八人連署的第一次臺灣議會設置請願書，是在1921年1月30日向日本帝國議會貴族院暨眾議院提出的。…當時在岡山留日學生界還有一位參加連署的著名人物叫石煥長，他是宜蘭人」。[49]陳逸松僅是小學生，會參與聯署，極可能是受「同鄉前輩，對我很照顧，我也很尊敬」[50]的石煥長引薦。

3. 臺灣文化協會

臺灣文化協會是一個仕紳與新興知識份子為主的文化啟蒙團體，該會章程規定「以助長臺灣文化為目的」。大正10年（1921）10月17日下午一點，於臺北市

---

[46] 王泰升，《多元法律在地匯合（臺灣史論叢　法律篇）》，（臺北：國立臺灣大學出版中心，2019年），頁122。

[47] 葉榮鐘，《日據下臺灣政治社會運動史上》，頁147。

[48] 王泰升，《多元法律在地匯合（臺灣史論叢　法律篇）》，頁122。

[49] 陳逸松口述、吳君瑩紀錄、林忠勝撰述，《太陽旗下風滿樓・陳逸松回憶錄》，頁50-51。

[50] 陳逸松口述、吳君瑩紀錄、林忠勝撰述，《太陽旗下風滿樓・陳逸松回憶錄》，頁52。

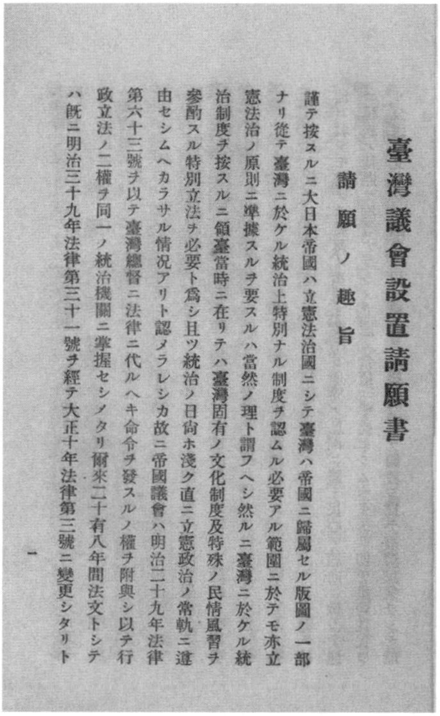

臺灣議會設置請願書

請願ノ趣旨

謹テ按スルニ大日本帝國ハ立憲法治國ニシテ臺灣ハ帝國ニ歸屬セル版圖ノ一部ナリ從テ臺灣ニ於ケル統治上特別ナル制度ヲ認ムル必要アル範圍ニ於テモ亦立憲法治ノ原則ニ準據スルヲ要スルハ當然ノ理ト謂フヘシ然ルニ臺灣ニ於ケル統治制度ヲ按スルニ領臺當時ニ在リテハ臺灣固有ノ文化制度及特殊ノ民情風習ヲ參酌スル特別立法ヲ必要ト爲シ且ツ統治ノ日尚ホ淺ク直ニ立憲政治ノ常軌ニ遵由セシムヘカラサル情況アリト認メラレシカ故ニ帝國議會ハ明治二十九年法律第六十三號ヲ以テ臺灣總督ニ法律ニ代ルヘキ命令ヲ發スルノ權ヲ附與シ以テ行政立法ノ二權ヲ同一ノ統治機關ニ掌握セシメタリ爾來二十有八年間法文トシテハ既ニ明治三十九年法律第三十一號ヲ經テ大正十年法律第三號ニ變更シタリト

一

圖11▌《臺灣議會設置請願書》
資料來源：國立清華大學圖書館　典藏號：NTHU-LIB-001-010200020009

大稻埕靜修女子學校舉行成立大會，會員總數共1032名，當天出席會員300餘人，以北醫、北師、商工學校、工業學校學生佔多數，首先由蔣渭水報告創立經過：「有關本會組織，曾訪川崎警務局長，依主旨書說明本會的主旨。他詢問：『雖然說只計劃提高文化，但多數會員中，是否有跟政治運動有關連的人呢？』於是回答說『絕對不涉及如此行為』之後，才求得該局長的諒解。」隨後公推林獻堂為總理，楊吉臣為協理，蔣渭水為專務理事，並選出理事41名、評議員44名，會議於下午三點十分結束。[51]

石煥長在臺灣文化協會成立時，人仍在東京醫專就讀，但還是當任了臺灣文化協會發起人，學成歸國後在1924－1925年出任臺灣文化協會理事，[52]並配合臺灣文化協會深入民間，從都市到鄉村、進行各種文化啟蒙運動，擔任通俗衛生講習會講師。

[51] 林柏維，《臺灣文化協會滄桑）》，（臺北：臺原出版，1998年），頁68-69。
[52] 林柏維，《臺灣文化協會滄桑）》，頁75。

4. 臺灣議會期成同盟會

1921年臺灣議會設置請願運動正式展開，首次請願連署178人，多為留學日本的臺灣學生，臺灣連署者僅有10多人。第二次由林獻堂領銜，在臺灣各地宣傳，獲得廣大迴響，全臺連署者有351人，留日留學生有161人，共512人。這項請願運動對臺灣總督府的權力提出了最根本的挑戰，因此也成為總督府的眼中釘。壓制與分化接踵而來，有志之士，為對應不斷的挑戰，遂思考成立臺灣議會期成同盟會以因應。

（1）臺灣議會期成同盟會創建

A、因應「治安警察法」實施

臺灣文化協會雖然不被允許從事政治活動，文化協會成員以個人名義加入或指導各類組織與事件。1920年底開始進行的「臺灣議會設置請願運動」，即由文化協會成員於背後運作。原在明治33年〈1900）3月9日公告的「治安警察法」（圖12）於1923年1月1日經總督府部分修正，以勅令形式施行於臺灣，成為規範臺灣政治活動的基礎法規。為因應新的法規，議會請願有必要另成立政治團體，以推動政治活動，故有「臺灣議會期成同盟會」的創建。

B、面對臺灣總督府的壓制與分化

日方認為臺灣議會設置請願運動，是一部分留學東京的青年學生。受到時代思潮影響，而抱著民族自決的希望，企圖在臺灣實現臺灣人的自治，請願文雖未牴觸帝國統治根基，但若緩行取締，恐招致事態漸次重大化，決定採具體取締方針：

> 一、利用街庄長會議、保甲會議或群眾會合的場合，讓一般民眾徹底瞭解，絕對不容許從事諸如關於本島統治方針及設置臺灣議會的自治運動。
>
> 二、基於帝國統治臺灣的方針，街庄長因具有促進發展公共團體的重大責任，故不可參與本請願運動。
>
> 三、有關臺灣議會及文化協會運動，一般職員最需要慎重，絕不可做出被他們的運動利用的態度，或可供他們責難攻擊的資料。
>
> 四、當議會請願及文化協會的幹部宣傳演講時，派精通臺語的員警幹部蒞會，不讓他們做出妨害治安的言動。

五、不肯服從前項的制止仍有妨害治安的言動時，依照違警條例處分（大正十二年（一九二三年一月施行的治安警察法）。

六、林獻堂、蔡培火等人在各地來往時，尤其是郡守（區長）、兩課長這種人，要注意不做被利用來煽揚他們人望的言動。[53]

日本官方的取締方針實行結果，街庄長開始軟化，利權營業者與學校教職員也開始退縮，林獻堂被姻親彰化街長楊吉臣一再勸說及四周不利情勢下，經臺中州知事的安排，於1922年9月29日與楊吉臣、林幼春、甘得中、李崇禮、洪元煌、林月汀、王學潛等到總督官邸，請教總督對於請願運動的意見。總督田健治郎表示：「一國中存在兩個帝國議會，這種事情非我帝國所能做的，因請願行動是憲法給國民的權利，請願的內容雖被認為礙難容許，並非不可請願。故雖不用職權來干涉請願，如若徵求愚意，則謂這種白費氣力的運動是無益的。用友誼來說，不外於請中止罷。」次日，林獻堂再次訪問總督，並表示『依照您的訓諭，敝人已決意從請願運動撤手了。但是，我無能依照自己的意志來決定在京學生和其他同志，故煩請您訓諭他們罷。」對此，總督則說.：「一旦決意要撤手，只要有實行決意就夠了。至於學生那邊，如果由學生那邊友誼的乞請指導還可以，要叫出學生來訓示他們中止則沒有道理。」於此，林獻堂等辭退。[54]

日本人利用彰化街長楊吉臣，對林獻堂進行勸說，總督也親自說服。因此，在第三次臺灣議會設置請願運動之時，林獻堂的態度已經明顯軟化：態度消極，避不簽署。其後林獻堂被銀行緊縮銀根，受到履行債務的催促，經苦慮後聲明退出請願運動。這時，青年學生認為林獻堂軟化了，而有人頻頻送去威脅或侮辱的投書或當面指責其軟化。[55]

而林獻堂、楊吉臣、林幼春、甘得中、李崇禮、洪元煌、林月汀、王學潛8人到總督府官邸拜會總督田健治郎，聽其停止議會設置請願運動的訓話。林獻堂等人一面表示：願依照訓諭，決意從請願運動撤手。又把責任推給學生說：自己無能決定在京學生和其他同志，故煩請總督訓諭他們等語。此事引起臺灣人憤懣，故稱這次會談為「八駿事件」。其寓意是林獻堂等8人，是受日本殖民政府

53 臺灣總督府警務局編，王乃信等譯，《臺灣社會運動史1913~1936）》，（臺北：創造出版社。1989年），頁51-52。

54 臺灣總督府警務局編，王乃信等譯，《臺灣社會運動史1913~1936）》，頁52-53。

55 臺灣總督府警務局編，王乃信等譯，《臺灣社會運動史1913~1936）》，（臺北：創造出版社。1989年），頁52-53。

賞識的八匹駿馬。

蔡培火是臺灣及日本二方「臺灣議會期成同盟會」主要參與者，他直言「臺灣議會期成同盟會」之結社，是受八駿馬事跡的刺激，這非常可信，他說：

> 臺灣議會設置運動進行到第二次提出請願書以後，民國十一年末開始第三次請願書簽署，當時臺灣總督田健治郎邀集林獻堂、楊吉臣、王學潛、洪元煌、林幼春等八人，於臺灣總督公室，勸告他們不應參加臺灣臺灣議會運動，不知是否另有什麼壓迫？獻堂先生在第三次請願書竟未有參加簽署，是即社會上所稱八駿馬事跡之由來。此事刺激了臺灣議會設置運動同人，乃於民國十二年一月三十日在臺北，以石煥長（醫師）為主幹者，向警察署提出「臺灣議會期成同盟會」之政治結社屆書，參加結社者四十餘名。三天後臺灣總督即發出禁止結社的命令書，因此臺灣議會期成同盟會的政治結社在臺灣就沒有成立。[56]

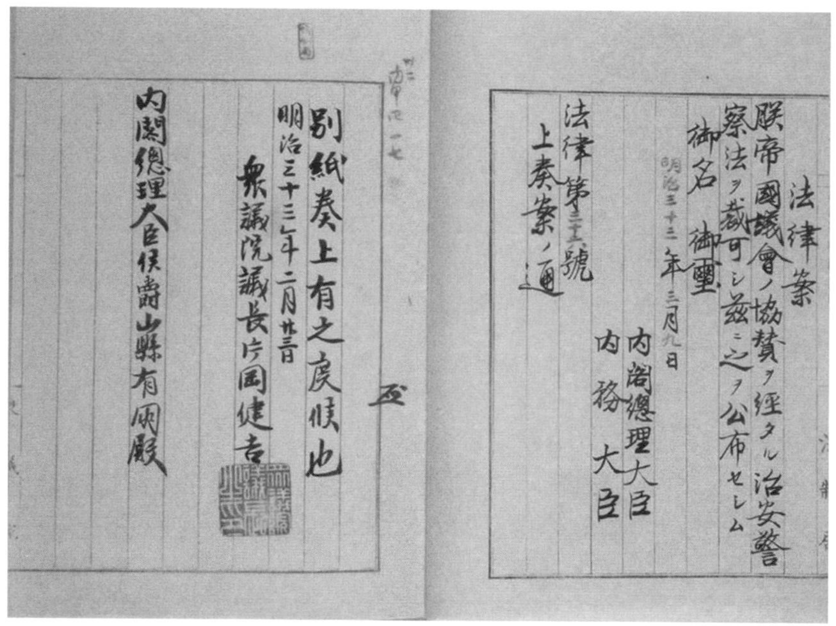
法律案
朕帝國議會ノ協賛ヲ経タル治安警察法ヲ裁可シ茲ニ之ヲ公布セシム
御名 御璽
明治三十三年三月九日
內閣總理大臣
內務大臣
法律第三十六號
上奏案ノ通

別紙奏上有之度候也
明治三十三年二月廿日
衆議院議長片岡健吉
內閣總理大臣侯爵山縣有朋殿

圖12▌明治33年（1900）國會公佈治安警察法。
資料來源：日本國會圖書館

56 張漢裕主編，《蔡培火全集：政治關係－日本時代（上）》，（臺北：吳三連臺湾史料基金会，2000年），頁206。

C、進行政治結社

第二次請願後臺灣總督府的取締方針遽然強化，為因應官憲的壓力，痛感有組織政治結社的必要。另因林獻堂自八駿事件以來，受總督府的壓迫，形同蟄伏，為強化陣容，加強領導力量起見，有建立一個運動主體的需要，所以「臺灣議會期成同盟會」的組織，可以說是純由實際上的需要而來的。[57]

「臺灣議會期成同盟會」的組織，有實際上的需要，也是臺灣青年對仰仗傳統士紳的失望，蔣渭水等人對於林獻堂的變節非常氣憤，甚至表示：「雖然楊吉臣、林獻堂等人態度軟化，但此運動絕不應被消滅。與其仰仗這些人，不如託付吾純潔青年之手，反而能完全貫徹其使命。」[58]蔣渭水感嘆仰仗他人，不如託付自己，所以與石煥長商議籌組臺灣首次政治結社，並推石煥長為負責人。

1923年1月1日，「治安警察法」經總督府部分修正，以勅令形式施行於臺灣，成為規範臺灣政治活動的基礎法規。石煥長即依「治安警察法」規定於1923年1月16日在結社14日前，以「臺灣議會期成同盟會」之名，向臺北州警察署提出結社的預先報備。

（2）「臺灣議會期成同盟會」被禁止

大正12年〔1923〕1月29日臺北州警務部長約見主幹石煥長及蔣渭水諭告：中止「臺灣議會期成同盟會」的組織。但石煥長卻回以「與同志商量後再呈報」。次三十日，石煥長二人再拜訪臺北州警務部長，回以「礙難任意中止同盟會組織」的意思。並在同一天，石煥長即向北警察署提出臺灣議會期成同盟會組織申請書，並欲於二月四日在臺北市菜館江山樓舉行創會式。日本官方對石煥長二人態度強硬，大感意外，不得不趕在二月二日將禁止結社公文送達給石煥長，並在2月4日總督府報進行公告（圖13），[59]臺灣總督田健治郎是以「保持安寧秩序之必要」為由，做成禁止結社之命令。

---

57 吳三連、蔡培火、陳逢源、林柏壽、葉榮鐘合著，《臺灣民族運動史》，（臺北：自立晚報社，1987年），頁201。

58 許世楷，《日本統治下的臺灣》，（臺北：玉山社出版事業股份有限公司，2006年），頁296。

59 臺灣總督府警務局編，王乃信等譯，《臺灣社會運動史1913~1936）》，（臺北：創造出版社。1989年），頁54-55。

○告示

告示第十七號

安寧秩序ヲ保持スル爲必要ト認メ治安警察法第八條第二項ニ依リ大正十二年二月二日左ノ結社ヲ禁止セリ

大正十二年二月四日

臺灣總督　男爵田　健治郎

社名　臺灣議會期成同盟會

圖13▌「臺灣議會期成同盟會禁止處分ノ件」（1923-02-04），〈大正12年2月臺灣總督府報第2864期〉，《臺灣總督府（官）報》

資料來源：國史館臺灣文獻館，典藏號：0071022864a003。

（3）臺灣議會期成同盟會再建

臺灣議會期成同盟會在臺北被禁止結社，大正12年（1923）2月13日，臺灣議會設置請願委員蔡培火、蔣渭水、陳逢源利用第三次赴東京請願的機會，2月16日在東京牛込區若松町138番地臺灣雜誌社樓上舉辦籌備會，

做成三點決議：

一　為修改被禁止的同盟會會章第四條為「本部設於東京，支部設於臺北及島內重要各處。」將第八條理事人員改為「理事若干名」。

二　為刪剔除會員林梅堂，准蔡惠如等八名新加入。

三　為再建同盟會以林呈祿為主幹，置會址於臺灣雜誌社內，同日提　出政治結社組織豫屆於早稻田警署。[60]

[60] 葉榮鐘，《日據下臺灣政治社會運動史上》，頁235。

同日以林呈祿為負責人向早稻田警署提出成立「臺灣議會期成同盟會」的政治結社組織豫屆，結果獲准在東京成立。2月21日同盟會在臺灣雜誌社舉行成立典禮，本部也設於臺灣雜誌社內。

蔣渭水等僅更動被禁止的同盟會會章程的第四條、第八條二條文，規章的其他部分未做任何更改。會員亦只刪除林梅堂，而增加了蔡惠如等八名而已。將在島內被禁止的臺灣議會期成同盟會幾乎照原樣搬到東京重新組織。當然負責人改由人在東京的林呈祿出任，人在臺灣的石煥長改任理事。而臺灣議會期成同盟會在東京重新成立，總督府認為此舉違反《治安警察法》，引起檢舉同盟會會員的治警事件。

四、石煥長與治警事件的審判

治警事件是對「臺灣議會期成同盟會」的檢舉，石煥長是臺灣議會期成同盟會的負責人，同盟會在東京再建時，他也擔任理事，所以他是事件的核心人物，一定要面對殖民當局的輿論審判和司法干擾，更要被冗長的審判與黑牢的禁錮。

（一）石煥長與治警事件的審判

1. 石煥長在治警事件前的輿論審判和司法干擾

1923年1月16日時煥長等提出「臺灣議會期成同盟會」報備案後，對石煥長的輿論審判和司法干擾就逐次展開，《臺灣日日新報》曾報導「本島治安警察法施行，尚未有稟屆組織政治的結社，至去十六日，始有以臺北市永樂町五丁目五十八番地石煥長名義，提出臺灣議會期成同盟會於當局，為政治結社之組織屆。然文化協會，則謂全然不干預政治也云。」[61]

《臺灣日日新報》又報導：

> 曩有以臺北市永樂町五丁目醫師石煥長之名，依治安警察法稟報有臺灣議會期成同盟會之政治的結社者。事經當局審議，至去二日下午，照治安警察法第八條之為欲保持安寧秩序，於必要之時節，警官得以制限禁止屋外之集合，又多數運動，若群眾或命以解散，或使之解散屋內集合。同結社

[61] 〈關臺灣議會期成同盟會〉，《臺灣日日新報》，1923年2月8日5版。

該當前項，故臺灣總督以得以禁止之條文遂禁止之。[62]

在《臺灣日日新報》先後報導石煥長提出臺灣議會期成同盟會政治結社報備案及被臺灣總督禁止的新聞後，有關石煥長負面的新聞就一再出現，現只舉一則為例：

> 臺北市永樂町五丁目舊中北街長安醫院醫師石煥長，年卅二，即新臺灣聯盟會主幹也。者番以拐誘…當年十八之女學生…。又石醫師，曾於去月二十九日，對市內大橋町一丁目五十九番地，曹阿恣三男曹賜福，下劑後，旋死事。[63]

標題「石醫師醜態」，內文更直指石煥長是「新臺灣聯盟會主幹」，有明顯的針對性。輿論新聞審判後，司法干擾也接踵而至，《臺灣民報》就為石煥長抱不平，1923年5月1日在〈編輯餘話〉說：「二十日又接到臺北來電報云：渭水君歸宅，而石煥長君被檢束，怪事頻々，必因〇〇的作祟，此後必有事出奇想天外了。」[64]石煥長怪事頻頻，是因〇〇的作祟，這二個〇〇是被塗黑，還是故意塗黑，有很大空間，到底石煥長怪事頻頻，是何人在作祟？最後還強調「此後必有事出奇想天外了」，是有幾分寒意，也反映出當時石煥長的處境。

又經三個月石煥長又被拘：「石君被拘的事，驚動全臺同胞的視聽，無不鶴首欲觀其結局如何，石君素為同胞盡力供多大的犧牲，這是大家知道的，故這回的事大惹一般的注意，亦是難怪的。」[65]這次「驚動全臺同胞的視聽」，因大家知道石煥長平常為同胞盡心出力，犧牲很大，所以「無不鶴首欲觀其結局」。

又過一個多月石煥長與蔣渭水、連嘴（後改名連溫卿）三人，又因違反出版法被起訴「蔣渭水、石煥長三名有觸於臺灣出版法被其起訴事件，去二十五日上午十時半，在臺北地方公判開庭，當日石煥長不曾出庭。」[66]經常出入法院，石煥長或許感到疲累，竟然沒有出庭，只是「觸於臺灣出版法」最後僅被判罰金，

[62] 〈禁止期成同盟會〉《臺灣日日新報》，1923年2月5日，第8154號。
[63] 〈石醫師醜態）《臺灣日日新報》，1923年2月6日，第8155號。
[64] 〈編輯餘話〉《臺灣民報》第2號，1923年5月1日，頁15。
[65] 〈石煥長官被拘事件）《臺灣民報》第5號，1923年8月1日，頁19。
[66] 〈出版法違反公判）《臺灣日日新報》，1923年9月27日，第8388號。

而接下來的治警事件，就真是「事出奇想天外了」，或許這是統治者佈下羅網，被殖民者是獵物，獵物也會感知到危險的到來。

2. 石煥長的審判

大正12年（1923年）12月16日總督府警務局，以違反《治安警察法》展全台大檢舉，石煥長、蔣渭水等被捕。次年1月7日臺北地方法院檢察官三好一八以違反治安警察法第八條第二項，對石煥長等提出預審請求，2月18日臺北地方法院將石煥長等14人付之公審，同時允許交保，石煥長等拘留64天後第一次假釋，眾等並在員警差入辨當請負所前留下歷史身影（圖14）。

整個事件開庭辯論十餘次，時間長達1年7個月，歷經田健治郎、內田嘉吉、伊澤多喜男三位總督。

圖14▌1924年2月18日石煥長等因治警事件保釋後在員警差入辨當請負所前合影。立者中間四位未戴帽者為被告，左起：鄭松筠、石煥長、蔣渭水、蔡培火。前排坐者左起黃金錠（石煥長妻）、陳甜（蔣渭水妾）

資料來源：蔣渭水文化基金會

第一審：是在1924年7月25日至8月7日間，共開8次庭，《臺灣日日新報》在開庭首日有簡短報導：上午九時，被告者蔣渭水、石煥長、吳清波、林伯廷、蔡年亨、林篤勳、林幼春、鄭松筠、韓石泉、陳逢源、吳海水、蔡培火、石錫勳、王敏川、蔡式穀、蔡先於等十六名，即次第入第一訟庭。[67]

8月18日，臺灣地方法院法官堀田真猿在一審時，以無犯罪證明為理由判決被告全數無罪，並認為此事件的罪刑最高不過是徒刑六個月，或是罰鍰百圓以內，以這樣的罪刑對議會運動者提告，將傷害內地人與本島人之融和，可說是因小失大。可是臺北地方法院檢察官三好一八不服，認為此次宣告無罪，將增長反對運動氣燄，非再上訴不可，乃於次日立即提出上訴。

第二審：1924年10月15日起至18日四天，在高等法院審覆部開庭，10月29日宣判，石煥長被等判禁錮3至4月不等徒刑，然石煥長等不服，提出上訴。

第三審：沒有開辯論庭，1925年1月20日判決上訴駁回，全案定讞（表3）。

表3　石煥長等治警事件的各審判決與關押情形

被告姓名	第一審		第二審		第三審	服刑日數	備註
	求刑	判決	求刑	判決	求刑		
蔣渭水	**禁錮6月**	**無罪**	**禁錮5月**	**禁錮4月**	**上告棄卻**	**79日**	**1915年2月21日收監，5月10假釋**
蔡培火	禁錮6月	無罪	禁錮5月	禁錮4月	上告棄卻	79日	1925年2月21日收監，5月10假釋
蔡惠如	禁錮4月	無罪	禁錮4月	禁錮3月	上告棄卻	79日	1925年2月21日收監，5月10假釋
林呈祿	禁錮4月	無罪	禁錮4月	禁錮3月	上告棄卻	40日	1925年3月2日收監，5月10假釋
林幼春	禁錮4月	無罪	禁錮4月	禁錮3月	上告棄卻	40日	1925年3月2日收監，5月10假釋
陳逢源	禁錮4月	無罪	禁錮4月	禁錮3月	上告棄卻	79日	1925年2月21日收監，5月10假釋
石煥長	**禁錮4月**	**無罪**	**禁錮4月**	**禁錮3月**	**上告棄卻**	**115日**	**1925年2月22日收監，6月16假釋**
總計						511日	

67 〈治安警察違反公判〉《臺灣日日新報》，1924年7月26日，第8691號。

從表中發現「治警事件」石煥長遭判3個月，其妹婿蔣渭水判刑4個月。以刑期計，遭判有期徒刑7人合計23個月刑期中，石家就佔了7個月，超過全部刑期的30%，其比重為全臺各地之冠。進一步觀察，會有更驚人的發現，入監服刑的7人，共服刑511日，石煥長服刑115日，其妹婿蔣渭水服刑79日，石家二人是「治警事件」中服刑最長的一二名，占總服刑比重近四成。石煥長是全案中服刑唯一超過百日，達115日，為何他被關押特別久？這是個謎團。只能依據現有史料推測，他是「臺灣議會期成同盟會」主幹，又有醫療疏失案，被關押時間較長是合理的，且身為領導人，被課以較重的責任也是必然。

3. 石煥長治警事件入監

石煥長在1925年2月22日入獄，當時他與太太黃金錠在臺南，由臺南警察署員解送到臺北監獄，次日《臺灣日日新報》有如下報導：

> 石煥長は二十二日午前九時二十三分臺南發上り山線急行にて臺南員警署員の手にて臺北へ押送同九時二十五分臺中を通過したが同人妻君附添ひ他に一二名の同行あり。驛停車中協會の迎送があつた。[68]

2月24日《臺灣日日新報》漢文板也有相似的報導：

> 石煥長解北監禁　治警違反判決有罪石煥長，經二十二日午前九時二十三分，發臺南，搭山線急行列車，由臺南員警署員解送到臺北，九時二十五分通過臺中，驛場內有文化協會員之迎送，在車內時，有其妻及他一二名同伴云。[69]

石煥長是在臺南搭9點23分山線頭班急行列車，二則報導都說：「九時二十五分通過臺中」，以當時的火車臺南到臺中二分鐘，沒有可能，就是現在也還辦不到，所以極有可能是二小時，也就是11點25分通過臺中，因他們在下午二時到萬華，這樣的車程時間就比較合理。而與石煥長同行的有他太太及親友，車站內也有文化協會的人迎送。

---

68 〈石煥長臺北に護送さる〉《臺灣日日新報》1925年2月23日，第8903號（3版）

69 〈石煥長解北監禁〉《臺灣日日新報》1925年2月24日，第8903號（4版）

《臺灣民報》對石煥長的入監，報導更為詳盡，石煥長當時在屏東開設長安醫院，因其原籍宜蘭，欲歸臺北刑務所受刑，當日石煥長夫婦寄宿在臺南赤嵌園旅館，遂向臺南檢察局相商，自臺南頭班車出發，沿路各站多有同志迎送，至員林、彰化、臺中等站有更多人來與其話別，至臺北萬華站，有數十名之同志相迎，並握手表敬意，臺灣各地，將石煥長視為英雄。

> 惟石煥長氏寄宿在臺南市內大正町赤嵌園旅館，其原籍係在宜蘭，故石氏之意欲歸臺北刑務所受刑，遂自己向臺南檢察局商之得其許諾，於廿二日自臺南頭班車出發，沿路各驛多有同志迎送，至員林、彰化、臺中尤見多數之同志相共談話，至臺北萬華驛，已屬下午二時，數十名之同志皆至驛頭相迎，各進握手表敬意，石氏遂乘自動車隨警官至臺北地方法院檢察局，旋即入臺北刑務所受監矣。[70]

而在為迎送石煥長入監的過程中，也發生小插曲，在彰化站，有人買票要進月臺去迎送石煥長，卻被警官阻止，有票還不能進站，可能人數還不少，警官還大聲要求他們解散。

> 再又二月二十二日，石煥長氏由臺南欲赴臺北，經過彰化時，他的朋友也為要送迎他，買了車站的入場券，而驛員竟受警官（一警部補？）禁止其解剳，買了入場券的送迎人，不但不得入場，那警官更敢大言『依治警第八條命令解散』。[71]

治警事件入監，石煥長受到全臺英雄式的歡送，而臺北青年也準備舉行盛大歡送入獄的計畫。但警方在宣判之後，立即將蔣渭水押入臺北監獄。蔡培火、陳逢源也被收押於臺南監獄，讓歡送入獄的計畫落空。臺北的入監惜別會破局，卻在臺中上演。蔡惠如21日從清水出發到臺中監獄，一路上民眾綿延簇擁，也有人同車護送到臺中。蔡惠如從臺中車站步行到臺中醫院探望將入監的林幼春，群眾沿途隨行，愈聚愈多，甚至燃放鞭炮以示惜別。民眾散而復集，至臺中監獄門

---

70 〈諸氏之入監〉《臺灣民報》第3卷第8號，1925年3月11日。
71 〈「命解散」的濫發〉《臺灣民報》第3卷第8號，1925年3月11日。

口。蔡惠如向民眾揮手道別，民眾也高呼「萬歲」相應。[72]蔡惠如有詞一闋〈意難忘〉，自題：「下獄之日清水臺中人士見送途將為塞賦此鳴謝」，生動描寫這過程：

> 芳草連空，又千絲萬縷，一路垂楊，千愁離故里，壯氣入樊籠。清水驛，滿人叢，握別到臺中，老輩青年齊見送，感慰無窮。山高水遠情長。喜民心漸醒，痛苦何妨，松筠堅節操，鐵石鑄心腸，居虎口，自雍容，眠食亦如常，記得當年文信國，千古名揚。[73]

入獄有人相送，出獄也有人相迎，治警事件另一主角陳逢源1925年5月10日假釋出獄，回到臺南故鄉受到鄉親，夾道相迎，熱烈歡呼，滿街爆竹響連天，他有感做一詩：「滿街爆竹響連天，深愧無從解倒懸。已覺自由非易取，徒揮赤手抗強權。」[74]陳逢源的詩有點悲悵，但這也是臺灣百年來，無數先賢，前僕後繼的志業。

4. 出獄後的石煥長

石煥長在1925年6月16日假釋出獄，服刑115天。而治警事件從1923年12月16日全臺大檢舉開始，到1925年6月16日石煥長出獄，時間長達1年7個月。當治警事件大檢舉時，石煥長本籍宜蘭郡宜蘭街字艮門32番地，住所臺北市日新町二丁目175番地。[75]假釋出獄的檢察通知書其住所已移轉到屏東郡屏東街190番地。他是在治警事件審判期間，遷移到屏東，為何遷移，並不清楚，唯有從黃旺成1925年12月29日，日記載有「一時半抵九曲堂，於休憩亭休憩、中食、閱報紙，待到三時發車屏東行，宿石煥長君醫館，入浴、晚餐，夜七時起於關帝廟開講演會」。[76]因而得知石煥長是將長安醫院轉往屏東開業，黃旺成31日，日記又續有「清早起來嗽盥畢，和逢源閑談學理，散步市街，有微雨，七時半於煥長君處用牛乳、アンパン，七時五十五分屏東出發，培火君因有他事要延至午後，逢源君

---

[72] 陳翠蓮，《自治之夢：日治時期到二二八的臺灣民主運動》，（臺北：春山出版社，2020年），頁126-127。

[73] 蔡惠如，〈意難忘〉，1925年6月21日《臺灣民報》3卷18號。

[74] 謝國興，《亦儒亦商亦風流：陳逢源1893-1982》（臺北：允晨文化有限公司，2002年），頁158。

[75] 吳豪人，《治安警察法違反事件預審紀錄》（臺北：中央研究院臺灣史研究所，2016年），頁5-6。

[76] 黃旺成，《黃旺成先生日記》，1925年12月29日

及其內人、小女同乘，十時過抵臺南驛。」[77]從日記說明黃旺成在石煥長醫院住了三天，陳逢源也來了，他們是來辦演講會，石煥長醫院應離火車很近，他們7點半用早餐，還可搭7點55的火車。最特別的是黃旺成把早餐喝牛奶及吃包有紅豆內餡的麵包都記錄下來，可見一百年前這是不尋常的，也可見證石煥長是接受新思潮的人。

仰山解說學會前總幹事石清河老師也曾表示：六叔公（石煥長）思想很新，每回宜蘭必召集子侄輩吃西餐、喝洋酒、聽西洋音樂、跳舞，大家都會圍繞在六叔身邊。石煥長是美食家，他的兒子石濬潘，也說他父親「他81歲時，生活上還能一切自理，會做一手好菜，紅燒肉，螞蟻上樹，福建肉鬆等等，都是他的拿手好戲」，[78]石煥長年輕在家鄉宜蘭做西餐，老了客居上海坐紅燒肉，螞蟻上樹，福建肉鬆等等，可能他口味變了，也可能是他心境也變了。

石煥長是在何時到屏東開業？並沒有看到相關史料，但可確定在1924年2月18日石煥長等因治警事件第1次被保釋時，他並沒有遷移居所，但國立臺灣文學館鎮館之寶「張深切徒步旅行之名人題字錄」卻透出一些訊息，張深切於1924年下半年，以徒步的方式，費時一個月，從臺中一路向南行至屏東。旅途中拜訪林獻堂、林茂生、石煥長等12位文化前輩。他最南到屏東，最後拜訪的是石煥長，石煥長為他題「壯志雄飛」四字，並屬下「於屏東石煥長」（圖15），那年石煥長34歲，張深切20歲，他們不僅年齡差距，社會閱歷也差很遠，而石煥長剛搬新家，張深切就找來，他們有一定的聯繫，可驗石煥長不僅喜照顧自己侄、甥等，對後輩也樂於照顧，而張深切要到屏東，讓石煥長簽署最後一個，與簽署第一個的林獻堂呼應，足見石煥長在張深切心中有一定分量。

從「張深切徒步旅行之名人題字錄」可確認，石煥長是在1924年年中之前就遷到屏東，張深切當年結束在上海學業，回到臺灣才能立即去拜訪他。另在1926年元旦石煥長在屏東寄了一張賀年片給林獻堂，正面為賀詞書寫面，以黑色單色印製，由右至左為「謹賀新年」、「丙寅元旦」、「屏東街」、「石煥長脫帽」4段字樣（圖16、17）。上述資料可約略知道從1924年中直到1926年，石煥長在屏東開業，但從《臺灣總督府旅券下付及返納表》[79]發現，石煥長在1926年4至

[77] 黃旺成，《黃旺成先生日記》，1925年12月31日

[78] 石濬潘，〈關於父親石煥長先生（1890-1971）〉，2021年4月，為刊稿。

[79] 臺灣總督府於1897年1月15日頒佈《外國行旅券規則》，嚴格規範渡航清朝日本本籍人的旅券發放，最初乃在防止日本流氓及醜業婦渡清。同年5月8日後，規範的範圍擴及在臺日本人（內地人）及臺灣人（本島人、或稱臺灣籍民）直接由臺灣出境至清朝或其他國家。

6月間從屏東申請要到香港執行醫藥業務（圖18）。所以石煥長是在1924年到屏東開設長安醫院，約二年，在1926年轉往香港行醫，後又到新加坡開業，很快又到上海，石煥長初期是以診治戒菸及花柳科為主，到上海後不久，轉為整型美容科，且很快成為上海美容名醫，也將事業擴展到北京、天津、南京等地，是中國美容醫學重要的開拓者，其子濬清、孫重明，也相繼成為美容權威醫師。

但在中國共產黨建政後，美容醫學被視為邪惡，臺灣人身分又敏感，讓他的遭遇就比較艱難，首先碰到三反五反，臺灣人及美容科醫師，讓他日子很不好過，接下來文化大革命更被鬥爭的很慘，但在內外交迫，生死交關的時候，他都能安然度過，應是他個性強韌，又有應世能力，再加平日與人為善，得道多助，才可逢凶化吉，在81歲得善終，其子石濬清、濬潘還於1995年將其骨灰歸葬故土臺灣。[80]

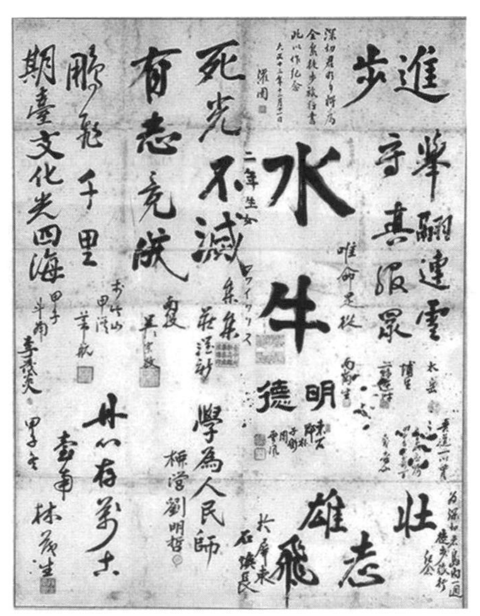

圖15 ▌張深切徒步旅行之名人題字錄
資料來源：國立臺灣文學館　典藏或財產編號NMTL20060320009

[80] 游錫堃，《臺灣民主蘭城尋蹤》，（宜蘭：財團法人仰山文教基金會，2023年，），頁61。

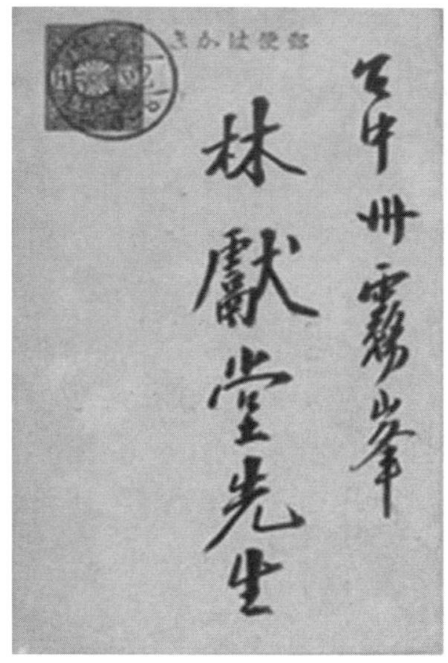

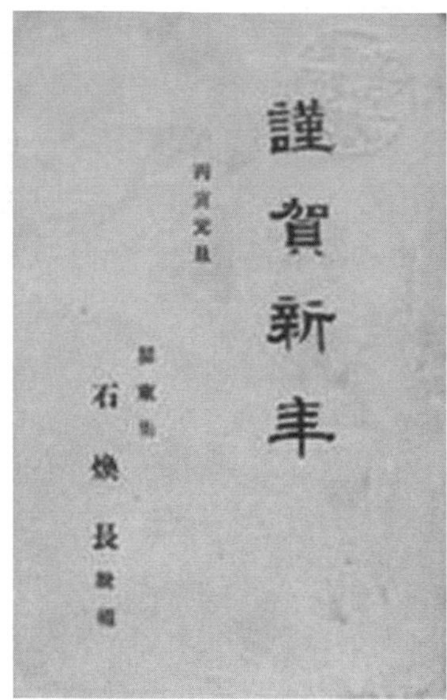

圖16、17▌石煥長從屏東寄給林獻堂賀年明信片
資料來源：國立臺灣歷史博物館

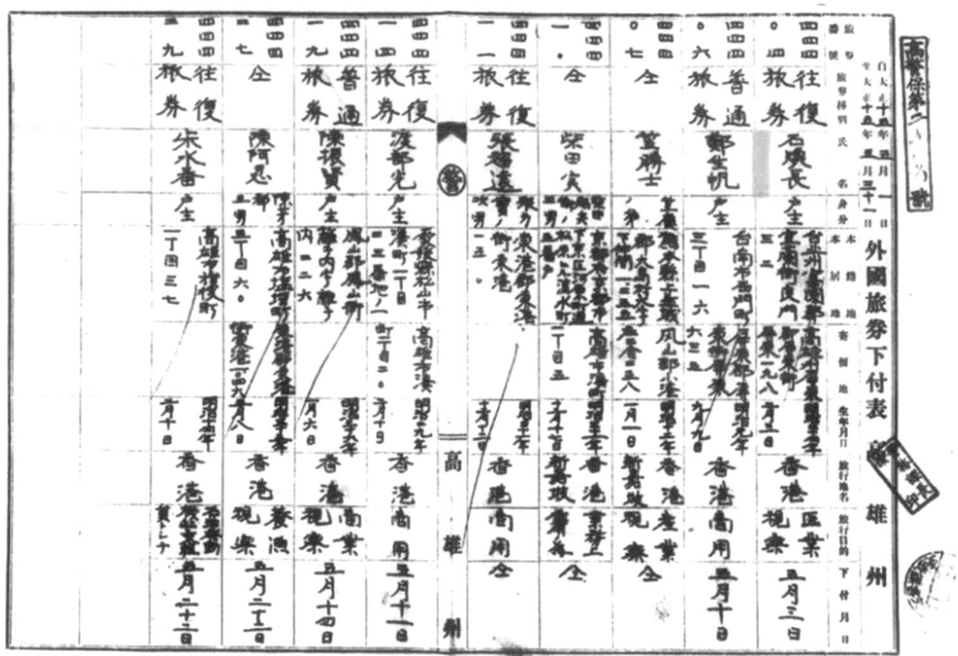

外國旅券下付表　高雄州

自大正十五年五月一日至大正十五年五月三十一日

旅券番號	旅券種別	氏名	身分	本籍地／住居地	寄留地	生年月日	旅行地名	旅行目的	下付月日
[illegible]	往復旅券	石煥長	戶主	台南州[illegible]	屏東[illegible]一九八	明治[illegible]年[illegible]月二日	香港	醫業視察	五月三日
[illegible]	普通旅券	鄭[illegible]	戶主	台南市西門町[illegible]	屏東郡[illegible]	明治[illegible]年	香港	商用	五月十日
[illegible]	仝	[illegible]	[illegible]	[illegible]	[illegible]	[illegible]	香港	產業視察	仝
[illegible]	仝	柴田实	[illegible]	[illegible]	[illegible]	[illegible]	新嘉坡	商務	仝
[illegible]	往復旅券	[illegible]	[illegible]	[illegible]	[illegible]	[illegible]	香港	商用	仝
[illegible]	往復旅券	[illegible]	戶主	[illegible]	[illegible]	[illegible]	香港	商用	五月十一日
[illegible]	普通旅券	陳[illegible]	戶主	鳳山郡鳳山街[illegible]	[illegible]	[illegible]	香港	視察	五月十四日
[illegible]	仝	陳[illegible]	[illegible]	高雄[illegible]	[illegible]	[illegible]	香港	[illegible]	五月二十一日
[illegible]	往復旅券	[illegible]	戶主	高雄[illegible]	[illegible]	[illegible]	香港	[illegible]	五月二十二日

圖18▌石煥長1926年赴香港外國旅券下付表
資料來源：中研院臺灣史研究所檔案館臺灣總督府旅券系統

五、治警事件的影響

治警事件至今百年，百年來其對臺灣產生巨大的影響，現就樹立臺灣政治運動的里程碑、建立臺彎的政治裁判典範、開創臺灣法庭抗爭先例、奠定臺灣監獄文學的發展、催生臺灣後繼政治運動等五面進行說明。

（一）樹立臺灣政治運動的里程碑

在治警事件之前臺灣的政治運動，因吏治不良「官逼民反」，[81]長期陷入「三年一小反、五年一大反」，[82]的循環，統治者與被統治者尖銳對立，並武力相向，兩敗俱雙。事件中統治者與被統治者雙方大力廝殺，統治方也用盡一切資源，剿滅對方。事件後統治者盡力株連，欲斬草除根，被統治者不經幾年，春風吹又生，又開時蠢蠢欲動，臺灣的歷史就在這宿命中前進。

日治初期還有武力對抗，然到議會請願、文化協會、議會期成同盟會時，被統治者在接受到世界思潮後，改採體制內改革，是走建制派的路徑。[83]

治警事件是被殖民者，以統治者所訂法令、規則進行抗爭，當然統治者會操縱法令，羅織被統治者各項罪名，但日本官方在逮捕過程、審判程序、刑罰處遇，保有人道與文明，政治犯不用被殺頭，也不再是抄家滅族；甚至還可以透過審判擴大運動，累積運動能量，有利於後續發展。使臺灣的政治運動脫離「三年一小反、五年一大反」的宿命循環，樹立臺灣政治運動的里程碑。

（二）建立臺灣的政治裁判典範

治警事件審判過程，從搜索逮捕開始，均在檢察官的指揮與預審法院的監督下進行。而在警方、檢察官與預審法院三階段，以及為期兩個月的羈押調查過程中，都受到文明對待，也在預審調查完成後即獲得釋放。直到三審有罪判決確定後，才真正入獄服刑。而從檢察官、預審到三審判決，判官、檢察官與辯護士均能暢所欲言，理性辯論。日本政府在政治犯的司法處遇上，建立臺彎的政治裁判典範，使百年來雖政權不同，寬嚴有別，但對政治案件，大致會有法律程序的裁判。

---

[81] 《清仁宗實錄選輯》（臺北市：臺灣銀行經濟研究室，1963年），頁45-46。
[82] 徐宗幹，《斯未信齋文編》（臺北市：臺灣銀行經濟研究室，1960年），頁70。
[83] 建制派（英語：The Establishment; the establishment parties; the establishment camp）是指支持主流與傳統、主張維護現有體制的政治勢力。

可貴的是治警事件一審經過九次開庭，於宣判時，審判長堀田真猿宣告「檢察官起訴證據不充分，判決18名被告等全部無罪」。他並且發表談話，反對檢察官以違反《治安警察法》提出告訴。堀田審判長特別提醒，此事件的罪刑最高不過是徒刑六個月，或是罰鍰百圓以內，以這樣的罪刑對議會運動者提告，將傷害內地人與本島人之融和，可說是因小失大。[84]

日本殖民者大致遵守法治原則進行審判，堀田真猿審判長反對以法律做為政治工具，判處18名被告全部無罪。最終臺灣人的政治結社，以「違反治安」的罪名，還是被判處三到四個月的刑期，卻也建立臺彎的政治裁判典範。

（三）開創臺灣法庭抗爭先例

治警事件，日本殖民者遵守法治原則進行審判，臺灣人有機會在法庭公開論辯，以充分陳述己見，開創臺灣法庭抗爭先例。

治警事件在臺北地方法院開庭審判，代表日本官方的檢察官三好一八與代表被告的律師們分別發表陳述，一邊指責參與者年輕無知，「剛度過書生生活而已，對於政治完全沒有經驗」，[85]另一邊則強調他們「有大志，憂國憫人」。[86]

雙方來來回回，針鋒相對。辯論的最後，身為被告的蔡培火突然提出要求，希望能親自參與答辯，而且期待檢察官在場。對於這個要求，庭長原本覺得並無必要，但蔡培火卻說：「庭長既然准許檢察官談政治，為什麼不允許我們談政治呢？」[87]

此話一出，庭內突然緊張起來。最後，庭長同意讓被告推派五人——林幼春、林呈祿、陳逢源、蔣渭水、蔡培火，負責代表答辯。

其中蔣渭水的答辯：

> 今天庭長特別容許我們陳述意見，我們深為感謝。庭長說檢察官所講有關政治方面的論告，對本案並無關係，被告可免答辯。如果是這樣，那末檢察官的論告，可以說是沒有價值的饒舌了。既然是沒有價值的論告，我們也無須答覆。但是其中有些太不應該的言辭，我們不得不辯明，現在遵照

---

84 陳翠蓮，《自治之夢：日治時期到二二八的臺灣民主運動》，頁122。
85 葉榮鐘，《日據下臺灣政治社會運動史上》，頁246。
86 葉榮鐘，《日據下臺灣政治社會運動史上》，頁258。
87 吳三連、蔡培火等著，《臺灣民族運動史》（臺北：自立晚報社，1993年），頁231。

庭長的意思，從簡答辯。[88]

蔣渭水雖稱「從簡答辯」，卻對三好一八檢察官的指控，洋洋灑灑提出七項辯駁，在結論時他還說：「我要感謝神明，使我生為臺灣人，因為臺灣人把握世界和平的鎖鑰，世界和平的第一關門，是東洋的和平，以中華民族做日本國民的臺灣人，應具有做日華親善的橋樑的使命，由臺灣人行使這個使命，東洋和平才能確保，世界人類的幸福才能完成。」[89]如此的大規模的法庭抗爭，是臺灣人初體驗，臺灣人也展現不卑不亢的抗爭精神。

（四）奠定臺灣監獄文學的發展

日治時期的治警事件發生後，被逮捕、拘留和搜索的共99位，其中有蔣渭水等7位入獄服刑，他們在獄中多藉由詩、詞、文寫作，反映牢獄心情與生活，深具時代意義。蔣渭水著有〈入獄日記〉，記載時間自1923年12月16日至1924年2月18日；共分七次在《臺灣民報》連載，是蔣渭水「治警事件」被羈押期間在獄中所作，記入獄經過、獄中見聞感想頗為詳盡，文字風格明朗灑脫，個性鮮明，是臺灣監獄文學的代表作。後又在《臺灣民報》發表《入獄感想》、《獄中隨筆》等作品，是臺灣監獄文學的奠基之作。

七位入獄服刑者除蔣渭水外，林幼春、蔡惠如、蔡培火、陳逢源等在獄中或出獄都有作品留世。林幼春在1925年3月入獄，其入獄前有〈吾將行〉，入獄後有〈獄中聞畫眉〉、〈再聞畫眉〉、〈獄中寄內〉、〈詠史〉、〈四月十五夜鐵窗下作〉、〈獄中十律〉、〈獄中感春賦落花詩以自遣〉等詩、及〈入獄及出獄家書三封〉散文作品。

蔡惠如從清水乘火車赴臺中入獄時，清水、梧棲、沙鹿等地民眾，紛紛趕到車站送別，甚至有百餘人隨行至臺中。對此情景，蔡惠如情不自禁賦詞一闋。即傳送不絕之獄中詞〈意難忘〉「芳草連空、又千絲萬縷、一路垂楊、千愁離故里、壯氣入樊籠、清水驛、滿人叢、握別到臺中、老輩青年齊見送、感慰無窮。」[90]而他尚有〈獄中感懷錄十七首〉，收在《全臺詩》第參拾參冊。

蔡培火於1924年治警事件入獄禁錮時期，代表作《臺灣自治歌》，[91]無論是

---

88 吳三連、蔡培火等著，《臺灣民族運動史》，頁237-238。
89 吳三連、蔡培火等著，《臺灣民族運動史》，頁241。
90 謝金蓉，《蔡惠如和他的時代》（臺北：國立臺灣大學出版中心，2006年），頁146。
91 林柏維，《狂飆的年代：近代臺灣社會菁英群像》（臺北：秀威資訊，2007年），頁23。

歌曲名稱或是詞曲內容，充分展現出臺灣議會期成同盟會及其個人對追求臺灣自治的訴求與決心，也充分展現了當時知識分子與臺灣社會的進步思想，其詞有白話字版及漢文版。

白話字

Hông-lâi bí tó chin khó-ài, chó͘-sian ki-giap̍ chāi,
chhân-hn̂g goán khui chhiū goán chai, lô-khó͘ tāi kòe tāi,
tioh̍ lí-kái, tioh̍ lí-kái,
goán sī khai-thok-chiá, m̄ sī gōng lô͘-chhâi
Tâi-oân choân tó khoài chū-tī, kong-sū goán chióng chiah eng-kai.

Giok̍-san chông-ko kài hû-song, ngó͘--bûn ì-khì iông,
thong-sin jiat̍-liat̍ ài hiong hiat, khí phà kiông-khoân ōng,
sûi chó͘-tòng, sûi chó͘-tòng,
chê khí chhiòng chū-tī, tông-sia^{n} tit̍ piau-póng,
pah-poa^{n} gī-bū lán to chīn, chū-tī khoân-lī eng-tong hióng.

漢字

（一）蓬萊美島真可愛 祖先基業在　田園阮開樹阮栽 勞苦代過代　著理解
著理解 阮是開拓者 毋是憨奴才　臺灣全島快自治 公事阮掌是應該

（二）玉山崇高蓋扶桑 我們意氣揚　通身熱烈愛鄉血 豈怕強權旺　誰阻擋
誰阻擋 齊起倡自治 同聲直標榜　百般義務咱著盡 自治權力應當享

陳逢源也在治警事件中入獄，並有詩作十餘首以記之，當其出獄回到故鄉臺南時，受到民眾熱烈歡呼，有感吟道：「滿街爆竹響連天，深愧無從解倒懸。已覺自由非易取，徒揮赤手抗強權」。王敏川也因治警事件被捕，後無罪出獄，作有詩三首：

獄官指點到監門，寢具安排日已昏。
莫笑書生受奇禍，民權振起義堪尊。

此地同來數十人，俱懷才略計維新。
相逢轉恨無言語，但見頭顱暗點頻。

自料監門不易開，讀書靜坐屏疑猜。
分明恍共諸賢語，拜服千秋有俊才。[92]

治警事件的先賢大量創作，並公開發表，奠定臺灣監獄文學的發展。戰後楊逵、雷震、柏楊、柯旗化、何川等承續監獄文學傳統，卻面對新殖民者態度蠻橫，手段嚴厲，禁止使用紙筆，加上有嚴密檢查，無法在獄中寫作，僅憑秘密地抄寫和記憶，將其作品留存於世。美麗島事件後，發展更多元，監獄文學不僅紀錄獄中所見，也呈現出獄之後回到社會的境況，監獄文學內容更豐富，也受到重視。

（五）催生臺灣後繼政治運動

政治是實力原則，臺灣六次政治結社（組黨），四次失敗，二次成功，但失敗是成功之母，第一次結社是1923年臺灣議會期成同盟會，僅提出報備，就被禁止，可說是胎死腹中，但臺灣人展現靈活的應變能力。臺灣總督府不准，改向日本本土警署提出申請，意外獲准，因此，引發治警事件，但治警事件入獄者在1925年6月全部出獄，臺灣人第一個政黨臺灣民眾黨就在1927年7月10日成立，治警事件扮演很重要的催生角色。1979年12月10日爆發美麗島事件，臺灣菁英被大肆逮捕，並判重刑，當這些精英還在獄中時，1986年9月28日民主進步黨成立。民主進步黨成立當然是由美麗島事件所催生，而這催生模式起自於治警事件，治警事件一百年，臺灣政治運動前仆後繼，後繼的力量被催生、催動治警事件功不可沒。

治警事件催生臺灣後繼政治運動，可在臺灣議會請願運動觀察到，請願運動一開始僅178人聯署，第二次聯署擴增到512人，但殖民者馬上進行打壓，聯署人數立即降到71人，但治警事件過後，聯署人數立即倍數成長（如表4），也可以此，繪一趨勢圖（圖19），可清楚發現臺灣政治運動是曲折，穩定向上。

[92] 葉榮鐘，《日據下臺灣政治社會運動史上》，頁314。

表4 臺灣議會請願運動簡表

次數	請願書提出日期	連署人數	議會會期	介紹議員	委員會上呈日期	備註
1	1921年1月30日	林獻堂等178人	第44次	江原素六	2月18日	田總督說明／不採擇
				田川大吉郎	3月21日	不採擇
2	1922年2月16日	林獻堂等512人	第45次	江原素六	2月13日	賀來總務長官說明／不採擇
				田川大吉郎 清瀨一郎	3月27日	田川介紹議員說明／不採擇
3	1923年2月22日	蔡惠如等278人	第46次	山脇玄	2月12日	馬場法政局長說明／不採擇
				田川大吉郎 清瀨一郎	3月12日 3月19日	田川介紹議員說明／不採擇
4	1924年1月30日	林呈祿等71人	第48次	山脇玄		1月31日眾議院解散、貴族院停會，故未能提出
				田川大吉郎 清瀨一郎		
5	1924年7月5日	蔡培火等233人	第49次	山脇玄		未列入議程
				清瀨一郎 神田正雄	7月14日 7月17日	兩介紹議員說明／審議未了
6	1925年2月17日	林獻堂等782人	第50次	山脇玄 渡邊暢		未列入議程
				清瀨一郎 神田正雄	3月9日 3月16日 3月18日 3月20日 3月23日	兩介紹議員說明／審議未了
7	1926年2月9日	林獻堂等1990人	第51次	渡邊暢		未列入議程
				清瀨一郎 神田正雄 中野寅吉	3月1日 3月10日 3月17日 3月19日	清
8	1927年1月20日	林獻堂等2470人	第52次	渡邊暢		未列入議程
	1927年1月19日			清瀨一郎 神田正雄	1月31日 2月21日 2月28日 3月7日 3月14日 3月18日 3月23日	兩介紹議員說明／審議未了

次數	請願書提出日期	連署人數	議會會期	介紹議員	委員會上呈日期	備註
9	1928年4月25日	林獻堂等929人	第55次	渡邊暢		未列入議程
		林獻堂等2050人		清瀨一郎 神田正雄	5月4日 5月6日	兩介紹議員説明／審議未了
10	1929年2月16日	林獻堂等1932人	第56次	渡邊暢	3月22日	不採擇
				神田正雄 土井椎太	3月4日 3月11日 3月20日	兩介紹議員説明／審議未了
11	1930年5月2日	林獻堂等1314人	第58次	渡邊暢		
	1930年4月28日			田川大吉郎 清瀨一郎	4月28日 5月6日 5月12日	5月12日由武富參與官説明／不採擇
12	1931年2月12日	蔡培火等1381人	第59次	渡邊暢	3月9日 3月13日	3月9日武富政府委員説明／不採擇
				田川大吉郎 清瀨一郎	2月18日 2月25日 3月4日 3月24日	審議未了
13	1932年6月3日	林獻堂等2684人	第62次	渡邊暢	6月7日	堤政府委員説明／不採擇
				清瀨一郎 清水留三郎	6月6日 6月10日	6月6日堤政府委員説明／審議未了
14	1933年1月31日	林獻堂等1491人	第64次	渡邊暢	2月20日 3月6日	不採擇
	1933年2月6日	林獻堂等1859人		清瀨一郎 清水留三郎	3月6日 3月7日 3月10日	清瀨介紹議員説明／不採擇
15	1934年2月6日	林獻堂等1170人		渡邊暢	2月15日	生駒管理局長説明／不採擇
				清瀨一郎 清水留三郎	3月23日	不採擇

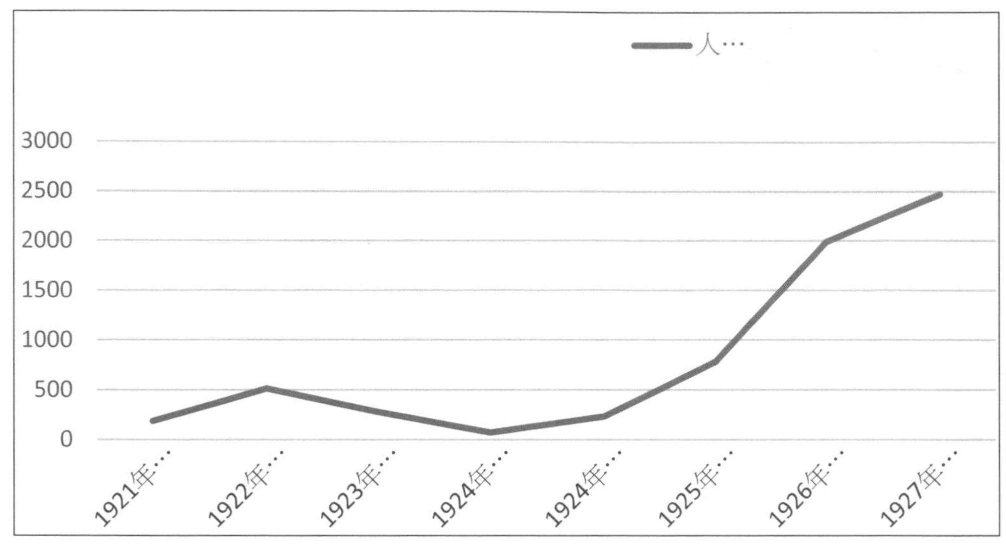

圖19 臺灣政治運動趨勢圖
資料來源：楊孫旻繪

六、結論

大正12年（1923）石煥長、蔣渭水、蔡培火等人向臺北州北警署提出成立臺灣議會期成同盟會的結社報備，這是臺灣政治結社的開始，但是結社時旋即遭到禁止，因此，林呈祿、蔣渭水、蔡培火等人轉向東京稻田警署提出政治結社組織豫屆，結果竟獲准成立。臺灣總督府卻以違反《治安警察法》第8條第2項為由，在是年底，對臺灣議會期成同盟會會員展開全臺大檢舉，結果逮捕41人、傳訊58人，共有99人遭受迫害，其中有18人遭受起訴，歷史稱之為治安警察法違反檢舉事件（Tī-an Kéng-chhat-hoat Ûi-hóan Sū-kiāⁿ），又稱治警事件。

治警事件是政治案件，被殖民者與殖民者均以法律做攻防，也因此為臺灣數百年來，樹立政治運動的新里程碑，至此，臺灣的政治運動脫離了「三年一小反，五年一大反」的軌道，被殖民者靠溫和穩健的法條掩護，讓殖民者很難有痛下殺手的機會，也暴露殖民者偽善的真面目。

治警事件從結社被禁，到全島大逮捕，再到三審定讞，前後歷時一年多，引起臺灣社會高度關心，《臺灣民報》並大幅刊載審判的法庭辯論，事件被告均被視為臺灣人的英雄，群眾盛大護送入獄。總督府的壓制行動不但未達效果，反而激發臺灣民眾的政治熱情，對臺灣後續發展帶來諸多影響。

（一）立下嶄新的里程碑

脫離三年一小反，五年一大反，官逼民反的循環，為臺灣開創百年政治新局。

（二）築一座燈塔

築一座燈塔指引臺灣人前仆後繼，宜蘭人奮勇向前，參與其中，朝向提升地位，平等待我的自治之路前進。

（三）創造模式

1. 自治模式

獨立今不得而夢之，得真自治者斯可矣。殖民者，直斥是要民族自決，脫離日本獨立，並動員仕紳、地方街庄長、教師與輿論對自治派進行圍攻。

被殖民者，強調是在追求自治，反臺灣總督，不反天皇，無意脫離日本。

2. 法律模式

為了推動臺灣議會設置的請願運動，應該組織同盟會。治安警察法在臺灣實施，如果在臺灣進行請願運動，而沒有申請結社的話，恐有觸法之虞，

石煥長自承「我認為如果在臺灣能夠有一個民選的議會，而且該議會在臺灣具有預算的議決以及臺灣特殊法律的立法議決權，為了這個目的，我們才進行請願和結社。」

3. 文明模式

新興知識分子與近代國家相遇，磨合出殖民者與被殖民者，以文明相待模式，沒有慘烈廝殺，也沒有不人道待遇。

（四）建立趨勢

治警事件為臺灣政治運動建立曲折，穩定向上趨勢，百年來臺灣政治運動一直在此趨勢中不斷發展。

引用書目

《臺灣日日新報》
《臺灣青年》
《臺灣民報》
《臺灣總督府檔案・總督府公文類纂》
《臺灣總督府（官）報》
《臺灣總督府職員錄》
山下訓儀
1999　〈六三法之研究〉。臺南：成大歷史研究所碩士論文。
井出季和太
1937　《臺灣治績志》。臺北：臺灣日日新報社。
王詩琅
1991　〈林呈祿先生訪問記錄〉，黃富三、陳俐甫編《近現代臺灣，口述歷史》。臺北：林本源中華文化教育基會。
1995　《臺灣總督府員警沿革誌第二編（中卷）臺灣社會運動史——文化運動》。臺北：稻鄉出版社。
《臺灣社會運動史——文化運動》。臺北縣：稻鄉出版社。
王曉波編
1998　《蔣渭水全集（上、下）》。臺北：海峽學術出版社。
矢內原忠雄
1987　《日本帝國主義下之臺灣》。臺北：帕米爾書店。
白成枝編
1950　《蔣渭水遺集》。臺北：蔣先烈遺集刊行委員會，文化出版社。
田健治郎
2001-2006　《臺灣總督田健治郎日記（上）（下）》。臺北：中央研究院臺灣史研究所籌備處。
向山寬夫
1999　《日本統治下的臺灣民族運動史》。臺北：福祿壽興業股份有限公司。
朱雲珍
1997　〈臺灣民族主義：起源與內涵之分析〉。臺北：私立東吳大學政治研究所碩士論文。
余重信
2003　〈日治時期六三法制對臺灣法治政治的影響〉。臺北：國立臺灣師範大學三民主義研究所碩士論文。
吳三連口述、吳豐山筆記
1991　《吳三連回憶錄》。臺北：自立晚報社。
吳三連、蔡培火等著
1993　《臺灣民族運動史》。臺北：自立晚報社。

吳文星
2008 《日治時期──臺灣的社會領導階層》。臺北：五南圖書出版。
吳春成
1987 〈日治下臺灣知識份子反殖民之意識研究──臺灣民報（1920-1927） 個案研究〉。高雄：中山大學中山學術研究所碩士論文。
吳密察
2006 〈明治國家體制與臺灣──六三法之政治的展開〉，《臺大歷史學報》37。
吳豪人
2002 〈大正民主與治警事件〉，《輔仁法學》24。
2016 《治安警察法違反事件預審紀錄》。臺北：中央研究院臺灣史研究所。
吳叡人
2006 〈福爾摩沙的意識形態〉，《新史學》17（2）。
周婉窈
1981 〈日治時期臺灣議會設置運動析論〉。臺北：臺灣大學歷史研究所碩士論文。
1989 《日據時代臺灣議會設置請願運動》。臺北：自立報系文化出版部。
2011 〈臺灣議會設置請願運動再探討〉，《臺灣史料研究》37。臺北：吳三連臺灣史料基金會。
林柏維
1993 《臺灣文化協會滄桑》。臺北：臺原出版社。
林德政
2017 〈民族鬥士蔣渭水之子：百歲耆老蔣松輝先生口述史〉，《口述歷史採訪的理論與實踐：新舊臺灣人的滄桑史》。臺北：五南圖書版。
邱士傑
2009 〈蔣渭水與臺灣社會主義運動的起源──從「新臺灣聯盟」、「社會問題研究會」到「無產青年」〉，《第一屆蔣渭水研究學術研討會論文集》。臺北：蔣渭水文化基金會。
金持一郎
1931 《殖民政策》。東京：日本評論社。
徐國章
1998 〈由「六三法」看日本治臺的基本理念──天皇大權統治主義〉，《臺灣風物》48（2）。
1999 〈「六三法」時期的臺灣總督府評議會與律令議決權〉，《臺灣文獻》50（2）。
翁佳音譯註
1992 《臺灣社會運動史──勞工運動、右派運動》。臺北縣：稻鄉出版。
翁聖峯
2007 《日治時期臺灣新舊文學論爭新探》。臺北：五南圖書出版公司。
高日文
1964 〈臺灣議會設置請願運動的時代背景〉，《臺灣文獻》15（2）。
1964 〈臺灣議會設置請願運動始末〉，《臺灣文獻》16（2）。

1966　〈治安警察法違反事件之法庭辯論經過（上）〉，《臺灣文獻》17（1）。
1967　〈治安警察法違反事件之法庭辯論經過（下）〉，《臺灣文獻》18（1）。
1968　〈林幼春先生的思想與詩〉，《臺灣文獻》19（2）。

張正昌
1981　《林獻堂與臺灣民族運動》。臺北：益群。

張炎憲
1996　〈臺灣文化協會的成立與分裂〉，收於張炎憲、李筱峰、戴寶村編，《臺灣史論文精選》下冊。臺北：玉山社。

張修慎
2015　《近代臺灣知識份子的軌跡：1920年～1945年的思想》。臺北：國立交通大學出版社。

張漢裕主編
2000　《蔡培火全集》。臺北：財團法人吳三連臺灣史料基金會。

許世楷
2006　《日本殖民統治下的臺灣》。臺北：玉山社。

許雪姬總策畫
2004　《臺灣歷史辭典》。臺北：遠流。

許雪姬
2017　《黃旺成先生日記》。臺北：中央研究院臺灣史研究所。
2019　《來去臺灣（臺灣史論叢移民篇）》。臺北：國立臺灣大學出版中心。
2023　《世界・啟蒙・在地：臺灣文化協會百年紀念》。臺北：中央研究院臺灣史研究所。

許雪姬主編
2000　《灌園先生日記》。臺北：中央研究院臺灣史研究所籌備處、中央研究院近代史研究所出版。

連溫卿
1988　《臺灣政治社會運動史》。臺北縣：稻鄉出版。
2003　《臺灣政治運動史》。臺北縣：稻鄉出版社。

郭傑 等
2010　《臺灣共產主義運動與共產國際（1924-1932）研究・檔案》。臺北：中研院臺史所。

陳文松
2015　《殖民統治與「青年」：臺灣總督府的「青年」教化政策》。臺北：臺大出版中心。

陳水逢編譯
1968　《日本合併朝鮮史略》。臺北：臺灣商務。

陳君愷
2006　《狂飆的年代——1920年代臺灣的政治、社會與文化活動》。臺北：日創社文化公司。

陳芳明

1988　《臺灣人的歷史與意識》。高雄：敦理出版社。

1991　《謝雪紅評傳——落土不凋的雨夜花》。臺北：前衛出版社。

1996　《蔣渭川和他的時代》。臺北：前衛出版社。

陳俐甫

1996　《日治時期臺灣政治運動之研究》。臺北：稻鄉出版社。

2004　〈臺灣民族主義之研究——1950年以前的臺灣民族主義運動〉。臺北：國立臺灣大學政治研究所博士論文。

陳培豐

2006　《「同化」的同床異夢：日治時期臺灣的語言政策、近代化與認同》。臺北：麥田出版社。

陳逸松

2015　《陳逸松回憶錄（日據時代篇）》。臺北：前衛出版社。

陳翠蓮

1986　〈日據時期臺灣文化協會之研究——抗日陣營的結成與瓦解〉。臺灣大學政治研究所碩士論文。

2003　〈抵抗與屈從之外：以日治時期自治主義路線為主的探討〉，《政治科學論叢》（臺北）18：141-170。

2008　《臺灣人的抵抗與認同（1920-1950）》。臺北：遠流曹永和文教基金會。

2013　〈大正民主與臺灣留學生〉，《師大臺灣史學報》（臺北）6：53-100。

曾士榮

2008　〈一九二〇年代臺灣國族意識的形成：以《黃旺成日記》為中心的討論（1912～1930）〉，《臺灣文學學報》（臺北）13：1-63。

游錫堃

2023　《臺灣民主蘭城尋蹤》。宜蘭：財團法人仰山文教基金會。

焦萍

2002　〈「治警事件」—日據時期首例「政治案件」之研究〉。廈門：廈門大學歷史系專門史學科碩士論文。

黃秀政

1985　〈「臺灣青年」與近代臺灣民族運動（1920-1922）〉，《國立臺灣師範大學歷史學報》。

1987　《「臺灣民報」與近代臺灣民族運動》。臺北：現代思潮出版社。

黃煌雄

1978　《革命家——蔣渭水》。臺北：長橋出版社。

1999　《蔣渭水傳——臺灣的先知先覺》。臺北：前衛出版。

黃靜嘉

1960　《日據時期之臺灣殖民地法制與殖民統治》。臺北：海天印刷。

塗照彥

1999　《日本帝國主義下的臺灣》。臺北：人間出版社。

楊娟

2008 〈日據時期臺灣民族運動中知識份子的聯合與分化（1914-1937）〉。福建：福建師範大學歷史學院中國近代史學科碩士論文。

楊碧川

1996 《日據時代臺灣人反抗史》。臺北縣：稻鄉出版社。

葉榮鐘

1968 〈初期臺灣議會運動與日總督府的態度〉，《臺灣風物》18（3）。

2000 《日據下臺灣政治社會運動史（上）、（下）》。臺中：晨星出版有限公司。

2000 〈杖履追隨四十年〉，《臺灣人物群像》。臺中：晨星出版有限公司。

2000 《臺灣人物群像》。臺北：晨星出版社。

詹景陽

2008 〈戰前日本殖民政策學者的臺灣論述〉。臺灣大學國家發展研究所博士論文。

潘柏均

2009 〈大正民主思潮與日治時期的臺灣政治運動——以泉哲及田川大吉郎為中心——〉。臺北：輔仁大學日本語文學系研究所碩士論文。

蔡培火

1965 〈日據時期臺灣民族運動〉，《臺灣文獻》16：02。

蔡培火等著

1993 《臺灣民族運動史》。臺北市：自立晚報社文化出版部。

蔡淵絜

1980 〈清代臺灣的社會領導階層（1684～1895）〉。臺北：國立臺灣師範大學歷史研究所碩士論文。

蔣朝根

2003 《自覺的年代——臺灣民眾黨特展專輯》。臺北：臺北市文化局。

2005 《烈日下的文化鬥魂——臺灣反殖民運動與文化覺醒特展專輯》。臺北：臺北市文化局。

2008 《飛揚的年代》。臺北：臺北市文化局。

2009 《自覺的年代——蔣渭水歷史影像紀實》。臺北：國父紀念館。

2014 《獅子狩與獅子吼——治警事件90週年紀念專刊》。臺北：臺北市政府文化局。

蔣朝根等編

2006 《蔣渭水紀念文集》。臺北：臺灣研究基金會。

蔣朝根編

2006 《在最不可能的時刻——蔣渭水留真集》。臺北：臺北市文獻會。

薛化元主編

2012 《近代化與殖民：日治臺灣社會史研究文集》。臺北：國立臺灣大學出版中心。

謝國興

2002 《亦儒亦商亦風流——陳逢源（1893~1982）》。臺北：允晨文化。

韓恩素

2012　〈朝鮮與臺灣之自治運動之比較〉。政治大學歷史所。

簡炯仁

2001　《臺灣民眾黨》，臺北縣：稻鄉出版。

蘇恆欽

2004　〈治警事件探討〉。臺南：臺南師範學院臺灣文化研究所碩士論文。

鷲巢敦哉

1938　《臺灣員警四十年史話》。臺北：松浦屋印刷部。

歷史的孤兒蔣渭川

陳芳明

一、引言

從封閉到開放，似乎可以概括臺灣五十年來有關二二八事件歷史的討論。這樣的發展，無疑是去殖民化的（decolonigation）的一個過程。沒有政治發言權的臺灣社會，隨著本土民主運動的累積實力，終於也在歷史研究逐漸奪回撰寫權與解釋權。這段曲折而漫長的抵抗運動，也為戰後的世界後殖民史留下了可貴的見證。在臺灣去殖民化的過程中，蔣渭川（1846-1976）歷史地位的升降起伏，是值得注意的一位。

蔣渭川在二二八事件中曾經被國民黨利用，以安撫動盪的民心。然而，他也是受害最慘烈的其中一位。歷史並沒有還給他公道，許多臺灣人還誤解他是事件的受惠者。錯信複雜的政局，使人很難辨認蔣渭川的正確歷史地位。究其原因，國民黨在臺灣建立的殖民體制使臺灣人民失去認識歷史真相的機會。

國民黨的殖民主義（colonialism），依附的是一套牢不可破的武裝戒嚴體制；它一方面徹底剝奪了臺灣人民對事件真相的認知權利，一方面則大量壟斷歷史解釋權。至於在一九八七年解嚴之前，凡有關事件記錄的書籍，都一律是國民黨的官方出版品。[1]歷史的呈現（representation）與消音（stifling），全然由國民黨來主控。這是典型的殖民主義。

---

[1] 從一九四七年事件發生後，國民黨就出版歷史解釋相多一致的書籍，其中就為外人熟悉的如有下列數種：
1.黃存厚輯，《二二八事變始末記》，臺中：掃蕩週報社，1947。
2.正義出版社編，《臺灣二二八事變親歷記》，臺北：1947。
3.臺灣省行政長官公署，《臺灣省二二八暴動事件報告》，臺北，1947。
4.臺灣省行政長官公署新聞室，《臺灣暴動事件紀實》，臺北：1947。
5.臺灣省警備總司令部，《臺灣省二二八事變記事》，臺北：1947。
6.唐賢龍，《臺灣事變內幕記》，南京：中國新聞出版部，1947。
7.《正氣月刊》（二二八事件專輯，上・下），臺北：1947。
8.《臺灣月刊》（二二八事件專輯），臺北：1947。

殖民主義在臺灣的式微，可以從二二八事件使得檢討與再檢討獲得印證。在戒嚴體制瓦解之後，歷史解釋權逐漸從官方手中轉移到民間；許多曾經被視為高度機密的國家檔案，也漸漸從禁錮中狀態釋放出來。由於官方文件的次第公布，儘管開放的程度還不夠全面，國民黨在事件之初建構的殖民心態終於也不能不曝光。從現階段有限的官方吃料來看，在事件中頗受爭議的蔣渭川，當年誠然受到國民黨官員的愚弄、利用與遺產。蔣渭川先是落入國民黨以「以臺制臺」的策略之中，繼而再利用價值被中份榨取之後，又聯手遭到滅口的噩運。殖民者的掠奪與剝削，在蔣渭川的政治命運中見證了鮮明的軌跡。

歷史有關蔣渭川的討論，大多集中在他與國民黨派系以及臺灣派系之間的的糾葛。[2]這種派系分系的方法，似乎只能用來解釋國民黨官員所採取的「以臺制臺」策略，卻對殖民主義的統治本質毫無觸及。以僵硬的、教條式的派系理論來看待蔣渭川及其同時代的人物，並不能掌握事件發生時政局之瞬息萬變。把政治派系當作靜態的研究對象，不僅不符史實，而且還為當年國民黨的殖民心態找到開脫責任的藉口。

本文的目的，不在重建蔣渭川的傳記，也不在於分析他與各個政治派系之間的互動關係；而是利用現存史料，包括官方檔案與蔣渭川事文件，窺探事件發生過程中國民黨的殖民本質。蔣渭川知受害，絕對不是由於他隸屬何種派系；因為，在事件中的臺灣知識份子、政治人物、仕紳、商人都毫不例外被犧牲掉。他們罹難，只不過是具備了臺灣人的身份，如此而已。蔣渭川即使是國民黨員，也不能倖免於難。本文的分析，係以蔣渭川的個案研究為中心，一方面補充歷來派系研究者之缺漏，一方面則從小歷史（petite history）來考察一個大時代。

二、國民黨員蔣渭川

蔣渭川可能是國民黨來臺接收後少數參加黨組織的臺灣紳士之一。早期受其胞兄蔣渭水的影響，蔣渭川對於國民黨的信奉三民主義持有一種特殊的情感。他自己也有如此的自白：

2　參閱陳明通，〈派系政治與陳儀治臺論〉，收入賴澤涵主編，《臺灣光復初期歷史》，臺北：中央研究院中山人文社會科學研究所，1993，頁223-302。行政院研究二二八事件小組，《二二八事件研究報告》，臺北：時報文化出版，1994，特別是第二章，〈事件之爆發與衝突之擴大〉，頁47-75。以及陳翠蓮著，《派系鬥爭與權謀政治：二二八悲劇的另一個面向》，臺北：時報文化出版，特別是第四章第三節，〈二二八事件中的派系鬥爭〉，頁254-260。

> 渭川等自光復後，最致意的就是自昔時已有信奉的國民黨問題，將來要實施國民黨清一色的臺灣，要怎樣努力獲得優秀黨員，而且也考慮有無入黨的資格，所以也不顧及他人致力於發光復財的工作，乃致力於學習國語及國歌，研究三民主義，並慶祝光復、歡迎政府，及其他抹殺日本特色、光復祖國色的等種種籌備工作，而一面學習研究，一面傳授民眾唱國歌，並宣傳祖國精神、三民主義等不斷的努力。[3]

從這段記錄，就可發現蔣渭川在思想上、行動上如何努力擺脫日本殖民文化的影響。顯然，身為臺灣士紳的蔣渭川，在日本投降後，立場以國民黨體制作為認同的目標。他的去殖民化與恢復主體，無疑是通過學習國語、國歌的過程來完成。蔣渭川積極要洗滌被殖民者的身份，希望能升格成為國民黨員，那種心情豈不就是歷史轉型期臺灣士紳的寫照。

他以日據時代其胞兄蔣渭水所領導的臺灣民眾黨為基礎，開始著手組織政治團體。在不同的自白書裏，蔣渭川再三解釋自己組織的政治團體，乃在於擁護祖國，支持國民黨。最初，他計畫組成「臺灣民眾同盟」，接受國民黨臺灣黨部的指導。不過，這個團體在籌備過程中，施已改名「臺灣民眾協會」。成立後，他再次依臺灣行政長官公署的規定，定名為「臺灣省政治建設協會」。這整個過程，蔣渭川有極其扼要的解釋：

> ……（臺灣民眾同盟）籌備中途，有歸自祖國的臺灣革命同盟會張邦傑、呂伯雄等亦皆參加。因張邦傑氏深知國內情形，現任長官公署參議，諸種便利起見，乃以張氏為主體進行籌備。至三十五年一月六日舉行改組成立大會，名稱改變為臺灣民眾協會，舉張邦傑為主任委員，其他常任委員各擔組長。至四月七日依官命開臨時全省代表大會，將名稱改為臺灣省建設協會，委員則改做理事制。是時張邦傑已離臺赴滬，是以舉蔣渭川與十八名為常務理事，分擔各組組長主任，此乃臺灣省建設會之來由。[4]

蔣渭川的這份資料，寫於二二八事件後的逃亡期間，頗有自我辯護的意味。

---

[3] 蔣渭川，〈臺灣省政治協會略記〉，收入陳芳明編，《蔣渭川和他的時代》，臺北：前衛，1996，頁200-201。

[4] 蔣渭川，〈二二八事件報告書〉，同上，陳芳明編，頁150。

事實上，他並不知道中國政治之險惡。任何政治組織在國民黨統治下視同組黨，自然為當權者所嫉視。當年國民黨省黨部李翼中在一九五二年的追憶中，就特別提到這件事：

> 政治建設協進會為蔣渭川、張邦傑等領導之民眾黨而改組者。余初抵臺灣，偶過延平北路，見民眾黨籌備處之稱，赫然榜於三民書店門首。以貴黨部職員之聯絡，得在廖進平家晤蔣渭川，以告以不宜組黨之義。施改為民眾協會，而組織為執行委員會下設各部，殊不明人民團體之體制。協會會員多為前民眾黨份子，無意數萬人，頗為活躍，致為長官陳儀所助益，欲將之解散。以余未能同意，又欲余善為勸喻，余乃派黨部委員林紫貴、徐白光與蔣氏商榷，依人民團體之組織改為政治建設協會，後張邦傑仍被驅逐出境。[5]

李翼中的回憶與蔣渭川的文件相互對照之下，就可比較雙方政治文化有很大的分歧。蔣渭川組織政治團體的目的，在於繼承日據時期臺灣民眾黨的傳統。從前的臺灣民眾黨乃是以實現地方自治為目標。蔣渭川糾合舊有的同志，也無疑是在追求地方自治的精神。然而，在李翼中的眼光來看，這是在破壞人民團體的體制。國民黨的立場是清楚的，它在臺灣企圖建立中央集權的體制。地方自治是臺灣歷史的傳統，蔣渭川的思考與此傳統應是一致的。[6]這與國民黨的中央集權（centralization）傳統全然相悖；因為，地方自治的目標，在於追求地方分權（decentralization）。

不過，正是由於有李翼中與蔣渭川的接觸，蔣遂被劃入李翼中所屬的「中統」派系之中。本文的目的，不在證明蔣渭川是否屬於中統；即使他真的屬於國民黨派系中人，也並沒有得到任何派系利益。蔣渭川從未諱言他是國民黨黨員，在黨組織裏，他被派為「臺灣省黨部民眾運動委員會委員」與「臺北市黨部黨務計畫委員會委員」。以這樣的身份，他協助成立臺北市商會、臺灣省商會聯合會、臺北市總工會，以及臺灣省總工會。[7]國民黨在戰後初期的基層組織，顯然

5　李翼中，〈帽簷述事——臺灣親歷記〉（亦即國民黨黨史會招案之〈二二八事件與省政治建設協會之關係〉），收入中央研究院近代史研究所編，《二二八事件資料選輯（二）》，臺北：中央研究院，1992，頁400。

6　有關臺灣地方自治思潮傳統的扼要介紹，參閱陳芳明，〈臺灣自治思潮與二二八事件〉，《探索臺灣史觀》，臺北：自立報系，1993，頁178-193。

7　蔣渭川在1950年代擔任內政部政務次長期間，曾經向服務單位寫了一份經歷事蹟。這份文件已由蔣渭川家屬，由內政部取得。參閱蔣渭川，〈蔣渭川在臺參加民族、政治、經濟、社會、文化各

受到蔣渭川的大力協助。這裏必需指出的是，加入國民黨之後的蔣渭川，不僅沒有對黨的統治真相過分迷信，相反的，他看清楚了這個政權的腐化貪污。國民黨接收後的一年期間，他已見證公營事業的種種舞弊。眼見「失業日多，民生不安」，其內心的挫折感可想而知。蔣渭川後來也承認：「（臺灣省政治建設）協會因要協助政府使政治明朗化，建設臺灣為模範省，不期大失所望。而長官深居公署，被人包圍，不易接見民眾，無從進言建議的機會，因此無法糾正。乃以書面建議，終難見效。惟有以報紙攻擊或公開演講會攻擊政治上之缺陷，及痛罵貪官污吏的舞弊横行，以期大加改革。」[8]

蔣渭川參加臺灣抗日運動的資歷，使他自己覺得理直氣壯。他對於隨國民黨來臺接收的「半山」臺籍官員，全然採鄙夷的態度。同樣的，對於陳儀政府的腐敗統治，他也毫無保留予以抨擊。他的公開批判，造成震驚一時的「簽寫悔過書事件」。[9]曾經擔任過行政長官公署宣傳委員會委員的胡邦憲（允公），在晚年回憶時，也特別追述蔣渭川在事件發生前對政府的批判態度：「一些臺灣的士紳（如蔣渭川、林獻堂等）也看到臺灣的貪污横行，政治太腐敗了，不得已向陳儀略略談到。他臉一紅，極不客氣的說：你所談的有什麼證據呢？語氣挺硬，拒人千里之處。」[10]這些史實顯示，蔣渭川之批判陳儀政府，絕對不是出自派系立場，而是從臺灣人的受害立場起而發言的。行政院研究小組編寫的《二二八事件研究報告》，認為蔣渭川之批評陳儀，乃是為了配合國民黨省黨部之舉。[11]這種說法，並沒有任何史料可以支持，而且把派系運作說得過於誇張，彷彿蔣渭川本身沒有任好主體性。

在事件爆發前夕，蔣渭川雖然不斷公開批評陳儀政府，他之認同國民黨體制的事實則是無可否認的。他曾經參加過反抗日本殖民統治的運動，自然很清楚自己所追求的政治目標。至少二二八事件發生之前，蔣渭川一方面支持國民黨，一

種運動經過〉，收入陳芳明編，前揭書，頁193。

8 蔣渭川，〈二二八事件報告書〉，頁151。

9 〈隨時可以發生暴動的臺灣局面〉，原載上海《觀察》週刊，第二卷第二期，1947年3月8日，收入陳芳明編，《臺灣戰後史資料選：二二八事件專輯》，臺北：二二八和平日促進會，1991。頁16-17。

10 胡允公，〈臺灣二二八起義真相〉，《金陵叢談》，北京：人民出版社，1985。收入陳芳明編，《臺灣戰後史資料選》，頁433。

11 行政院研究二二八事件小組，前揭書，頁59。賴澤涵主筆的這份官方報告，引述的黨史會檔案〈陳炎生呈國民黨中央組織部文〉，並沒有指出蔣渭川是為了配合省黨部才抨擊陳儀。該簽呈只說：「蔣渭川為人熱情偏激，對臺省政治每多不滿，常在集會場所公開攻擊舊政官僚，遭人嫉妒，種下禍根。」

方面批判陳儀政府。他並不知道，國民黨是一個黨政不分的政權。他更未預料，它在事件前所有的公開批判言論，將成為事件後算帳的重要理由。中國政治文化之錯綜複雜，顯然不是蔣渭川所能理解的。

三、被利用的蔣渭川

在蔣介石的檔案裏，亦即坊間所謂的《大溪檔案》，收藏了有關事件重要資料。在二二八事件的分類檔案之前，有一篇〈二二八事件概述〉，其中提到蔣渭川的部分是：「……佔領廣播電臺蔣渭川等，更利用廣播電臺任意播講，號召全省青年成立臺灣自治青年大同盟。」[12]這可能是整個事件中，蔣渭川受到最為嚴重指控的部分，在日後逃亡的一年中，蔣渭川還特地寫下一份申辯書，為自己在事件期間的廣播詞反覆解釋。一位為國民黨盡心效勞的臺灣籍黨員，在其檔案文件中竟為負面形象，恐怕蔣渭川始料未及，而且生前也永遠沒有察覺到吧。

蔣渭川是整個世間中最受矚目的人物之一。原因無他，蔣渭川接受行政長官陳儀、警總參謀長柯遠芬、憲兵團團長張慕陶的委託，前往臺北廣播電臺轉達官方的政策；一方面安撫民心，一方面忠於黨國。從國民黨的觀點來看，他應該是有功人士，而不應是被通緝的對象。為什麼在事件之後，他反而必須逃亡？為什麼必須背負許多莫須有的罪名？倘然把問題的焦點集中於他的廣播講詞，則國民黨官員工於心計之陰謀策略就可能被忽略了。

一九四七年二月二十七日晚上在臺北市發生的緝煙事件，是戰後臺灣歷史大轉變的起點。大時代洪流之中的蔣渭川，並未感知歷史正要重新改寫。正在臺北市商會出好會議的蔣渭川，完全不在意當晚室內的警民衝突。在第二天（二十八日），憲兵團第四團團長張慕陶兩度造訪蔣渭川，並留下一函，略謂：「渭川先生，此次不幸事件之發生，咎在專賣局職員處置不當，現當局已決定對肇事人交軍法審判，並對死者從厚撫卹。關於此意，希望吾兄出來轉達市民，並請吾兄鼎力維持。轉達。即候大安。弟張慕陶二、二二十八。」[13]這封信寫在「憲兵第四團團本部用箋」的信紙上，正是這份函件改變了蔣渭川後半的命運。

二十八日當天，臺北城已陷入混亂、喧囂的狀態。官民之間與省籍之間的

12 〈二二八事件概述〉，《大溪檔案》，收入中央研究院近代史研究所編，前揭書，頁16。

13 〈張慕陶信件〉（原稿影印），見蔣梨雲等編著，蔣渭川遺稿，《二二八事變始末記》，臺北：自印，1991。

緊張關係，已臻飽滿狀態。蔣渭川收信之後，不禁自問：「陳儀為什麼要我出來收拾呢？我是否收拾得了呢？我又怎樣來收拾呢？」三月一日，張慕陶再致第二函，參謀長柯遠芬也致函敦促他出面安撫大局。蔣渭川提出的疑問，是直得追究的。為什麼必須由他出面轉達陳儀的意見？依照蔣渭川自己回憶的推測，一九四六年七月日本發生澀谷事件，反美的風潮波及臺灣。張慕陶曾央請蔣渭川出來疏導學生，終於使一場抗議行動平息下來。[14]正因為有過這樣的協助，所以事件爆發後，蔣渭川再度受到邀請，出面安撫臺北市的群眾。蔣渭川家屬在後來的回憶中也同意，蔣渭川在澀谷事件的協助，使他在二二八事件再次受陳儀的委託。[15]不過，這究竟是蔣氏家族的臆測，還是另有其他的原因？

從現在行政院公布的官方史料，並沒有發現二月二十八日至三月五日之間的檔案。這段史料空白期，也正是二二八事件最為關鍵的時期。行政院研究二二八事件小組的成員，似乎也沒有使用這段期間的史料。究竟是國民黨至今還在扣留這些重要資料，或者是行政院研究小組刻意避開使用，實有待推敲。由於史料的嚴重缺乏，現階段還無法推測陳儀最初邀請蔣渭川的動機。不過，從坊間流通的中央社電文，以及陳儀私人拍電給其黨羽徐學禹的文稿，幾乎可以斷定陳儀是利用蔣渭川的出面，以爭取兵援的時間。從這個角度來看，才能解釋陳儀為何三番兩次請託蔣渭川代為廣播政策性的宣示，也才能解釋事後蔣渭川會遭到追殺。

蔣渭川第一次見到陳儀，是三月二日在張慕陶的引薦下完成的。當時與他同行的，還有臺灣政治建設協會成員張晴川與李仁貴。陳儀邀請他，便是希望蔣渭川能夠在電臺廣播，轉達長官公署已有政治改革的誠意。在這會談中，蔣渭川獲得陳儀的四項寬大處理的承諾，亦即：一、保證不向民眾追究事件責任，二、事件中被捕人民即日釋放，三、死傷者不分省別，從優撫卹，四、緝煙殺人兇手督促法院違審違判。[16]蔣渭川向陳儀表示，有了這四項承諾，他就可以出面廣播，以制止群眾暴動。這是蔣渭川答應前往電臺去廣播的最主要原因。

但是，在中央代拍給南京政府的密電中，竟然描述蔣渭川「言中暗示，暴動係由彼等領導」。不僅如此，密電還形容陳儀政府的困境，「既需應對參議員、

---

14 蔣渭川，〈從「臺灣政治建設協會調解澀谷事件學生示威行動」談起〉，收入蔣梨雲編，《蔣渭川和他的時代・別冊》，臺北：前衛，1996。頁42-44。

15 受訪者蔣梨雲、蔣節雲，〈蔣渭川〉，收素張炎憲、胡慧玲、黎澄貴採訪紀錄，《臺北都會二二八》，臺北：吳三連臺灣史料基金會，1996，頁204。

16 蔣渭川，〈二二八事變始末記〉，收入陳芳明編，《蔣渭川和他的時代》，頁14-15。

國大代表等領導之二二八處理委員會，又須接見蔣渭川派之流氓代表」。[17]陳儀政府對蔣渭川玩弄兩厭手法，可以說在第一次見面時就已經開始了。明明是陳儀邀請蔣渭川，密電竟說是「接見」。明明是蔣渭川允諾協助制止暴動，密電卻扭曲成為他暗示暴動「係由彼等領導」。明明是陳儀認為處理委員會已經徒勞無功，才求諸於蔣渭川，電文反而指控蔣是「流氓代表」。這種陽奉陰違的政治文化，完全無視蔣渭川的人格尊嚴，甚至也全盤否認蔣渭川是國民黨黨員的事實。

蔣渭川再見過陳儀後，便依約前往臺北電臺廣播，轉達陳儀改革之意。事實上，從三月二日之後，臺北市就漸趨平靜。這與蔣渭川的廣播，似乎有密切的關係。陳儀當天拍電給上海的徐學禹，特別強調：「此間解除戒嚴後，政府續援寬大措施，不究既往，撫卹傷亡，官民會組委員會處理善後，人心漸趨安定，秩序即可恢復。」[18]

值得注意的是，徐學禹立刻回電給陳儀，內容已經暗藏玄機：「臺事京中各方均已焦慮，深盼早日掃平。鄙意最好請臺灣參議會方面竭力設法斡旋調解。務請千萬忍耐，以求早日和平解決，萬誤再拖十日，以免橫流枝節。至以後問題，留候稍緩再行妥籌。」[19]這份電文中雖有「和平解決」的字眼，文稿稍前竟出現「掃平」字樣。從文義來看，南京方面已有動武之議，但臺灣方面則必須以和平方式來對應。

為了釐清蔣渭川在這段期間所扮演角色的意義，三月二日的史實有必要再進一步補充說明。這一天的發展，可以分成明暗兩條路線來觀察。在明的方面，陳儀連續與蔣渭川、二二八事件處理委員會的成員見面；在暗的方面，便是陳儀與南京、上海之間的通電。

官方代表包括民政處長周一鶚、警務處長胡福相、交通處長任顯群，都出席了在臺北市中山堂的處委大會。[20]處理委員會是陳儀政府正式同意組成的，無論這個組織是否在人民抗議的壓力下成立，畢竟是一個合法合理的團體。官方代表的出席，是不是符合徐學禹電文中所說的「請臺灣參議會方面竭力設法調解」，目前的史料還不足以印證。不過，陳儀政府核准官民合組的這個團體，誠然具有

---

[17] 中央社電文，收入林德龍輯註，陳芳明導讀，《二二八官方機密史料》，臺北：自立報系，1992。〈三月三日・條：臺北三日十二時參電，密・〉，頁22-23。

[18] 〈陳儀致徐學禹電〉（1947年3月2日），收入陳興唐主編，《南京第二歷史檔案館藏・臺灣二二八事件檔案史料（上卷）》，臺北：人間出版社，1992，頁164。

[19] 〈徐學禹致陳儀電〉（1947年3月2日），同上。

[20] 《臺灣新生報》，1947年3月3日。

安撫的意味。[21]

又在安撫的同時，陳儀已經拍電給南京請求兵援。透露這次信息，便是柯遠芬在事件好後所寫的〈事變十日記〉。在這篇追述的文字裏，提到柯遠芬自己向陳儀建議「向中央請兵」，而陳儀的答覆竟是「業已電主席（蔣介石）遠調整編二十一師一個加強團來臺平亂」。[22]陳儀的這份電文，並未出現行政院研究小組所公布的檔案之中。從這點似乎可以推測，在現階段行政院對這個悲劇事件的立場，還持相當保留的態度。如果覆按行政院的《研究報告》，也可發現撰稿者仍刻意為蔣介石與陳儀辯護。該報告稱，即使陳儀有請兵的事實，「二十一師原本駐臺，嚴格說來，只是將部分兵力調返原駐地，防範的作用大於鎮壓。易言之，此時陳儀並不認為須派大軍來臺」。[23]這種解釋，全然不符合前述徐學禹與柯遠芬的強硬態度，也不符合事件的後續發展；而只是符合為蔣介石、陳儀粉飾與辯護的目的而已。「來臺平亂」的用字，豈能逕解為「防範的作用大於鎮壓」？

因此，可以確定的是，「和談」與「動武」的策略，至少在三月二日就已粗略決定。只要和談的時間可以拉長，則動武的時機就更加充裕。陳儀邀請蔣渭川的出面，顯然就在延長時間，使南京兵援有更多的準備空間。所以，在表面上，蔣渭川都受到陳儀政府的禮遇。但是，在當時所有國民黨內部的電文，簽呈之中，蔣渭川全部都是以頁面的形象出現。由此亦可證明，蔣渭川自始就是受到國民黨兩面手法的玩弄。即使是國民黨內部的不同派系，包括坊間指稱蔣渭川所屬的中統，都一律站在統治者利益的立場，背後都貶抑蔣渭川。這是派系研究者不能不注意的一個事實。

四、兵臨城下前的蔣渭川

蔣渭川在三月三日出席處委會，但他並非是委員會的成員，而只是與該會討論治安的問題。這時臺北市民正謠傳，陳儀已經從南部調兵至北，處委會討論如何因應。[24]根據中央社的電訊，蔣渭川在會中有如此的發言：「陳長官每日諾言武裝解除，但無一實行，不必抗議，只有追問責任何在。同胞們不要被騙，如長官無能力要求，即刻辭職。希望同胞一面保持冷靜，一面考慮如軍隊上水時之對

[21] 陳翠蓮，前揭書，頁323-324。
[22] 柯遠芬，〈事變十日記〉，《臺灣新生報》，1947年5月13日。
[23] 行政院研究二二八事件小組，前揭書，頁202。
[24] 蔣渭川，〈二二八事變始末記〉，頁35-36。

策。如各機關不遵守長官命令，要求長官自殺而已。」[25]這項談話，可以反映出蔣渭川的善良與耿直。「要求長官自殺」的提法，在中國政治文化從未存在過，更何況陳儀在事件發生後從未表示任何歉意。既從未有任何歉疚，則自殺之舉更未有與聞。

在蔣渭川與處委會成員注意力集中於南兵北調之際，陳儀政府已在多天獲得來自福建的兵援。中央社密電透露：「據已由官方證實之消息稱，自閩省增援之憲兵一營，今已到達基隆。此乃首批增援部隊，雖兵額不多，外省人心稍振。反之，臺人則大感恐怖。」[26]中央策的消息應是可靠的，警備總部為了因應軍力的增援，已在當天進行島內的軍事部署：「劃定臺北基隆為戒嚴區，分別以憲四團之長、基隆要塞司令史宏熹為戒嚴司令；並劃定新竹臺中為防衛區，發表本部處長蘇紹文、高參黃國書為該兩區司令，前往佈置。又急電高雄要塞司令彭孟緝，嘉義以南由該員負責防範。」[27]

軍事氛圍益熾的情況下，蔣渭川仍然持續為陳儀奔走。三月四日，蔣渭川偕同處委會成員第二次與陳儀見面。在長官公署裏，蔣渭川提出提前實施地方自治的要求。陳儀承諾開始進行政治改革，並答應「局處長起用本省人」。[28]這次承諾也經過陳儀的廣播，使臺北市民相信他的誠意。蔣渭川赴電臺之前，完成軍事部署的張慕陶斯下與他見面。張慕陶表示，陳儀已接受蔣渭川的建議，將長官公署改組為省政府。為什麼會有這樣的轉變？理由是不難理解，因為陳儀政府已經有武力作為後盾。佯稱改組省政府的說法，只不過為了使蔣渭川更加相信官方的政治改革意願。

講悟川的回憶中，有一段紀錄是不能不注意的。他詢問張慕陶有關動武一事：「他總說我會被長官欺騙，長官表面與民眾妥協，什麼都答應，一面調動大兵，待軍隊到達了，要用武力來代替真的答覆。聽說長官已向中央請兵二師，不日將到，並說陳長官在福建省就是用這種的手段欺騙過人民，究竟怎樣，請你指教。」張慕陶以手指自己的頭顱說：「我可以用我的頭來保證，絕無此事，並請你轉達大家。」[29]蔣渭川果然相信張慕陶的說法，前往電臺轉達陳儀政治改革的

25　〈中央社訊〉，一九四七年三月三日，林德龍輯注，前揭書，頁27。

26　〈臺北三日參電，密〉，同上，頁31。

27　臺灣警備總司令部，〈二二八事變大事記〉，收入臺灣省文獻會編印，《二二八事件文獻續錄》，臺中：該會，1992，頁453。

28　蔣渭川，〈二二八事變始末記〉，頁59。

29　同上，頁64。

誠意。他並呼籲：「拜託大家切勿再有輕舉妄動，致使破壞大局，這是我的希望。」[30]蔣渭川的言行，正好都落入陳儀、張慕陶設好的圈套。就在這一一天，中央社發自臺北的密電，已具體提出用兵的建議：「欲謀解救眼前之局面，多方面均認為中央宜及早處理，不可失之太遲，中央宜速增兵。一個整編師，可用運送海軍士兵前往臺灣訓練之名義，分由基隆、臺中、高雄及花蓮四港口登陸，且宜即派大員蒞臺，協助陳長官處理。」[31]

三月五日下午五時五十分，蔣介石使已拍電給陳儀：「陳長官。已派步兵一團並派憲兵一營限本月七日由滬起運勿念。中正。」[32]在陳儀保證政治改革的聲中，在張慕陶以頭顱保證不會用兵的聲中，蔣介石已經派兵來臺了。對於這項動武的行動，蔣介石在稍後有一個自我辯護的說詞：「不料上星期五（七日），該省所謂二二八事件處理委員會，實提出無理要求，有取消臺灣警備總司令部，繳械武器，由該會保管，並要求臺灣陸海軍皆由臺灣人充任。此種要求，已逾越地方政治之範圍。……故中央決定派軍隊赴臺，維持當地治安。」[33]南京政府在用兵的議題上，自始就已在說謊。蔣介石在五日派兵赴臺時，處委會根本還未提出任何具體的改革要求。遠在處委會做出「踰越地方政治」的要求之前兩天，蔣介石派兵的密電早就抵達陳儀手中。

也在同一天，上海招商向總經理，亦即陳儀的黨羽徐學禹另拍一份密電到臺北，全文如下：「臺灣陳長官：極機密。奉令由局派海軍及（103）登陸艇裝在滬二十一師師部及兵一團共四千人約佳到基，另派（102）登陸艇去榕載憲兵六百人約真日到基。」[34]這些信息足以證明，陳儀邀請蔣渭川出來廣播，派遣官員參加處委會，都只是虛應故事而已。

蔣渭川在五日早上第三度與陳儀見面，特別憂慮官方用兵一事。這次他毫不諱言向陳儀指出：「長官三番五次請我出來，利用我制止暴動，一面請我會談安頓民眾，遷延時間；一面對中央以虛偽報告，請求派大兵前。如果大兵開到時，就忘了一切的諾言，實行武力屠殺人民，慣行在福建主政時的殘酷手段來報復。」不過，蔣渭川又說：「這個問題我是不相信。……我是絕對信用長官，

---

30 同上，頁66。
31 〈臺北四日參電，密〉，林佳龍，前揭書，頁60。
32 〈蔣主席致陳儀三月微電〉，《大溪檔案》，頁70。
33 〈蔣主席在中樞國父紀念週關於臺灣事件報告詞〉（1947年3月10日），收入臺灣省文獻會編印，前揭書，頁473。
34 〈徐學禹致陳儀電〉（1947年3月5日），陳興唐主編，前揭書，頁165。

及柯參謀長，乃至張團長的人格。」[35]陳儀的答覆是：「現在本省力亦不少，而警察憲兵也可足用，若我有這樣惡意，馬上也可開始屠殺，何必待中央的國軍開來。」陳儀緊接著又向蔣渭川發誓：「我絕對不騙你也不騙民眾，勢必以良心誠意與你們做事，倘有違背必受惡報。」[36]

受到蒙蔽的蔣渭川，仍然執意相信陳儀的談話與立誓。當天晚上依舊到電臺廣播，不僅重申陳儀把長官公署改為省政府的誠意，而且也把陳儀發誓不會不會用兵的立場轉達給市民。他特別在廣播中強調：「堂堂的長官有這樣立重誓所約束決定的事，我相信長官不敢欺騙，請大家放心。」[37]在這次廣播中，蔣渭川也宣布成立「臺灣青年自治同盟」，屬於臨時團體，協助政府維持治安。這項宣布，坐實了日後陳儀政府對他的指控。中央社密電就如此向南京政府傳達如下的訊息：「該會（自治同盟）已號召曾受陸軍訓練之青年，今夜於臺灣大學集中；曾受海軍訓練之青年，今夜於太平町集中；曾受空軍訓練之青年，今夜於松山機場附近集中。」[38]至此，蔣渭川一方面完成了為陳儀辯護的工作，一方面則自己陷入陳儀預設的罪名的圈套之中。

從明暗兩條路線的發展來看，蔣渭川全然站在亮處，完全受到陳儀政府的掌控。當他受到官方的鼓勵與稱讚越多時，受到的蒙騙就越嚴重。縱然蔣渭川開始對陳儀政府表示懷疑，卻立即就被說服了；他對於求兵於南京的行動，從未深入追究。在官方的誘導與誤導之下，蔣渭川繼續扮演官方所期待的角色。

南京政府正在上海集結軍隊，準備武力鎮壓臺灣之際，蔣渭川在三月六日還對維持治安的學生演講，要求他們深明大義，顧及大局，不要被人煽動。隨後，他前往中山堂出席處理委員會的會議，聽到有人罵他是陳儀的走狗，蔣渭川尚且為自己辯護，表明他的行動是「一面協助政府推行政策，一面為民眾謀福利」。[39]他的演講，就像在電臺的廣播一樣，頗受群眾的歡迎。張慕陶在當天下午去拜訪他時，特別向蔣渭川褒獎：「長官很佩服你有政治意識，而且讚賞你的人格，深感相見恨晚。」[40]事件中的群眾，對蔣渭川公開譴責，顯然已發現事態的嚴重。但是，蔣渭川仍不斷為官方立場辯護；究其原因，乃在於他過於相信官

[35] 蔣渭川，〈二二八事變始末記〉，頁78-79。
[36] 同上，頁79-80。
[37] 同上，頁101。
[38] 〈臺北五日參電，密〉，林德龍，前揭書，頁62。
[39] 蔣渭川，〈二二八事變始末記〉，頁105-106。
[40] 同上，頁109。

方的言行。

陳儀政府成功地完成對蔣渭川的蒙蔽之後；便積極對外營造和平的氣氛。中央社的密電指出：「臺省局面急轉直下，今已獲得和平解決之門。」信息的內容則是重述蔣渭川與陳儀在三月五日的會談內容，密電報導陳氏處理事件的兩大原則：「一位臺灣必須永為中華民國之臺灣；一為臺灣必須不為共產黨之臺灣」。[41]不僅如此，陳儀逐進一步向記者宣布他的和平解決態度。陳儀說：「余之去留項題，早已置之度外。余今所拼力奮鬥者，願為維護臺灣主權及避免共產化。」他又表明自己堅決反對動武：「武力不能解決今日之局面，突然引起大屠殺、大流血，惹起國際干涉，遺患無窮。故余忍辱負重，擇定和平方式解決。」[42]

中國政治文化之欺瞞與說謊，可以說在陳儀的言談之間表露無遺。他敢於放出和平的空氣，主要在於已經得到武力的支持。事實上，陳儀在當天也收到來自上海徐學禹的獻計，密電的內容如下：「……如政府方面過於妥協，不持威信難以恢復，日後勢將號令不行，且引起善良臺民輕視政府之心，對於將來治理發展所關至鉅。但在鈞座業已表示寬大，不予究辦，鄙意仍可密請中央電令從嚴究辦。俟海辰部隊到後即行宣示，隨即漸取鎮壓態度，以及漸復威信。」[43]足證陳儀之兩面手法，絕對不止於個人行動，而是整個官僚集團聯手運作的結果。這種兩面統治的手法，正好暴露國民黨是殖民政權的本質。只要能夠達到鎮壓「善良」臺灣人民的目的，則任何誑騙的手段都可以施行。

陳儀顯然採納了徐學禹的意見，自六日之後，便同時軟硬兼施，使南京兵援得到充裕運送的時間。陳儀在這日正式寫了一份信函呈給蔣介石，報告二月二十七日以來的事件發展。在信文裏，陳儀一反和平解決的態度，指控整個事件「不只違法而已，顯係叛亂行為，嚴加懲治，應無疑義」。他進一步強調，「對於奸黨亂徒，須以威力消滅，不能容其存在」。因此，他建議「臺灣至少須有紀律嚴明、武器精良之國軍兩師，派大員主持」。[44]

陳儀這封信函發出的同時，臺灣省黨部調查統計局寫了一份正式的分析報告呈給蔣介石。在這份文件裏，蔣渭川是如此被提到的：「現大臺灣主義者領導人蔣渭川，王添燈、張晴川等，策動工人與學生，不斷作煽惑宣傳。」該分析報

---

41 〈臺北六日下午一時參電，密〉，林德龍，前揭書，頁106。
42 〈臺北六日下午二時參電，密〉，同上，頁108。
43 〈徐學禹致陳儀電〉（1947年3月6日），陳興唐編，前揭書，頁165-166。
44 〈陳儀呈蔣主席三月六日函〉，中央研究院近代史研究所編，前揭書，頁76-78。

告又提出警告：「如三月十日前中央無答覆，決於十一日再大舉暴動，故前途渲變，由難樂觀之。」[45]蔣渭川一向被劃入所謂的中統派系，但這份報告顯示，在中統眼裏他是一位煽惑者，是「大臺灣主義者」。蔣渭川即使是中統派系中人，卻也不能不注意他的臺灣人身份。殖民者與被殖民者之間的區別，絕對不是以派系一詞就可輕易概括。總而言之，國民黨官員，無論屬於何種派系，都已經對蔣渭川採取敵視的態度。

他被形容為「大臺灣主義者」，是可以理解的。蔣渭川自始至終都是堅信臺灣應該自治的理念。他組織的臺灣政治建設協會，以及在事件中臨時組成的臺灣青年自治同盟，無非都是以臺灣自治為基礎。這種概念，自然不是向以中央集權為主的國民黨所能容忍。在大中國主義籠罩下的中央集權體制裏要求地方分權，都是一種背叛的行為。因此，「大臺灣主義」的標籤，正好反映了國民黨當權者的獨裁與偏狹。蔣渭川似乎沒有感受國民黨官員的敵意，在他的回憶裏，仍然紀錄著陳長官與張團長對他的嘉勉與友善。

五、被遺棄的蔣渭川

蔣渭川在三月六日晚上進行最後一次廣播時，猶在向中南部的青年呼籲，希望奪取軍人武器者，趕快繳回政府機關。他並向上海、日本等地人士解釋，表示臺灣問題已經解決，也澄清這次事件絕對不是臺灣人在反對中央政府。[46]蔣渭川的廣播工作，無形中協助了陳儀政府的和平攻勢。

值得一提的是，蔣渭川在三月五日質疑陳儀的用兵之計時，以臺灣省政治建設協會的名義，也發了一份電文懇請蔣介石千萬不要派兵到臺灣。這份電文是透過美國大使館轉交的，全文如下：「南京美國大使館司徒大使煩轉　中國國民政府蔣主席鈞鑒：臺灣此次民變，純為反對貪污官僚，要求政治改革，並無其他作用。請萬勿派兵來臺，以免再激民心，並懇請迅派大員蒞臺調處，則國家幸甚。臺灣省政治建設協會。」[47]資料的文字顯示，蔣渭川在奔走解決之道時，也受到

---

45 調查統計局，〈臺民暴動經過及其原因之分析〉，同上，頁87-88。

46 蔣渭川，〈二二事變始末記〉，頁114-115。

47 臺灣省政治建設協會的電文，曾經是史料上的一個謎。喬治・柯爾（George Kerr）在撰寫二二八事件史時，表示未曾發現這份文件，見陳榮成譯，《被出賣的臺灣》，臺北：前衛，1991，頁245。不過，這份資料已在蔣渭川家屬的努力下，終於在美國國家檔案館尋獲。除此之外，同樣的電文也在同日委請臺灣省黨部主委李翼中轉達。原件影本，參閱陳芳明編，《蔣渭川與他的時代》，扉頁相片。

動武之說的影響。政治建設協會的電文，分別委託美國大使館與臺灣省黨部轉達蔣介石。從現在公佈的檔案來看，省黨部主委李翼中顯然沒有伸出援手。

三月七日蔣介石拍電給陳儀時，也針對政治建設協會的請求一併答覆：「……又接到臺灣政治建設促進會由外國領事館一電，其間有請勿派兵來臺，否則情勢必更嚴重云。余置之不理，此必反動份子在外國領事館製造恐怖所演成。近情如何，盼主復。」[48]從蔣介石的反應態度，可以知道李翼中並未代為轉達，致使蔣渭川倍形容為與外國領使館勾結的「反動份子」。即使蔣渭川不是「反動份子」，蔣介石也不可能在這個時刻有任何轉圜的餘地。因為，在同日稍早，蔣介石以拍電通知鎮壓的軍隊正式啟航：「陳長官，二十一師師部直屬部隊與第一個團，本日近午由滬出發，約十日晨可抵基隆。……部隊到基隆登陸後，行動應先有切實之準備。近情究竟如何，應有最妥最後之方案，希立即詳報。中正。」[49]軍事行動既然已經成為決策，則蔣渭川的努力與處委會的討論，一切都歸於徒然。

當天早上張慕陶與蔣渭川見面時，立即表示：「蔣先生我很滿意，恭喜你大功告成。今後你的存在很大，前途可大期待。」繼而，張慕陶又故示友好：「長官懇切要請你出來做教育處長，你肯不肯答應出來做嗎？」[50]卻看不出談話背後藏有玄機。

處委會也在這天提出處理大綱十條與政治改革三十二條，遭到陳儀悍然拒絕。[51]這時的長官公署已經有恃無恐，並獲得蔣介石的電文之後，他儘可在鎮壓行動上進行策劃。陳儀再次要求南京方面多加強軍力，電文略謂：「……如無強大武力鎮壓制裁，事變之演成謂可逆料。仍乞照前電所請，除第二十一師全部開來外，至少再加派一旅來臺。至美國領事館方面，請其通知臺灣領事，為顧及國際信義，勿為臺灣反動反子所惑。」[52]電文所稱「反動份子」，當是指蔣渭川及其政治建設協會的成員。

經過將近五天的和平攻勢，臺灣各地的情勢似乎隨之平息下來。陳儀對外所做政治改革的承諾，以及蔣渭川的電臺廣播，顯然達到安定民心的作用。陳儀在

---

48 〈蔣主席致陳儀三月虞電〉，《大溪檔案》，頁94-95。
49 〈蔣主席致陳儀三月虞電〉，同上，頁91-92。
50 蔣渭川，〈二二事變始末記〉，頁117-118。
51 關於二二八事件處理委員會制定四十二條處理大綱與政治改革要求的經過，參閱李筱峯，〈「二二八事件處理委員會」與陳儀的對策〉，收入二二八民間研究小組編，《二二八學術研討會論文集（1991）》，臺北：該會，1992，頁167-194。
52 〈陳儀呈蔣主席三月虞電〉，《大溪檔案》，頁96-97。

三月七日的態度轉為強硬，更進一步震懾處委會的成員。三月八日的處委會，主動取消三十二條政治要求，還可反映臺灣的反抗氣勢已呈削弱。處委會公開發表聲明，支持陳儀講長官公署改制為省政府的承諾。[53]這項主張，還是蔣渭川與陳儀淵月四日所達成的協議。

整個形勢對陳儀政府極為有利，但為了不輕啟臺民疑竇，憲兵團第四團團長張慕陶，以個人身份向處委會成員發表談話：「余可以生命保證，軍隊絕對不再開槍，余亦相信，中央決不派兵來臺。」[54]張慕陶的保證，先是以頭顱發誓，現在則以生命付出，其目的都只在愚弄與誤導臺灣百姓。

蔣渭川領導的臺灣政治建設協會，同日亦發表聲明。重點有二：第一，呼籲民眾協力完成陳長官之諾言，使臺灣政治得以修明，民生有所解決。第二，處委會發表之「超過政治範圍」的條件。[55]這項聲明，等於是宣告政治建設協會與處委會公開決裂。至此，陳儀「以臺制臺」的分化策略終於宣告成功。這也是陳儀在三月九日呈電給蔣介石所說的：「今日臺北秩序尚好，處理委員會內部已起衝突，現正發生分化作用。一俟劉師長二十一師之一團開到臺北，即擬著手清除奸匪叛徒，絕不容其遷延坐大。」[56]分化策略與和平攻勢既已奏效，剩下來的便是展開軍事行動的鎮壓。

蔣渭川在九日已聽到市內出現槍聲，也接到不少有關屠殺的消息。在他的日記裏，蔣渭川留下了無奈而令人喟嘆的紀錄：「我聽清報告，綜合起來已知道有大變局。初六夜長官被包圍說變革的事，可有幾分明瞭。但事至此，唯有求救蒼天挽回局面，唯有盡力做下去以外，實無其他的辦法。欲打電話，也打不通。知事更不妙，至十時已漸聽得槍聲。」[57]當天晚上，他仍如往常整理庶務，並寫好日記。他從不曾預料，第二日即將是他生命的轉捩點。

三月十日清晨，已有人登門責罵蔣渭川，指控他「與陳儀共謀欺騙民眾」。蔣渭川猶蒙在鼓裏，再三辯護說：「我不信有什麼大兵來了，請你們不要誤聽謠言。」[58]然而，到了早上十時，就有持短槍的武裝警察闖入店內，確認蔣渭川後，立即說是「奉命來槍斃你」。連開三槍，均未發火。蔣渭川及時逃走，但第

---

53 〈臺北八日電〉，1947年3月8日。林德龍，前揭書，頁144。
54 〈中央社訊〉，1947年3月8日。同上，頁141。
55 〈臺灣省政治建設協會告同胞書〉，同上，頁145。
56 〈陳儀呈蔣介石三月庚電〉，《大溪檔案》，頁110。
57 蔣渭川，〈二二八事變始末記〉，頁131。
58 同上，頁136。

四槍發火時，卻誤中他的女兒蔣巧雲與兒子蔣松年。從此，蔣渭川開始長達一年的逃亡。在藏匿期間，他聞及女兒身亡、兒子重傷的消息。在那風聲鶴唳的時期，蔣渭川單獨承受家破人亡的苦痛。一位自認忠黨愛國的臺籍國民黨員，為政府四處奔波之後，從未料到會落得如此的下場。悲憤交集的蔣渭川，在臺灣陷入清鄉的流血氣氛中，於三月二十七日開始整理事件發生以來的日記，終於完成《二二八事變始末記》。[59]這份紀錄，為臺灣人民的受害經驗留下了最好的見證。恰恰也由於留下了這份證詞，蔣渭川才能在第二年（一九四八）獲得平反。

然而，在大屠殺之後，以及持續的白色恐怖聲中，蔣渭川的名字在國民黨官方檔案裏，成為罪不可赦的同義詞。在憲兵司令部的電文中，蔣渭川事「奸偽首要」。[60]在陳儀的報告中，蔣渭川是二十七名主要的「人犯」之一。在中統局張鎮的情報中，蔣渭川是「叛亂禍首」。[61]在陳誠的簽呈中，蔣渭川是煽動流氓的「首腦份子」。[62]在長官公署的出版的〈暴動事件報告〉中，蔣渭川是「奸黨首要」。[63]在臺灣警備總司令部出版的〈事變記事〉，蔣渭川是吸收地痞流氓的「仲要首領」。[64]綏靖期間的警備總部，指控蔣渭川經營的三民書局是「前臺灣共產黨機關」。[65]即使在事件發生四十餘年之後，柯遠芬的回憶文字裏，蔣渭川仍然被形容為「臺北惡霸」[66]、「劣紳」、「野心份子」、「與共產黨有密切關係」。[67]

無論是政學系主控的行政長官公署，軍統操縱的臺灣警備總司令部，或是與臺灣省黨部有密切關係的中統，可能在統治利益上互有衝突；但是，在對待臺籍國民黨員蔣渭川時，竟完全站在統一戰線，視之為罪大惡極的寇讎。這份擁有國民黨中央黨部頒給「特字第八六九一六號」黨證的臺灣士紳，在日本投降之初，就已率先於書店門口掛起青天白日旗。隨後，他又持續學習國語國歌，竟然也無法取得國民黨的信任。事件爆發後，他被國民黨官員請託，出面安撫民心，卻只

---

59 有關這冊史料的重要性，最早的研究者，可參閱吳密察，〈蔣渭川與二二八事件（初探）〉，收入二二八民間小組編，前揭書，頁195-207。
60 〈憲兵司令部呈蔣主席三月十二日情報〉，《大溪檔案》，頁146。
61 〈陳儀呈蔣主席三月十三日〉（第40號附件），《大溪檔案》，頁146。
62 〈張鎮呈蔣主席三月二十六情報〉，同上，頁229。
63 〈陳誠呈蔣主席六月十六日簽呈〉，同上，頁342。
64 臺灣省行政長官公署，〈臺灣省二二八暴動事件報告〉，收入陳芳明編，《臺灣戰後史料資料選》，頁133。
65 臺灣省警備總司令部，〈臺灣省二二八事件記事〉，收入臺灣省文獻會編，前揭書，頁400。
66 臺灣省警備總司令部，〈臺灣暴動經過情報撮要：三十六年二月二十八日至三月十日〉，收入中央研究院近代史研究所編，《二二八事件資料選輯（四）》，頁447。
67 柯遠芬，〈臺灣二二八事變之真像〉（1989），收入臺灣省文獻會編，前揭書，頁554-557。

是被當作政治鬥爭的工具。就在其剩餘價值全然受到官方榨取之後，蔣渭川從此就淪為不見天日的逃亡罪犯。如此命運坎坷的士紳，在四十餘年後的行政院研究報告中，還是沒有得到公平而寬容的評價。以簡單的語言與描述，將之逕劃入國民黨中統派系中人。殖民史的撰寫，往往已被殖民者作為代罪羔羊。蔣渭川豈非是最好的寫照。

六、歷史的孤兒蔣渭川

蔣渭川之受到平反，是一九四八年的省黨部主委邱念台，為其上書。當時，他與林日高同時被提出申訴。邱念台的理由是，「二人因係當地大紳，並有群眾力量，省黨部為運用計，擬將林日高保外候審，及保證蔣渭川到案，不與拘禁」。[68]這個理由是值得信服，還有待推敲。不過，省黨部考慮的出發點，乃在於他所有群眾基礎，至少具備了「運用」的價值。林日高的案件，最高法院終於沒有受理，原因是因為他在日據時其參加過臺灣共產黨，屬於軍法審判的範圍。[69]

相形之下，蔣渭川案件的考量就比較不嚴重，在不起訴處分書上，認為他在事件中的五次廣播供認不諱：「查其廣播詞不無煽惑性，已非陳長官之本意，顯而易見。應負刑法第一百五十三條之罪責」。不過，「審酌該被告平日之品行及犯罪後之態度，尚有可原」，遂不予起訴，以示政府之寬大。[70]蔣渭川免於判刑，終於在逃亡一年後，重見天日，他能將無罪復出，結果還是出於「政府之寬大」。

然而，歷史給了他寬容的空間嗎？所有的官方有關事件之出版品，全然以負面形象來描述他。臺灣民間出版的刊物，也重複指稱他是屬於中統的「CC分子」。遠在解嚴之前，蘇新於一九四九年主編討論事件經過時，就指稱柯遠芬等勾結「CC份子蔣渭川」。[71]林木順（楊克煌執筆）的《臺灣二月革命》一書，則說蔣渭川「在CC指揮之下」，準備打倒政敵陳儀。[72]文學家吳濁流，在其回憶錄也說，「CC派以政治建設後會名義，參加處理委員會」。[73]到了解嚴之後，蔣渭川的歷史待遇，並未得到任何調整。楊逸舟認為，事件中的蔣渭川，是「中統派

68 〈吳鼎昌呈蔣主席三十七年一月十三日簽呈〉，《大溪檔案》，頁348。
69 〈臺灣高等法院刑事判決〉（三十七年度特字第二號），《大溪檔案》，頁360-363。
70 〈臺北高等法院檢察官不起訴處分書〉（三十七年四月二十三日），同上，頁367-369。
71 蘇新，《憤怒的臺灣》，臺北：時報文化，1993，頁146。
72 林木順，《臺灣二月革命》，臺北：前衛，1991，頁25。
73 吳濁流，《臺灣連翹》，臺北：前衛，1990，頁159。

的敢死隊員」。[74]中共黨員吳克泰，認為蔣渭川在一九四六年參加林獻堂組織的「臺灣光復致敬團」時，就與CC派搭上了線。[75]戴國煇在研究中，認為事件中維持治安的「忠義服務隊」，有CC派的蔣渭川在幕後。[76]

在非國民黨的論述中，無論是統派、獨派，幾乎都眾口鑠金式地指稱蔣渭川與中統站在同一線上。但是，這些記載中，並沒有提出任何證據，大多是基於推測之言。在受到國民黨的掠奪、迫害之後，蔣渭川在臺灣社會並沒有獲得絲毫同情的態度。殖民地歷史之支離破碎，價值觀念之反覆顛倒，全部匯集在蔣渭川的政治遭遇上。

蔣渭川在政治上被平反，但是在歷史評價方面並沒有得到真正的平反。何況，蔣渭川的「無罪釋放」，只不過是在襯托國民黨「寬大」之德政；並不代表他的政治地位已經完全恢復。後來，國民黨逃亡到臺灣，重新起用蔣渭川；先是擔任民政廳長，後因被半山集團攻擊，遂有轉任內政部政務次長。他在政壇之復出，是因為他有利用的價值。不過，這已不是本文討論的範圍。

當初蔣渭川加入國民黨，為的是洗滌日本殖民遺留在他身上的恥辱。只是他並未發現，他所認同的政權，帶來的卻是另一個再殖民的體制。在錯誤的歷史之上，他又延續了另一個錯誤的歷史。這說明了為對應他必須耗費餘生來澄清自己的罪名；他的罪名，全然是他所全心擁護的政黨賦予的。講悟川再去殖民的努力上，反而變成了再一次的被殖民。

如果蔣渭川沒有留下紀錄，如果他放棄為自己辯護，可能就遭到歷史的徹底遺棄。蔣渭川保持寫日記的習慣，每日鉅細靡遺把所見所聞記載下來。當二二八事件進入清鄉階段，臺灣士紳知識份子都大量毀掉手札、日記與照片。唯獨蔣渭川為了洗刷自己的罪名，寫下無數的自白書與備忘錄，留下鮮明而有利的歷史紀錄。曾經扮演歷史孤兒的蔣渭川，無視舉世滔滔，抗拒排山倒海而來的種種指控。醜惡的權利終於退潮，蔣渭川等待了半個世紀，在戒嚴體制崩潰後，才獲得申辯的機會。他沒有淪為歷史的棄兒，他沒有落入權力的陷阱，只因為他堅持抵抗歪曲之歷史而已。抵抗，正是殖民地歷史可貴的文化遺產。

一九九七、一、十四　臺北

---

[74] 楊逸舟著，張良澤譯，《二二八民變：臺灣與蔣介石》，臺北：前衛，1989，頁93。
[75] 葉芸芸編，《證言2.28》，臺北：遠流，1991，頁102。
[76] 戴國煇、葉芸芸合著《愛憎2.28》，臺北：遠流，1992，頁220。

引用書目

（一）論文著作集（依作者姓氏排列）

吳密察

1992　〈蔣渭川與二二八事件（初探）〉，收入二二八民間研究小組編，《二二八學術研討會論文集（1991）》，頁195-207。台北：該會。

李筱峯

1992　〈「二二八事件處理委員會」與陳儀的對策〉，收入二二八民間研究小組編，《二二八學術研討會論文集（1991）》，頁167-194。台北：該會。

李翼中

1992　〈帽簷述事——台灣親歷記〉（亦即國民黨黨史會招案之〈二二八事件與省政治建設協會之關係〉），收入中央研究院近代史研究所編，《二二八事件資料選輯（二）》，頁400。台北：中央研究院。

陳明通

1993　〈派系政治與陳儀治台論〉，收入賴澤涵主編，《台灣光復初期歷史》，頁223-302。台北：中央研究院中山人文社會科學研究所。

（二）專著（依作者姓氏排列）

台灣省文獻會編印

1992　《二二八事件文獻續錄》。台中：該會。

行政院研究二二八事件小組

1994　《二二八事件研究報告》。台北：時報文化出版。

吳濁流

1990　《台灣連翹》。台北：前衛出版。

林木順

1991　《台灣二月革命》。台北：前衛出版。

林德龍輯註，陳芳明導讀

1992　《二二八官方機密史料》。台北：自立報系。

張炎憲、胡慧玲、黎澄貴採訪紀錄

1996　《台北都會二二八》。台北：吳三連台灣史料基金會。

陳芳明

1993　《探索台灣史觀》。台北：自立報系。

陳芳明編

1991　《台灣戰後史資料選：二二八事件專輯》。台北：二二八和平日促進會。

1996　《蔣渭川和他的時代》。台北：前衛出版。

陳榮成譯

1991　《被出賣的台灣》。台北：前衛出版。

陳翠蓮著

1900　《派系鬥爭與權謀政治：二二八悲劇的另一個面向》。台北：時報文化出版。

陳興唐主編
1992　《南京第二歷史檔案館藏・台灣二二八事件檔案史料（上卷）》。台北：人間出版社。
楊逸舟著，張良澤譯
1989　《二二八民變：台灣與蔣介石》。台北：前衛。
葉芸芸編
1991　《證言2.28》。台北：遠流。
蔣梨雲等編著，蔣渭川遺稿
1991　《二二八事變始末記》。台北：自印。
蔣梨雲編
1996　《蔣渭川和他的時代・別冊》。台北：前衛。
戴國煇、葉芸芸合著
1992　《愛憎2.28》。台北：遠流，1992。
蘇新
1993　《憤怒的台灣》。台北：時報文化。

（三）報紙資料（依年代時間排列）

《台灣新生報》，1947年3月3日。
柯遠芬，〈事變十日記〉，《台灣新生報》，1947年5月13日。

（四）檔案資料（依年代時間排列）

〈蔣主席致陳儀三月微電〉，《大溪檔案》。
〈蔣主席致陳儀三月虞電〉，《大溪檔案》。
〈吳鼎昌呈蔣主席三十七年一月十三日簽呈〉，《大溪檔案》。
〈台灣高等法院刑事判決〉（三十七年度特字第二號），《大溪檔案》。
〈台北高等法院檢察官不起訴處分書〉（三十七年四月二十三日），《大溪檔案》。

蔣渭川與二二八爭普選運動初探

黃惠君

摘要

本文剖析舊臺灣民眾黨於戰後重組政黨的曲折，如何越過政府掣肘，化身「臺灣省政治建設協會」運作，並主導戰後首波的爭普選運動，一路延燒到二二八。

其運作方式，一方面以參議會為戰場，政建協會在臺北囊獲6席、基隆亦取得3席市參議員，常可主導議題並收媒體報導之效。另分會成立常一轉而為群眾大會，更是民主運動鳴槍啟動的地方，如臺中分會首度標定縣市長民選時間表，提出1947年6月普選的目標。

普選訴求促使組織大步擴展，從1946年9月20日至30日，出現一天成立一分會的盛況。此時要求縣市長普選，已非只是一則報紙社論或聲明，而是一個正以勢如破竹之姿，於各地紛然成立支部的組織化「政黨」所提出的政治運動目標。

1947年1月1日中華民國憲法通過，但陳儀視縣市長普選為危險之事，認為將使臺灣變做「臺灣的臺灣」，而欲以地方自治三年計畫拖延。政建協會與之戰鬥，展開全臺憲政演講，直到二二八前夕。

二二八事發人民群起反抗，陳儀政權在崩潰邊緣，政建協會代表蔣渭川與之協商，在嘉義民軍取得武裝優勢下，陳儀於3月5日早上答應蔣渭川所提條件：「長官公署改為省政府，縣市長訂1947年7月民選」。但下午陳儀收到蔣介石派兵手令，且已令特務分化處委會，政建協會遭退出核心。3月8日軍隊抵臺後，政建協會成為陳儀密裁、關押及通緝的首要對象，臺灣第一代的社會運動家，殉難犧牲於二二八。

關鍵詞：縣市長普選、臺灣民眾黨、臺灣省政治建設協會、二二八事件

一、前言

蔣渭川作為戰後試圖將日本時代臺灣民眾黨再次凝結起來的關鍵人物，他的努力與角色扮演，抉擇與被抉擇，無疑是理解二二八事件的重要面向。

有過組黨經驗、與日本殖民政府戰鬥過的臺灣民眾黨人，戰後面對臺灣陷入宛若再被殖民的困境，他們只有回歸「祖國」的民族主義式認同，而沒有對憲政民主的要求嗎？如何越過組黨禁令，運作「沒有黨名的黨」，他們化身臺灣省政治建設協會（簡稱政建協會）繼續行動。其對時局的診斷為何，試圖突破政治僵局的方法與作為又是如何？

1946年因中華民國憲法即將制定，帶來一線曙光，政建協會提出1947年6月普選臺灣縣市長的運動目標，訴求捲動人心，甚至在1946年9月20日到30日11天之間，以一天成立一分會的氣勢大步組織化。但陳儀在1947年1月1日憲法頒佈後，竟另訂「臺灣地方自治三年計畫」，以一個行政會議欲將縣市長民選時間拖延至1949年。這讓政建協會與公署正面對決，展開爭普選運動，一路延燒到二二八事件。

這股爭普選的力量對二二八事件沒有影響嗎？過往的研究與論述常以政建協會為國民黨的外圍組織，是臺灣省黨部李翼中與陳儀派系鬥爭的棋子，但其實忽略了這股起自日本時代自治運動的力量，如何與專制政體相周旋，乃至啟動影響二二八甚巨的爭普選運動。事件期間要求縣市長普選幾乎是各地處委會與青年學生的一致訴求，後在嘉義民軍取得軍事優勢後，終於迫使陳儀答應蔣渭川跟他會談所提的條件：「長官公署改為省政府、縣市長訂1947年7月1日民選」。所以如果不是蔣介石派兵鎮壓，二二八爭普選運動已經成功，專制政體終需交出政權、還政於民。

但專制獨裁者的反撲是如此凌厲，蔣介石所派軍隊抵臺後，蔣渭川成為第一個險遭刺殺槍斃的人，政建協會主幹遭密裁、關押，乃至流亡。臺灣20世紀第一代的社會運動家、民主運動者犧牲於二二八。起自日本時代的自治運動遭連根剷斷，自此落入沉寂。再一次具規模的組織化力量及反抗運動，是又歷30年，直至1979年才有美麗島政團，以美麗島雜誌社為名，在戒嚴體制下運作「沒有黨名的黨」。

二、重組政黨的曲折

（一）政黨雛形呼之欲出

若欲探究以蔣渭川為代表的政建協會在二二八事件中的角色與影響，首需瞭解其在戰後組織化的努力。這群與日本政府戰鬥過的社會運動家，是如何越過「黨內無黨（國民黨）、團外無團（三青團）」的統治者意志，[1]及專制政體不允組黨的封鎖。

事實上二戰一結束，蔣渭川即號召舊同志重組臺灣民眾黨，但隨即遭到國民黨臺灣省黨部制止。[2]由於戰前各政治團體紛然重組，長官公署見狀於1945年11月17日公布〈臺灣人民團體組織暫行辦法〉，要求各團體暫時停止活動、靜候調查。[3]但企圖整合日本時代自治運動及解放運動團體的民眾協會，仍在1946年1月6日成立了，這無疑是衝撞當局意見的。他們不只舉辦成立大會，還公布了由北而南14縣市的執行委員名單，[4] 77位中有20位是過往民眾黨的中央執行委員。[5]如此高度地組織化且遍布全臺，雖名為「協會」，但政黨雛形已呼之欲出。

這般聲勢隨即引發當局注意，就國民黨臺灣省黨部主委李翼中回憶錄所記：「協會會員多為前民眾黨分子，無慮數萬人，頗為活躍，致為長官陳儀所注意，欲將之解散。以余未能同意，又欲余善為勸喻。」[6]所以陳儀原本是要關掉民眾協會的，但就李翼中而言，這些抗日團體反而是應該要拉攏的。陳儀在意的是任何企圖組黨的政治力量一旦形成，都不免對他的統治形成威脅，如果不同意他的政策及權力分配方式，勢必會對政權形成挑戰。

此波「整訓調查」結果，戰前解放運動團體大多被要求解散，唯獨民眾協會在李翼中協調下，以「調查明確後再辦理」的方式留了下來。[7]

這段遭當局掣肘的過程並非沒有留下痕跡。就在1月18日人民團體整訓結果發佈前，15日的《人民導報》及16日的《民報》，都刊出一則與民眾協會相關的

1　張炎憲等採訪記錄，《諸羅山城二二八》（臺北：吳三連臺灣史料基金會，1995），頁230、231。

2　李翼中，〈臺事親歷記〉，收入中央研究院近代史研究所編，《二二八事件資料選輯（二）》（臺北：編者，1992），頁400。

3　臺灣省行政長官公署秘書處編，《臺灣省行政長官公署公報 12月1日》，1:1（臺北，1945.12）。

4　〈臺灣民眾協會 第一次改組典禮〉，《民報》，1946年01月08日，二版。

5　黃惠君，《二二八消失的政黨——臺灣省政治建設協會（1945 1947）》（臺北市：臺北市政府文化局，2021）頁29-30、32-33。

6　李翼中，〈臺事親歷記〉，頁400。

7　〈整訓本省人民團體 民政處報告目前之情形〉，《臺灣新生報》，1946年01月19日，三版。

新聞，且兩報內容一模一樣，說其執、監會議議決：「今後應取態度為受臺灣省黨部領導」。[8]

如果兩報內容一模一樣、一字不差，顯然不是記者採訪所得，更像是民眾協會主動提供的聲明稿。如此刻意透過媒體刊登「受臺灣省黨部領導」，某種程度是被迫公開表態、宣示效忠，此舉無異記錄了原本將被解散，後由李翼中當「保人」的過程。

但若未追溯前後脈絡，斷然以此報導之白紙黑字，解釋政建協會乃國民黨所扶植，受臺灣省黨部領導，[9]恐將遺落專制政體下臺灣人組黨的曲折路，以及在組黨及組織化的大目標下，如何與專制政體相周旋的過程。

但這只是暫時不被解散，仍未取得合法備案，公署仍留下「調查明確再辦理」的緊箍咒。這也是後來民眾協會進一步被要求修改組織章程，甚至被迫改名為「政治建設協會」的背景。而統治者對前民眾黨這股力量的恐懼是什麼？

（二）掣肘與突圍

從成立宗旨可窺見，原民眾協會的版本是：「本會以集中全省一切力量，擁護蔣主席實行三民主義，協助政府建設新臺灣為宗旨。」[10]政建協會則被改為：「本會以研究政治，擁護蔣主席實行三民主義，協助政府建設新臺灣為宗旨。」[11]

「集中全省一切力量」具有強烈的組織動員色彩，明顯為當局所忌，所以被弱化為只能「研究政治」。而既然名稱已是協會而非政黨，又為什麼連臺灣民眾協會這個名字都不能留、不能用呢？

當局清楚這是民眾黨在戰後的重組，若稱為臺灣民眾協會，則延續臺灣民眾黨之意不言而明，二來不免生出日本殖民統治尚能組黨，「祖國」反不允組黨之譏。當局之所以諸般為難民眾協會，無非是要弱化其政黨意圖，居中協調的李翼中當然深知其中心思，所以不只範定在只能「研究政治」，且必須改名！

改名之事茲事體大，內部恐怕憤憤難平且有所爭論，蔣渭川及同志們知道，若沒有取得合法備案，組織便無法開展；若不能將各界人士及人民力量集結起

8　〈臺灣民眾協會 全省代表大會〉，《人民導報》，1946年01月15日，二版；〈臺灣民眾協會 決定工作方針 日前開執監委員會〉，《民報》，1946年01月16日，二版。

9　陳翠蓮，《重構二二八》（新北：衛城，2017），頁188、191。

10　〈臺灣民眾協會會章〉，臺北二二八紀念館典藏，典藏號：GK-009-0001-013。

11　〈臺灣省政治建設協會章程〉，臺北二二八紀念館典藏，典藏號：TP228-A-00053-000-0001-001-001。

來，遑論對政策施壓乃至改變專制政體。危機當前，如何擋住內部可能的分裂，又該怎麼跟支持者解釋？

一篇「二十年來的臺灣社會運動」於《民報》刊出，[12]文章冷靜地白描了日本時代幾次思想及路線之爭，雖不斷分裂出新組織，最後還是一起消失於專制統治者的壓迫下。此時歷史再來一次，大家的選擇可以有所不同嗎？源自歷史的心緒與反省擋住了內部可能的分裂。

此時適逢丘念台返臺，蔣渭川請他幫忙解套，《人民導報》出現一則幾乎量身定做的報導。丘念台透過座談會表示：「最切望於民眾協會一定要遵守政府命令、合法備案，不要固執名義上的變換，或內容的改革，須知切實為民眾做工，只求實事求是，不要姑托空名，是為至要。」[13]

1946年4月7日，民眾協會舉行大會，通過更名及改組，以「臺灣省政治建設協會」之名運作。[14]另外他們也越過政府掣肘，想出一套組織擴展的方式。

原先民眾協會是由上到下分五層組織，以微血管方式綿綿密密滲透到地方。[15]現在雖然被限縮為只有扁平的地方與中央兩層組織，但他們改採橫向擴大戰略，讓原來民眾協會各支部主幹，都進入政建協會本部，[16]如此一來地方支部便可空出重要位置，含納更多指標性的地方人物加入。此一策略是奏效的，就各地分會的名單所見，已有更多生力軍及非舊民眾黨人士參與，特別是1946年9月以後，臺南、嘉義、屏東出現高比例縣市參議員加入的盛況。[17]脫胎自臺灣民眾黨的政建協會，在戰後已非如往昔為革命政黨的模式，而是欲在憲法架構下，往參與普選的方向邁進。

三、組織化與普選目標

（一）發動政治議題

1946年1月國民政府主席蔣介石找各黨派開政治協商會議，訂5月5日召開國

12 〈二十年來的臺灣社會運動〉，《民報》，1946年03月03日，一版。

13 〈丘念台氏語重心長 闡明臺人無漢奸 盼民眾協會遵守政府命令 努力為建設新臺灣而奮鬥〉，《人民導報》，1946年03月09日，二版。

14 〈熱血熱情而發足　臺灣政治協會成立／各地代表咸集　情緒至為熱烈〉，《民報》，1946年04月08日，二版。

15 同本文註11。

16 同本文註10。

17 黃惠君，《二二八消失的政黨——臺灣省政治建設協會（1945-1947）》，頁118、119、127。

民大會著手制定憲法。[18]會議中並制定和平建國綱領，做為憲政實施前的施政準繩。政治部分之要點為：「積極推行地方自治，實行由下而上之普選，迅速普遍成立省縣市參議會並實施縣長民選。……」[19]《人民導報》因此以社論〈臺胞急起準備參政〉，[20]鼓勵有政治意識的臺灣人施展抱負，做參政之準備。

這確實成為臺灣社會的期待，但隱憂卻一直存在著，謝南光在1946年2月1日（除夕）以「光復後的新臺灣」為題，道出其中問題：

> 現在還有人反對臺灣與祖國同時實施憲政，他們所持理由是奴化教育的毒害太深，不經過一番消毒不行，其次就是國語教育還沒有普遍實施，他們拿他來做反對臺灣實施憲政的理由，拒絕與祖國同時實施憲政。[21]

看來，新臨的統治者是可能以「奴化」及「國語未普及」為由，阻撓臺灣實施憲政的。2月7日民眾協會借宣慰使李文範來臺時，推促市民大會揭露政府失能、人民買不起米糧的困境，更對陳儀政府提出「臺灣應興應革事項二十一條」，[22]其建言的第一條便是：「對臺胞之歧視應予消除」，批判的就是新臨政府的統治心態。新政府先以「奴」矮化臺灣人，再以語言為門檻，企圖將臺灣排除在實施憲法之外，事實上背後仍是壟斷權力的心態，不願將權力與臺灣人分享。也由於統治階層多為外省籍人士，此種歧視心態，也烙下深遠的省籍裂痕。

面對這樣的統治心態，如何突破？對政建協會而言，首需取得制度性的保障，因此如何確保臺灣可以一體適用憲法，是最最重要之事。所以現行長官公署制是否成為阻撓臺灣同步實施憲法的障礙，是首要排除的，建言之第二條直接切入：「對於本省最高行政組織應予改正」。[23]但此波發動群眾狀告李文範，迫使陳儀不得無視民意的結果卻是，主任委員張邦傑因此遭拔除參議之職，扣押一個多月後驅逐出境。[24]

---

18 〈政治協商會議圓滿結束〉，《民報》，1946年02月02日，一版。

19 〈和平建國綱領為憲政實施前施政之準繩〉，《民報》，1946年02月03日，一版。

20 〈臺胞急起準備參政〉，《人民導報》，1946年2月26日，二版。

21 〈光復後的新臺灣（下）〉，《民報》，1946年02月01日，一版。

22 〈民眾協會擬呈請應興應革各事項〉，《民報》，1946年02月11日，一版。

23 同前註。

24 〈臺灣法令多如毛 貪污舞弊公開行 閩臺協會等六團體昨招待記者 沉痛呼籲並報告來京請願經過〉，《新中華日報》，1946年07月21日，收入許雪姬主編，《二二八事件期間上海、南京、臺灣報紙資料選輯（上）》（臺北：中央研究院臺灣史研究所，2016），頁17。

1. 透過議會發動議題

1946年3、4月間各縣市參議員皆已選出，政建協會在臺北26席議員中囊括6席，包括張晴川、陳屋（陳木榮）、黃朝生、李仁貴、林金臻、陳春金（遞補王添灯），林金臻且當選為副議長。[25]基隆有楊元丁、邱德金、楊阿壽3席當選，楊元丁亦被選為副議長。

臺中縣有林糊、彰化市有賴通堯、臺南市有陳天順、臺南縣有李茂炎、高雄市有黃賜、高雄縣則有陳崑崙，皆當選參議員。[26]由於臺北基隆兩地，政建協會有多席次議員當選，且都取得副議長席次，常可主導議題，讓議案通過，因此成為政建協會重要議題的發動機。日後不管在紀念革命先烈、國大普選、臺幣法幣匯率比、縣市長普選、區里長普選、員林血案及澀谷事件等議題上，臺北及基隆兩議會，都扮演主導議題並加大政治影響力的角色。

在省參議員部分，政建協會在17縣市中有11縣市都有理監事參選，[27]但僅李友三（臺北縣）、王添灯（臺北市）、韓石泉（臺南）當選，蔣渭川則為臺北市候補。[28]

由於5月1日省參議會即將開議，4月30日蔣渭川與政建協會出面邀約省參議員在蓬萊閣開懇談會，30位議員中到17位，從呼聲最高的兩位議長人選林獻堂與黃朝琴皆出席，[29]可知政建協會這股政治力量的重要性。臺灣百廢待舉，但首要陳情重點仍在希望解除臺灣的特殊體制：「本國與本省要一體化，絕不可有特殊化的存在。本國憲政實現，臺灣即可以實現。」[30]協會希望省參議員，能為消除臺灣的特殊化而努力，確保憲法一通過，臺灣便可同步實施。這也是為什麼蔣渭川在二二八事發與陳儀進行政治談判時，第一時間即提出「現行長官公署制先改組為省政府」此一要求，[31]即是為了使臺灣獲得憲法的根本保障。

---

25 臺北市參議會秘書室編，《臺北市參議會紀念冊》（臺北：編者，1950），頁5。
26 黃惠君，《二二八消失的政黨——臺灣省政治建設協會（1945-1947）》，頁88。
27 黃惠君，《二二八消失的政黨——臺灣省政治建設協會（1945-1947）》，頁90、91。
28 比對二資料：1、〈臺灣省政治建設協會章程〉理監事名單2、李筱峰，《臺灣戰後初期的民意代表》（臺北市：自立晚報，1986），頁26、27。
29 〈參議員聚集臺北　省垣政界頗呈活潑〉，《民報》，1946年05月01日，二版。
30 〈本省政治建設協會 招待省參議〉，《臺灣新生報》，1946年05月01日，三版。
31 蔣渭川，〈二二八事變始末記〉，收入陳芳明編，《蔣渭川和他的時代》（臺北：前衛，1996），頁56、66；〈傳陳長官已決定　改組公署為省府　蔣渭川昨晚廣播如此說〉，《中外日報》，1947年03月06日，二版。

2. 借分會成立開演講大會

組織化，幾乎是民眾黨人的基因了，「同胞需團結，團結真有力」這句口號的具體實踐就是組織化。其黨綱明白揭示：「農民組織化、工人組織化、商民組織化、學界組織化、青年組織化、婦女組織化」需以此為基礎工作以達全民運動。[32]他們更發揮創意，各種不同職業的工友會應運而出，形成一種百工各業組織起來的連動，至1930年1月前已有43個工友會加盟「臺灣工友總聯盟」，另外再加上農民協會4團體、勞働青年會6團體，皆是民眾黨的支持團體。[33]戰後，他們同樣牢牢把握組織化的要義，因為在專制政體下，唯有集結人民力量，才有改變的契機。所以在一波三折取得合法身份後，其最重要的工作便是各地分會的成立，而隨著臺灣政治情勢的惡化，各地分會成立大會成了批判時局的演講大會，更是重要議題發佈，乃至民主運動鳴槍啟動的地方。

5月1日省參議會開議，政建協會也選同一天成立汐止分會。汐止分會由民眾黨老將簡來成負責，他在日本時代即是民眾黨汐止支部及工友總聯盟汐止支部的常委，1929年與蔣渭水、陳其昌因「民眾黨宣言事件」遭起訴，是民眾黨的核心成員。[34]汐止分會的特殊性還在於這是政建協會首次借分會成立，召開群眾大會。之前因尚未能取得合法備案，因此分會的成立相對低調，多採內部會議或座談形式。但此時已然不同，理監事會議結束後，協會於汐止座（汐止戲院）舉行演講大會，舊民眾黨辯士一字排開，楊元丁、呂伯雄、廖進平、邱德金先後登壇，民眾不下千餘人。[35]當日並提出「反對國民大會之代表官選，應速舉行民選案」。[36]因國府公布臺灣國大產生方式是由行政長官推薦3倍人選，最後由國府遴選之。[37]如此方式實為官選而非民選，無異假民主。

（二）公署操控選舉

反對國大官選的聲浪未平，8月接著而來的國民參政員選舉，引發更大風

[32] 〈民眾黨黨綱一覽表〉，收錄於蔣朝根編著，《臺灣民眾黨特刊 第一冊》（復刻），（臺北：蔣渭水文化基金會，2020）。

[33] 〈民眾黨黨勢概略〉，收錄於蔣朝根編著，《臺灣民眾黨特刊 第一冊》（復刻），頁13-15。

[34] 〈蔣等宣言書事件 十八日釋放 三名出版法起訴〉，《臺灣日日新報》，1929年12月20日，日刊八版。

[35] 〈臺北縣汐止成立 政治建設分會 當晚舉行演講會〉，《臺灣新生報》1946年05月03日，六版。

[36] 〈國大代表應該民選〉，《民報》，1946年04月20日，一版。

[37] 〈國府制訂國民大會代表選舉補充條例 臺灣區選出十八名〉，《民報》，1946年03月13日，一版。

波。參政員預計選8名，交由30名省參議員投票決定，結果出現公署強力介入的斧鑿。

首先是不明票事件，廖文毅原本是當選的，楊肇嘉也可與同票數者一起抽籤。[38]但公署卻以廖文毅一票廖字塗污、楊肇嘉肇字多一橫為由，視為「不明票」，在請示中央後判為無效票，[39]致使楊肇嘉失去抽籤機會，最後廖文毅因未能抽中而落選。[40]其實票要投給誰是非常清楚的，並未有無法辨識的問題，但最後卻是這樣的結果。

另外是選舉結果與民意出現巨大落差。監察委員丘念台與《人民導報》分別就39位候選人進行民意調查。結果第一高票當選的林忠在這兩份名調中，連前8強都進不了；[41]另一當選人吳鴻森則連前15名都排不上。而楊肇嘉在名調中僅次於林獻堂，居第2高票，最後卻是落選；蔣渭川則居第8，亦不能說是全無機會。[42]

選舉結果令人失望，《民報》社論道出選舉的陰暗面：「在此次選舉以前，巷間盛傳有奇奇怪怪的現象，疑心暗鬼之下，或說候選人之賄選，散布令人想不到的巨款，造成黑市交易。或說威脅利誘，就中亦有被其所迷，實堪令人擯斥。」[43]因採間接選舉，有投票權的僅30人，讓賄賂傳聞及公署介入的消息不脛而走。

而公署直接介入的證據更是，就在選舉結果尚未塵埃落定，同票數候選人仍需抽籤決定的當下，陳儀政府於9月2日公布「臺灣省停止公權人登記規則」，點名「皇民奉公會」的實際工作者，必須停止公權。[44]這表示在日本統治時代，凡參與過皇民奉公會的人，不得在戰後擔任任何公職，不得為公職候選人，亦不得為公務人員及律師。這影響層面實在是太大了，媒體以「核爆」、「原子彈突如其來」形容之。[45]此舉明顯針對同票數仍需抽籤決定的《民報》社長林茂生，因其曾為皇民奉公會文化部長。

---

38 〈本省參政員揭曉 林獻堂羅萬俥林宗賢林忠等 同票者決請示中央〉，《民報》，1946年08月16日，二版。

39 〈參政員選舉不明票 中央當局核示昨到 廖文毅楊肇嘉兩票無效 最後決定將行採取抽籤〉，《民報》，1946年09月01日，二版。

40 〈參政員抽籤完畢 林茂生 吳鴻森 杜聰明 陳逸松獲選 林氏棄權申明不受考慮〉，《民報》，1946年09月01日，二版。

41 人民導報主辦的民調林忠居第十，丘念台主導的居第十四。〈測驗民意 丘念台曾發測驗票 林獻堂氏最高八〇票〉，《民報》，1946年08月17日，二版。〈本報舉辦 參政員模擬選舉結果 林獻堂榮佔首位〉，《人民導報》，1946年08月17日，二版。

42 同前註。

43 〈參政員選舉揭曉了〉，《民報》，1946年08月17日，一版。

44 〈皇民奉公會工作者等 決定停止其公權 省署制頒登記辦法〉，《民報》，1946年09月04日，二版。

45 〈原子彈突然而來　公權問題捲起大旋風〉，《民報》，1946年09月05日，二版。

林茂生先透過《民報》發表退出聲明，後在省參議會秘書長連震東勸說下參與抽籤，而唯一沒抽中的就是廖文毅。後來林茂生雖依承諾辭去參政員，但所空出的一席，公署寧可從缺，就是不讓主張「聯省自治」的廖文毅遞補上來。

公署以如此方式介入並操控選舉，如何期待真正的民主政治？人民寄希望於政建協會，但政建協會可有突破之方？

（三）普選訴求與組織化

參政員的選舉結果讓大家十分沮喪，此時正逢謝南光（謝春木）返臺，就《民報》總主筆陳旺成日記所記：「乃昌自草山下來謂，昨夜（11日）民眾協會渭川、晴川、進平等與南光談至二時頃……。」[46]

許乃昌是《民報》總編輯，與會者皆是舊民眾黨同志，昔日戰友在這樣的景況下相聚，於草山夜談至凌晨二時，政建協會三巨頭蔣渭川、張晴川與廖進平與謝南光談些什麼？從他們後續的行動可窺見杯酒交晃間，對運動的下一個目標已然交織出火花。

首先是謝南光在受邀演講時拋出「即刻民選說」：「如能實現縣長、市長、省長民選，眼前政治必能開明。唯有民主政治，始能澄清貪污政治，如官僚腐敗時，人民可能發動罷免權而罷免之。」[47]並在《民報》發表〈為民主政治而奮鬪〉，文中提到：「在鄰省的福建，鄉鎮長已經民選了，市長、縣長最近也要民選了。最落後的新疆，縣長、鄉鎮長也將實行民選。」[48]

這個訊息非常重要，因為如果連鄰近的福建、相對落後的新疆，都能舉行鄉鎮長及縣市長民選了，那相對進步的臺灣有什麼理由不能實施？謝南光這一番話，政建協會接棒一轉而為政治行動，決定以推動縣市長普選凝聚擴展組織，並以此為政治運動的總目標。

事實上政建協會自4月取得合法備案後，除了5月有汐止、新埔、淡水分會成立，[49] 6月17日臺灣淪陷日前有羅東、宜蘭、雙溪三分會成立外，[50]整個七、八月皆陷入沉寂。早在1946年3月，總部已發函屏東希望儘速籌備分會，但卻沒有動

46 「黃旺成先生日記/1946-09-12」（未刊稿），中央研究院臺灣史研究所典藏。

47 〈歡迎謝南光 昨中山堂開茶會會〉，《民報》，1946年09月12日，二版。

48 〈為民主政治而奮鬪／謝南光〉，《民報》，1946年09月12日，二版。

49 何義麟，〈臺灣省政治建設協會與二二八事件〉，收入張炎憲、陳美蓉、楊雅慧編，《「二二八」事件論文集》（臺北：吳三連臺灣史料基金會，1998），頁178；〈淡水政建協會 首屆會員大會〉，《民報》，1946年05月18日，二版。

50 〈臺灣政建協會 羅東宜蘭等分會成立〉，《民報》，1946年06月13日，二版。

靜，[51]直到9月底，方在訴求縣市長普選的浪潮下成立。這樣的時間差可以觀察到，確實是當本部有民主運動的大目標為眾所認同時，才推促了組織的成長。

由於7月3日中宣部於中外記者會上宣布，將於11月12日召開國民大會，[52]憲法制訂在即，這當然會對尋求突破臺灣政治黑暗的人帶來新的想像。基隆市參議會副議長楊元丁（政建協會常務理事、文化組長）7月27日首於議會提出並通過縣市長民選案，《民報》以二版頭題處理之，[53]可見政建協會已有相當意識，欲往此一方向推動。但要從專制統治者的手上拿回權力、拿回民主與自由，何其困難，此時集結人民力量只有更加迫切與重要，也因此各地分會的成立如鴨子划水般，正戮力以赴。

1. 聚合分裂同志

9月7日呂伯雄、廖進平、陳屋，代表政建協會前往臺中召開臺中分會籌備會。呂伯雄是專任政治組長，也是協會的全職「秘書長」，一切實務由他負責辦理。[54]廖進平是舊民眾黨7位中央常務委員之一，更是臺中支部的中央執委，[55]是民眾黨在臺中地區的首席代表人物。

而陳屋則是組織化的能手，是民眾黨1928年進一步拓展「臺灣工友總聯盟」的靈魂人物，既是中央常委、又擔綱總務部主任、再任常置書記。[56]且一步步扶植臺北店員會、臺北製餅工友會、臺北鉛鐵銅工友會等。[57]即便1931年臺灣民眾黨遭解散，1934年陳屋與蔣渭川等人再組成「臺灣貿易同盟」，於5月間一口氣成立了新竹、彰化、臺中、臺南、嘉義等支部。[58]戰後陳屋當選臺北市參議員，其人脈與影響力，與廖進平一樣，是協助各地支部成立的主要人物。

---

51 「奉電解散政協屏東分會經過情形報請核備」，〈柒.解散非法組織〉，《軍管區司令部》，檔號：A305550000C/0036/9999/7/1/012。

52 〈國民大會決召開 施憲政還政於民 訂十一月十二日不延誤〉，《民報》，1946年07月04日，一版。

53 〈縣市長實行民選 基隆市參議會議決〉，《民報》，1946年07月30日，二版。

54 蔣渭川，〈臺灣省政治建設協會略記〉，收入陳芳明編，《蔣渭川和他的時代》，頁151、201。

55 蔣渭水編，《臺灣民眾黨宣傳特刊》（臺北：臺灣民眾黨宣傳部，1930），頁13。

56 〈臺灣工友總聯盟 開中央執委會 議決九件事項〉，《臺灣民報》，1928年04月29日，三版。

57 〈臺北店員會發會式〉，《臺灣日日新報》，1927年06月05日，日刊四版。〈臺北製餅工友會發會式〉，《臺灣民報》，1928年03月18日〈鉛鐵銅工友會 發會式狀況〉，《臺灣日日新報》，1928年05月31日，夕刊四版

58 〈臺灣貿易同盟 新竹支部 月末發會式〉，《臺灣日日新報》，1934年05月13日，日刊八版。〈貿易同盟 彰化支部 來二十六日發會〉，《臺灣日日新報》，1934年05月15日，日刊八版。〈臺灣貿易同盟 臺中支部 二十七日發會〉，《臺灣日日新報》，1934年05月17日，日刊八版。〈臺灣貿易同盟 臺南支部 二十四日發會〉，《臺灣日日新報》，1934年05月23日，夕刊八版。〈臺灣貿易同盟 嘉義支部 舉發會式〉，《臺灣日日新報》，1934年05月29日，夕刊四版。

三位核心人物聯袂到臺中，一般是分會成立大會才有機會獲得媒體青睞，但只是前往臺中籌設分會，《民報》便先報導了：「這場會議到各界人士三十多人，首由巫永昌氏報告開會意義，繼由呂、廖、陳三氏相繼報告，抗戰前後各團體革命活動經過及臺胞在國內參加革命工作極其詳細，並述及光復前後之情勢，強調全省民需要不分派別之團結，該會設立重要性等。畢，各出席會員踴躍發表意見，熱烈討論，經決定即早擴大會員。」[59]

為何要詳述戰前各解放運動團體的努力？這是一場以走入歷史心緒為起點的會議，大家是一起從牢獄折磨走過來的，戰爭結束以為獲得重生的臺灣今天如何，挑戰恐怕只有更大。從民眾協會到政建協會，是有一部分左派人士離開了，如張信義、李喬松、蕭友山等，[60]但政建協會沒有放棄找回分裂的舊同志。

從結果看來，臺中分會確實達成「不分派別之團結」，因最後公布的理監事名單，聚合了過往臺灣解放運動與自治運動光譜左右兩端的人物，左如臺共謝雪紅及農組李喬松、楊逵，右如臺灣地方自治聯盟的張煥珪與張聘三。[61]至於「擴大會員」，臺中分會最亮眼的是多位律師加入陣營，包括林連宗、童炳輝、張風謨及白福順四位。[62]

2. 縣市長普選時間表

這段時間的努力，有了十足的戰果。他們透過媒體發佈各地分會成立的時間表，《民報》與《人民導報》在9月21日同步刊登。密度之高、氣勢之強，竟從9月20日到30日，11天內一天成立一分會。自20日起依序為臺南、高雄、屏東、嘉義、北港、斗南、彰化、臺中、豐原、竹南、新竹，總部並派廖進平、呂伯雄、蔣渭川等前去領導召開。[63]

如此一天成立一分會，11天共成立11處分會，其規模甚至是舊民眾黨時期所沒有的。因其模式是在會員大會後，召開群眾演講會，可想像9月底這連續11天，政建協會所聚集的這股政治力量、所引導的政治目標，往中南部拓展的盛況。

59　〈政治建設協會 籌設臺中分會〉，《民報》，1946年09月09日，二版。

60　比對民眾協會執監委與政建協會理監事名單。黃惠君，《二二八消失的政黨——臺灣省政治建設協會（1945-1947）》，頁32-33、78-81。

61　〈政建會臺中分會 二十七日舉行成立典禮 翌日特開政治大演講〉，《民報》1946年10月01日，四版。

62　黃惠君，《二二八消失的政黨——臺灣省政治建設協會（1945-1947》，頁124。

63　〈政治建設協會 擴展基層組織〉，《人民導報》，1946年9月21日。〈政治建設協會 中南部設分會〉，《民報》，1946年9月21日，二版。

這波一天一分會的高峰，出現在9月27日臺中分會成立大會上，就在這場聚合過往分裂同志的大會上，政建協會首度提出推動臺灣縣市長民選的時間表，熱烈通過：「（1）本年內實現區（市）鄉鎮長公選（2）民國三十六年六月以前實施縣市長民選。」[64]

這不是一則報紙的社論，也不是某個政治人物的倡議或演講而已，這是一個目前正以勢如破竹之姿，於各地紛然成立支部的組織化「政黨」所提出的政治運動目標。且隨著此一具體政治改革目標的提出，已轉入民主運動的態勢。臺中分會所辦演講大會，地點選在臺中戲院，「開會前聽眾三五陸續到會甚形擁擠，會場呈出無立錐之餘地的盛況」。[65]如果民眾擠滿會場、引頸期盼，正是期待這群人能為臺灣解決困厄。臺灣的困境豈能無解，人民自是需要他們可以信任的社會運動家或政治工作者帶領。

3. 民意代表入列

9月分也是一個分水嶺，高舉縣市長普選的運動目標，也讓各地縣市參議員，紛紛加入政建協會。其中嘉義分會12席理監事中，有5席市參議員（林文樹、林抱、施天福、賴淵平及翁大有）及4席候補市參議員（黃文、李連項、林德國、張孝明）加入，[66]比例之高應是各分會之最。

臺南分會理監事（含候補）19人當中有葉禾田、陳金象、黃百祿、許丙丁4人為臺南市參議員，商滿生、莊孟侯2人為候補市參議員。商滿生為《人民導報》臺南支局長，是臺南分會的負責人。此外臺南北區的區長顏興、副區長葉書田及市參議會的秘書莊茂林，皆加入政建協會。[67]

屏東分會一樣有多位縣市參議員加入，12席理監事中有5席，包括葉秋木、陳崑崙、張朝任、顏石吉、張舜天（候補），[68]其中葉秋木為屏東市副議長。

如此高比例民意代表的加入，映照此時所呼喚的縣市長普選運動，政建協會

64 〈政建會臺中分會 二十七日舉行成立典禮 翌日特開政治大演講〉，《民報》，1946年10月01日，四版。

65 同前註。

66 名單比對參考：〈臺政協建會　嘉義分會成立〉，《民報》，1946年10月07日，四版；臺灣省行政長官公署民政處編，《臺灣省民意機關之建立》，頁271-273。

67 整理歸納自〈表8：政建協會臺南分會理監事名單〉，黃惠君著，《二二八消失的政黨——臺灣省政治建設協會（1945-1947）》，頁120。

68 名單比對參考：「奉電解散政協屏東分會經過情形報請核備」，〈柒.解散非法組織〉，《軍管區司令部》，檔號：A305550000C/0036/9999/7/1/012；臺灣省行政長官公署民政處編，《臺灣省民意機關之建立》，頁192、305-307。

意欲突破政治黑暗的方略，確實引發共鳴，正往更大的力量集結。

（四）策動延平區長普選

臺南分會是政建協會連續11天成立11處分會的首發站，此時政建協會亦在臺北策動延平區長普選。9月20日臺南分會成立，這一天翻開報紙已能看到標題寫著：「實現區長民選　延平區民代表會決定」。[69]此一突破讓臺南分會於成立大會上遙相呼應：「促進民主政治實現，建議省署實行鄉鎮長民選。」[70]政建協會左右開弓、南北呼應，一時之間頗看到運動開展的氣勢。

策動延平區長普選，是政建協會爭普選運動的起手式，因延平區是臺灣民眾黨的發跡地，在戰後市參議員的選舉中，3席議員由67人角逐，是臺北市競逐最激烈的一區，[71]後由王添灯、黃朝生與駱水源三人當選。[72]

因王添灯復當選省參議員，遂由陳春金遞補，兩人皆是政建協會成員；黃朝生則是政建協會9大常務理事之一；駱水源出身《民報》，曾任採訪課副課長。如前所述《民報》、臺北市議會與政建協會一直在諸多議題上並肩作戰，《民報》此時更以「各級地方首長應早民選」表明立場，文中提及：「新疆省已決定年內實施縣長民選，何況民度比較任何省分為高之本省，為何鄉鎮長、區長尚不准民選？……」。[73]這既非社論亦非報導，也不是有作者署名的專文或短評，純然是報社立場。《民報》與政建協會，此時又在普選議題上共同作戰。

9月19日延平區區民代表會上，政建協會的相關要角都到齊了，王添灯與三席市參議員皆出席，極力遊說代表們放棄區長決定權，改由公民投票普選。就《民報》報導：

> 關於地方自治實施問題，黃（黃朝生）、陳（陳春金）、駱（駱水源）三市參議員繼立，力說非依照建國大綱早日實施完全的地方自治，則模範省新臺灣絕不能建設。此俱要從下層行政首長實行民選做起。現區長民選時機成熟，渴望區民代表之積極協助。關此，區民代表均表贊意，願極力促

69　〈實現區長民選 延平區民代表會決定〉，《民報》1946年09月20日，二版。

70　〈臺政建協會臺南分會 二十日正式成立〉，《中華日報》，1946年09月22日，三版。

71　〈省垣參議員選舉 延平區最稱激烈 松山區蕭條太甚〉，《民報》，1946年03月12日，二版。

72　〈女參議員登場 本報同人二人當選 臺北市參議員選舉結果揭曉〉，《民報》，1946年03月16日，二版。

73　〈本省光復瞬將一載，民盼實現完全自治，各級地方首長應早民選〉，《民報》，1946年09月21日，三版。

進區長民選。張區長（張清港）、王副區長（王初生）亦繼立聲稱，願採取同一步驟，蓋地方自治早一日實施，則本省人早一日幸福，故贊成區長民選。[74]

現任區長張清港，其實正是政建協會本部三民書局的房東。[75]9月21日延平區長、副區長向市府提出辭呈，區民代表會並公告將於9月28日舉行投票。[76]這是民主運動者走在前頭，欲推使政府往直接民選的軌道上走，《人民導報》還以「不愧為第一個民主國子孫」報導延平區區長交付普選的消息。[77]

但已然公告的選舉卻流產了，因區民代表又開會表示既然政府願意民選，那就一併舉行好了。[78]原來是民政處長周一鶚在接受媒體訪問時，答以「因種種手續，市區長、鄉鎮長民選，在本年11月半以後始能實行。」[79]

但三天後政府公布了「鄉鎮長選舉辦法」，白紙黑字寫的卻是「由鄉鎮民代表會選舉之」。[80]周一鶚所說的民選還是「間接民選」，並非由人民普選產生。

這對政建協會是很大的挫敗，但也只能筆上作戰，通電各界齊力發聲，要求改正鄉鎮區長選舉辦法：「以由代表間接選舉，改為由公民直接選舉。」[81]此時他們更深的憂慮更是，即便現在有建國大綱載明地方自治的行政首長由國民直接選舉，但長官公署還是逕自採取間接民選的方式，那未來的縣市長普選呢，會不會也出現變數？[82]

（五）希望與危機

不斷延遲的制憲會議，終於訂在11月12日國父孫中山的誕辰召開，後由30民省參議員投票選出的臺灣國大代表，於11月初啟程前往南京參加制憲會議。這是

---

74 〈實現區長民選 延平區民代表會決定〉，《民報》，1946年09月20日，二版。

75 游振亮計畫主持，臺灣省諮議會編著，《臺灣省參議會、臨時省議會暨省議會時期史料彙編計畫——蔣渭川先生史料彙編》（臺中：臺灣省諮議會，2009），頁5。

76 〈市區長民選 延平區定二十八日舉行 區方希望有權者競選〉，《民報》，1946年09月22日，二版。

77 〈不愧為第一個民主國子孫　本市將實施區長民選　延平區定二十八日舉行區長選舉〉。《人民導報》，1946年09月22日。

78 〈延平區長民選流產〉，《人民導報》，1946年09月29日，二版。

79 〈市區長鄉鎮長民選 十一月後始能實施 本報記者詢周民政處長〉，《民報》，1946年09月28日，二版。

80 〈臺灣省各縣鄉鎮長 副鄉鎮長選舉辦法〉，《民報》，1946年10月01日，三版。

81 〈請改正鄉鎮長選舉辦法　臺灣省政治建設協會發出代電〉，《民報》，1946年10月11日，三版。

82 同前註。

希望的一刻，也是危機四起的時刻。

希望是什麼？如1946年12月1日制憲國大林連宗寫給女兒林信貞的書信：

> 憲法從大會通過到實施，真的是民主主義政治的實行，在臺灣省長、縣長、市長全部都民選，在中央大總統以下全部民選。……國民代表現在大約有一千六百人，其中八十多位女性。妳現在開始一心奮發來選女代表，女性如果有能力也可以做到大總統，請奮發。[83]

只要憲法通過，在臺灣省縣市長即可交付民選，林連宗就一個獨生女，在這部憲法下，他的孩子一樣可以參選女總統。

那危機又是什麼？

南京制憲大會最後在11月16日召開，就在制憲期間內，11月20日陳儀在臺北賓館舉行的記者招待會上，竟脫口而出：你們現在就要縣市長民選，將會非常的危險，這將使臺灣變成臺灣的臺灣。當媒體問他本省縣市長何時可能見民選時？陳儀的答覆是：「……本省人雖有良好技術及苦幹精神，但許多人尚用日語、日文，為建設中國的臺灣，首先要使本省人學習國語國文。現在要實行縣市長民選，實在危險得很，可能變做臺灣的臺灣。……」

戰後的剛性語言政策，不只將臺灣人阻絕於國家考試門外，現在竟還可以成為門檻，剝奪憲法所賦予的權利！但不管是以「奴化」屈辱臺灣人，或以語言為門檻，不讓臺灣實施縣市長民選，其實都是拖詞，背後真正的原因，還是在握有權力者企圖壟斷權力，不願依憲法還政於民。而陳儀的恐懼更是一旦臺灣開放民選，現有官派的、外來的統治階級，將被排除。

11月27日報載陳儀政府端出「地方自治新計畫」，其中提到以三年為期，[84]讓人看了不免擔心，不知是否有意拖延縣市長民選時間？因憲法制定後，從公布到實施還有一段時間差。

透過制憲代表林連宗的書信，我們看到臺灣代表馬不停蹄遊說各方，希望憲法在臺灣能即刻實施。12月18日他寫給女兒的家書披露：「……憲法制定了後，憲法實施的日時尚未定，所以我們臺灣代表是要求，在臺灣即時實施。為此要使各省選出代表理解的關係，吾們臺灣代表招待全國記者及各省代表，再三說明，

---

[83] 黃惠君，《光與灰燼——林連宗和他的時代》（臺北市：臺北市政府文化局，2019），頁184。

[84] 〈地方自治新計畫，本省明年起實行〉，《民報》，1946年11月27日，三版。

使其理解。」[85]

林連宗是政建協會臺中分會監事，就是在臺中分會的成立上，政建協會提出1947年6月縣市長民選的主張，此時林連宗也將此一決議帶到南京制憲會議現場，由臺灣與其它省分代表一起連署提案：「憲法制定後，為昭示政府還政於民之大信，應於十日內，由政府公布之。自憲法公布之日起，定期六個月內實施之。」是為國民大會會議提案第61號，詳載於國民大會實錄中。[86]

但臺灣國大並未皆參與連署，有6位沒有支持此一提案，未連署的是李萬居、顏欽賢、連震東、謝娥、劉明朝及紀秋水。[87]

四、發動縣市長普選運動

陳儀之前的「民選危險說」，確實讓臺灣陷入不安。蔣渭川在《人民導報》專訪中抨擊憲法不應只淪為畫餅充飢，需切實實行方能成為治百病的萬應膏。他更憂慮在官僚政治轉向民主政治之際，行將瓦解的舊權力不知是否變本加厲生出什麼事件來，人民當謹慎提防才好。蔣渭川受訪時表示：

> 設使憲法是一塊萬應膏，也要對有毛病疼痛的地方貼下去，才能發生治百症的努力，所以憲法雖好若僅公布而不行，行而不實，那就像萬應膏貼在壁上好看不好用，也如畫餅充飢一般罷了。……
>
> 這憲法的好處就是向來吾人所要求的省長、縣長以及各種議員代表，皆一律平等直接普選，這足可以打破過去官僚包辦的假民主。……最可憂慮的是由官僚政治轉向真的民主政治的過程，將過去所有種種不良作風變本加厲，利用這行將瓦解的權力，胡為亂作，用卑劣的手段橫行逆施，致引起種種不祥的事件亦不一定，大家必要小心提防和警惕。[88]

蔣渭川的擔心不假，憲法雖已於1947年1月1日公布，並定1947年12月25日實

---

85 黃惠君，《光與灰燼——林連宗和他的時代》，頁184-185。

86 國民大會秘書處編印，《國民大會實錄》，（南京：國民大會秘書處，1946），下編 第七章國民大會會議記錄與提案，頁831-832。

87 黃惠君，《光與灰燼——林連宗和他的時代》，頁187。

88 〈本報專訪 憲法與臺灣政治前途（四）－本省賢達人士的觀感〉，《人民導報》，1947年1月11日，三版。

施。但陳儀政府竟在1月13日公布「臺灣省地方自治三年計畫」，明文規定縣市長於1949年方能民選。[89]

當晚政建協會正在第一劇場舉辦推行憲政講演會，聽眾二千餘名擠爆會場，可想像現場的群情激憤。當天辯士名嘴一字排開，蔣渭川講「佈憲與行憲」、廖進平講「制必行．行必實」，王萬得、黃朝生、白成枝、張晴川、王添灯、蔣時欽、呂伯雄輪番登壇。[90]喚起民眾「自覺、自動、自治」，他們從日本時代一路走到現在，情緒的高峰出現在最後，政治領袖知道這正是凝聚共識、展開行動的時刻。就《民報》報導：

> 閉會前政建協會提出臨時動議「反對地方自治三年計畫，要求在三十六年內實施縣市長民選」，諮之民眾，贊成之呼聲及鼓掌聲四起，滿場一致決議通電全省各地方響應並向省署建議，情緒頗為熱烈，充分表現省民對憲政之極大期待。[91]

「諮之民眾」，意思是政建協會一再探問人民：我們是不是要反對地方自治三年計畫？我們是不是要今年就縣市長民選？政建協會將政治行動訴諸民意，欲帶領民眾直接挑戰陳儀的地方自治三年計畫，共同決議的不是幾位參議員、不是幾席理監事，而是二千多名民眾。

此一力量可借，《民報》立即在隔日以昨晚有二千餘市民熱烈要求在本年內實施縣市長民選為由，採訪民政處長周一鶚，問他這地方自治三年計畫是否違憲？[92]

（一）發動即選縣市長

陳儀罔顧憲法訂1947年12月25日實施的規定，硬是頒佈地方自治三年計畫，將臺灣縣市長民選拖延至1949年。這使政建協會抗爭的力道加遽，如何集結最大民意，讓陳儀政府收回1949年才民選的行政命令，只是更為急迫。

政建協會幾乎週週開演講大會，《民報》也共同作戰，於1月20日先刊登

89　〈臺灣省地方自治三年計畫草案 縣市長於三十八年選舉〉，《民報》，1946年01月13日，三版。

90　〈縣市長民選　應在卅六年實行／日昨憲政推行講演會　席上決議通電並建議〉，《民報》，1947年01月15日，三版。

91　同前註。

92　〈自治三個年計畫　與憲法毫無衝突　民政處長周一鶚談稱〉，《民報》，1947年01月15日，三版。

「地方自治三年計畫　政建協會反對」的聲明稿。[93]這不是活動報導而是活動預告，因當天晚上，政建協會將於艋舺萬華戲院舉辦演講會，聲明稿先出，也是為晚上的演講大會創造輿論與呼召群眾。

這段期間政建協會的演講現場轉趨激烈，直接點名批判反對縣市長普選的人物。上一場提及李萬居，因其負責的《臺灣新生報》在憲法通過第二天以社論點評臺灣沒有政治人才，[94]此舉無異呼應公署臺灣尚不能民選縣市長的立場。

今天又有演講者點名臺北市參議會議長周延壽，[95]因他竟違反議會「限三十五年六月以前實施縣市長直接民選」的決議，[96]於各縣市長議長、副議長雲集的民意機關檢討會上，發言反對縣市長普選，他說：「以現在民度而觀，直接民選恐有弊病，以間接選舉較為穩妥，於義務教育後，始得採取直接選舉。」[97]為此政建協會曾直接聲討周延壽，[98]今天再點名批判之。

這又是一場湧入一千多位民眾，直到晚上11點半才散的聚會。人群擠滿會場，政建協會透過演講大會，一次又一次地召喚民眾為即選縣市長努力。

前進的目標是如此明確，政建協會高度聚焦於推動縣市長普選，且各地分會同步進行。

基隆決議展開地毯式演講，[99]臺中展開合縱連橫，結合所有可能結合的團體，與三青團、臺中縣市黨部及地方仕紳舉辦「行憲座談會」。名稱是行憲，目的已不言而明。會中推舉林連宗為主席，發佈共同聲明：「自治三年計畫違憲，政府需於行憲日以前完成省縣市長之選舉。」[100]林連宗身為律師及制憲國大，具有高度說服力，發出第一個批判陳儀之舉違憲的聲音！

日日聚焦於此，2月3日政建協會再與《民報》合辦座談會，計畫研擬憲法第十一章尚未完備的省、縣自治法，目的在提出適合臺灣的原則，做為中央制定通則時不可忽略的參考。討論內容涉及：被選舉之資格應否限制、婦女代表應如何保障其名額、省民代表應否以二萬人選舉一人、縣市長民選應何時實施等議題。[101]

---

93 〈地方自治三年計畫　臺灣政建協會反對〉，《民報》，1947年01月20日，三版。
94 〈由行憲談到政治人才〉，《臺灣新生報》，1947年01月03日，二版。
95 〈憲政推行講演會　日前於萬華戲院舉行〉，《民報》，1947年01月23日，三版。
96 〈臺北市參議會 昨召開臨時會議 潘渠源氏當選副議長〉，《民報》，1946年10月12日，三版。
97 〈本省首次縣市級 民意機關檢討會 昨在省署隆重揭幕 出席者計五十四名〉，《民報》，1946年10月15日，三版。
98 〈關于選舉問題 質問臺北市議長 政建協會致電參議會〉，《民報》，1946年10月21日，三版。
99 〈基隆政建分會　擬開憲政演講〉，《民報》，1947年02月05日，四版。
100 〈臺中縣市各界 擴大宣傳憲法〉，《中華日報》，1947年02月04日，三版。
101 〈政建協會及本報主辦憲政推行座談會 決議起草一省自治案　發動即選縣市長〉，《民報》，在這場座談會中陳逸松提及，行政院於1月8日之會議表示可以選擇若干縣市試辦民選縣市長，臺灣可以此為據要求提前進行縣市長民選。[102]蔣渭川的發言更展現相當決心，他說：「關於縣市長民選問題，今後須要大家協力，無論中央答應不答應，一定要做。」[103]

這場座談會最後的決議是：一、由主席陳旺成指名呂伯雄擔任召集人，起草一「省自治法案」，送呈中央參考。二、發動全省民，要求即時實施縣市長民選。[104]

透過座談凝聚共識是重要的，擴大參與讓更多專家及各界代表性人物參與也是應該的，法理的瞭解與準備更是行動前的依據。但沒有政黨的組織行動，將只成文字記錄，難以撼動專制政體。

（二）捲起縣市長普選運動

「發動全省民，要求即時實施縣市長民選！」形同動員令，又該如何進行？

1947年一整個2月，政建協會所思、所想、所行，無不聚焦於此。日本時代文化協會南、北隊巡迴演講的風潮再起，一站接著一站，企圖全臺走透透，也讓全臺20餘處分會動起來，召喚民眾向縣市長普選的目標前進。

《民報》宛如機關報一般，先行發佈演講時間表，這個首發團連講七天，從2月9日到15日先在北臺灣，之後再往中南部及東臺灣。[105]

臺灣民眾黨這群人早在1928年（昭和3年）向臺灣總督提出「地方自治改革建議書」，當時是為推動州市街庄議員民選，且將議會由諮詢機關改為議決機關。[106]為此曾於全臺各地大開政談演說，極力普及民眾政治思想。蔣渭川、陳木榮（陳屋）、陳春金都是當時與蔣渭水、王鍾麟等前往各地演講的辯士，蔣渭川在三峽的講演還被命中止。[107]而宜蘭當年登壇演講的李友三、陳廷章、蕭阿乖

1947年02月04日，三版。

[102] 〈縣市長之民選 臺灣可即時實施〉，《民報》，1947年02月06日，三版。

[103] 〈臺胞應同心協力 促進憲政順利實施〉，《民報》，1947年02月07日，三版。

[104] 〈政建協會及本報主辦憲政推行座談會 決議起草一省自治案 發動即選縣市長〉，《民報》，1947年02月04日，三版。

[105] 〈憲政推行講演會 十日晚復開於市雨戲院，組織巡迴講演會赴各地〉，《民報》，1947年02月08日，三版。9日在汐止、10日在臺北大稻埕及萬華、11日在宜蘭市、12日在宜蘭礁溪、13日在宜蘭頭圍、14日在羅東、15日在蘇澳。

[106] 〈地方自治改革建議書 民眾黨向總督提出〉，《臺灣民報》，1928年04月29日，三版。

[107] 〈三峽開地方自治制改革講演會〉，《臺灣民報》，第二百九號，昭和3年5月20日。

等，此時又聚在政建協會中。[108]

這波全臺演講列車，首先登場的是汐止，由呂伯雄講「迎憲的準備」、蔣渭川講「官僚政治與民主政治」、黃朝生講「政權與治權」、白成枝講「臺灣人的出路」。[109]

第二天來到大稻埕與萬華，政建協會在這兩地卓有根基，場場演講爆滿，聽眾情緒極為熱烈。2月10日他們分別在第一劇場及國際戲院演講，因於同一時間舉行，意味著兩個場子都要有知名辯士押陣才行，一晚同講兩場的包括蔣渭川、白成枝、陳益勝、陳春金及張晴川。[110]

報載演講進行到午夜12時，夜深了竟還能留住群眾，可見民心相當凝聚。民眾瞭解這是臺灣命運的關鍵時刻，這一步能踏出去，比什麼都重要。

組織化工作亦同步進行著，艋舺分會在2月19日舉行成立大會，2500人與會，參與人數創新高。登壇演講的新面孔則有廖文毅、廖文奎博士。[111]

緊接著淡水分會接棒，於2月24日連開兩場演講會，下午一場、晚上一場，就在淡水媽祖宮前，政建協會由室內演講擴展到戶外，其傳播力勢必因在人來人往更具宣傳性。「掌聲迭聞，聽眾悟然」，[112]今天又是一場遲至夜間10時半才散場的演講，2月25日他們繼續前往樹林中山堂開講，[113]此時離二二八事件爆發僅三天。

也由於各地分會為推動縣市長即刻民選展開行動，所以臺中分會於2月26日召開理監事會議，決議3月2日在臺中戲院舉行「憲法推行大講演會」。[114]此時二二八事件已蔓延開來，政建協會在臺中的演講會一轉而成為市民大會，點燃中部地區的二二八抗爭。

五、普選運動與二二八

從政建協會「發動省民即選縣市長」，到二二八事件發生，時間是密接在一

---

108 〈宜蘭開自治改革政談〉，《臺灣民報》，第二百十號，昭和3年5月27日。
109 〈政建協會汐止分會／第三次會員大會　併開憲政推行講演會〉，《民報》，1947年02月11日，三版。
110 〈省政治建設協會　兩場演講均熱烈〉，《民報》，1947年02月12日，三版。
111 〈政建艋舺分會　成立紀念講演〉，《民報》，1947年02月22日，三版。
112 〈淡水樹林舉行憲政講演會〉，《民報》，1947年02月27日，三版。
113 同前註。
114 《臺灣新生報》，1947年03月01日。

起的，其所喚起的民眾政治意識與普選運動，對二二八事件沒有影響嗎？1947年3月5日海軍代總司令桂永清給蔣介石的報告是：「此次騷動係臺省地方人士憲政座談會，到處派人演講，促進憲法提早實施之鼓動……」。[115]便是指陳政建協會全臺憲政演講，要求縣市長於1947年6月普選，鼓動了二二八事件的發生。

二二八事發，為何陳儀第一時間找蔣渭川？時間之快，就在2月28日當天，先是透過張慕陶拜訪，隔日再有柯遠芬、李翼中去函。[116]但1946年12月底蔣渭川不是才因演講內容遭公署控告嗎？[117]不是才指其「侮辱公署、煽動犯罪」嗎？[118]

事實上，政建協會截至二二八事件發生前，除了捲起縣市長普選運動外，已發動多起群眾運動。先是為員林血案動員各地分會通力譴責，[119]並聯合律師公會與人民自由保障委員會舉辦大型演講會，蔣渭川抨擊政府：「手槍強於法律」、「執法者犯法應罪加一等，員林事件表現有武力、勢力則不要守法的觀念。」[120]後又因米荒及米價問題與當局相抗，並「發動民眾監視政府輸出食米」，[121]所以才有蔣渭川因上述兩場演講內容遭公署控告的事件。最後蔣渭川出具悔過書，官署始撤銷告訴。[122]這是在反對運動到達高峰時，端出司法壓制其代表人物，以攖其鋒。

就張慕陶（憲兵第四團團長）給蔣渭川的信函所書：「此次不幸事件之發生咎在專賣局職員處置不當，現當局已決定對肇事人交軍法審判，並對死者從厚撫卹，關於此意，希望吾兄出來轉達市民。」[123]

當局既然願意認錯且順從民意，為什麼不自己宣布，而要蔣渭川出面轉達市民？

事實上陳儀政府長期以特務許德輝臥底政建協會，[124]不會不知道政建協會就

---

[115] 中央研究院近代史研究所編，《二二八事件資料選輯（二）》，頁65、66。
[116] 蔣渭川，〈二二八事變始末記〉，收入陳芳明編，《蔣渭川和他的時代》，頁4、頁6。
[117] 1946年12月20日蔣渭川法院傳單，收入陳芳明編，《蔣渭川和他的時代》。
[118] 〈蔣渭川對本報記者 發表被控談話 據渠稱係出於忠誠愛國〉，《人民導報》，1947年1月18號，三版。
[119] 〈員林血案 省政治建設協會 開會決通電呼籲〉，《民報》，1946年11月26日，三版；「奉電解散政協屏東分會經過情形報請核備」，〈柒.解散非法組織〉，《軍管區司令部》，檔號：A305550000C/0036/ 9999/7/1/012。
[120] 〈法治政治要確立　人民自由須保障／昨晚護法守法大講演會〉，《民報》，1946年11月29日，三版。
[121] 〈抑制米價講演會　昨臺灣政治協會分於大稻埕艋舺舉行〉，《民報》，1946年12月07日，三版。
[122] 〈蔣渭川痛悔前非 法院特予不起訴〉，《臺灣新生報》，1947年01月18日，五版。
[123] 1947年2月28日張慕陶致蔣渭川信函，收入陳芳明編，《蔣渭川和他的時代》。
[124] 「臺灣二二八事變報告書」，〈拂塵專案附件〉，《國家安全局》，檔號：A803000000A/0036/340.2/5502.3/6/001。

是發動二二八示威請願的策劃者，即便後來民眾抗爭已溢出其領導與掌控。[125]但擁有群眾基礎與力量的就是政建協會，至今已成立24處分會。[126]陳儀知道，此時若要制止群眾抗爭怒火，他就必須答應人民所提出的條件，但協商需有對口，他必需跟有能力帶領群眾，且為民眾所信任的領袖談，所以即便視蔣渭川「侮辱公署」並反政府，但此時當局已經沒有辦法不跟政建協會溝通了。

但蔣渭川在他的回憶錄中並未直接表述，陳儀找他是因視他為政治建設協會的代表，也或許因其職稱是「總務組長」，而非理事長，且因政建協會在主委張邦傑遭驅逐出境後，便以九人小組負責對外事務，[127]他亦不便自稱為代表。但陳儀此時找蔣渭川，仍是著眼於政建協會這股擁有群眾基底的反對力量，誰可以發動群眾、帶領群眾，誰有辦法讓群眾信任且與之溝通，是當局首要面對的。

（一）蔣渭川的談判策略

在全臺民眾群起抗爭時，政建協會終有與陳儀政府展開政治談判的契機，但蔣渭川首先要面對的問題是，已經有二二八處理委員會的存在，恐怕不能在此時形成雙頭馬車。[128]但要如何做才能發揮影響力，往政建協會已努力多時的改革方向前進？

二二八處委會乃由臺北市參議員、省參議員（居留臺北者）、國大代表、國民參政員及政府官員合組而成。[129]蔣渭川作為政建協會代表，既非議長或民意代表，如何與參政員、國大代表，乃至官方代表協調或抗衡，若意見相左必須交付表決時，恐怕不只是輸，而且是大輸。而問題更在長官公署將參政員與國大代表都交由30名省參議員投票決定，且不斷插手選舉，因此有不少人雖為民意代表，卻是陳儀政府的協力者。在民意與公署產生嚴重對立的此刻，蔣渭川對二二八處委會的成員是存有疑忌的。比如進入處委會的國大代表為：連震東、黃國書、李萬居、顏欽賢、劉明朝，[130] 5位當中竟有4位（黃國書除外），都未連署臺灣國大在制憲會議中提出憲法應在頒佈後6個月實施的提案。[131]如此這般，如何期待

---

[125] 黃富三、許雪姬訪問，蔡說麗、朱明發記錄，〈廖德雄先生訪問紀錄〉，《口述歷史期刊4：二二八事件專號》（臺北：中央研究院近代史研究所，1993），頁60-61。

[126] 蔣渭川，〈蔣渭川在臺參加民族、政治、經濟、社會、文化各種運動經過〉，收入陳芳明編，《蔣渭川和他的時代》，頁192。

[127] 〈臺灣省政治建設協會 常務職員決定〉，《民報》，1946年04月09日，二版。

[128] 蔣渭川，〈二二八事變始末記〉，收入陳芳明編，《蔣渭川和他的時代》，頁90。

[129] 〈處理委員會代表名單〉，《中華日報》，1947年03月03日，三版。

[130] 同前註。

[131] 黃惠君，《光與灰燼——林連宗和他的時代》，頁185、187

他們能在談判中，支持縣市長訂1947年6月普選的方向？

進入處委會，蔣渭川唯一有的優勢就是政建協會在臺北市參議員擁有多席次，在總26席中佔6席。[132]也因二二八的事發地在臺北，所以第一時間介入處理事端的多為臺北市參議員，其中又以政建協會的成員承擔最多角色。3月2日處委會分設五組，政建協會成員有張晴川在宣傳組、黃朝生在救護組、李仁貴及陳屋在調查組。[133]當日下午二時陳屋、黃朝生、李仁貴亦受推派前往軍法處調查兇手是否確已羈押。[134]

所以蔣渭川在3月2日見陳儀時，已想好腹案，提出處委會擴充組織加入「民眾代表」的方案，加入商會、工會、學生、民眾及政建協會五方選出的代表。[135]蔣渭川本身是市商會代表，工會以臺灣工友總聯盟留下的根基，也是政建協會可以掌握的，學生亦是。而陳儀迫於各地抗爭之火已燎原，很快地便允諾蔣渭川所提的條件。

至於蔣渭川與陳儀的談判結果，如何帶到處委會，當中最重要的角色便是張晴川。張晴川是陪同蔣渭川一起與陳儀談判的人，他同時是臺北市參議員，是二二八處委會的當然成員。所以3月2日早上陳儀與蔣渭川談完，下午張晴川已在處委會跟大家報告兩造會談的結果了。[136]而後廖進平、呂伯雄、蔣渭川、白成枝等政建協會主幹，都進到處委會中，納入處委會運作。[137]

3月3日蔣渭川與處委會代表幾乎都在處理軍隊仍進入市區開槍的問題，[138]軍隊不停火，如何讓人相信政府有談判誠意！而陳儀雖在3月2日向蔣介石請兵，但尚未獲得回覆，各地抗爭四起，其政權已受威脅，所以陳儀此時是無法不聽從民意的。3月4日陳儀主動找蔣渭川及各界代表談，蔣渭川深知民氣可用，於會中拋出政治改革方向：

---

132 黃惠君，《二二八消失的政黨——臺灣省政治建設協會（1945-1947）》，頁88。

133 〈處理委員會代表名單〉，《中華日報》，1947年03月03日，三版。

134 〈各委員與代表 到監查視兇犯〉，《臺灣新生報》，1947年03月03日，一版。

135 〈處理委會昨開會 擴大組織廣納民意 要求解散警察大隊〉，《臺灣新生報》，1947年03月03日一版；蔣渭川，〈二二八事變始末記〉，頁15、16。

136 〈處理委會昨開會 擴大組織廣納民意 要求解散警察大隊〉，《臺灣新生報》，1947年03月03日，一版。

137 黃富三、許雪姬訪問，蔡說麗、朱明發記錄，〈廖德雄先生訪問紀錄〉，頁66。

138 〈二二八處委會改組首次會 決定積極維持治安 派員指責上司命令不行〉，《臺灣新生報》，1947年03月04日，一版；〈公署今與各界商決 緝煙事件解決辦法　軍隊昨日下午六時已撤回〉，《臺灣新生報》，1947年03月04日，一版。

> 現行長官公署制度先改組為省政府，使〈臺灣〉省的地位與各省相同，然後進而實行縣市長民選，改革一切的問題，以此開始如何？[139]

第一時間陳儀以這是中央權力回絕了，因廢掉行政長官公署制，等於要他下臺交出權力，陳儀自是百般個不願意，但3月4日嘉義已陷激烈軍民衝突，[140]臺中市官方機構亦大多為「民軍」所接管，[141]陳儀政權已在崩潰邊緣。所以3月4日早上他雖拒絕了蔣渭川，到晚上還是請張慕陶親自走訪，表達願意接受「長官公署改組為省政府」的建議，希望與蔣渭川續談。[142]

蔣渭川深知民意是站在他們這一邊的，3月5日早上見面時，與陳儀達成改革原則的第一條即是：「將臺灣省行政長官公署改制為臺灣省政府，在未得（中央）批准以前，維持現機構，<u>六月底以前先實行縣市長民選</u>。」[143]一般以陳儀3月2日早已請兵，實則誘騙欺瞞蔣渭川，但卻忽略蔣介石派兵手令陳儀是在3月5日下午5點50分才收到的，[144]但他們見面時間在3月5日早上。[145]所以如果不是蔣介石派兵鎮壓，二二八的反抗運動已經成功，爭普選運動已經達成。

（二）「被退出」處委會

事實上以陳儀之專斷獨裁，3月1日已從高雄鳳山調兵，他的鎮壓計畫無法在第一時間成功，是因為臺灣人群起反抗，載運高雄駐軍北上的火車，開到新竹時遭臺鐵司機罷駛。[146]當陳儀鎮壓不成，又不知蔣介石是否派兵時，他使用的是特務系統的力量。由於民意集中於處委會，且欲全臺合體與陳儀政府進行總談判，所以特務系統思考的是如何分化處委會以稀釋其影響力。

從國防部軍事情報局的機密檔案中，一份〈所報劉明、陳逸松為陳達元運用人員，可予免究〉的檔案，發現陳逸松是陳儀核准運用的人員：

---

139 蔣渭川，〈二二八事變始末記〉，頁56。

140 〈嘉義群情不安 陳少將抵地接洽 紅毛埤方面衝突停止 機場衝突尚未告平靜〉，《臺灣新生報》，1947年03月06日，二版。

141 賴澤涵總主筆，《二二八事件研究報告》，（臺北市：時報文化，1994），頁88。

142 蔣渭川，〈二二八事變始末記〉，頁63。

143 蔣渭川，〈二二八事變始末記〉，頁[illegible]。〈省政改革綱要 政建協會作成草案〉，《民報》，1947年03月07日，二版。

144 簡笙簧主編，《二二八事件檔案彙編（十七）－大溪檔案》，（新北市：國史館，2008），頁115、116

145 蔣渭川，〈二二八事變始末記〉，頁71。

146 許雪姬主編，《保密局臺灣站二二八史料彙編（一）》（臺北：中央研究院臺灣史研究所，2015），頁17。

> 關於劉明參加叛亂一案，頃據陳達元同志電稱：略以該劉明與參政員陳逸松二人，於三月四日應邀出助救亂，經報秉獲陳長官兼總司令〔陳儀〕核准運用，並於三月六日奉陳兼總司令派為總部別働隊副司令有案，無日均與弟密取聯絡，並著日將工作情形彙交弟轉報長官。[147]

參政員陳逸松以其法律專業，受半山李萬居推薦研擬處委會的組織大綱，因處委會擬省級化納入全臺代表，並重新選舉常務委員。由於此時陳儀已承諾進行政治改革，因此處委會的常務委員，將可決定人事與各項改革議案，頓時之間擁有非常大的權力。而在陳逸松的設計下，他讓國大代表、參政員、省參議員及臺北市參議員，一人可推薦10到30人進入處委員，[148]這無異使他們在選舉常務委員時，一人可擁30張票。果不其然，新選出的常務委員是陳逸松、李萬居、連震東、黃國書、周延壽等陳儀政府的協力者。[149]臺灣本地根生的社會運動家、於處委會擔任核心幹部的政建協會成員，如張晴川、陳屋、廖進平、蔣渭川、呂伯雄、黃朝生、李仁貴等全數出局。[150]這樣的結果不僅達成分化反對陣營的效果，且讓主導改革的處委會仍可為政府所掌控。

3月6日下午2點處委會選出新的常務委員，政建協會主幹全數被退出。晚上蔣渭川到電臺播講，聲明這是他「最後的廣播」，他的任務已達成，以後就交給新的常務委員了。[151]

由於蔣介石的派兵手令，是告訴陳儀軍隊3月7日自滬起運，所以最快也是3月8日或3月9日才會抵臺，但3月5日嘉義民軍已將軍隊圍堵在水上機場內。[152]這也是為什麼陳儀必需在3月6日晚上透過廣播宣部他在3月5日與蔣渭川談判的三原則：「長官公署改組為省政府，縣市長訂7月1日民選，各局處儘量起用本省人」。[153]

陳儀3月6日晚間的廣播，3月7日的報紙來不及刊載，所以是出現在3月8日《臺灣新生報》的頭版頭條，但當天軍隊已掃射進入基隆市區。原本臺灣人以為這段期間的抗爭、無數年輕生命的犧牲，終於盼到憲法所保障的縣市長普選，但

---

147 「陳逸松案」，〈人名案〉，《國防部軍事情報局》，檔號：A305050000C/0037/0410.9/8000/3/047。

148 〈處理委員商討 組織大綱草案〉，《臺灣新生報》，1947年3月6日，一版。

149 〈二二八事件處委會 正式選出常務委員〉，《臺灣新生報》，1947年03月07日，一版。

150 同前註。

151 陳芳明編，《蔣渭川和他的時代》，頁104。

152 張炎憲等採訪記錄，《諸羅山城二二八》，頁3。

153 《臺灣新生報》，1947年03月08日，一版。

卻是全面屠殺的開始。

六、受難

（一）主幹遭密裁

3月8、9日軍隊陸續抵臺，3月10日一早蔣渭川在住家遭武裝警察開槍行刺，因子彈未發火得趁隙逃脫，但女兒卻遭流彈射殺殞命。[154]晚上陳儀令憲兵駐臺特高組展開秘密逮捕，林連宗與律師李瑞漢、李瑞峰被帶走後一去無回。[155]

誰是陳儀首要逮捕的人？事實上就是對其專制政權有威脅的人。就其親筆所寫的名單，也是二二八事件最早的一份名單，在3月11日呈報蔣介石，分析後發現是臺灣三大類的領袖：媒體、反對黨、司法改革，而他們也是家屬口中，被帶走後一去無回的人。[156]這份名單陳儀寫得匆忙，列出名字後，許多人的職稱仍付之闕如，唯獨對廖進平、黃朝生、李仁貴及陳炘四人，他一個一個註記上「政治建設協會」，[157]可見陳儀對此一反對黨的在意，在軍隊抵臺後，急欲滅殺之。

（二）逮捕名單針對政建協會

3月13日這份「密裁名單」又增補人物略歷及「罪跡」，以「辦理人犯姓名調查表」呈報蔣介石。[158]但卻在表格外以潦草字跡添加上白成枝、蔣渭川、陳屋、林日高、王萬得、張晴川、呂伯雄七人。[159]除林日高外，其餘6人皆是政建協會主幹，所以這新增的「人犯」，無異對著政建協會而來。也是這一天，陳儀以警備總部兼總司令的身分，令各縣市政府解散政建協會。文稱：

> 查臺灣省政治建設協會此次趁二二八事件發生之時，竟敢公開征調日本時代退伍軍人及當地暴徒，背叛國家實屬不法已極，該會及各地分會著即解散、聽後查辦，希速遵辦具報。[160]

---

154 陳芳明編，《蔣渭川和他的時代》，頁137-138。
155 中研院近史所編，《二二八事件資料選輯（二）》，頁146。
156 黃惠君，《二二八反抗運動——臺灣爭取民主之路》，（新北市：遠足文化，2022），頁227-232。
157 〈臺閩政情（一）〉，《蔣中正總統文物》，國史館藏，數位典藏號：002-080101-00045-023。
158 中央研究院近代史研究所編，《二二八事件資料選輯（二）》，頁176。
159 中央研究院近代史研究所編，《二二八事件資料選輯（二）》，頁177。
160 「為各地政治建設協會為非法組織希遵照取締」，〈柒.解散非法組織〉，《軍管區司令部》，檔號：A305550000C/0036/9999/7/1/023。

政建協會是二二八事件期間一路與陳儀談判的主要力量，陳儀無法以雙方會談縣市長普選及政治改革的理由將其入罪或解散，而是冠以「公開徵調日本時代退伍軍人及當地暴徒」的罪名，事實上指的就是組織「臺灣省自治青年同盟」，因其中有海南島歸來的臺籍日本兵。[161]蔣渭川幾次在電臺廣播，號召青年組織起來，協助維持秩序，但當局卻往這是組織武裝力量的方向編寫罪名。

4月18日警總發佈「二二八事變首謀叛亂在逃主犯名冊」，共30名，下令憲兵第四團加緊通緝歸案，名冊以蔣渭川為首，與政建協會相關者共13名，比例超過三分之一。[162]通緝理由中，除直接將參與政建協會視為罪行，多數成員都被扣上「號召組織武裝隊伍」罪名，所以當局欲加之以武裝叛亂的意圖是非常清楚的。

政建協會一直採取政治協商路線，甚至不斷勸退企圖武裝抗暴的青年，如林正亨幾次遊說蔣渭川都未能成功。[163]但此時卻遭陳儀政府往「組織武裝力量」的罪名處置，並以此為由關閉政建協會。

七、結語

一個反抗事件，是只有人民揭竿而起的義勇情緒，只有臨時性的組織，還是她是反對黨運作有時，有組織、有領導、有方向，試圖將反抗的情緒集結為反對的力量，乃至在人民大規模的反抗運動中與當權者交鋒，以達改變專制政體、落實普選。前者稱之為民變，後者稱之為民主運動。一個是十七世紀「官逼民反」的概念，一個是臺灣由專制政體走向現代民主國家的發軔。

舊臺灣民眾黨人士所組成的政建協會在戰後的努力，淹沒已久。組織化是他們的基因，留在血液中，如何與專制政體周旋，他們已歷兩個政權。面對戰後的政治困局，他們欲以縣市長普選突圍，捲動人心並帶來希望之際，各地分會鵲起。1947年1月1日中華民國憲法通過，臺灣卻仍行長官公署制，甚至不能依憲法立即普選縣市長，日本時代臺灣民眾黨抗爭的身影在此時再現，甚至更為激烈，一路延燒到二二八事件。

---

161 李翼中，〈臺灣二二八事件日錄〉，頁381。

162 十三名包括：蔣渭川、張晴川、黃朝生、王添灯、白成枝、呂伯雄、李仁貴、廖進平、陳屋、王萬得、潘欽信、陳旺成、林連宗。參見「蔣君等三十名由憲兵第四團緝捕歸案」，〈二二八事件案犯處理之一〉，《軍管區司令部》，檔號：A305550000C/0036/9999/8/3/012。

163 陳芳明編，《蔣渭川和他的時代》，頁45-46、68-69。

蔣渭川身為政建協會代表，在人民力量強過專制政府時，終有機會與陳儀談判，於3月5日早上取得陳儀承諾「長官公署改為省政府，縣市長訂7月1日民選」的戰果。但3月5日下午5點50分陳儀收到蔣介石派兵手令，一改之前態度，且處委會已遭特務系統分化，新選出的常務委員中政建協會主幹全數「被退出」。

軍隊抵臺後，當局對此一反對黨屠殺之嚴烈，將其列為首要逮捕及密裁對象。透過對政建協會此一「反對黨」的研究，可瞭解二二八事件實為一爭普選運動，是憲法通過之際，政府仍不願還政於民所展開的屠殺。

引用書目

（一）舊報紙

《人民導報》，1946-1947。

《大明報》，1947。

《中外日報》，1947。

《中華日報》，1947。

《民報》，1945-1947。

《和平日報》，1947。

《臺灣日日新報》，1925-1935。

《臺灣民報》，1926-1929。

《臺灣新生報》，1945-1947。

（二）專書

中央研究院近代史研究所編

1992 《二二八事件資料選輯（二）》。

中央研究院臺灣史研究所典藏

「黃旺成先生日記/1946」（未刊稿）。

王詩琅譯註

1988 《臺灣社會運動史——文化運動》。北縣：稻鄉。

李筱峯

1986 《臺灣戰後初期的民意代表》。臺北：自立晚報。

李翼中

1992 〈臺事親歷記〉，收入中央研究院近代史研究所編，《二二八事件資料選輯（二）》。

國民大會秘書處編印

1946 《國民大會實錄》下編，第七章國民大會會議記錄與提案，頁831-832。南京：國民大會秘書處。

張炎憲等採訪記錄

1995 《諸羅山城二二八》。臺北：吳三連臺灣史料基金會。

許雪姬主編

2015 《保密局臺灣站二二八史料彙編（一）》，頁17。臺北：中央研究院臺灣史研究所。

2016 《二二八事件期間上海、南京、臺灣報紙資料選輯（上）》。臺北：中央研究院臺灣史研究所。

陳芳明

1996 《蔣渭川和他的時代》。臺北：前衛。

陳翠蓮

2017 《重構二二八》。新北：衛城。

游振亮計畫主持，臺灣省諮議會編著
2009　《臺灣省參議會、臨時省議會暨省議會時期史料彙編計畫——蔣渭川先生史料彙編》。臺中：臺灣省諮議會。
黃富三、許雪姬訪問，蔡說麗、朱明發記錄
1993　《口述歷史期刊4：二二八事件專號》。臺北：中央研究院近代史研究所。
黃惠君著
2019　《光與灰燼——林連宗和他的時代》。臺北：北市府文化局。
2021　《二二八消失的政黨——臺灣省政治建設協會（1945-1947）》。臺北市：臺北市政府文化局。
2022　《二二八反抗運動——臺灣爭取民主之路》。新北市：遠足文化。
臺灣省行政長官公署民政處編
1946　《臺灣省民意機關之建立》。
臺灣省行政長官公署統計室編
1946　《臺灣省五十一年來統計提要》。
蔣朝根
2003　《自覺的年代——臺灣民眾黨紀念特展專輯》。臺北：臺北市文化局。
蔣朝根編著
2020　《臺灣民眾黨特刊 第一冊》（復刻）。臺北：蔣渭水文化基金會。
蔣渭水編
1930　《臺灣民眾黨宣傳特刊》。臺北：臺灣民眾黨宣傳部。
鄭梓著
1988　《戰後臺灣議會運動史之研究——本土菁英與議會政治（1946-1951）》。臺北：華世。
賴澤涵總主筆
1994　《二二八事件研究報告》。臺北市：時報文化。
簡笙簧主編
2008　《二二八事件檔案彙編（十七）－大溪檔案》。新北市：國史館。

（三）期刊論文
何義麟
1998　〈臺灣省政治建設協會與二二八事件〉，收入張炎憲、陳美蓉、楊雅慧編，《「二二八」事件論文集》。臺北：吳三連臺灣史料基金會。
林正慧
2014　〈二二八事件中的保密局〉，《臺灣史研究》（臺北）21（3）：1-64。
陳翠蓮
2006　〈解讀許德輝《臺灣二二八事變反間工作報告書》〉，《臺灣史料研究》（臺北）27：132-147。
黃美蓉
2008　《陳旺成及其政治參與》。臺中：東海大學歷史學系碩士學位論文。

黃惠君

2020 《臺灣省政治建設協會史料調查暨二二八受難人物傳記計畫》。臺北市：臺北市政府文化局研究計畫。

（四）檔案

〈臺灣民眾協會會章〉，臺北二二八紀念館典藏，典藏號：GK-009-0001-013。

〈臺灣省政治建設協會章程〉，臺北二二八紀念館典藏，典藏號：TP228-A-00053-000-0001-001-001。

「公署參議張邦傑核薪案」（1946-02-08），〈臺灣省參議聘解〉，《臺灣省行政長官公署》，國史館臺灣文獻館，典藏號：00303230054003。

「中監會，中執會，國防部等有關文件內有蔣渭川對其在228事變中態度之聲明書及廣播稿等」，〈蔣渭川跨黨嫌疑案〉，《社團法人中國國民黨》，檔號：C5060607701/0037/監1862/001/0001/001。

「臺灣二二八事變報告書」，〈拂塵專案附件〉，《國家安全局》，檔號：A803000000A/0036/340.2/5502.3/6/001。

「奉電解散政協屏東分會經過情形報請核備」，〈柒.解散非法組織〉，《軍管區司令部》，檔號：A305550000C/0036/9999/7/1/012。

「陳逸松案」，〈人名案〉，《國防部軍事情報局》，檔號：A305050000C/0037/0410.9/8000/3/047。

〈臺閩政情（一）〉，《蔣中正總統文物》，國史館藏，數位典藏號：002-080101-00045-023。

「為各地政治建設協會為非法組織希遵照取締」，〈柒.解散非法組織〉，《軍管區司令部》，檔號：A305550000C/0036/9999/7/1/023。

「蔣君等三十名由憲兵第四團緝捕歸案」，〈二二八事件案犯處理之一〉，《軍管區司令部》，檔號：A305550000C/0036/9999/8/3/012。

郭雨新的政治改革主張與民主運動*

薛化元

摘要

郭雨新在戰後臺灣政壇被視為早期反對派的代表性人物，他參與現實政治，則與他加入青年黨有密切關係。由於國民黨當局分配給青年黨的臺灣省參議員出缺，郭雨新「遞補」成為臺灣省參議員，此後歷經臺灣省臨時省議會、臺灣省議會，他始終站穩在野的立場，持續監督政府施政，並屢次針對地方自治還有中央民意機關改選的問題提供重要的改革主張。除此之外，他問政時，對於宜蘭的地方建設也用力頗深，並關注原住民的特殊處境，要求政府予以重視。

1960年中國民主黨組黨行動失敗後，郭雨新仍進行跨地域的人際網絡互動，使他成為連結臺灣在野菁英的關鍵角色。而他的問政風格和在反對運動的角色，導致國民黨對他進行嚴重的打壓。由於重要的幹部發生意外、被捕，以及其他重要支持者可能遭到政治迫害的狀況下，他宣告退選連任多年的省議員。在國民黨打壓下，他不僅無法由青年黨推薦擔任監察委員，獨立參選也告失敗，再投入增額立法委員的選舉，不幸敗北。雖然1970年代郭雨新選舉失利，但他積極串聯黨外人士，並將他的政治資源、人脈轉移給年輕一代的黨外人士，且帶動黨外新生代投入反對運動，對黨外運動後續發展有重要的意義。

另一方面，郭雨新主張國會全面改選，一旦落實，之後臺灣統治當局的正當性就必須建立在臺澎金馬的民意基礎上，這是郭雨新言論主張的重大突破。而郭雨新在國民黨當局打壓下，最後不得已到了美國，並宣布與蔣經國競選中華民國總統，並藉著參選的動作，再進一步提出包括總統直選、省市長民選的主張，

* 筆者在2005年8月1日「郭雨新逝世20周年紀念研討會暨紀錄片發表」活動曾發表〈郭雨新對民主的主張〉，收於《牛背上的民主騎士——郭雨新先生逝世20週年紀念論文集》（臺北：郭雨新先生逝世20週年紀念活動籌備委員會，2005），頁16-27。本論文以此為基礎增補完成，特別是「為民喉舌」的地方自治和中央民意代表機關部分。

更凸顯了他政治主張中臺灣主體性的發展。

關鍵詞：郭雨新、黨外、青年黨、臺灣主體性

一、前言

郭雨新在臺灣民主運動嶄露頭角，主要是在省級民意機關的表現。他在1950年獲青年黨提名遞補為臺灣省參議員[1]，接著長期擔任臺灣省（臨時）省議員，奠定他在臺灣民主運動的重要角色。

在1969年中央民意代表增補選前的1950、1960年代，地方自治的舞臺，更是臺籍菁英透過選舉唯一可以參與的政治場域。而當時地方自治層級最高、最具影響力的則為（臨時）省議會。在野政治菁英只能持續在體制內的民意機構，或是透過輿論，提出要求落實民主的訴求。[2]而著名的臺灣（臨時）省議會在野派郭雨新，及與他齊名的李萬居、郭國基、吳三連、李源棧（有「五虎將」之稱），加上許世賢（被合稱為「五龍一鳳」），是最受矚目的代表性人物。[3]

1960年臺灣本土菁英與雷震、齊世英為首來自中國大陸的支持自由、民主理念的外省籍菁英，推動中國民主黨組黨行動，在雷震被捕後，遭到頓挫，而在1961年地方選舉後正式走入歷史。[4]

1960年參與組黨的臺籍領導階層，根據雷震日記同時提到臺籍菁英與「反對黨」一詞的天數，依序為與雷震共同擔任發言人的高玉樹39天、李萬居33天，之後就是郭雨新的27天和吳三連的23天，[5]可以觀察到郭雨新對組黨運動的投入。

---

1 〈青年黨參議員 郭雨新遞補〉，《公論報》，1950年6月13日，版4。

2 吳乃德博士論文，將中央政府遷臺後政治體制的政治菁英，分為掌握整個中央政權及黨國體制，由中國大陸來臺的「國家統治菁英」（national ruling elite），以及主要透過選舉取得地方公權的政治菁英（local elite）；而在1970年代以前，後者幾乎沒有管道「上昇」成為前者的成員。Nai-Teh Wu, “The Politics of a Regime Patronage System: Mobilization and Control Within an Authoritarian Regime” (Chicago: Ph. D. dissertation, the University of Chicago, 1987), 177-179.

3 此一名稱的由來，是以批判國民黨當局著名的這六位臺灣本土菁英，在1957年當選省議員後而得名。參見李筱峰，《臺灣民主運動四十年》（臺北：自立晚報，1987年），頁71；若林正丈著，洪金珠、許佩賢譯，《臺灣：分裂國家與民主化》（臺北：月旦，1994年），頁168。

4 另有一說。繼雷震案之後，1961年9月再爆發蘇東啟案，郭雨新等部分組黨人士認為蘇案是國民黨當局打擊新黨成立的手段。根據情治單位的情報，9月21日郭雨新說蘇之被捕「可謂雷案第二，給吾人又一次嚴重之打擊……對新黨之籌組工作乃莫大阻礙，且勢將影響新黨基層人士」；同年9月23日郭雨新向李福春談稱「現在新黨最好暫時停止活動」；「分歧份子郭雨新、李萬居、夏濤聲、齊世英、李福春、李賜卿等，正醞釀公開發表聲明，不再從事新黨活動」，惟因「內部意見並不一致」決定暫先觀望蘇案發展。參見〈警總保安處要情專報（第145期）：鎮平專案各方反應（第四號）〉（1961年9月23日）、〈警總保安處要情專報（第147期）：鎮平專案各方反應（第五號）〉（1961年9月25日）、〈方靖遠（國安局）簽呈國防會議續報「鎮平專案」反應資料（1961年9月27日）附件：鎮平專案反應資料彙編〉，收於吳俊瑩、歐素瑛、黃翔瑜編，《戰後臺灣政治案件：蘇東啟案史料彙編（四）》（臺北：國史館，2022年），頁2137-2138、2151、2168。

5 薛化元，《民主的浪漫之路：雷震傳》（臺北：遠流，2020年），頁341。

而他們在組黨失敗以後的發展，康寧祥的回憶指出郭雨新的代表性：高玉樹擔任臺北市長（先是民選，改制直轄市後為官派），吳三連棄政從商，李萬居病逝，「當時整個臺灣民主運動的重擔和主流只剩下郭雨新一人在扛」。[6]此外，許世賢則在嘉義持續經營，較少參與全臺性的串連。[7]換言之，郭雨新是1950年代老一代黨外運動者和新的民主改革運動的結合者，透過他將全臺灣全島長期推動民主改革的人脈做了一定程度的連結。[8]本文討論的重點，主要聚焦在臺灣的民主運動脈絡中的郭雨新，他出國以後的主張與政治作為則另文再做探討。

二、早年經歷與初入政壇

郭雨新，臺灣宜蘭人，1908年8月24日生。[9]父親郭根生是前清秀才，家境原本富裕，郭雨新就讀宜蘭公學校期間，郭根生為人作保導致家境艱困，隨後病逝。[10]次年（1922年）3月郭雨新畢業後，留母校充當工友，晚上入「夜間青年研究會」學習漢文。[11]1926年3月，臺北州立宜蘭農林學校成立，以第一名考進該校，向舅家借得學資方得入學。[12]第二學期學費無著落，碰巧林本源興殖株式會社負責人林松壽到宜蘭旅行，聽聞郭雨新困境，認係可造之才，遂資助其繼續求學。[13]1931年畢業後，郭雨新進入臺北帝國大學農林專門部，1932年轉入農業經濟系。1934年3月畢業，進入林本源興殖株式會社服務。[14]中日戰爭期間，1938年郭雨新曾被徵調至惠州擔任3個月軍伕。[15]1939年辭職，1940年遷居上海

---

6 許文堂訪問、簡佳慧紀錄，〈民主的先行者——郭雨新歐吉桑——康寧祥先生訪談錄〉，收於張文隆、陳儀深、許文堂訪問，《郭雨新先生行誼訪談錄》（臺北縣：國史館，2008年），頁248。

7 張文隆訪問、紀錄，〈李茂全先生訪談錄〉，收於張文隆、陳儀深、許文堂訪問，《郭雨新先生行誼訪談錄》，頁103。

8 許文堂訪問、簡佳慧紀錄，〈民主的先行者——郭雨新歐吉桑——康寧祥先生訪談錄〉，頁250。

9 另有一說是1908年8月20日生。參見郭惠娜、許芳庭編，《郭雨新先生照片暨史料集》（臺北縣：國史館，2008年），頁13。

10 任育德，〈終身的在野者：郭雨新的從政生涯〉，《臺灣風物》，58：4（臺北，2008年12月），頁94；郭惠娜、許芳庭編，《郭雨新先生照片暨史料集》，頁13。

11 郭惠娜，〈郭雨新年譜〉，收於郭惠娜、林衡哲編著，《郭雨新紀念文集：臺灣民主傳教士》（臺北：前衛，1988年），頁271。

12 郭惠娜、許芳庭編，《郭雨新先生照片暨史料集》，頁14。

13 李筱峰，〈郭雨新的一生〉，收於郭惠娜、林衡哲編著，《郭雨新紀念文集：臺灣民主傳教士》，頁65-66。

14 郭惠娜，〈郭雨新年譜〉，頁273-274。關於郭雨新畢業自農業經濟系，參見臺灣省地方自治誌要編輯委員會編，《臺灣省地方自治誌要》（臺中：臺灣省地方自治誌要編輯委員會，1965年），頁241。

15 郭惠娜、許芳庭編，《郭雨新先生照片暨史料集》，頁32。

期間，經營「新泰宏洋行」，參與上海臺灣人團體的活動，曾任「上海臺灣工會理事」。[16]戰後，郭雨新1946年回臺後，仍在產業界積極發展，1947年設立「華新貿易公司」，並任臺灣省茶業公司高級技師兼產製部主任。1948年，任臺灣茶業聯營公司副董事長兼總經理。[17]

他往政治發展，則與他參加中國青年黨有密切的關係。制憲後青年黨、民社黨參加國民黨改組的聯合政府，而在各級政府中分配部分職位。[18]1950年，青年黨籍臺灣省參議員的呂永凱多次未出席會議，被視為辭職，後青年黨提名郭雨新遞補為臺灣省參議員。[19]擔任省參議員後，由於阿里山與太平山過去曾發生的4、5次大火，郭雨新批評林管局事前既未預防，事後又不追究責任，以及重伐山林而輕視造林；林管局長李順卿面對郭雨新的詢問，多無法答覆。[20]此事蹟也使郭雨新聞名於省參議會，贏得「小鋼砲」的名聲。[21]

雖然投身政壇，郭雨新仍然在業界活躍，這對他擴展人脈，維繫社會資源有相當的幫助。郭雨新曾任臺北市茶商業同業公會理事[22]、臺灣省茶商業同業公會常務理事、臺灣茶葉聯營公司董事長、臺灣農林股份公司董事、臺灣肥料公司董事、臺灣省農會常務監事。[23]以他1954年連任第二屆臨時省議員時為例，他至少同時擔任臺灣區青果輸出公會理事長、臺灣青果產銷聯營委員會主任委員、臺灣合作社聯合社理事會主席、臺灣省合作金庫理事及宜蘭農業職業校友會會長。[24]

---

16 任育德，〈政治檔案所見的黨外人物郭雨新（1950s-1970s）〉，收於歐素瑛、黃翔瑜、吳俊瑩編，《威權鬆動：解嚴前臺灣重大政治案件與政治變遷（1977-1987）》（臺北：國史館，2021年），頁139。

17 劉紹唐主編，〈民國人物小傳—郭雨新〉，《傳記文學》，55：6（臺北，1989年12月），頁141-142；郭惠娜，〈郭雨新年譜〉，頁276-277。

18 有關青年黨參與政府機關人士的分配，可參見雷震原著、薛化元主編，《中華民國制憲史——制憲國民大會》（新北：稻鄉，2011年），頁338-355。

19 〈青年黨參議員 郭雨新遞補〉。

20 〈林管局伐林輕視造林 局長受砰擊狼狽無顏 新議員郭雨新開砲一鳴驚人 女議員楊金寶請取締「特酒」〉，《民聲日報》，1950年6月14日，版4；〈參會議場側寫 小鋼炮打向林產局〉，《公論報》，1950年6月14日，版4。

21 任育德，〈終身的在野者：郭雨新的從政生涯〉，頁99；李筱峰，〈郭雨新的一生〉，頁67。

22 〈今年本省農林事業 著重增加糧食生產 農林處舉行中心工作檢討會〉，《公論報》，1949年2月6日，版3；〈市茶業公會昨代表大會改選理監事〉，《公論報》，1952年3月12日，版4。

23 王土，〈宜蘭縣候選人介紹〉，《公論報》，1954年4月17日，版4；劉紹唐主編，〈民國人物小傳—郭雨新〉，頁142。

24 王土，〈宜蘭縣候選人介紹〉。

三、為民喉舌與政治改革主張

郭雨新在現實政治舞臺之所以能發揮影響力，與他長期擔任臺灣省議員（及之前的臺灣省參議員）有關。透過在臺灣省級民意機關的問政，郭雨新不僅扮演為民喉舌的角色，也更進一步提出了政治改革的主張。

（一）地方自治權限問題

臺灣地方自治實施之初，國民黨改造也朝向強人威權體制發展，在「以黨領政」的政治運作模式下，地方自治權限不僅欠缺制度保障，易遭上級機關侵奪外，國民黨地方黨部對地方自治事務也有相當大的影響力。相對地，在制度層面，只有透過地方自治法制化，完成地方自治法規的立法工作，才能使地方自治權限取得法律保障，而改善上級機關侵奪的情況。至於國民黨地方黨部介入地方自治事務的問題，則必須釐清黨部與國家／地方機關的分際，才能解決。因此，以下擬依序討論郭雨新在省議會中對地方自治法制化、中央侵奪省級的權限、省政府侵奪縣市自治權限及地方自治與黨治等問題的見解。另外，由於「五龍一鳳」皆為省議員，而當時臺灣省議會的決議往往不被臺灣省政府尊重，且常遭行政院直接修改而無置喙的餘地，[25]質詢權便成為省議員問政的重要工具，有關質詢權行使的限制問題，則是攸關省議會職權的重大爭議，所以，最後再選取此一項目進行討論。

1. 地方自治法制化

根據省議會的發言記錄，郭雨新對整個地方自治法制化的問題，不僅在省議員中採取積極的立場，在在野派省議員中，表現也相當突出。他對地方自治法制化問題，用力頗深，1953年1月透過正式提案的方式主張「建議下屆成立正式省議會，實行普選省議員以重視民主政治之真諦案」[26]，要求立法院儘速完成「省縣自治通則」草案的審查之主張，並得到大會的支持，除送請政府轉承行政院參考之外，並通過向立法院請願的決議。

---

[25] 參見王雲五等，《總統府臨時行政改革委員會總報告》（臺北：總統府臨時行政改革委員會，1958年），頁18、123。

[26] 臺灣省臨時省議會秘書處編，《臺灣省臨時省議會第一屆第三次大會專輯》（臺北：臺灣省臨時省議會秘書處，1953年），頁34-35。

地方自治法制化的議題上，在野派省議員的意見大體相類。而除了郭雨新率先提案外，以第三屆臨時省議會為例，許世賢、郭國基、郭雨新、李源棧、李萬居等人皆提出相類之提案，並得到省議會的支持。[27]1958年，郭雨新則指出臺灣省政府組織的合法性，他質疑：「省政府組織依據什麼法規成立？臺灣省政府，乃是依據命令而組織，不是依據法律而組織的。臺灣省政府合署辦公施行細則，行政院於43年（1954）4月24日核定，同年12月11日臺灣省政府呈准，修正第13條條文」。[28]指出省政府的組織仍只是根據行政院發布的施行細則，不要說是根據憲法，連訓政時期的「省政府組織法」都不符合。[29]由於國民黨當局仍然沒有改革，1960年郭雨新又提出質詢，要求省主席轉請中央早日完成省縣自治通則的立法程序，以實施省長民選完成地方自治。[30]

2. 中央侵奪省級的權限

相對於制度層面改革要求的無法實現，在現實層面中央對省權限的侵奪，省議會大體上只能根據個案提出批評。以1957年2月以海埔新生地開發辦法遭到中央府逕自修改為例，郭雨新便與吳三連、許世賢等人質詢民政廳長連震東：「關於海埔新生地開發辦法，前經本會通告，惟去年12月14日省府公布辦法內容多與本會所通過者不同，其理由何在？如有變更，依照程序應提本會複議，為何未經複議，即予公布？請明白解釋，民政廳應尊重議會職權才行。」連震東表示同意議會通過的辦法，但中央政府有最後修改權，問題仍在制度面。[31]郭雨新則再提補充詢問：「希望你以後提出議會複議，否則，無須再辦議員選舉，直接由政府任用，以免勞民傷財。」[32]

而臺灣省營事業不僅是當時國營事業的大宗，其龐大的收益更為中央政府所重視，因而形成一個事業單位預算在中央與省重複編列，又受到中央與省的雙重

---

27 如許世賢、郭國基所提「請政府尊重憲法，採納民意，及早選出民選省長，成立省議會，完成臺灣省地方自治，宏揚民主政治案」。見臺灣省臨時省議會秘書處編，《臺灣省臨時省議會公報》，10：19（臺北，1957年11月5日），頁10353-10354。

28 臺灣省臨時省議會秘書處編，《臺灣省臨時省議會第三屆第一次大會專輯》，（臺北：臺灣省臨時省議會秘書處，1957年），頁1208。

29 這也是1980年代臺灣省政府委員違法超編，引發政治風暴的根本原因所在。

30 臺灣省議會秘書處編，《臺灣省議會第二屆第一次大會專輯》（臺中：臺灣省議會秘書處，1960），頁3222-3223。

31 臺灣省臨時省議會秘書處編，《臺灣省臨時省議會第二屆第六次大會專輯》（臺北：臺灣省臨時省議會秘書處，1957年），頁846。

32 臺灣省臨時省議會秘書處編，《臺灣省臨時省議會第二屆第六次大會專輯》，頁848。

監督的問題。1961年郭雨新便與郭國基對此問題提出質疑。[33]郭雨新直接質詢預算審查權歸屬問題：「菸酒公賣局預算審查權，究以立法院審議通過者為法定預算？抑以本會通過者為法定預算？」[34]

3. 省對縣市自治權限的侵奪

關於當時臺灣省政府對縣市政府權限的侵奪問題，誠如郭雨新於1961年批評的：縣市地方自治有名無實，人事、財政、施政皆為省政府所控制。[35]從會議記錄來看，他雖然針對具體案例的質詢或批評數目並不是在野派省議員最多的，但是針對攸關地方自治權限保障問題的自治事項與委辦事項的制度性劃分問題，郭雨新則用力最深。

郭雨新於1959年6月質詢指出：「自治事項與委辦事項，已否邀集學者專家研商具體劃分辦法？縣市政府預算能否依照自治事項與委辦事項劃分原則分別編擬？」[36]1961年國民黨當局有意進行地方自治法規的修訂，郭雨新則於同年7月質詢全面修改地方自治法規問題：「自治事項與委辦事項之劃分，為地方自治最重要關鍵，何以研究了兩年多，到現在還沒有結論發展？在未能明白劃分以前，修改法規與地方自治有何益處。」[37]

另外，由於省政府以預算編定原則及施政準則等限制縣市政府施政，郭雨新也提出質詢表示：「省府對各縣市預算之編定，每年均由評定委員會評定原則後，送各縣市遵辦。本席認為省府如此拘束縣市之財政收支，似有違憲之嫌。」[38]1961年周至柔則在答覆郭雨新的質詢時，表示省府頒發施政準則，只是告知各縣市政府在下一年度中省府準備做些什麼事，希望各縣市能夠配合，並不拘束縣市政府。[39]在此狀況下，質詢的意義主要在於凸顯問題，表達其意志，而難有成效。

---

[33] 臺灣省省議會秘書處編，《臺灣省省議會第二屆第三次大會專輯》（臺中：臺灣省省議會秘書處，1961年），頁2071。

[34] 臺灣省省議會秘書處編，《臺灣省省議會第二屆第四次大會專輯》（臺中：臺灣省省議會秘書處，1962年），頁2079。

[35] 《臺灣省議會第四屆第九次大會專輯》，頁3002-3015，轉引自薛化元、吳鯤魯、李福鐘、龔宜君主編，《臺灣省參議會、臨時省議會暨省議會時期史料彙編計畫——郭雨新先生史料彙編》（臺中縣：臺灣省諮議會，2001年），頁1633。本文以下簡稱《郭雨新先生史料彙編》。

[36] 臺灣省省議會秘書處編，《臺灣省省議會第一屆第一次大會專輯》（臺中：臺灣省省議會秘書處，1959年），頁2078。

[37] 臺灣省省議會秘書處編，《臺灣省省議會第二屆第三次大會專輯》，頁3074。

[38] 臺灣省臨時省議會秘書處編，《臺灣省臨時省議會第二屆第四次大會專輯》（臺北：臺灣省臨時省議會秘書處，1956年），頁2691。

[39] 臺灣省省議會秘書處，《臺灣省省議會第二屆第三次大會專輯》，頁3077。

九年國民教育實施以後，在國民教育事項，縣市政府權限呈現縮小的傾向。郭雨新更在1968年、1969年、1970年，持續對地方政府的教育人事問題提出質詢，要求省政府進行改制，避免進一步侵奪國民教育屬於地方自治事項的問題，並強調國民中學以下的地方行政權責應該根據地方自治綱要，還給縣市政府。[40]

4. 黨化的問題

由於臺灣當時在國民黨改造以後的黨國體制運作下，以黨領政固是常態，地方預算支付黨部或其他黨的組織的相關費用，亦非特例，地方黨部及黨工在地方更擁有相當的影響力。而非國民黨籍人士，甚至是有「友黨」之稱的民青兩黨，也時有遭到困擾的情事。針對有關單位介入地方選情，甚至使縣議會議長辭職問題，郭雨新與同黨籍的李萬居皆提出含蓄的質詢。[41]郭雨新於1956年8月質詢中指出：宜蘭縣第三屆縣議會議長林才添，日前突辭議長一職，以該林氏素孚眾望，處事幹練，深獲縣民之愛戴，然其兩度獲選為議長，兩度辭去，卻不同時辭去議員一職，更令人不解。[42]

至於在所謂的黨庫通國庫問題方面，民眾服務社預算問題是當時一個重點。郭雨新於1957年9月質詢中指出：「民眾服務站的設立流弊太多，請趕快撤銷」。並批評「縣市政府每年竟要為它負擔幾百萬元的經費，這是根據那一項法條辦的？」[43]

5. 省議員質詢權箝制問題

由於當時臺灣省政府並不大重視議會決議案，只有施政質詢的時候，民意代表們還可以代表人民多少講幾句話。但是國民黨當局對於省議員的總質詢基本上仍傾向加以限制，並在1958年表現欲進一步箝制的態度。[44]

當時由民政等七組審查委員會召集人聯合提出臨時動議30號「改善本會總質

---

[40] 《臺灣省議會第四屆第一次大會專輯》，頁3308-3314；《臺灣省議會第四屆第四次大會專輯》，頁2793-2799、3284-3298，轉引自《郭雨新先生史料彙編》，頁1304-1309、1400、1422。

[41] 臺灣省臨時省議會秘書處編，《臺灣省臨時省議會第二屆第二次大會專輯》（臺北：臺灣省臨時省議會秘書處，1955年），頁1794。

[42] 臺灣省臨時省議會秘書處編，《臺灣省臨時省議會第二屆第五次大會專輯》（臺北：臺灣省臨時省議會秘書處，1956年），頁2432。

[43] 臺灣省臨時省議會秘書處編，《臺灣省臨時省議會第三屆第一次大會專輯》，頁4693。

[44] 臨時省議會第三屆第三次大會時，於第八次會議（1958年7月17日）所提出的臨時動議三〇號「改善本會總質詢辦法案」，即為此一企圖的展現。見臺灣省臨時省議會秘書處編，《臺灣省臨時省議會第三屆第三次大會專輯》（臺中：臺灣省臨時省議會秘書處，1958），頁1013-1028。

詢辦法案」。在場的郭雨新主張各組分組集中問題向有關廳處集中詢問，總質詢時集中一、兩條解決，可以規範時間為半小時，但不應限制一類發言。最後議長黃朝琴提出與前述郭雨新意見相類的新提議，主張議員若參加兩類質詢，將30分鐘拆半，而省議會則舉手表決通過黃朝琴的修正意見。[45]

（二）中央民意代表機關問題

有關中央民意代表未能改選問題，早在立法委員延任之初，郭雨新及部分在野派民意代表就認為臺籍立法委員應該改選。[46]而省議員對此問題提出較深入批評的，首推李萬居，他主張「按人口比例來一半重新改選，或儘予以減縮名額」。[47]

而郭雨新在1960年代針對改造國會體制提出的改革意見，則進一步將其與憲法體制的變動做了連結。1963年，郭雨新在總質詢表示：「就中央各級民意代表而言，其任期幾達15年，青年人已變為老年人，老年人已陸續凋零，似此情形，如何能發揮效能，又如何能適應當前政治環境」。他並且標舉出在原有萬年國會體制下的改革，已經涉及憲法的本身。強調「要解決這一問題，各方均認為必須修改憲法」，同時他也意識到在當時臺灣主張修憲的複雜意義。雖然「修憲工作確屬艱鉅，不能掉心輕心，草率從事」，然而中央各級民意代表的改選問題若未處理，則只能「任其趨於萎縮或消失」，在此情況下「將如何善其後」？他進一步以臺灣省議會為訴求，「曾建議設法改選中央民意代表，以充實國力，而符國情」，[48]試圖說服當時的臺灣省主席黃杰。在某種意義上，郭雨新此一質詢將中

---

[45] 臺灣省臨時省議會秘書處編，《臺灣省臨時省議會第三屆第三次大會專輯》，頁1013-1028。以下畫線部份為修正條文，其餘為原提案條文：

一、每位議員總質詢所佔時間，仍規定為詢問及答復共三十分鐘。

二、每位議員總質詢之問題，先自行選定一類*或兩類*（照議案分類法分為民政、財政、建設、農林、教育、交通等六類）用口頭詢問，其餘用書面詢問。*選定一類者時間為三十分鐘，如欲選定兩類者，則每類詢問及答復各為十五分鐘）*。

三、總質詢之日程按類分別排列於各部門質詢之後，即民政部門質詢之最後一段時間為民政之總質詢，財政部門質詢之最後一段時間為財政類之總質詢，餘類推。

四、各類總質詢之時間，依議員選定該類口頭總質詢之人數多寡定之（例如選定民政類口頭質詢之議員共六人，則排三小時）。

五、議員之書面總質詢如能預先提出，請主席儘量於該議員口頭總質詢時間內，口頭答復，其餘書面質詢，請主席儘速答復，（最遲不超過七日）以便與口頭總質詢一併刊登本會公報及大會專輯。以後，本會公報及大會專輯，不再標明口頭質詢或書面質詢。

[46] 如1951年郭國基提案，林壁輝、郭雨新連署，「請中央如期改選本省籍立法委員切勿再延以慰民意案」及郭雨新在「臨時省議會二居二次大會對省主席嚴家淦質詢」，轉引自《郭雨新先生史料彙編》，頁75、961。

[47] 臺灣省臨時省議會秘書處編，《臺灣省臨時省議會第二屆第四次大會專輯》，頁2708-2709。

[48] 臺灣省省議會秘書處編，《臺灣省省議會第二屆第六次大會專輯》（臺中：臺灣省省議會秘書處，1963），頁3110。

央民意代表的改選問題，與憲法變動發生關聯，是此一改革訴求的重大發展。

1966年在省議會總質詢中，郭雨新再提出「中央民意代表，任期早已屆滿，當日的選民，死的死了，新的選民，繼長增多，自應依法早日改選，以符法治，以重民意」。他退一步說，中國大陸各省的民意代表，因為原有選區已被中共政權佔領，「暫時無法改選」，至少還有理由；但是，政府完全統治的臺灣，經常辦理地方公職人員選舉，何以不能辦理任期已過，已失去民意基礎的臺灣省中央民意代表的「按期改選」。而且臺灣與中央政府的關係，以及臺灣的人口、行政區劃都與行憲之初大異其趣，因此中央民意代表名額、選區也有調整的必要。「論人口，當時只有六百萬，現在已經一千二百萬以上，依據立法委員選舉法，應產生立法委員名額二十名以上」。但是當時的立法院的成員中，臺灣「原有名額只有八名，由於出缺不補，更只剩了六名。代表人民行使國家立法權的立法委員中，選民淪陷在大陸的佔百分之九十九，真正為國家盡當兵納稅義務的本省人民，在立法院裡代表說話的只有百分之一的席位，這是如何的不公平不合理」？而在國大代表方面，除了與立法委員相類的理由之外，本來「由區域產生的是以縣市為單位」，1945年舉行第一屆國民大會選舉時，臺灣「只有17個縣市，三十九年（1950年）行政區域改劃以後，增為21個縣市」，使得一些新設的縣市沒有國民大會代表。他進而「請求主席建議中央，於總統當選連任就職以後，改選國大代表、立、監委員」，如果無法全面改選，至少限度，除臺灣選出的第一屆中央民意代表，先行改選外，並在臺灣人口大幅增加，以及臺灣省人民負擔政府的賦稅、兵役的狀況下，依法依理增加應有名額。[49]

而當年3月臺灣省議會通過臨時動議，建議中央增訂臨時條款，對於改選國大代表、立法委員、監察委員，宜就自由地區及光復地區政府行政權所及部份，先行全部改選，次第推及全國，加強民意代表之代表性。[50]4月6日，40多位臺灣省議員連署聲明，要求臺灣省籍的中央級民意代表辭職，[51]藉以凸顯當時長期不改選的中央民意代表繼續行使職權的不合理性。臺灣省議會並決議組織專案小組研究，由各組召集人及黨外同仁郭雨新議員、李源棧議員、李秋遠議員、葉炳煌

---

[49] 臺灣省省議會秘書處編，《臺灣省省議會第三屆第六次大會專輯》（臺中：臺灣省省議會秘書處，1966），頁3028。

[50] 李永熾監修、薛化元主編，《臺灣歷史年表：終戰篇II》（臺北：業強，1994年），頁6；〈臺省議會建議政府 改選臺澎區中央級民意代表〉，《聯合報》，1966年3月18日，版2。

[51] 李永熾監修、薛化元主編，《臺灣歷史年表：終戰篇II》，頁6；〈省議員簽署聲明 促省籍中央級民意代表辭職〉，《自立晚報》，1966年4月6日，版1。

議員等9人組成。[52]然而，由於小組內部意見不一，沒有實質的決議。

不過，郭雨新自己則試圖對國會如何達成實質的全面改選，提出改革的方案。據《自立晚報》報導，郭雨新認為：[53]

> 理論上現任立監委和國大代表早就應該停職停薪，把「缺」騰出，好讓政府進行一次全面性的改選，使新選出的中央民意代表充份代表最新的民意，最低限度與民意較為接近，而絕對不至於形成像今天這樣的特權階級。

此外，郭雨新對於中央民意代表「停職」表示其看法，郭雨新並不主張一律停職停薪，他認為要同情「隨政府播遷來臺的立監委和國代」的生活，應一概「留薪停職」。[54]

就此而言，郭雨新除主張中央民意代表應該自動辭職，以便進行全面選舉外，對來自中國大陸的第一屆中央民意代表則可採取停職留薪的辦法，讓他們生活無後顧之憂。[55]

（三）地方權益與服務

雖說郭雨新擔任民意代表期間主要是在臺北活動，但從他為民喉舌的表現，則清楚地看出他對於自己選區宜蘭的關注，積極為選民（宜蘭建設）而在省議會中努力。筆者根據《郭雨新先生史料彙編》整理統計，郭雨新在從臺灣省參議會到臺灣省議會期間，有關宜蘭部分，單單提案（含連署），就達到494件之多。從鐵路設站、[56]電線的建置、[57]路燈的設置、[58]柏油路的鋪設，[59]乃至地方大專院

---

[52] 臺灣省省議會秘書處編，《臺灣省省議會第三屆第七次大會專輯》（臺中：臺灣省省議會秘書處，1966），頁2630。

[53] 〈中央民意代表應停職留「薪」——省議員郭雨新建議省籍立委國代率先辭職示範〉，《自立晚報》，1966年5月7日，版4。

[54] 〈中央民意代表應停職留「薪」——省議員郭雨新建議省籍立委國代率先辭職示範〉。

[55] 〈中央民意代表應停職留「薪」——省議員郭雨新建議省籍立委國代率先辭職示範〉。

[56] 如「請鐵路局於頂埔火車停留處建築簡易候車站以利交通案」、「請鐵路局早日設置礁溪南車站以利交通案」，見《臺灣省議會第二屆第三次大會專輯》，頁633；《臺灣省議會第四屆第八次大會專輯》，頁719，轉引自《郭雨新先生史料彙編》，頁378、804-805。

[57] 如「請電力公司迅將宜蘭羅東蘇澳等三市鎮都市計劃區域內高壓電線移往郊外以保人民生命安全案」，見《臺灣省臨時省議會第三屆第一次大會專輯》，頁475-476，轉引自《郭雨新先生史料彙編》，頁235-236。

[58] 如「請臺灣電力公司降低路燈接護費以協助地方公共交通治安案」，見《臺灣省議會第四屆第五次大會專輯》，頁336-337，轉引自《郭雨新先生史料彙編》，頁707。

[59] 如「請省公路局將宜蘭縣宜蘭頭城段及羅東蘇澳段省道速舖設柏油路面以利交通案」，見《臺灣省

校的設立，[60]或是推動蘇澳港的建設等等，[61]皆在其中。

（四）原住民權益問題

同時，他對原住民的狀況也十分注意，不包括質詢跟發言的內容，他提案（含連署）就有21件之多，包括要求增加原住民省議員的名額；[62]注意原住民居住山地鄉的經費問題；[63]對於原住民刑事案件，應考慮是否為正當防衛，並進行法律常識教育；[64]或者是漂流木的處理問題交由所在原住民鄉公所處理，[65]都是他在提案中曾經注意而且關心的。

（五）言論結社自由及重要人權問題

另一方面，新聞自由、言論自由、報禁，乃至黨禁，也都是郭雨新在問政中曾經觸及的基本人權問題。其中在新聞自由、言論自由、報禁部分，他先後提了12件的質詢案；而在黨禁部分，也提出1次質詢，[66]並且還有另外1次的發言紀錄。[67]

（六）產業相關問題

郭雨新在議會，對於他專業的茶業、香蕉的部分，也有相當的著墨，其中與茶業相關的提案有6件，[68]質詢有9件；[69]有關香蕉產業發展外銷的提案有3

臨時省議會第三屆第三次大會專輯》，頁520-521，轉引自《郭雨新先生史料彙編》，頁257-258。

[60] 如「請政府早日籌設宜蘭農工專科學校案」，見《臺灣省議會第四居第五次大會專輯》，頁393-397，轉引自《郭雨新先生史料彙編》，頁709-714。

[61] 如「請政府開闢蘇澳港以利航運發展工業開發資源案」，見《臺灣省議會第二居第三次大會專輯》，頁644，轉引自《郭雨新先生史料彙編》，頁345。

[62] 馬有岳提「請政府特准增加山地同胞省議員名額案」，郭雨新與謝漢儒連署，見《臺灣省參議會第一居第十次大會特輯》，頁89，轉引自《郭雨新先生史料彙編》，頁61。

[63] 如「請省政府撥付專款補助山地鄉興建公井公廁案」，見《臺灣省臨時省議會第三居第一次大會專輯》，頁189，轉引自《郭雨新先生史料彙編》，頁228。

[64] 林瑞昌提「山地刑事案件請特別賜予法理上之考慮案」，郭雨新與馬有岳連署，見《臺灣省參議會第一居十一次大會特輯》，頁155，轉引自《郭雨新先生史料彙編》，頁77。

[65] 如「請政府就山地行政區域所轄國有林班內之風倒木及各溪支流之水流木優先准由該管山地鄉公所承辦打撈以充裕鄉庫案」，見《臺灣省臨時省議會第二居第五次大會專輯》，頁257-258，轉引自《郭雨新先生史料彙編》，頁221。

[66] 「就言論自由、報禁、黨禁、地方自治、議員言論免則、警員待遇、教育等問題質詢省主席周至柔」，見《臺灣省議會第二居第三次大會專輯》，頁3071-3079，轉引自《郭雨新先生史料彙編》，頁1142-1148。

[67] 李萬居提「請政府轉請中央依照憲法規定准許人民有組黨自由案」，見《臺灣省臨時省議會第二居第五次大會，頁790，轉引自《郭雨新先生史料彙編》，頁1734-1735

[68] 如「茶業振興方案」，見《臺灣省參議會第一居第九次大會特輯》，頁74，轉引自《郭雨新先生史料彙編》，頁57。

[69] 如「就茶葉問題質詢省府農林廳」，見《臺灣省參議會第一居第十次大會特輯》，頁64，轉引自

件，[70]質詢也有3件。[71]這些都是郭雨新關注產業發展的表現。

二、1970年代的努力與離臺

1970年代郭雨新在整個黨外運動是備受尊重的前輩，但他在選舉方面卻屢遭挫折，最後選擇設法離臺，到美國繼續尋求為臺灣發聲的空間。以下擬先依序討論郭雨新從政後期的情形，並探討其意義。

（一）放棄參選1972年第一次增額立法委員選舉

目前已知利用政治檔案進行郭雨新研究的，主要是任育德。她認為郭雨新雖然在宜蘭長期建立群眾的基礎，但在「人情關係緊密、資金有限情況下」，如果「超出宜蘭縣境，要參選其他層級公職人員，亦顯吃力」，因而放棄參選「1972年增補選立法委員」。[72]當時預定在1972年12月23日舉行第一次增額中央民意代表及臺灣省第五屆省議員、第七屆縣市長選舉，[73]而郭雨新如何選擇也備受矚目。該年7月8日，郭雨新於《大學雜誌》的座談會上雖表示對中央民意代表職位「不感興趣」，但細觀其發言內容，實際上郭雨新是對增額中央民意代表（原文稱為增補選，以下皆同）制度，以及終身職的中央民意代表規定有所不滿，他提出三點批判：1.中央民意代表分為第一屆終身職及定期改選的增額代表，制度不合理。2.增額代表人數太少，應全面改選。3.黨外候選人在競選過程中受到各種干涉和威脅。[74]

根據稍後1972年7月23日《自立晚報》的報導：郭雨新曾有意角逐立法委員，但最後仍決定繼續競選省議員。[75]推測郭雨新在7月8日《大學雜誌》舉行座談會時，已傾向繼續投入省議員的選舉。

《郭雨新先生史料彙編》，頁846-847。

70 如「請政府對於香蕉出口實績列計申請進口標準准與其他出口品同等比率計算案」，見《臺灣省臨時省議會第一屆第五次大會專輯》，頁85-86，轉引自《郭雨新先生史料彙編》，頁161。

71 如「就出口貿易商登記、香蕉出口問題質詢省府財政廳」，見《臺灣省臨時省議會第二屆第一次大會專輯》，頁1259-1260，轉引自《郭雨新先生史料彙編》，頁925-926。

72 任育德，〈政治檔案所見的黨外人物郭雨新（1950s-1970s）〉，頁140-142。任育德註釋說明參考出處為：「張文隆，《臺灣民主之父：郭雨新評傳》，頁101-103。郭雨新放棄參選中央民代聲明，亦曾為海外刊物轉載，見黃懷，〈孫中山陰魂不散與臺灣選舉〉，《臺灣人民》，5期（1973年7月），頁10-11，政治大學『臺灣政治與社會發展海外史料資料庫』，典藏號：ccl_tdm_ar_001900050040。」

73 〈增選中央民意代表 選舉投票日期決定 選舉委員昨舉行首次全體會議 林金生要求精簡規章嚴於督導〉，《中央日報》，1972年7月29日，版1。

74 〈中央及地方選舉問題座談會〉，《大學雜誌》，56（臺北，1972年8月），頁31。

75 〈郭雨新改變初衷 決續競選省議員 目標指向副議長〉，《自立晚報》，1972年7月23日，版6。

（二）放棄參選1972年省議員

郭雨新固然想繼續競選省議員，但國民黨當局則採取封殺的政策。此一政策與郭雨新在省議會強力監督國民黨當局的作為有關，同時也表現在彭明敏逃離臺灣後，情治單位對郭雨新的監控上。最晚從1971年，情治單位對郭雨新的競選文宣和行動進行監控。[76]當時並要求警總保安處注意情報，處理後續。[77]

1. 國民黨當局的監控與足額提名

1972年第五屆臺灣省議員選舉，宜蘭縣依然有兩個當選名額。過去，國民黨在宜蘭地區只會提名一人，將另一個名額禮讓給青年黨籍的郭雨新，然而1972年，國民黨首次在宜蘭地區足額提名。[78]國民黨此舉被解讀是意圖使郭雨新落選；同時，國民黨並動員軍警情治人員破壞郭雨新的競選活動。[79]

2. 選務舞弊的傳聞

國民黨當局試圖作票拉下郭雨新的說法，透過親近的友人傳進郭雨新的耳裡。承印宜蘭縣政府選舉事務所選票的蘭陽印刷公司負責人林楚棋，告訴郭雨新：「不要選，在那裡印選票是印40萬張！」而宜蘭的選舉人數當時才20萬。[80]郭雨新曾向齊世英說明退選的原因，便與此有關：「因為國民黨在宜蘭縣施行『安全措施』，就是要舞弊而使他落選。因為170多個投票所，只有40個准他派人」參加選務。[81]

對郭雨新而言，親近友人提供的訊息，本來就有相當高的可信度，而國民黨當局長期選務不公，乃至選舉舞弊，無法派人參與選務（或監票），更影響郭雨新參與選舉的信心。

---

[76] 張中柱，〈一七一七專案特一號郭雨新在宜蘭活動競選省議員動態〉，（60）石歷字第10343號（1971年12月31日），《一七一七專案》，國家發展委員會檔案管理局藏，檔號：A305000000C/0060/0553.31/1000.2/1/003/0002。

[77] 檢查管制室簽呈，〈一七一七專案特一號郭雨新競選省議員動態，擬處意見，簽請鑒核〉（1972年1月5日），《一七一七專案》，國家發展委員會檔案管理局藏，檔號：A305000000C/0060/0553.31/1000.2/1/002/0007。

[78] 〈國民黨未禮讓郭雨新〉，《自立晚報》，1972年10月17日，版2。

[79] 郭惠娜、許芳庭編，《郭雨新先生照片暨史料集》，頁89。

[80] 張文隆訪問、整理，〈郭峰先生訪談錄〉，收於張文隆、陳儀深、許文堂訪問，《郭雨新先生行誼訪談錄》，頁165。

[81] 雷震，1972年12月14日日記，收於傅正編，《雷震全集（45）：最後十年（一）》（臺北市：桂冠圖書，1990），頁296。

3. 支持者出事及遭到威脅

郭雨新的兩位重要助選員，張光熾車禍身亡，賴茂輝被捕，是影響他退選決定的一項重要因素。[82]而他在決定退選的會議上，也告訴支持他的幹部：「情治單位將你們80幾個列入；我若競選，這80幾個人都欲抓去。」如果他參選到底，「你們80幾個為我去坐監，實在於心何忍！」[83]由於「助選員或遭恐嚇或以莫須有罪名遭拘禁」，陷入孤立情勢的郭雨新，最終決定宣布撤銷競選登記。[84]

（三）1973年監委選舉以零票落選

郭雨新放棄臺灣省議員選舉的連任後，就積極準備增額監察委員的選舉。郭循兩個管道來爭取此一職務，首先是青年黨在國民黨禮讓之下的席次，其次則是透過他長期在臺灣省議會的人脈，爭取黨外省議員的支持。臺灣省應選的監委席次中，國民黨當局原準備禮讓一席給青年黨。對此政策轉折，媒體也有相關報導。[85]本來青年黨由余家菊、陳啟天、李璜、胡國偉等四位領導人署名推薦郭雨新，不過，國民黨方面不接受。[86]而青年黨內部也有人反對堅持提名郭雨新到底。最後，就由青年黨的幹事長林可璣和李公權去找國民黨中央政策委員會秘書長趙自齊，表示青年黨不提名人。[87]而國民黨則提名足額，封殺郭雨新自行選舉監委當選的可能性。

在國民黨威脅利誘之下，郭雨新的拉票過程並不順利。如康寧祥所說，他陪郭雨新跑遍全臺拉票，雖然碰面的省議員都表達支持之意，不過康寧祥則認為面對壓力這些人可能跑票。[88]陳菊的回憶也指出，最後郭雨新有把握的票數大概只有2票或3票。[89]而郭雨新的朋友陳文典的記載，則有更清楚的說明。根據他的了解，最後郭雨新有把握只有高雄縣和臺南市2票黨外省議員沒有失守。之所以會

---

[82] 陳儀深訪問、林東璟紀錄，〈擔任秘書十年——陳菊女士訪談錄〉，收於張文隆、陳儀深、許文堂訪問，《郭雨新先生行誼訪談錄》，頁88。

[83] 張文隆訪問、整理，〈陳甲春先生訪談錄〉，收於張文隆、陳儀深、許文堂訪問，《郭雨新先生行誼訪談錄》，頁206-207。

[84] 任育德，〈終身的在野者：郭雨新的從政生涯〉，頁113。

[85] 陳祖華，〈執政黨增提兩名監委候選人經緯〉，《聯合報》，1973年1月11日，版2。

[86] 雷震，1973年1月19日日記，收於傅正編，《雷震全集（46）：最後十年（二）》（臺北市：桂冠圖書，1990），頁17-18。

[87] 雷震，1973年1月12日日記，收於傅正編，《雷震全集（46）：最後十年（二）》，頁13-14。

[88] 許文堂訪問、簡佳慧紀錄，〈民主的先行者——郭雨新歐吉桑——康寧祥先生訪談錄〉，頁251。

[89] 陳儀深訪問、林東璟紀錄，〈擔任秘書十年——陳菊女士訪談錄〉，頁87。

導致這樣的結果，固然是國民黨的策略相當成功，傳言另一個原因是郭雨新把可能支持他的名單告訴了謝東閔，認為這樣可以有效穩定局勢。而國民黨拿到名單之後，反而更有力的進行各個擊破，原本支持郭雨新的李炳盛，為了客運事業也被迫棄守；因此最後郭雨新通知支持他的2票，不要投給他，而以0票落選。[90]

國民黨當局之所以積極在監察委員選舉中打壓郭雨新，並非臨時起意。從國民黨之前在臺灣省議員選舉中，用盡各種手段迫使郭雨新退選，就是希望郭雨新退出現實政治舞臺，這是從郭雨新被列入監控對象之後，政策的持續發展，而中央增額監察委員擁有不少權限，更可能是國民黨不願看到郭雨新當選的原因，因而一方面不同意青年黨提名，另一方面則以郭雨新與臺獨有關作為理由進行打壓，[91]甚至傳出郭雨新試圖串連黨外人士，不應讓他當選的傳聞[92]，而最後造成0票落選的結局。

（四）《臺灣政論》與1975年第二次增額立委選舉

《臺灣政論》是戰後中華民國政府遷臺之後，第一份由臺灣本土菁英主導的政論性雜誌，更開啟了後來黨外雜誌的先河。而這份雜誌又與當年的選舉有密切的關係，深受各方矚目，創刊第1期就再刷了五次，到第5期除了在臺灣本土有5萬份的銷售量外，並且還有2千份的海外訂戶。[93]同時，它也結合了臺灣內部要求自由民主的力量。在某種意義上，它結合了1969年中央民意代表增補選選舉以來逐漸產生的在野政治人物，與《大學雜誌》支持政治改革運動的知識份子，因而使黨外的力量和素質有了相當突破性的發展。[94]基本上，《臺灣政論》的出刊，有幾項重要的意義：包括傳承參與日治時期運反對動菁英的經驗、促成反對派菁英的交流與結合、促進海外民主運動與臺灣內部民主運動的互動，以及啟蒙關心政治的青年學生。[95]

而這份雜誌之所以能夠成功，郭雨新扮演了重要的角色。其中最關鍵的是創辦雜誌所需要的保證金，就是由郭雨新負責去籌借的，而且因為當時不熟悉保

---

90 陳儀深訪問、簡佳慧紀錄，〈頑抱信念自由 夢迴蒼生無路——陳文典先生訪談錄〉，收於張文隆、陳儀深、許文堂訪問，《郭雨新先生行誼訪談錄》，頁137。

91 雷震，1973年1月5日日記，收於傅正編，《雷震全集（46）：最後十年（二）》，頁4-5。

92 雷震，1973年1月17日日記，收於傅正編，《雷震全集（46）：最後十年（二）》，頁16。

93 李筱峰，《臺灣民主運動四十年》，頁116

94 李筱峰，《臺灣民主運動四十年》，頁117。

95 康寧祥論述、陳政農編撰，《臺灣，打拚：康寧祥回憶錄》（臺北市：允晨文化，2013年），頁192-193。

證金必須存放的期間，還由康寧祥先後拜託郭雨新出面去借了兩次。[96]《臺灣政論》與郭雨新的選舉也有密切的關係。換言之，透過《臺灣政論》，使郭雨新和康寧祥有更密切的互動，而郭雨新1975年參加增額中央民意代表選舉，他的文宣也是由《臺灣政論》內部的人員協助完成的。[97]

當時郭雨新在文宣中提出了幾個重要的主張：包括反對長期戒嚴、要求國會全面改選、組織強而有力的反對黨、軍憲警國家化、選舉的公平公正公開，並反對國民黨國庫補貼黨庫，而要求言論集會結社的自由，並尊重學術的發展，要求公正的、獨立的司法，還包括要求人民的生存權、工作權，全民社會福利，秘密通訊的自由。[98]

此外，郭雨新這一次的選舉，也是黨外新生代參與政治的重要開端。這些新生代，包括了透過陳菊連結的兩個脈絡：當時田秋堇在臺大讀書，陳菊因而認識了一批支持黨外民主運動的學生，邱義仁、吳乃仁、吳乃德、謝明達、蕭裕珍、田秋堇、周弘憲；同時，陳菊在政大公企中心擔任圖書館員，也認識了畢業自東海大學的研究生，林正杰（政大公行所）、范巽綠（淡江美國所）、賀端蕃（臺大政治所），他們也投入選戰，為郭雨新助選，成為後來黨外運動重要的成員。[99]

郭雨新出國前，也開始積極的培養在宜蘭的接班人。郭雨新分別帶林義雄、高銓鴻、游錫堃拜訪他地方上的支持者，[100]雖然他們當時尚不能馬上競爭宜蘭縣長的職位，不過林義雄和游錫堃則相繼成為宜蘭縣省議員，接下了郭雨新的政治棒子。

三、臺灣民主運動脈絡中的郭雨新

（一）黨外運動的銜接

如前所述，郭雨新是銜接1950年代到1970年代民主運動的重要角色，他還栽培宜蘭民主運動的後續領導人。在某種意義上，郭雨新也是當時老中青三代的橋樑、島內和海外的橋樑、本省人和外省人的橋樑。[101]

96　許文堂訪問、簡佳慧紀錄，〈民主的先行者——郭雨新歐吉桑——康寧祥先生訪談錄〉，頁250。

97　陳儀深訪問、林東璟紀錄，〈擔任秘書十年——陳菊女士訪談錄〉，頁88-89。

98　李筱峰，《臺灣民主運動四十年》，頁118-120。

99　陳儀深訪問、林東璟紀錄，〈擔任秘書十年——陳菊女士訪談錄〉，頁89-90；張文隆訪問，張文隆、張儷儒整理，〈田秋堇女士訪談錄〉，收於張文隆、陳儀深、許文堂訪問，《郭雨新先生行誼訪談錄》，頁323；李筱峰，《臺灣民主運動四十年》，頁122。

100　張文隆訪問、整理，〈陳甲春先生訪談錄〉，頁215；張文隆訪問、整理，〈陳碧山先生訪談錄〉，收於張文隆、陳儀深、許文堂訪問，《郭雨新先生行誼訪談錄》，頁222。

101　陳儀深訪問、林東璟紀錄，〈跨時代、跨地域、跨省籍的溝通橋樑——林衡哲先生訪談錄〉，收雷震1960年被捕，反對黨運動受挫之後，郭雨新在在野力量領導位置已經受到國民黨當局的重視。1961年丘念台建議陳誠應該接見臺灣重要代表人物時，應以不同政見類人物來接見郭雨新，而郭雨新也隨即應邀參加1961年第一次的陽明山會談。隨著反對勢力五龍一鳳逐漸淡出省議會，在1966年以後，郭雨新仍然努力承擔反對勢力內部的領導和聯絡的角色，當時無黨籍重要的省議員李炳盛，就表明郭雨新從第三屆省議會起就「已經成為黨外負責領導的老大哥」。[102]而這樣的位置受到國外的注意，1967年美國國務院便邀請郭雨新赴美國考察。[103]

以下擬以1970、1980年代黨外運動的重要領導人康寧祥為例，說明郭雨新的角色。1969年康寧祥參選臺北市議員，郭雨新特別去聽他在公辦政見會的演講，第二天並去找康寧祥，此一接觸對康寧祥成為新一代黨外的領導人有深遠的影響。康寧祥回憶當時：「剛好整個臺灣民主運動發展的重心都在他那裡，當時全國無黨無派的政治菁英、各山頭的政治領袖透過郭雨新的穿針引線彼此認識，我這個『少年家』也開始漸漸跟大家認識。」就這樣透過郭雨新，康寧祥「一方面和老一輩的雷震、吳三連等人，年輕一輩的張俊宏、姚嘉文認識，一方面郭先生選舉時都會和高玉樹等人有所聯繫，可以認識全島各地的人」。[104]

（二）試圖串聯黨外勢力遭到打壓

郭雨新在1960年代逐漸成為全臺性在野政治菁英的代表性人物，而國民黨當局和情治單位對此採取了懷柔和監控的策略。

最晚從1968年地方選舉，國民黨內部文件中就認為郭雨新是分歧份子，而且平日言論反對政府，並與民社黨、青年黨互通聲氣。[105]而從1970年9月起，郭雨新就已經成為國民黨情治單位防制特殊份子偷渡名單的第一位。[106]至於1970年全國青年團結促進會雖與郭雨新沒有直接的關係，但當時國民黨情治單位已經注意到組織成員與郭雨新密切往來，郭雨新也曾經遭到審訊。幸好當時美國駐華大使馬康衛協助，才讓郭雨新倖免於難。[107]

於張文隆、陳儀深、許文堂訪問，《郭雨新先生行誼訪談錄》，頁377-378。

102 任育德，〈政治檔案所見的黨外人物郭雨新（1950s-1970s）〉，頁144-145。

103 任育德，〈政治檔案所見的黨外人物郭雨新（1950s-1970s）〉，頁149-150。

104 許文堂訪問、簡佳慧紀錄，〈民主的先行者——郭雨新歐吉桑——康寧祥先生訪談錄〉，頁248-249。

105 任育德，〈政治檔案所見的黨外人物郭雨新（1950s-1970s）〉，頁155。

106 任育德，〈政治檔案所見的黨外人物郭雨新（1950s-1970s）〉，頁161。

107 任育德，〈政治檔案所見的黨外人物郭雨新（1950s-1970s）〉，頁158。

另一方面，郭雨新也積極串連黨外人士，甚至醞釀組織化的工作。而國民黨當局之所以要打壓郭雨新，與他積極串連黨外人士有一定的關係，這是1973年增額監察委員選舉郭雨新遭到打壓的原因之一。[108]美國方面也注意到郭雨新的態度，1972年美國駐臺大使館的副館長來天惠（William Henry Gleysteen, Jr.）與郭雨新碰面，對於郭雨新有意組黨的情形有所關注，甚至還可能有鼓勵的意思，因而再受到情治單位的注意。[109]

雖然如此，郭雨新仍積極串連黨外人士，1974年郭曾經告訴雷震，他在臺灣南部串連組黨，這件事情只有讓齊世英和雷震知道。[110]而在1976年，他更進一步與楊金海合作，在楊金海的協助之下，暗中希望組黨。當時楊金海以南部參與黨外的商業會理監事和政治人物為主體，找了30多人連署準備組黨，而他把相關的名單拿到郭雨新家時，碰巧郭雨新不在，楊金海遂託友人轉交。結果一週後，5月31日楊金海被捕。[111]楊金海因而被處重刑，而郭雨新則和楊金海的哥哥透過國際特赦組織等人權機構協助，才挽回楊金海免於一死。[112]

（三）國內外訊息的交流

郭雨新作為臺灣島內和海外反對運動橋樑的作用，也是相當重要的，而且開始的時間相當早。由於他個人在青果外銷和企業經營的關係，在當時不能出國觀光的時代，可以赴國外旅行，而與海外臺獨人士有所往來，其中最明顯的就是在日本，與黃昭堂等人密切互動。這一方面是黃昭堂與郭雨新的好友郭秋煌的家人熟識，而對郭雨新有所了解，另一方面，則是郭雨新和許世楷的父親是好友。「從1961年開始，當時只要郭雨新來日本，我們都會盡地主之誼，請他吃飯、一起聚談等等，而我在當時也有想拉攏這位『臺灣五虎將』的意圖。」根據黃昭堂的了解，「郭雨新在臺灣接觸的範圍有日本人也有美國人，例如美國新聞處、領事館的官員等」，而他到日本時，黃昭堂介紹比較熟識的日本一些政治家或有名人士和郭雨新認識。1969年起，郭雨新也告訴黃昭堂，可以透過陳菊和他聯絡。對郭雨新而言，這種互動也有助於他透過海外的訊息，了解臺灣的狀

---

108 雷震，1973年1月17日日記，收於傅正編，《雷震全集（46）：最後十年（二）》，頁16。
109 任育德，〈政治檔案所見的黨外人物郭雨新（1950s-1970s）〉，頁152。
110 雷震，1974年4月25日日記，收於傅正編，《雷震全集（46）：最後十年（二）》，頁247-248。
111 陳儀深訪問、鄭毓嫻紀錄，〈同志、戰友、恩人——楊金海先生訪談錄〉，收於張文隆、陳儀深、許文堂訪問，《郭雨新先生行誼訪談錄》，頁286-287。
112 郭惠娜、許芳庭編，《郭雨新先生照片暨史料集》，頁186。

況。[113]

在此期間，郭雨新雖然沒有接受黃昭堂的安排到美國積極為臺灣獨立發聲（之後才赴美），但是海外出版批判國民黨的書刊雜誌，則往往透過管道交到郭雨新的手上。以雷震為例，他就可以很快在郭雨新處看到當時才剛出版不久的海外異議言論，這也是島內與島外互動重要的一環。[114]

四、結論

郭雨新在臺灣戰後民主運動中，扮演著相當重要的角色。郭雨新在政治舞臺上既是作為民意代表，所以他的政治改革主張主要也是透過在議壇論證來展現。一般認識的郭雨新，雖然是宜蘭的民意代表，但主要的活動場域是在臺北。他和宜蘭的連結，一方面是地方有力人士對他的支持，而另一方面，他對選區的建設、選民的服務相當積極。在與宜蘭相關的建設部分，他透過提案便累積了可觀的成果，而且他對原住民的處境還有原住民居住地區的經費問題也投注了相當的心力。

在政治制度的面向，郭雨新從地方自治的法制化，到抗拒國民黨試圖鉗制省議員的問政，都有傑出的表現。他雖然不是最早提出要求中央民意代表全面改選的人，但他除了注意到國會全面改選與憲法之間的連結，在國民黨試圖推動中央民意代表改革的1966年，他主張臺籍的中央民意代表應該辭職、進行改選。不僅如此，在過去被忽略的是，他在此時也主張了國會全面改選，而且他注意到來自中國大陸的第一屆中央民意代表的社會經濟處境，思考如何解決可能的阻力，而提出了所謂「停職不停薪」的改革構想。

就地方而言，從他擔任臺灣省參議員起，就是宜蘭地區在野派最重要的政治領袖。直到1972年，他失去了民意代表的身分，但是在宜蘭地區的政壇仍然舉足輕重，後續宜蘭黨外運動的重要領導人，自林義雄以降，大多和他有密切的關係。

在臺灣民主運動發展脈絡中，郭雨新在1960年中國民主黨籌組行動，由於雷震被捕，遭到嚴重挫折之後，仍然努力試圖與其他地方黨外人士互動和串聯。

---

[113] 陳儀深訪問、簡佳慧紀錄，〈海外臺獨運動者的島內連結——黃昭堂先生訪談錄〉，收於張文隆、陳儀深、許文堂訪問，《郭雨新先生行誼訪談錄》，頁346-347。

[114] 任育德，〈政治檔案所見的黨外人物郭雨新（1950s-1970s）〉，頁146-148。

郭雨新因而在1960年代，逐漸成為全臺黨外運動的重要連結人物。就此而言，他是跨時代、跨地域、跨省籍的反對運動者的重要溝通橋樑。1960年代是民主運動較為沉寂的時代，他仍然積極進行串聯並批判國民黨，因而成為國民黨當局打壓的對象。相對於此，包括美國在內，國外關心臺灣政治發展的外交人士也注意到郭雨新，並與他保持聯繫溝通的管道。在另一方面，由於郭雨新在青果合作社的外銷還有企業經營的關係，早年便可以出國，因而與海外的臺獨人士也有一定程度的互動，傳遞島內外的訊息。前述的串聯行動，導致郭雨新遭到國民黨當局的打壓，失去了政治舞臺。不過，他將人脈傳承給了新一代的黨外領導人，如康寧祥，而且透過他的選舉，進而帶動了黨外新生代的參政，這也是他在民主運動中必須被注意的角色。

1970年代郭雨新離臺前，國民黨當局對郭雨新的臺灣認同相當重視，甚至批評他是「臺獨」，要求青年黨不要支持郭雨新參選監察委員。相對地，當郭雨新主張中央民意代表全面改選之時，他已經意識到此一主張攸關憲法修改。從另一角度來看，此一主張的落實，將使中華民國政府的統治基礎建立在臺澎金馬住民的民意基礎之上。

最後，郭雨新到美國後宣布要和蔣經國競選總統，在現實上雖不可能，但是他對臺灣的前途則有進一步的主張。當時旅美臺灣同鄉於*The Washington Post*刊登支持郭雨新參選的廣告中，曾刊登了郭雨新的政見，對臺灣前途提出更明確的主張：臺灣地位應由臺灣住民自行決定，而臺灣人民如果可以公開表態，多數將會選擇一個新而獨立的國家。[115]1970年代繼臺灣基督長老教會三大宣言之後，1978年黨外人士也在年底聯名發表〈黨外人士國是聲明〉明確提出了住民自決的主張。離臺後的郭雨新與臺灣民主運動的發展，仍然維持一定的互動。至於郭雨新在美國的政治主張與行動，則留待之後再作深入的討論。

[115] 感謝評論人李筱峰教授與談時提供的資料。1978年2月28日，多個海外臺灣人團體於《華盛頓郵報》刊登廣告，擁護郭雨新競選總統，並發表對臺灣前途（The Future of Taiwan）的主張：The right to self-determination of the Taiwanese people is not negotiable. We firmly believe that when the people of Taiwan are permitted to openly and freely express their political choice, they will overwhelmingly choose to establish a new and independent country of their own, in which freedom, equality, justice, and democracy prevail. 見"The Presidential Election in Taiwan on March 21 and 22, 1978 Must be Democratic and Free," *The Washington Post*, (Washington, D.C.) 28 February 1978, A17. 亦見於郭惠娜、許芳庭（編），《郭雨新先生照片暨史料集》，頁163。

引用書目

（一）期刊論文

任育德

2008 〈終身的在野者：郭雨新的從政生涯〉，《臺灣風物》（臺北）58(4): 93-122。

劉紹唐主編

1989 〈民國人物小傳—郭雨新〉，《傳記文學》（臺北）55(6): 141-143。

（二）論文著作集

任育德

2021 〈政治檔案所見的黨外人物郭雨新（1950s-1970s）〉，收於歐素瑛、黃翔瑜、吳俊瑩編，《威權鬆動：解嚴前臺灣重大政治案件與政治變遷（1977-1987）》，頁137-171。臺北：國史館。

薛化元

2005 〈郭雨新對民主的主張：以省議員任內為中心的討論〉，收於郭雨新先生逝世20週年紀念活動籌備委員會編，《牛背上的民主騎士——郭雨新先生逝世20週年紀念論文集》，頁16-27。臺北：郭雨新先生逝世20週年紀念活動籌備委員會。

（三）專著

李永熾監修、薛化元主編

1994 《臺灣歷史年表：終戰篇 II》。臺北：業強。

李筱峰

1987 《臺灣民主運動四十年》。臺北：自立晚報。

若林正丈著，洪金珠、許佩賢譯

1994 《臺灣：分裂國家與民主化》。臺北：月旦。

康寧祥論述、陳政農編撰

2013 《臺灣，打拚：康寧祥回憶錄》。臺北市：允晨文化。

張文隆、陳儀深、許文堂訪問

2008 《郭雨新先生行誼訪談錄》。臺北縣：國史館。

郭惠娜、林衡哲編著

1988 《郭雨新紀念文集：臺灣民主傳教士》。臺北：前衛。

雷震原著、傅正編

1990 《雷震全集（45）：最後十年（一）》。臺北市：桂冠圖書。

《雷震全集（46）：最後十年（二）》。臺北市：桂冠圖書。

雷震原著、薛化元主編

2011 《中華民國制憲史——制憲國民大會》。新北：稻鄉。

薛化元
2020 《民主的浪漫之路：雷震傳》。臺北：遠流。

（四）檔案、史料、報紙
〈一七一七專案〉，國家發展委員會檔案管理局藏，《國防部》，檔號：A305000000C/0060/0553.31/1000.2。
《大學雜誌》（臺北），1972
《中央日報》（臺北），1950-1972
《公論報》（臺北），1949-1954
《司法專刊》（臺北），1954
《民聲日報》（臺北），1950
《自立晚報》（臺北），1966-1972
《臺灣省臨時省議會公報》（臺北），1957
《總統府公報》（臺北），1953-1954
《聯合報》（臺北），1966-1973
The Washington Post (Washington D.C.) 1978
王雲五等
1958 《總統府臨時行政改革委員會總報告》。臺北：總統府臨時行政改革委員會。
吳俊瑩、歐素瑛、黃翔瑜編
2022 《戰後臺灣政治案件：蘇東啟案史料彙編（四）》。臺北：國史館。
郭惠娜、許芳庭編
2008 《郭雨新先生照片暨史料集》。臺北縣：國史館。
臺灣省地方自治誌要編輯委員會編
1965 《臺灣省地方自治誌要》。臺中：臺灣省地方自治誌要編輯委員會。
臺灣省省議會秘書處編
1959 《臺灣省省議會第一屆第一次大會專輯》。臺中：臺灣省省議會秘書處。
1960 《臺灣省省議會第二屆第一次大會專輯》。臺中：臺灣省省議會秘書處。
1961 《臺灣省省議會第二屆第三次大會專輯》。臺中：臺灣省省議會秘書處。
1962 《臺灣省省議會第二屆第四次大會專輯》。臺中：臺灣省省議會秘書處。
1963 《臺灣省省議會第二屆第六次大會專輯》。臺中：臺灣省省議會秘書處。
1966 《臺灣省省議會第三屆第六次大會專輯》。臺中：臺灣省省議會秘書處。
《臺灣省省議會第三屆第七次大會專輯》。臺中：臺灣省省議會秘書處。
臺灣省臨時省議會秘書處編
1953 《臺灣省臨時省議會第一屆第三次大會專輯》。臺北：臺灣省臨時省議會秘書處。
1955 《臺灣省臨時省議會第二屆第二次大會專輯》。臺北：臺灣省臨時省議會秘書處。
1956 《臺灣省臨時省議會第二屆第四次大會專輯》。臺北：臺灣省臨時省議會秘書處。

《臺灣省臨時省議會第二屆第五次大會專輯》。臺北：臺灣省臨時省議會秘書處。
1957 《臺灣省臨時省議會第二屆第六次大會專輯》。臺北：臺灣省臨時省議會秘書處。
《臺灣省臨時省議會第三屆第一次大會專輯》。臺北：臺灣省臨時省議會秘書處。
1958 《臺灣省臨時省議會第三屆第三次大會專輯》。臺中：臺灣省臨時省議會秘書處。

薛化元、吳鯤魯、李福鐘、龔宜君主編
2001 《臺灣省參議會、臨時省議會暨省議會時期史料彙編計畫——郭雨新先生史料彙編》。臺中縣：臺灣省諮議會。

（五）學位論文

Wu, Nai-teh.
1987 "The Politics of a Regime Patronage System: Mobilization and Control Within an Authoritarian Regime,"Chicago: Ph. D. dissertation, the University of Chicago.

史地傳記類

臺灣民主蘭城尋蹤文集

主　　編 / 財團法人仰山文教基金會
作　　者 / 何義麟、康寧祥、陳志剛、陳怡宏、陳芳明、陳菊、陳進傳、陳翠蓮、游錫堃、黃文瀚、黃惠君、楊晉平、蔣朝根、薛化元
封面圖片授權 / 宜蘭縣史館
校　　對 / 各篇文章作者、黃文瀚、陳冠君
責任編輯 / 陳彥妏、陳冠君
圖文排版 / 楊家齊
封面規劃 / 游錫堃
封面設計 / 王嵩賀

發 行 人 / 莊秀梅
出版單位 / 財團法人仰山文教基金會
宜蘭縣宜蘭市縣政六街68巷47號
電話：+886-03- 925-4515　傳真：+886-03-925-5737
http://youngsun.org.tw
印製經銷 / 秀威資訊科技股份有限公司
114台北市內湖區瑞光路76巷65號1樓
電話：+886-2-2796-3638　傳真：+886-2-2796-1377
http://www.showwe.com.tw
網路訂購 / 秀威網路書店：http://www.bodbooks.com.tw
國家網路書店：http://www.govbooks.com.tw
初版二刷 / 2024年1月16日
定　　價 / 680元
I S B N / 978-957-28786-9-9

本書版稅收益全作公益使用

國家圖書館出版品預行編目

臺灣民主蘭城尋蹤文集 / 財團法人仰山文教基金會策畫主編. -- 一版. -- 宜蘭市 : 財團法人仰山文教基金會, 2024.01
面；　公分. -- (仰山學 ; 3)
ISBN 978-957-28786-9-9(平裝)

1. CST: 臺灣史　2. CST: 文集

733.2107　　112021327